2025

개정세법완벽반영

CPA
세법 2차
기출 10개년

양소영 저

공인회계사

회계사 2차 기출문제집

CONTENTS

▣ 문제
2024년 회계사 기출문제 ·································· 7
2023년 회계사 기출문제 ·································· 19
2022년 회계사 기출문제 ·································· 35
2021년 회계사 기출문제 ·································· 49
2020년 회계사 기출문제 ·································· 63
2019년 회계사 기출문제 ·································· 77
2018년 회계사 기출문제 ·································· 91
2017년 회계사 기출문제 ·································· 107
2016년 회계사 기출문제 ·································· 123
2015년 회계사 기출문제 ·································· 139

▣ 정답 및 해설
2024년 회계사 기출문제 해설 ························· 156
2023년 회계사 기출문제 해설 ························· 172
2022년 회계사 기출문제 해설 ························· 190
2021년 회계사 기출문제 해설 ························· 210
2020년 회계사 기출문제 해설 ························· 228
2019년 회계사 기출문제 해설 ························· 246
2018년 회계사 기출문제 해설 ························· 264
2017년 회계사 기출문제 해설 ························· 284
2016년 회계사 기출문제 해설 ························· 305
2015년 회계사 기출문제 해설 ························· 321

■ 실전용답안지

2024년 회계사 실전답안지 ················ 346
2023년 회계사 실전답안지 ················ 354
2022년 회계사 실전답안지 ················ 364
2021년 회계사 실전답안지 ················ 374
2020년 회계사 실전답안지 ················ 384
2019년 회계사 실전답안지 ················ 393
2018년 회계사 실전답안지 ················ 403
2017년 회계사 실전답안지 ················ 413
2016년 회계사 실전답안지 ················ 423
2015년 회계사 실전답안지 ················ 433

세법 기출 10개년
공인회계사 2차 기출문제집

10개년 기출문제
- 문제 -

MEMO

※ 답안 작성시 유의사항

1. 답안은 문제 순서대로 작성할 것

2. 계산문제는 계산근거를 반드시 제시할 것

3. 답안은 아라비아 숫자로 원단위까지 작성할 것
   (예: 2,000,000 - 1,000,000 = 1,000,000원)

4. 별도의 언급이 없는 한 관련 자료·증빙의 제출 및 신고·납부절차는 적법하게 이행된 것으로 가정할 것

5. 별도의 언급이 없는 한 합법적으로 세금부담을 최소화하는 방법으로 풀이할 것

【문제 1】 (25점)

거주자 갑, 을, 병의 2025년 귀속 종합소득 신고를 위한 자료이다. 제시된 금액은 원천징수하기 전의 금액이다.

(물음 1) 갑의 2025년 종합소득 관련 자료이다.

< 자 료 >

1. 갑(복식부기 의무자)은 생계를 같이 하고 있는 배우자, 동생과 직접 경영에 참여하여 공동사업을 운영하고 있으며, 해당 공동사업 관련 자료는 다음과 같다.
   ① 결산서상의 당기순이익은 500,000,000원이며, 이는 매출총이익 480,000,000원과 영업외수익 20,000,000원으로 구성되어 있다.
   ② 영업외수익은 정기예금이자 10,000,000원, 유가증권처분이익 4,000,000원, 유형자산(차량운반구)처분이익 6,000,000원으로 구성되어 있다.
   ③ 공동사업의 약정된 손익분배비율과 출자지분비율은 다음과 같으며, 공동사업합산과세 대상에 해당하지 않는다.

구 분	손익분배비율	지분비율
갑	50%	40%
배우자	25%	30%
동생	25%	30%

2. 갑의 공동사업 이외에서 발생한 소득 내역은 다음과 같다.
   ① 상업어음할인료: 2,000,000원(갑은 금융업을 영위하지 않음)
   ② 환매조건부 채권의 매매차익: 7,000,000원
   ③ 손해배상금 연체이자: 5,000,000원(계약의 해약으로 인한 손해배상금에 대한 법정이자)
   ④ 법인으로 보는 단체로부터 받은 배당: 9,000,000원
   ⑤ 법인세가 과세된 신탁재산분배금: 3,000,000원
   ⑥ 「공익신탁법」에 따른 공익신탁의 이익: 5,000,000원

<요구사항 1>

갑의 이자소득원천징수세액 및 종합소득에 합산되는 이자소득 총수입금액을 답안양식에 따라 제시하시오.

구 분	금 액
이자소득원천징수세액	
이자소득 총수입금액	

<요구사항 2>

갑의 종합소득에 합산되는 배당소득 총수입금액 및 배당가산액(Gross-up 금액)을 답안양식에 따라 제시하시오.

구 분	금 액
배당소득 총수입금액	
배당가산액	

<요구사항 3>

갑의 종합소득에 합산되는 사업소득금액을 답안양식에 따라 제시하시오.

사업소득금액	

(물음 2) 을(45세, 여성)의 2025년 근로소득 및 종합소득공제 관련 자료이다.

< 자 료 >

1. 을이 2025년에 근로를 제공한 내역은 다음과 같다.

근무처	근무기간	근무형태
㈜A	2025.1.1.~2025.10.31.	영업사원(상용직)
㈜B	2025.11.1.~2025.12.31.	영업사원(일용직)

2. 을이 ㈜A로부터 지급받은 내역은 다음과 같다.

구 분	금 액
기본급*1	20,000,000원
자녀학자보조금	1,000,000원
식 대*2	3,000,000원
퇴직급여*3	30,000,000원

*1 기본급은 근로계약상의 급여로 을이 부담할 건강보험료·고용보험료 500,000원을 사용자가 대리납부함에 따라 을이 부담할 건강보험료·고용보험료를 차감하지 않고 근로계약상의 급여를 수령함
*2 식사를 제공받지 않으며 매월 300,000원씩 지급됨
*3 퇴직금지급규정에 따른 퇴직금임

3. 을은 ㈜B로부터 40일분의 급여(일당 400,000원)와 근로제공일의 근로성과에 따른 성과급 7,000,000원을 지급받았다.

4. 을과 생계를 같이하는 부양가족의 현황은 다음과 같다.

구 분	나 이	내 용
부 친	74세	양도소득금액 500,000원 장애인
배우자	48세	사업소득금액 1,000,000원
아 들	16세	소득 없음. 학생

5. 을(무주택 세대주)은 국민주택을 임차하기 위하여 금융기관으로부터 차입한 주택임차자금의 원리금 15,000,000원을 상환하였다.

6. 「소득세법」제47조 1항에 따른 근로소득공제표

총급여액	근로소득공제액
1,500만원 초과 4,500만원 이하	750만원 + 1,500만원을 초과하는 금액의 15%
4,500만원 초과 1억원 이하	1,200만원 + 4,500만원을 초과하는 금액의 5%

<요구사항 1>

을의 근로소득 총급여액 및 근로소득공제액과 종합소득에 합산되는 근로소득금액을 답안양식에 따라 제시하시오.

구 분	금 액
근로소득 총급여액	
근로소득공제액	
근로소득금액	

<요구사항 2>

을의 인적공제액 및 특별소득공제액을 답안양식에 따라 제시하시오.

구 분		금 액
인적 공제액	기본공제액	
	추가공제액	
특별소득공제액		

(물음 3) 병(40세, 남성)의 2025년 종합소득 관련 자료이다.

< 자 료 >

1. 병의 기타소득 관련 내역은 다음과 같다.
   ① 상표권을 대여하고 받은 금액: 6,000,000원(실제 확인된 필요경비는 4,800,000원임)
   ② 제작된 이후 200년이 경과된 골동품 1점을 양도하고 받은 금액: 80,000,000원(실제 확인된 필요경비는 71,000,000원이며 보유기간은 11년임)
   ③ 주식매수선택권을 퇴직 이후 행사하여 얻은 이익: 10,000,000원
   ④ 알선수재에 의하여 받은 금품: 7,000,000원
   ⑤ 지방자치단체로부터 받은 상금: 2,000,000원

2. 병(간편장부대상자)의 기타소득 이외의 종합소득내역은 다음과 같다.

구 분	금 액
근로소득금액	33,000,000원
사업소득금액	50,000,000원

   ① 근로소득 총급여액은 ㈜A에서 받은 45,000,000원이며, 병은 2025년 6월 30일에 퇴직하였다.
   ② 사업소득(부동산매매업)은 전액 분양권(보유기간 4년) 양도에 의한 매매차익(양도가액: 110,000,000원, 취득가액: 60,000,000원)이다.
   ③ 사업소득은 복식부기에 의하여 장부를 기장하고 「소득세법」에 따라 장부 및 증명서류를 관리하고 있으며, 신고해야 할 소득금액을 비치·기록한 장부에 의하여 모두 신고하였다.

3. 병과 생계를 같이하는 부양가족은 배우자(39세), 딸(7세)이 있으며 모두 기본공제대상이다.

4. 병은 본인의 질병치료를 위한 입원비로 6,500,000원, 배우자의 난임시술비로 8,000,000원, 딸의 상처치료를 위한 수술비로 1,850,000원을 지출하였다.

5. 병은 연금저축계좌에 5,000,000원, 퇴직연금계좌에 3,000,000원을 납입하였다.

6. 종합소득세 기본세율

과세표준	산출세액
1,400만원 초과 5,000만원 이하	84만원 + 1,400만원을 초과하는 과세표준의 15%
5,000만원 초과 8,800만원 이하	624만원 + 5,000만원을 초과하는 과세표준의 24%
8,800만원 초과 1억5,000만원 이하	1,536만원 + 8,800만원을 초과하는 과세표준의 35%

<요구사항 1>

병의 종합소득에 합산되는 기타소득금액을 답안양식에 따라 제시하시오.

기타소득금액	

<요구사항 2>

병의 종합소득과세표준이 100,000,000원이라고 가정할 경우, 병의 종합소득산출세액을 구하기 위한 일반산출세액 및 비교산출세액을 답안양식에 따라 제시하시오.

구 분	금 액
일반산출세액	
비교산출세액	

<요구사항 3>

병의 종합소득에 합산되는 기타소득금액은 17,000,000원이며, 종합소득산출세액은 33,000,000원으로 가정한다. 이 경우 병의 의료비세액공제액 및 기장세액공제액, 연금계좌세액공제액을 답안양식에 따라 제시하시오.

구 분	금 액
의료비세액공제액	
기장세액공제액	
연금계좌세액공제액	

(계속)

【문제 2】 (5점)

거주자 갑이 사업용으로 사용하던 토지A 및 건물B의 양도 관련 자료이다. 자본적지출액 및 양도비에 대해서는 적격증명서류를 수취·보관하고 있다.

< 자 료 >

1. 토지A(등기)의 취득 및 양도 내역은 다음과 같다.

취 득 일		2022.2.15.
양 도 일		2025.1.5.
양도시	실지양도가액	500,000,000원
	기준시가	300,000,000원
취득시	실지거래가액	불분명
	감정평가가액	250,000,000원
	매매사례가액	200,000,000원
	기준시가	150,000,000원

① 토지A의 개량을 위해 6,000,000원의 비용을 지출하였다.
② 취득 시 지출한 부동산 중개수수료는 2,500,000원이며, 양도 시 지출한 부동산 중개수수료는 1,500,000원이다.

2. 건물B(등기)의 취득 및 양도 내역은 다음과 같다.

취 득 일		2007.7.1.
양 도 일		2025.10.5.
양도시	실지양도가액	250,000,000원
	기준시가	150,000,000원
취득시	실지거래가액	100,000,000원
	감정평가가액	120,000,000원
	매매사례가액	160,000,000원
	기준시가	110,000,000원

① 건물B는 사업용자산으로 사용하던 것으로 감가상각누계액은 18,000,000원이다. 이는 그 사업의 필요경비로 장부에 계상한 금액으로서 양도 시 상각부인액 3,000,000원을 포함한 것이다.
② 건물B를 취득한 후 소유권확보를 위한 소송비용 4,000,000원과 「개발이익환수에 관한 법률」에 따른 개발부담금 6,000,000원을 지출하였다.
③ 건물B의 매매계약에 따른 인도의무를 이행하기 위해 명도비용 3,000,000원을 지출하였다.
④ 건물B는 2025년 1월 5일에 매매계약을 체결한 후 부동산 가격의 급격한 상승으로 해약하였고, 2025년 6월 5일 매매계약을 다시 체결하였다. 이에 따라 해약으로 인한 위약금이 25,000,000원 발생하였다.

3. 보유기간 15년 이상인 경우 장기보유특별공제율은 30%이다.

<요구사항 1>

토지A 및 건물B의 양도로 인한 갑의 양도소득과세표준을 답안양식에 따라 제시하시오.

구 분	토지A	건물B
양도차익		
과세표준		

<요구사항 2>

거주자 갑이 건물B를 특수관계법인에게 고가양도한 경우로서 「법인세법」상 양도가액과 시가의 차이에 대하여 상여로 소득처분한 금액이 있는 경우, 양도소득세 계산시 양도가액에 미치는 영향과 이에 대한 근거 규정의 취지를 3줄 이내로 서술하시오.

【문제 3】 (20점)

(물음 1) 겸영사업자인 ㈜대한의 부가가치세 관련 자료이다. 별도의 언급이 없는 한 제시된 금액은 부가가치세가 포함되지 않은 금액이며, 2025년 제1기 확정신고와 제2기 예정신고는 적법하게 이루어졌다.

< 자 료 >

1. ㈜대한(중소기업)은 농산물을 매입하여 가공(과세) 또는 미가공(면세) 상태로 판매하고 있으며, 임대업을 영위하지 않는다.

2. 농산물을 보관하기 위한 저온저장고 1개동(보유 기간 15년)을 ㈜대한의 대표이사에게 2025년 10월 1일부터 1년간 임대하기로 하였다. 저온저장고의 일시 임대용역은 ㈜대한에서도 처음 발생하는 거래이고 적정임대료도 알려져 있지 않아 무상으로 임대하였다. 해당 건물의 시가는 71,540,000원이며, 정기예금이자율은 5%로 가정한다.

3. ㈜대한은 2010년 1월 1일에 매입하여 과세사업과 면세사업에 공통으로 사용하던 건물과 부속토지를 2025년 10월 31일 412,800,000원(부가가치세 포함)에 일괄양도하였으나, 해당 금액에 대한 건물 및 부속토지의 구분은 불분명하다. 양도일 현재 각 자산별 가액은 다음과 같다.

구 분	기준시가	감정평가액	장부가액
건물	2억원	2억원	1억원
부속토지	2억원	3억원	2억원

4. 2025년 농산물 매출 내역은 다음과 같다.

구 분	가공(과세)	미가공(면세)
1.1.~6.30.	4,000,000,000원	1,000,000,000원
7.1.~9.30.	800,000,000원	900,000,000원
10.1.~12.31.	700,000,000원	800,000,000원

5. 각 사업과 관련하여 2025년에 적법하게 발급받은 세금계산서상 매입세액 내역은 다음과 같다. 단, 공통매입세액의 실지귀속은 불분명하다.

구 분	가공(과세)	미가공(면세)	공통매입세액
1.1.~6.30.	80,000,000원	40,000,000원	50,000,000원*1
7.1.~9.30.	30,000,000원	9,000,000원	34,000,000원*2
10.1.~12.31.	60,000,000원	8,000,000원	15,000,000원*3

*1 농산물 세척용 기계장치A의 취득에 따른 매입세액
*2 농산물 절단용 기계장치B의 취득에 따른 매입세액
*3 농산물 분쇄용 기계장치C의 취득에 따른 매입세액

6. 2025년에 면세농산물을 매입한 내역은 다음과 같다. 단, 면세농산물 매입액의 실지귀속은 불분명하다.

구 분	면세농산물 매입액
1.1.~6.30.	1,120,000,000원
7.1.~9.30.	884,000,000원
10.1.~12.31.	468,000,000원

7. 의제매입세액공제율은 4/104이다.

<요구사항 1>

2025년 제2기 부가가치세 확정신고 시의 과세표준을 답안양식에 따라 제시하시오. 단, 해당 금액이 없는 경우 "0"으로 표시한다.

구 분	과세표준
농산물 매출	
저온저장고 무상임대	
건물과 부속토지 매각	
합 계	

(계속)

<요구사항 2>

2025년 제2기 부가가치세 확정신고 시 공제되는 매입세액을 답안양식에 따라 제시하시오. 단, 납부세액 재계산은 고려하지 않으며, 해당 금액이 없는 경우 "0"으로 표시하시오.

구 분		과세표준
세금계산서 수취분 매입세액		
의제매입세액공제액		
공제받지 못할 매입세액	면세사업분	
	공통매입세액	
공제되는 매입세액		

<요구사항 3>

2025년 제2기 부가가치세 확정신고 시 납부세액(재계산 고려 전)이 50,000,000원이라고 가정할 경우, 납부세액 재계산을 고려한 후의 납부세액을 답안양식에 따라 제시하시오.

납부세액(재계산 고려 후)	

(물음 2) 두 종류의 상품을 소매로 판매하는 일반과세자 김한국의 2025년 제2기 부가가치세 관련 자료이다.

2024년 공급대가가 10,400만원 미만으로 하락하여 간이과세자로의 전환을 고려하고 있다. 별도의 언급이 없는 한 제시된 금액은 부가가치세가 포함되지 않은 금액이며, 거래와 관련된 법적절차는 완료하였다.

< 자 료 >

1. 2025년 7월 1일부터 12월 31일까지의 매출액
   ① A상품의 매출액은 27,225,000원(부가가치세 포함)이며, 이 중 1,100,000원은 거래처의 파산으로 대손이 확정되었다. A상품의 매출액은 전액 신용카드매출전표 발행분이다.
   ② B상품의 매출액은 13,200,000원(부가가치세 포함)이며, 이는 전액 지방자치단체에 B상품(원가 11,000,000원, 시가 15,400,000원)을 신용카드매출전표를 발행하여 공급한 것이다.

2. 2025년 제1기의 매출은 제2기와 유사한 수준이다.

3. 2025년 7월 1일부터 12월 31일까지 적법하게 발급받은 세금계산서상의 매입세액은 2,400,000원이다.

4. 2025년 7월 1일 현재 자산현황

구 분	취득가액	취득일
상 품	8,000,000원	2025.5.8.
건 물	100,000,000원	2022.9.1.

5. 소매업의 부가가치율은 15%이며, 전자신고방법을 이용하지 않았다고 가정한다.

<요구사항 1>

김한국의 2025년 제2기 부가가치세 확정신고 시 차가감납부세액(지방소비세 차감전) 또는 환급받을 세액을 답안양식에 따라 제시하시오.

구 분	금 액
납부세액	
차가감납부세액(환급세액)	

<요구사항 2>

김한국이 2025년 7월 1일부터 간이과세자로 전환할 경우, 2025년 7월 1일부터 12월 31일까지의 기간에 대한 차가감납부세액(지방소비세 차감전) 또는 환급받을 세액을 답안양식에 따라 제시하시오.

구 분	금 액
납부세액(재고납부세액 포함)	
차가감납부세액(환급세액)	

【문제 4】 (25점)

(물음 1) 제조업을 영위하는 ㈜대한(중소기업 아님)의 제30기 사업연도(2025년 1월 1일~2025년 12월 31일) 법인세 신고 관련 자료이다. 전기까지의 세무조정은 적법하게 이루어졌다.

< 자료 >

1. 손익계산서상 매출액은 28,260,000,000원이며, 이 중 특수관계법인에 대한 매출액은 1,200,000,000원(시가의 75%)이다.

2. 손익계산서상 기업업무추진비는 59,730,000원이며, 이에는 다음의 금액이 포함되어 있다.
   ① 대표이사가 증명서류 없이 지출한 8,730,000원 (건당 3만원 초과)
   ② 2024년 12월 30일 고객을 접대하면서 발생한 법인카드 사용액 1,000,000원(대금청구일: 2025년 1월 15일)

3. 거래처 ㈜D(특수관계 없음)와의 거래관계 개선을 위해 약정에 따라 포기한 매출채권 3,000,000원을 대손상각비로 회계처리하였다.

4. 건설중인자산(본사건물)으로 계상한 기업업무추진비는 81,000,000원이며, 본사건물은 2025년 7월 17일 완공되어 즉시 사용 개시하였다. 본사건물의 내용연수는 20년, 감가상각방법은 정액법으로 신고하였으며, 신고에 따라 감가상각비 회계처리를 하였다.

5. 보유주식A와 관련된 자료는 다음과 같다.
   ① ㈜대한은 특수관계 없는 거래처 ㈜A에 대한 매출채권 일부를 양사의 장기적 우호관계 형성을 위해 ㈜A의 주식으로 전환하기로 상호 합의하였다.
   ② ㈜A에 대한 매출채권 60,000,000원은 2025년 10월 1일 주식A(액면가액 5,000원) 3,000주로 출자전환되었다.
   ③ ㈜A의 2025년 세무상 결손금 잔액은 없으며, 출자전환 시 주식의 시가는 1주당 8,000원이다.
   ④ 출자전환에 대하여 양사는 다음과 같이 회계처리하였다.

   ㈜대한의 회계처리
   차)투자주식　60,000,000　　대)매출채권　60,000,000

   ㈜A의 회계처리
   차)매입채무　60,000,000
   　　　　대) 자본금　　　　　15,000,000
   　　　　　주식발행초과금　　45,000,000

6. 보유주식B와 관련된 자료는 다음과 같다.
   ① 2025년 5월 1일 여유자금을 단기간 운용할 목적으로 상장법인 ㈜B(영리내국법인)의 발행주식 1,000주 (지분율 0.2%)를 거래수수료 150,000원을 포함한 37,150,000원에 취득하고, 다음과 같이 회계처리하였다.

   차)단기투자주식　37,150,000　대)현금　37,150,000

   ② 2025년 12월 15일 ㈜B는 현금배당(1주당 500원, 배당기준일: 2025.10.15.)에 대한 잉여금처분결의를 하였다. ㈜대한은 2026년 1월 20일 현금배당을 수령하면서 배당금 수익으로 회계처리하였다.

   ③ 2025년 12월 31일 주식B의 기말평가와 관련하여 다음과 같이 회계처리하였다.

   차)단기투자주식평가손실　1,150,000
   　　　　대)단기투자주식　1,150,000

7. 손익계산서상 이자비용 12,300,000원은 전액 현재가치할인차금 상각액이며 차입금은 없다.

8. 기업업무추진비 한도액 계산 시 수입금액 적용률

수입금액	적용률
100억원 이하	0.3%
100억원 초과 500억원 이하	0.2%

9. ㈜대한은 지주회사가 아니며, 출자비율 20% 미만인 내국법인으로부터 받은 수입배당금액의 익금불산입률은 30%이다.

(계속)

<요구사항 1>

㈜대한의 제30기 사업연도 세무조정 및 소득처분을 답안양식에 따라 제시하시오.

익금산입 및 손금불산입			손금산입 및 익금불산입		
과목	금액	소득처분	과목	금액	소득처분

<요구사항 2>

2025년 출자전환 관련 ㈜A의 세무조정 및 소득처분을 답안양식에 따라 제시하시오.

익금산입 및 손금불산입			손금산입 및 익금불산입		
과목	금액	소득처분	과목	금액	소득처분

(물음 2) 제조업을 영위하는 ㈜민국의 제30기 사업연도 (2025년 1월 1일~2025년 12월 31일) 법인세 신고 관련 자료이다. 전기까지의 세무조정은 적법하게 이루어졌으며, ㈜민국은 조세부담을 최소화하려 한다.

< 자 료 >

1. 손익계산서상 이자비용

차입처	이자율	차입금	이자비용
사채*1	15%	30,000,000원	2,000,000원
A법인*2	0%	50,000,000원	0원
X은행	8%	150,000,000원	9,600,000원
Y은행	9%	90,000,000원	8,100,000원

*1 채권자의 실명과 주소가 확인되지 않으며, 2025년 12월 27일 원리금을 전액 상환하였음. 동 사채의 알선수수료 300,000원은 손익계산서상 지급수수료에 포함되어 있음
*2 ㈜민국과 특수관계인임

2. 확장이전 목적으로 기존 공장 부근 토지를 2010년 8월 23일 500,000,000원에 매입하였으나, 당기말까지 회사의 자금사정으로 공장 건설을 개시하지 않았다. 해당 토지에 대한 재산세 3,800,000원을 세금과공과로 회계처리하였다.

3. 대표이사에게 2025년 7월 1일 주택구입자금 100,000,000원을 무이자로 대여하였다.

4. 기획재정부령으로 정하는 당좌대출이자율은 연 4.6%이다.

<요구사항>

㈜민국의 제30기 사업연도 세무조정 및 소득처분을 답안양식에 따라 제시하시오.

익금산입 및 손금불산입			손금산입 및 익금불산입		
과목	금액	소득처분	과목	금액	소득처분

(물음 3) ㈜한국의 제25기 사업연도(2025년 1월 1일~2025년 12월 31일) 법인세 신고 관련 자료이다. 전기까지의 세무조정은 적법하게 이루어졌다.

< 자 료 >

1. 2022년 1월 1일 신제품 개발을 담당할 갑(임원)을 채용하면서 다음과 같이 자기주식 교부형 주식매수선택권 1,000개를 부여하였으며, 갑은 2025년 7월 1일 주식매수선택권을 행사하였다.

① 해당 주식매수선택권의 행사조건에 따르면 권리부여일로부터 3년간 근로용역을 제공하여야 하며, 2025년 1월 1일부터 1년간 ㈜한국의 주식을 1주당 행사가격 7,000원에 매수할 수 있다.

② 해당 주식매수선택권 행사 시 ㈜한국 주식의 시가는 1주당 10,000원이며, 이때 교부된 자기주식의 1주당 취득가액은 12,500원이다.

③ 주식매수선택권 행사에 대하여 다음과 같이 회계처리 하였다.

차) 현금	7,000,000	
자기주식처분손실 (자본조정)	5,500,000	
	대)자기주식	12,500,000

④ 해당 주식매수선택권 행사 관련 성과급은 세법에서 정하는 손금산입 요건을 충족한다.

2. 신제품 개발 프로젝트는 2022년부터 시작되어 2025년 10월 9일 성공적으로 완료되었으며, 개발완료 즉시 신제품을 미국시장에 출시하였다. 신제품 개발비 지출 내역은 다음과 같으며, 개발비 지출액을 모두 개발비(무형자산)로 계상하였다(별도의 언급이 없는 한 회계기준에서 정한 개발비 요건을 충족함).

구 분	금 액
개발부서 인건비	500,000,000원
개발 관련 실험비	100,000,000원
개발부서 관리비	300,000,000원
합 계	900,000,000원

① 개발부서 인건비 중 50,000,000원은 신제품 개발 성공 대가로 개발에 직접 참여한 갑에게 2025년 12월 10일 지급한 특별상여금이며, 임원상여금 지급규정은 없다.

② 개발부서 관리비 중 40,000,000원은 신제품 홍보를 위한 박람회 개최비용이다.

③ ㈜한국은 개발비 감가상각방법을 정액법, 내용연수 10년으로 신고하였으며 개발비 관련 무형자산상각비로 25,500,000원을 계상하였다.

④ 갑은 정관에 따라 장기 요양 등의 사유로 퇴직급여 중간정산금 25,000,000원을 2025년 12월 30일에 지급받았다.

⑤ 2024년 12월 31일 개발부서 소속 직원들에게 개발촉진적립금(임의적립금)을 재원으로 상여금 87,500,000원을 지급하면서 별도의 세무조정은 하지 않았고, 2025년 손익계산서에 전기오류수정손실로 반영하였다.

3. ㈜한국은 무차입 기업으로 손익계산서상 이자비용은 없다. 기획재정부령으로 정하는 당좌대출이자율은 연 4.6%이다.

<요구사항>

㈜한국의 제25기 사업연도 세무조정 및 소득처분을 답안양식에 따라 제시하시오.

익금산입 및 손금불산입			손금산입 및 익금불산입		
과목	금액	소득처분	과목	금액	소득처분

(계속)

【문제 5】 풀이

<요구사항 1>

구 분	금 액
재배정하는 경우	10,500,000원
실권시키는 경우	10,000,000원

[재배정하는 경우]
- 증자 후 1주당 평가가액 = (10,000주 × 20,000원 + 10,000주 × 13,000원) ÷ 20,000주 = 16,500원
- ㈜서울이 재배정받은 실권주 = 6,000주 × (30% ÷ 40%) = 4,500주
- 이 중 특수관계인 ㈜A로부터 재배정받은 주식 = 4,500주 × (4,000주 ÷ 6,000주) = 3,000주
- 분여받은 이익 = (16,500원 − 13,000원) × 3,000주 = **10,500,000원**

[실권시키는 경우]
- 증자 후 1주당 평가가액 = (200,000,000원 + 4,000주 × 13,000원) ÷ 14,000주 = 18,000원
- ㈜서울이 인수한 신주 = 3,000주
- 분여받은 이익 = (18,000원 − 13,000원) × 3,000주 × (4,000주 ÷ 6,000주) = **10,000,000원**

<요구사항 2>

구 분	답 안
최대 매입가격	6,195,000,000원
최대 보통주 발행주식수	154,875주

[토지의 시가]
- 감정가액 평균 = (5,800,000,000원 + 6,000,000,000원) ÷ 2 = 5,900,000,000원 (개별공시지가는 보충적 평가)

[최대 매입가격]
- 시가와의 차액 한도 = Min(5,900,000,000원 × 5%, 3억원) = 295,000,000원
- 최대 매입가격 = 5,900,000,000원 + 295,000,000원 = **6,195,000,000원**

[최대 보통주 발행주식수]
- 현물출자 시 토지 평가한도 = 6,195,000,000원
- 최대 발행주식수 = 6,195,000,000원 ÷ 40,000원 = **154,875주**

(물음 2) 제조업을 영위하는 중소기업인 ㈜한국의 제14기 사업연도(2024년 1월 1일~2024년 12월 31일)의 법인세 신고내용 및 제15기 사업연도(2025년 1월 1일~2025년 12월 31일)의 결손금 내역이다.

< 자 료 >

1. 제14기 사업연도의 법인세 신고내용

구 분	금 액
각사업연도소득금액	400,000,000원
이월결손금	△50,000,000원
과세표준	350,000,000원
산출세액	46,500,000원
감면 및 공제세액	△19,900,000원
총부담세액	26,600,000원

2. ㈜한국은 제15기 사업연도에 150,000,000원의 결손금이 발생하였다.

3. ㈜한국은 제14기에 납부한 법인세액을 최대한으로 환급받기 위하여 결손금 소급공제를 신청하기로 결정하였다.

4. 제14기 및 제15기의 법인세율은 과세표준 2억원 이하분 9%, 2억원 초과 200억원 이하분 19%이다.

<요구사항 1>

㈜한국이 신청할 소급공제 결손금 금액을 답안양식에 따라 제시하시오.

소급공제 결손금 금액	

<요구사항 2>

위 <요구사항 1>과 독립적으로 ㈜한국은 제15기에 발생한 결손금 중 120,000,000원을 소급공제 신청하여 법인세를 환급받았다. 이후 ㈜한국의 제14기 및 제15기 법인세 신고내역에 대한 관할세무서의 세무조사 결과 제14기 각사업연도소득금액은 450,000,000원, 제15기 결손금은 60,000,000원으로 경정되었다. 이 경우 ㈜한국의 소급공제 신청으로 인한 법인세 환급세액과 관할세무서의 경정에 따른 제15기 법인세로 추징할 환급취소세액(이자상당액은 제외)을 답안양식에 따라 제시하시오.

구 분	금 액
환급세액	
환급취소세액	

(계속)

【문제 6】(10점)

(물음 1) 2025년 4월 1일 사망한 갑(60세)의 상속세 관련 자료이다.

< 자 료 >

1. 상속개시일 현재 상속재산의 내역은 다음과 같다.
   ① 국내 소재 은행에 예치 중인 200,000,000원의 정기예금(미수이자는 5,000,000원으로 「소득세법」상 원천징수세액 상당액 700,000원을 포함한 금액임)
   ② 시가 1,500,000,000원인 국내 소재 주택
   ③ 부동산과다보유법인이 아닌 비상장 중소기업 ㈜A의 주식 20,000주(갑은 최대주주가 아니며, ㈜A의 상속개시일 현재 1주당 순손익가치는 20,000원, 1주당 순자산가치는 25,000원임)
   ④ 국외 소재 은행에 예치된 500,000,000원의 예금(해당 국가의 법령에 따라 실명확인된 갑 명의 계좌이며, 상속개시일 현재 기준환율을 적용하여 환산한 금액임)

2. 상속개시일 현재 갑의 채무로는 주택담보대출 400,000,000원이 있으며, 해당 채무는 상속재산 중 국내 소재 주택을 담보물로 하여 2015년 중 국내 소재 은행으로부터 차입한 것이다.

3. 봉안시설을 제외한 장례비용은 9,000,000원이며, 봉안시설 비용은 6,000,000원으로 모두 증명서류에 의해 입증된다.

4. 2024년 10월 1일에 상속인인 장남에게 국내 소재 토지를 다음과 같이 양도하였으며, 장남의 토지 취득 자금은 그 출처가 입증되었다.
   ① 양도 당시 시가: 300,000,000원
   ② 양도가액: 130,000,000원

<요구사항 1>

갑이 거주자인 경우 갑의 사망에 따른 상속세 과세가액을 답안양식에 따라 제시하시오.

구 분	금 액
총상속재산가액	
과세가액 공제액	
합산되는 증여재산가액	
상속세 과세가액	

<요구사항 2>

갑이 비거주자인 경우 주어진 <자료>의 범위 내에서 위 <요구사항 1>과 차이가 발생하는 사항 2가지를 각각 1줄 이내로 서술하시오.

(물음 2) 거주자 을은 2025년 1월 16일 시가 2억원인 토지를 장남 병(30세)에게 증여하였다. 그러나 병은 을과 합의 하에 해당 토지를 다시 을에게 반환하기로 하였으며, 반환 전에 과세표준과 세액을 결정받지는 않았다. 병이 을에게 토지를 반환하는 시기에 따른 을과 병의 증여세 납세의무를 답안양식에 제시하시오. 단, 병의 반환 시기는 구체적인 날짜의 범위로 표시하고, 증여세 납세의무는 "있음" 또는 "없음"으로 표시하시오.

병의 반환 시기	증여세 납세의무	
	을	병
예시) 2025년 2월 29일까지	있음	없음

- 끝 -

※ 답안 작성시 유의사항

1. 답안은 문제 순서대로 작성할 것
2. 계산문제는 계산근거를 반드시 제시할 것
3. 답안은 아라비아 숫자로 원단위까지 작성할 것
   (예: 2,000,000 − 1,000,000 = 1,000,000원)
4. 별도의 언급이 없는 한 관련 자료·증빙의 제출 및 신고·납부절차는 적법하게 이행된 것으로 가정할 것
5. 별도의 언급이 없는 한 합법적으로 세금부담을 최소화하는 방법으로 풀이할 것

【문제 1】(25점)

거주자 갑, 을, 병의 2025년 귀속 종합소득 신고를 위한 자료이다. 제시된 금액은 원천징수하기 전의 금액이다.

(물음 1) 갑(55세)은 ㈜A의 생산직 사원(2024년 총급여액 29,000,000원)으로 근무하다가 2025년 8월 31일에 퇴직하였다.

< 자 료 >

1. ㈜A가 갑의 근무기간(2025년 1월 1일~2025년 8월 31일) 중 갑에게 지급한 내역은 다음과 같다.

구 분	금 액
기본급[*1]	14,400,000원
연장근로수당	4,000,000원
자녀보육수당[*2]	1,600,000원
출장비[*3]	1,000,000원
식사대[*4]	2,000,000원

*1 월정액으로 지급
*2 6세 이하 자녀보육과 관련하여 지급한 수당으로 월정액으로 지급
*3 시내출장에 소요된 실제 경비를 지급
*4 회사의 지급기준에 따라 매월 250,000원씩 지급되며, 현물로 제공되는 식사는 없음

2. 갑은 2012년에 연금저축에 가입하였고 2025년 9월 1일에 연금수령 개시를 신청하였다. 연금수령 개시일 현재 연금계좌의 구성내역은 다음과 같다.

구 분	금 액
이연퇴직소득	20,000,000원
갑의 불입액*	200,000,000원
연금계좌운용수익	30,000,000원

* 연금계좌세액공제를 받지 못한 금액 8,000,000원 포함

3. 2025년에 연금계좌에서 인출한 금액은 80,000,000원이며, 의료목적·천재지변 등 부득이한 사유로 인출한 금액은 없다.

4. 갑이 퇴직 후 연금으로 수령한 금액 이외의 소득은 다음과 같다. 모든 소득은 사업성이 없으며, 별도로 언급한 것을 제외하고 필요경비는 확인되지 않는다.

구 분	금 액
재산권에 관한 알선수수료	5,000,000원
복권당첨소득[*1]	400,000,000원
주택입주지체상금	20,000,000원
임대료 수입[*2]	3,000,000원

*1 1매당 구매액이 10,000원이며, 1매가 당첨된 것임
*2 통신판매중개를 하는 자를 통하여 장소를 대여하고 사용료로서 받은 금액임

<요구사항 1>

갑의 근로소득 총급여액과 종합소득에 합산되는 연금소득 총연금액 및 기타소득 총수입금액을 답안양식에 따라 제시하시오.

근로소득 총급여액	
연금소득 총연금액	
기타소득 총수입금액	

<요구사항 2>

갑의 기타소득 원천징수세액과 종합과세 되는 기타소득금액을 답안양식에 따라 제시하시오.

기타소득 원천징수세액	
종합과세되는 기타소득금액	

(계속)

(물음 2) 을은 ㈜B에서 임원으로 근무하다가 2025년 6월 30일 퇴직하였다.

< 자 료 >

1. 을은 퇴직하면서 ㈜B의 퇴직금지급규정에 따라 퇴직금 231,000,000원을 수령하였으며, 별도로 퇴직위로금 8,000,000원을 수령하였다.
2. 을은 2019년 1월 1일부터 근무를 시작하여 2021년 12월 31일까지 매년 100,000,000원의 총급여액을 수령하였다.
3. 을은 2022년 1월 1일부터 2024년 12월 31일까지 매년 150,000,000원(매월 균등액을 수령)의 총급여액을 수령하였으며, 2025년에 90,000,000원의 총급여액을 수령하였다.
4. 을은 퇴직 후 부동산임대업을 개시하였고, 소유하고 있는 주택 3채 중 1채를 임대하였다. 주택임대와 관련된 내역은 다음과 같으며, 장부를 비치·기장하고 있다.

구 분	내 용
임대기간	2025. 8. 1. ~ 2026. 7. 31.
임대보증금*	500,000,000원
월임대료	2,000,000원
주택 취득가액	700,000,000원

* 임대보증금은 전액 은행에 예치하였고 1,000,000원의 이자수익이 발생함

5. 을이 소유한 주택은 모두 기준시가가 2억원을 초과하며, 정기예금이자율은 연 3.65%이다. 또한, 1년은 365일로 가정한다.
6. 근속연수 공제액

근속연수	공제액
5년 이하	100만원×근속연수
5년 초과 10년 이하	500만원 + 200만원×(근속연수-5년)

7. 환산급여 공제액

환산급여	공제액
1억원 초과 3억원 이하	6,170만원 + 1억원 초과분의 45%
3억원 초과	1억5,170만원 + 3억원 초과분의 35%

<요구사항 1>

을의 임원 퇴직소득 한도초과액(근로소득 해당액)을 계산하시오.

<요구사항 2>

을의 퇴직소득과세표준을 계산하시오. 단, 퇴직소득금액은 205,000,000원이라고 가정한다.

<요구사항 3>

을의 사업소득 총수입금액을 계산하시오.

(물음 3) 병(여성, 70세)의 2025년 종합소득 관련 자료이다.

< 자 료 >

1. 병의 금융소득 관련 내역은 다음과 같다.
   ① 국외 비영업대금의 이익: 6,000,000원(국내에서 원천징수 되지 않음)
   ② 원금과 이자가 분리되는 국채에서 발생한 원금에 해당하는 채권의 할인액: 2,000,000원
   ③ 「민사집행법」에 따른 경매입찰 보증금의 이자: 4,000,000원
   ④ 「상호저축은행법」에 따른 신용부금으로 인한 이익: 5,000,000원
   ⑤ 집합투자기구로부터 받은 이익: 8,000,000원(상장주식 매매차익 30%, 이자수익 70%로 구성)
   ⑥ 상장법인으로부터 받은 현금배당: 7,000,000원
   ⑦ 외국법인으로부터 받은 현금배당: 9,000,000원(국내에서 원천징수 되지 않음)
   ⑧ ㈜A의 결산(결산확정일: 2025년 3월 4일)과 관련하여 「법인세법」에 의하여 병에게 배당으로 소득처분된 금액: 1,000,000원

2. 병과 생계를 같이하는 부양가족의 현황은 다음과 같다.

구 분	나 이	내 용
모 친	90세	소득 없음
동 생	65세	양도소득금액 1,800,000원 있음. 장애인
위탁아동	9세	소득 없음. 2025년 중 8개월 동안 직접 양육함

3. 병은 주택담보노후연금을 수령하였으며, 수령한 연금에 대하여 3,000,000원의 이자비용이 발생하였다. 병의 연금소득금액은 30,000,000원이며, 주택담보노후연금은 「소득세법」에 따른 이자비용 소득공제 요건을 충족한다.

4. 종합소득세 기본세율

과세표준	산출세액
1,400만원 초과 5,000만원 이하	84만원 + 1,400만원을 초과하는 과세표준의 15%
5,000만원 초과 8,800만원 이하	624만원 + 5,000만원을 초과하는 과세표준의 24%

<요구사항 1>

병의 종합소득에 합산되는 이자소득 총수입금액 및 배당소득 총수입금액과 배당소득에 대한 배당가산액(Gross-up 금액)을 답안양식에 따라 제시하시오.

이자소득 총수입금액	
배당소득 총수입금액	
배당가산액	

<요구사항 2>

병의 종합소득공제액을 답안양식에 따라 제시하시오.

인적 공제액	기본공제액	
	추가공제액	
주택담보노후연금 이자비용공제액		

<요구사항 3>

병의 종합소득산출세액을 구하기 위한 일반산출세액 및 비교산출세액을 답안양식에 따라 제시하시오. 단, 종합소득공제액은 6,000,000원으로 가정하며, 연금소득에 대한 세액계산의 특례를 적용하지 아니한다.

일반산출세액	
비교산출세액	

(계속)

【문제 2】 (5점)

거주자 갑이 양도한 국외 소재 토지A에 대한 자료이다.

< 자 료 >

1. 토지A(미등기)의 취득 및 양도 내역은 다음과 같다.

취득일	2021. 1. 15.
양도일	2025. 7. 10.
실지취득가액	$400,000
실지양도가액	$900,000

2. 취득일과 양도일의 환율은 다음과 같다.

구 분	취득일	양도일
대고객외국환매입률	1,250원/$	1,050원/$
기준환율	1,300원/$	1,100원/$
대고객외국환매도율	1,350원/$	1,150원/$

3. 토지A를 양도하면서 $30,000의 양도비용이 발생하였으며, 그 지출에 관하여 적격증빙서류를 수취하였다.

4. 보유기간 4년 이상 5년 미만의 경우 장기보유특별공제율은 8%이다.

<요구사항 1>
국외자산 양도에 대한 양도소득세의 ① 납세의무자, ② 양도소득의 범위 및 ③ 양도가액과 취득가액 적용순서를 5줄 이내로 서술하시오.

<요구사항 2>
갑이 양도한 토지A가 국외자산 양도에 대한 양도소득세 과세대상에 해당하는 경우, 양도소득금액과 양도소득 과세표준을 답안양식에 따라 제시하시오.

양도소득금액	
양도소득과세표준	

【문제 3】 (15점)

(물음 1) 상호 독립적인 각 과세사업자의 2025년 제1기 예정신고기간(2025년 1월 1일~2025년 3월 31일) 부가가치세 관련 자료이다. 별도의 언급이 없는 한 제시된 금액은 부가가치세가 포함되지 않은 금액이며, 세금계산서는 적법하게 발급되었다.

< 자 료 >

1. ㈜A는 2025년 2월 1일 ㈜대한과 도급공사 계약을 체결하였으며, 그 내역은 다음과 같다.

도급금액	300,000,000원
2025.3.31. 현재 작업진행률	25%
대금지급조건*	계약 시 10% 25% 완성 시 30% 50% 완성 시 30% 100% 완성 시 30%

* ㈜A는 대금수령 시 수령한 대가의 5%를 ㈜대한에 하자보증금으로 예치하고 있음

2. ㈜B는 2024년 2월 15일 은행으로부터 100,000,000원을 차입하고 상가 건물을 담보로 제공하였으나, 차입금을 상환하지 못하여 2025년 3월 10일 민사집행법에 따라 강제 경매처분 되었다. 경매 시 건물 관련 금액은 다음과 같다.

장부가액	115,000,000원
시 가	100,000,000원
낙찰가	90,000,000원

3. ㈜C는 2025년 2월 21일 장기할부조건부(2025년 2월부터 매월 말일에 3,000,000원씩 총 15회 수령 조건)로 상품을 인도하면서 대가의 수령 없이 공급가액이 45,000,000원인 세금계산서를 발급하였다.

4. ㈜D는 2025년 2월 23일 특수관계 없는 고객에게 상품(시가 3,000,000원)을 판매하면서 현금 2,500,000원을 수령하였고, 나머지 500,000원은 신용카드사마일리지로 결제(신용카드사로부터 별도의 대가를 받지 않음)받았다.

5. ㈜E는 2025년 3월 10일 내국신용장에 의하여 영세율로 공급받은 상품(매입가액 1,000,000원, 시가 2,000,000원)을 직장연예와 관련하여 종업원에게 제공하였다.

<요구사항>

각 과세사업자가 2025년 제1기 부가가치세 예정신고 시 신고해야 할 과세표준을 답안양식에 따라 제시하시오. 단, 해당 금액이 없는 경우 "0"으로 표시하시오.

구 분	과세표준
㈜A	
㈜B	
㈜C	
㈜D	
㈜E	

(물음 2) 가구제조업을 영위하는 ㈜대한의 2025년 4월 1일부터 2025년 6월 30일까지 거래내역이다. ㈜대한은 2025년 6월 30일 폐업하였다. 별도의 언급이 없는 한 제시된 금액은 부가가치세가 포함되지 않은 금액이며, 세금계산서는 적법하게 발급되었다.

< 자 료 >

1. 제품매출 내역은 다음과 같다.

국내매출액	300,000,000원
수출액	200,000,000원

① 2024년 5월 1일 가구를 국내사업자에게 인도하고 그 대금은 2024년 6월부터 매월 말일에 1,000,000원씩 총 15회 수령하기로 약정하였다. 약정된 금액은 정상적으로 수령하였으며, 2025년 4월부터 2025년 6월까지 수령분은 위 국내매출액에 포함되어 있다.

② 국내매출액 중 20,000,000원은 수출품 생산업자의 제품을 대행수출하고 받은 수출대행수수료이다.

③ 수출액 중 30,000,000원은 수출업자와 직접도급계약에 의하여 공급한 수출재화임가공용역에 대한 대가이다.

④ 수출액 중 50,000,000원은 내국신용장에 의한 제품수출액이나, 공급받은 자는 동 제품을 수출용도에 사용하지 않았다.

2. 폐업 시 잔존재화는 다음과 같다.

구 분	취득일	취득가액	시 가
제 품*1	2025.5.31.	10,000,000원	13,000,000원
기계장치*2	2024.1.15.	30,000,000원	35,000,000원
건 물*3	2024.1.11.	50,000,000원	60,000,000원
토 지	2024.1.11.	100,000,000원	110,000,000원

*1 제품제조에 투입된 원재료 등에 대한 매입세액은 모두 공제받음
*2 기계장치는 2024년 7월 1일부터 사업에 사용되었으며, 취득 시 3,000,000원의 매입세액공제를 받음
*3 건물은 사업의 포괄양수도에 의하여 양수하였음. 사업양도자는 2023년 9월 1일 건물을 취득하였으며, 취득 당시 5,000,000원의 매입세액공제를 받음

<요구사항>

㈜대한이 2025년 제1기 부가가치세 확정신고 시 신고해야 할 과세표준을 답안양식에 따라 제시하시오.

구 분		과세표준
과 세	세금계산서 발급분	
	기 타	
영세율	세금계산서 발급분	
	기 타	

(계속)

(물음 3) 과세사업과 면세사업을 겸영하고 있는 ㈜민국의 부가가치세 관련 자료이다. 단, 별도의 언급이 없는 한 제시된 금액은 부가가치세가 포함되지 않은 금액이다.

< 자 료 >

1. 각 과세기간 별 공급가액은 다음과 같다.

구 분		과세사업	면세사업
2024년 제1기		5.5억원	4.5억원
2024년 제2기		3.7억원	6.3억원
2025년 제1기	1.1.~3.31.	2.2억원	2.2억원
	4.1.~6.30.	1.8억원	3.8억원

2. 2025년 제1기 과세기간의 세금계산서 상 매입세액 내역은 다음과 같다.

구 분	1.1.~3.31.	4.1.~6.30.
과세사업	5,000,000원	3,000,000원
면세사업	2,000,000원	1,000,000원
과세·면세사업(공통)	6,000,000원*	2,000,000원
합 계	13,000,000원	6,000,000원

* 과세사업과 면세사업에 공통으로 사용할 목적으로 구입한 기계장치A의 매입세액 3,000,000원이 포함되었으며, 기계장치A는 2025년 5월 1일 50,000,000원에 매각됨. 위 '자료 1'의 공급가액에는 기계장치A 매각대금이 포함되지 않음

3. ㈜민국은 2024년 제2기 중 과세사업과 면세사업에 공통으로 사용할 목적으로 건물을 1억원에 취득하여 면세사업 예정사용면적비율 25%로 공통매입세액을 안분하였으며, 2025년 6월 1일 면세사업 사용면적비율을 29%로 확정하였다.

4. ㈜민국은 2024년 8월 1일 6,000,000원에 취득하여 면세사업에 사용하던 기계장치B를 2025년 3월 1일부터 과세사업과 면세사업에 함께 사용하기로 하였다.

5. ㈜민국이 ㈜서울에 대한 매입채무 5,500,000원(부가가치세 포함)을 변제하지 못함에 따라, 2023년 제2기에 ㈜서울은 대손세액공제를 받고 ㈜민국은 매입세액공제액에서 해당 금액을 차감하였다. ㈜민국은 2025년 1월 15일 ㈜서울에 해당 채무 5,500,000원을 모두 변제하였다.

<요구사항 1>

㈜민국의 2025년 제1기 부가가치세 예정신고 시 매입세액공제액을 답안양식에 따라 제시하시오.

구 분	금 액
(1) 세금계산서 수취분 매입세액	
(2) 그 밖의 공제매입세액	
(3) 공제받지 못할 매입세액	
차가감 계: (1) + (2) − (3)	

<요구사항 2>

㈜민국의 2025년 제1기 부가가치세 확정신고 시 매입세액공제액을 답안양식에 따라 제시하시오.

구 분	금 액
(1) 세금계산서 수취분 매입세액	
(2) 그 밖의 공제매입세액	
(3) 공제받지 못할 매입세액	
차가감 계: (1) + (2) − (3)	

【문제 4】 (5점)

정육점업과 음식점업을 겸영하는 간이과세자 갑의 자료이다.

< 자 료 >

1. 공급대가 내역은 다음과 같으며, 공급대가 중 60%는 신용카드매출전표 발행분이다.

기 간	정육점업	음식점업
2024년	5,000,000원	55,000,000원
2025년	20,000,000원	50,000,000원

2. 2025년 매입액 내역은 다음과 같다.

구 분	정육점업	음식점업
세금계산서 수취	-	10,000,000원*
일반과세자 발행 신용카드매출전표 수취	-	10,000,000원*
계산서 수취	8,000,000원	3,270,000원 (면세농산물)

* 부가가치세 포함

3. 2024년 12월이 구입한 트럭을 정육점업과 음식점업에 공통으로 사용하다가 2025년 4월 5일 9,900,000원(공급대가)에 매각하였다. 위 '자료 1'의 공급대가에 트럭 공급대가는 포함되지 않았다.

4. 2025년 7월 1일 현재 음식점업 관련 보유자산 내역은 다음과 같다.

구 분	취득일	취득가액(공급대가)
원재료	2025.6.1.	1,100,000원
기계장치	2025.1.10.	2,200,000원
건 물	2021.5.1.	22,000,000원

5. 음식점업의 부가가치율은 다음과 같이 가정한다.

2021년 이전	2022년	2023년	2024년	2025년
10%	15%	20%	15%	20%

6. 의제매입세액 공제율은 9/109이다.

7. 2025년 예정부과기간에 대한 고지납부세액은 없으며, 전자신고를 하고자 한다.

<요구사항 1>

간이과세자 갑의 2025년 부가가치세 납부세액과 차가감납부할세액(지방소비세 포함)을 답안양식에 따라 제시하시오.

납부세액	
차가감납부할세액 (지방소비세 포함)	

<요구사항 2>

간이과세자 갑이 간이과세를 포기하고 2025년 7월 1일부터 일반과세자로 전환할 경우, 2025년 제2기 과세기간의 재고매입세액을 계산하시오.

(계속)

【문제 5】 (25점)

(물음 1) 제조업을 영위하는 ㈜금강의 제25기 사업연도(2025년 1월 1일~2025년 12월 31일) 수입배당금 관련 자료이다. 전기까지의 세무조정은 적법하게 이루어졌다.

< 자 료 >

1. ㈜금강이 내국법인으로부터 수령한 수입배당금은 다음과 같다.

피출자법인	출자비율	장부가액	수입배당금	주식취득일
A사	30%	6억원	45,000,000원	2024.6.21. 2024.11.23.
B사	20%	10억원	10,000,000원	2024.9.1.
C사	40%	5억원	30,000,000원	2024.3.3.
D사	60%	8억원	25,000,000원	2023.10.9.

① A사 주식 중 출자비율 10%에 해당하는 주식(장부가액 2억원)은 2024년 6월 21일에 취득하였으며, 출자비율 20%에 해당하는 주식(장부가액 4억원)은 2024년 11월 23일에 취득하였다.

② 모든 피출자법인의 배당기준일은 2024년 12월 31일이다.

③ 모든 피출자법인은 지급배당에 대한 소득공제와 「조세특례제한법」상 감면 규정 및 동업기업과세특례를 적용받지 않는다.

2. ㈜금강이 외국법인으로부터 수령한 수입배당금은 다음과 같다. 수입배당금은 전부 외국자회사의 주식을 취득한 후의 이익잉여금을 재원으로 받은 것이다.

피출자법인	출자비율	수입배당금	주식취득일	배당기준일
E사(제조업)	30%	20,000,000원	2025.2.2.	2025.6.30.
F사(해외자원개발업)	6%	10,000,000원	2025.2.9.	2025.9.30.
G사(도매업)	15%	45,000,000원	2025.3.1.	2025.9.30.

3. ㈜금강의 제25기 이자비용은 70,000,000원이고 이 중 10,000,000원은 업무무관자산 관련 이자비용으로서 손금불산입되었다. ㈜금강의 제25기말 재무상태표상 자산총액은 50억원이다.

4. ㈜금강은 지주회사가 아니다.

5. 내국법인으로부터 받은 수입배당금액 익금불산입률

출자비율	익금불산입률
20% 미만	30%
20% 이상 50% 미만	80%
50% 이상	100%

<요구사항 1>

㈜금강이 제25기에 내국법인으로부터 수령한 수입배당금에 대한 익금불산입액을 답안양식에 따라 제시하시오.

구 분	익금불산입액
A사	
B사	
C사	
D사	

<요구사항 2>

㈜금강이 제25기에 외국법인으로부터 수령한 수입배당금에 대한 익금불산입액을 답안양식에 따라 제시하시오.

구 분	익금불산입액
E사	
F사	
G사	

(물음 2) 제조업을 영위하는 ㈜한국(중소기업 아님)의 제25기 사업연도(2025년 1월 1일~2025년 12월 31일) 기부금 관련 자료이다. 전기까지의 세무조정은 적법하게 이루어졌다.

< 자 료 >

1. ㈜한국의 손익계산서 내역은 다음과 같다.

① 당기순이익은 40,000,000원이며, 당기 법인세비용은 6,000,000원이다.

② 전기에 과오납한 재산세에 대한 환급금 17,000,000원과 환급금 이자 500,000원을 당기에 수령하고 다음과 같이 회계처리하였다.

(차) 현 금 17,500,000 (대) 이자수익 17,500,000

③ 기부금 계정의 내역은 다음과 같다.

일 자	내 용	금 액
2. 28.	천재지변으로 생기는 이재민 구호금품 가액	30,000,000원
4. 4.	근로복지진흥기금 기부금	16,000,000원
7. 2.	무료로 이용할 수 있는 아동복지시설에 지출한 기부금	15,000,000원[*1]
11. 7.	새마을금고에 지출한 기부금	21,000,000원[*2]
12. 29.	종교단체 기부금	10,000,000원[*3]

*1 ㈜한국이 생산한 제품을 특수관계가 있는 아동복지시설에 기부한 것으로, 제품의 시가는 20,000,000원임
*2 새마을금고에 사랑의 좀도리운동을 위하여 지출하는 기부금은 아님
*3 약속어음으로 지급되었으며, 어음의 결제일은 2026년 3월 1일임

2. ㈜한국은 「의료법」에 의한 의료법인(특수관계 없음)으로부터 정당한 사유 없이 시가 200,000,000원인 토지를 300,000,000원에 매입하고, 매입가액을 취득원가로 계상하였다.

3. 제24기의 세무조정 시 기부금과 관련된 세무조정사항은 다음과 같다.

① 사립대학교 장학금: 25,000,000원(전기말 현재 미지급한 상태이며, 2025년 1월 3일에 현금으로 지급함)

② 일반기부금 한도초과액: 2,000,000원

4. 제23기에 발생한 세무상 결손금은 80,000,000원이며, 위에서 제시한 것 외에 다른 세무조정 사항은 없다고 가정한다.

<요구사항 1>

㈜한국의 제25기 차가감소득금액을 답안양식에 따라 제시하시오.

당기순이익	×××
익금산입 및 손금불산입	×××
1) ……	×××
2) ……	×××
⋮	⋮
손금산입 및 익금불산입	×××
1) ……	×××
2) ……	×××
⋮	⋮
차가감소득금액	×××

<요구사항 2>

㈜한국의 제25기 차가감소득금액이 30,000,000원이라고 가정하고, 제25기 특례기부금 및 일반기부금 해당액과 특례기부금 및 일반기부금 한도초과(미달)액을 답안양식에 따라 제시하시오.

특례기부금 해당액	
일반기부금 해당액	
특례기부금 한도초과(미달)액	
일반기부금 한도초과(미달)액	

(계속)

(물음 3) ㈜동서의 제25기 사업연도(2025년 1월 1일~2025년 12월 31일) 지급이자 관련 자료이다. 전기까지의 세무조정은 적법하게 이루어졌다.

< 자 료 >

1. 손익계산서 상 이자비용 내역은 다음과 같다.

구 분	이자율	이자비용
사 채	10%	3,000,000원
A은행 차입금	6%	10,000,000원
B은행 차입금	4%	5,000,000원

① 사채는 채권자가 불분명하며, 이에 대한 이자비용에는 원천징수 납부한 세액 1,485,000원이 포함되어 있다.
② A은행 차입금에 대한 이자는 당기말 현재 건설 중인 사옥신축용 차입금 이자 4,000,000원과 장기건설 중인 재고자산에 대한 차입금 이자 6,000,000원으로 구성되어 있다.
③ B은행 차입금에 대한 이자 중 3,000,000원은 한국은행 총재가 정한 규정에 따른 기업구매자금대출 관련 차입금에 대한 이자비용이다.

2. ㈜동서는 2024년 10월 1일 업무에 직접 사용하지 않는 토지를 특수관계인으로부터 100,000,000원(시가 70,000,000원)에 취득하여 보유하고 있다.

3. 재무상태표 상 대여금의 내역은 다음과 같다.

지급일	금 액	대여금 적수
2025.7.1.	50,000,000원*1	92억원
2025.9.19.	30,000,000원*2	31.2억원
2025.10.20.	100,000,000원*3	73억원

*1 무주택 직원(지배주주 아님)에게 국민주택 취득자금으로 대여한 금액임
*2 손금불산입액에 대한 귀속이 불분명하여 대표자상여로 처분한 금액에 대한 소득세 대납액임
*3 대표이사에게 업무와 무관하게 대여한 금액임

4. ㈜동서는 제조업을 영위하는 중소기업으로서 A은행 및 B은행과 특수관계가 없다.

<요구사항>

㈜동서가 해야 하는 제25기 세무조정 및 소득처분을 답안양식에 따라 제시하시오. 단, 가지급금 인정이자는 고려하지 아니하며, 1년은 365일로 가정한다.

익금산입 및 손금불산입			손금산입 및 익금불산입		
과목	금액	소득처분	과목	금액	소득처분

(물음 4) 제조업을 영위하는 ㈜바다의 제25기(2025년 1월 1일~2025년 12월 31일) 법인세 관련 자료이다. 전기까지의 세무조정은 적법하게 이루어졌다.

< 자 료 >

1. ㈜바다는 2025년 1월 1일에 해상구조물을 설치하고 이를 이용하는 계약을 지방자치단체와 체결하였다. 계약에 따르면 ㈜바다는 10년간의 사용기간이 종료된 후 해상구조물을 철거하고 주변 수질을 원상회복해야 할 의무가 있다.

2. 해상구조물과 관련된 내역은 다음과 같다.

취득원가	50,000,000원
잔존가치	없음
신고내용연수	10년
감가상각방법	정액법

3. ㈜바다는 해상구조물에 대하여 원가모형을 적용하였다. 복구와 관련한 예상현금흐름 10,000,000원에 대하여 시장이자율을 반영하여 현재가치로 측정하였고, 2025년 1월 1일에 다음과 같이 회계처리 하였다.

(차) 구축물　　　　　56,139,133
　　(대) 현금　　　　　　　50,000,000
　　　　복구충당부채　　　　6,139,133

4. ㈜바다는 2025년 12월 31일에 해상구조물에 대하여 다음과 같이 회계처리하였다.

(차) 감가상각비　　　　5,613,913
　　 이자비용　　　　　　306,957
　　(대) 감가상각누계액　　5,613,913
　　　　복구충당부채　　　　306,957

<요구사항>

㈜바다가 해야 하는 제25기 세무조정 및 소득처분을 답안양식에 따라 제시하시오.

익금산입 및 손금불산입			손금산입 및 익금불산입		
과목	금액	소득처분	과목	금액	소득처분

(물음 5) 제조업을 영위하는 ㈜서울(영리내국법인)의 제25기 사업연도(2025년 1월 1일~2025년 12월 31일) 법인세 관련 자료이다. 전기까지의 세무조정은 적법하게 이루어졌다.

< 자 료 >

1. ㈜서울은 ㈜A로부터 토지와 건물을 600,000,000원(부가가치세를 제외한 금액임)에 일괄취득하였으며, 결산상 토지와 건물을 별도로 구분하지 않고 취득가액 전부를 건물로 계상하였다. 일괄취득 시 토지와 건물의 ㈜A 장부가액과 감정평가가액은 다음과 같다.

구 분	㈜A 장부가액	감정평가가액
토 지	100,000,000원	300,000,000원
건 물	100,000,000원	200,000,000원

2. ㈜서울은 전기에 비상장법인 ㈜B의 주식을 20,000,000원에 취득하였으며, 전기말 유보(△유보)잔액은 없다. 당기에 ㈜B가 파산하여 주식 시가가 0원이 됨에 따라 다음과 같이 회계처리하였다.

(차) 금융자산평가손실　　20,000,000
　　 (기타포괄손익)
　　(대) 금융자산(B주식)　　20,000,000

3. ㈜서울의 외화자산·부채에 대한 평가 내역은 다음과 같다.

과 목	외화금액	평가손익 반영전 재무상태표 가액	평가손익 (영업외손익)
외화 외상매출금	$30,000	38,800,000원	200,000원
외화선급금 (제품관련)	$12,000	15,480,000원	120,000원
외화재고자산	$50,000	66,500,000원	(−)1,500,000원
외화차입금	$15,000	20,000,000원	500,000원

① ㈜서울은 관할세무서장에게 외화자산·부채를 사업연도 종료일 현재의 매매기준율로 평가하는 방법으로 신고하였다.

② 제25기말 현재 1$당 매매기준율은 1,300원이다.

(계속)

③ 외화차입금은 전기말 잔액인 $45,000 중 2025년 9월 19일에 $30,000을 상환한 후의 잔액이다. ㈜서울은 외화차입금 상환차익을 영업외손익으로 계상하였다. 외화차입금의 전기말 △유보잔액은 6,000,000원이다.

4. ㈜서울의 수입이자와 지급이자에 대한 자료는 다음과 같다.

① 2025년 1월 1일에 매입한 ㈜C 기명사채(액면가액 5억원, 액면이자율 6%, 만기 3년, 원리금 만기 일시 지급 조건)에 대한 기간경과분 미수이자 30,000,000원과 유효이자율법에 따라 상각한 금액(액면가액과 매입가액의 차액임) 7,000,000원을 손익계산서에 이자수익으로 계상하였다.

② 2025년 1월 1일에 특수관계인 ㈜D(제조업)로부터 1억원(이자율 연 9%, 차입기간 3년, 이자는 만기 일시 지급 조건)을 차입한 후 당기 기간경과분 미지급이자 9,000,000원을 손익계산서에 이자비용으로 계상하였다.

<요구사항 1>

<자료 1>과 관련하여 ㈜서울이 해야 하는 제25기 세무조정 및 소득처분을 답안양식에 따라 제시하시오.

익금산입 및 손금불산입			손금산입 및 익금불산입		
과목	금액	소득처분	과목	금액	소득처분

<요구사항 2>

<자료 2>와 관련하여 ㈜서울이 해야 하는 제25기 세무조정 및 소득처분을 답안양식에 따라 제시하시오.

익금산입 및 손금불산입			손금산입 및 익금불산입		
과목	금액	소득처분	과목	금액	소득처분

<요구사항 3>

<자료 3>과 관련하여 ㈜서울이 해야 하는 제25기 세무조정 및 소득처분을 답안양식에 따라 제시하시오.

익금산입 및 손금불산입			손금산입 및 익금불산입		
과목	금액	소득처분	과목	금액	소득처분

<요구사항 4>

<자료 4>와 관련하여 ㈜서울이 해야 하는 제25기 세무조정 및 소득처분을 답안양식에 따라 제시하시오.

익금산입 및 손금불산입			손금산입 및 익금불산입		
과목	금액	소득처분	과목	금액	소득처분

【문제 6】(15점)

(물음 1) 제조업을 영위하는 중소기업인 ㈜한국의 제25기 사업연도(2025년 1월 1일~2025년 12월 31일) 감가상각 관련 자료이다. ㈜한국은 설립 이후 당기까지 중소기업에 대한 특별세액감면을 적용받고 있으며, 전기까지의 세무조정은 적법하게 이루어졌다.

< 자 료 >

1. 기계장치A

① ㈜한국은 2024년 7월 1일에 기계장치A를 40,000,000원에 취득하고, 기계장치에 대한 감가상각방법을 정률법(기준내용연수 8년, 상각률 0.313)으로 신고하였으나, 제25기부터 정액법으로 적법하게 변경하였다.

② ㈜한국은 제24기에 기계장치A에 대한 감가상각비 6,000,000원을 손익계산서에 비용으로 계상하였다.

③ ㈜한국은 제25기에 기계장치A의 감가상각과 관련하여 다음과 같이 회계처리하였다.

(차) 감가상각누계액   3,500,000
    감가상각비   4,000,000
    (대) 회계변경누적효과   3,500,000
        (이익잉여금)
        감가상각누계액   4,000,000

2. 기계장치B

① ㈜한국은 2025년 7월 1일에 특수관계인 ㈜대한으로부터 기계장치B를 취득(취득당시 시가 100,000,000원)하고, 매입가액인 120,000,000원을 장부상 취득가액으로 계상하였다.

② ㈜대한은 기계장치B를 취득한 후 5년간 사업에 직접 사용하였다.

③ ㈜한국은 2025년 12월 1일에 기계장치B에 대한 수선비(자본적 지출이며 주기적 수선에 해당하지 않음)로 10,000,000원을 지출하였으며, 이를 손익계산서에 비용으로 계상하였다.

④ ㈜한국은 기계장치B에 대한 제25기 감가상각비 6,000,000원을 손익계산서에 비용으로 계상하였다.

3. 공장건물

① ㈜한국은 2024년 1월 1일에 공장건물을 착공하여 2025년 7월 1일에 완공하고, 즉시 사업에 사용하였다.

② ㈜한국은 공장건물의 건설을 위하여 2024년 2월 1일에 대한은행으로부터 600,000,000원을 연 이자율 5%로 차입하고, 2025년 12월 31일에 전액 상환하였다.

③ ㈜한국은 차입금에서 발생한 지급이자를 다음과 같이 각 사업연도의 손익계산서에 이자비용으로 계상하였다. 건설자금이자의 계산은 편의상 월할 계산하기로 한다.

구 분	이자비용
제24기	27,500,000원
제25기	30,000,000원

④ 공장건물의 장부상 취득가액은 20억원이며, 공장건물에 대한 제25기 감가상각비 60,000,000원을 손익계산서에 비용으로 계상하였다.

⑤ 공장건물에 대한 신고내용연수는 20년이며, 감가상각방법은 신고하지 않았다.

4. 내용연수별 정액법 상각률은 다음과 같다.

내용연수	4년	8년	10년	20년
상각률	0.250	0.125	0.100	0.050

<요구사항 1>

<자료 1>과 관련하여 ㈜한국이 해야 하는 제25기 세무조정 및 소득처분을 답안양식에 따라 제시하시오.

익금산입 및 손금불산입			손금산입 및 익금불산입		
과목	금액	소득처분	과목	금액	소득처분

(계속)

<요구사항 2>
<자료 2>와 관련하여 ㈜한국이 해야 하는 제25기 세무조정 및 소득처분을 답안양식에 따라 제시하시오.

익금산입 및 손금불산입			손금산입 및 익금불산입		
과목	금액	소득처분	과목	금액	소득처분

<요구사항 3>
<자료 3>과 관련하여 ㈜한국이 해야 하는 제25기 세무조정 및 소득처분을 답안양식에 따라 제시하시오.

익금산입 및 손금불산입			손금산입 및 익금불산입		
과목	금액	소득처분	과목	금액	소득처분

(물음 2) 제조업을 영위하는 비상장내국법인 ㈜대한은 2025년 3월 15일에 유상감자를 실시하였다. 유상감자 관련 자료는 다음과 같다.

< 자 료 >

1. ㈜대한의 1주당 액면가액은 10,000원, 감자 전 1주당 평가액은 6,000원이다.

2. ㈜대한은 감자대가로 1주당 4,000원을 지급하였으며, 유상감자 내역은 다음과 같다.

주주	감자 전 주식수	감자 주식수	감자 후 주식수
A법인	40,000주	10,000주	30,000주
B법인	30,000주	9,000주	21,000주
C법인	20,000주	-	20,000주
D법인	10,000주	1,000주	9,000주
합 계	100,000주	20,000주	80,000주

3. A법인, C법인과 D법인은 「법인세법」 상 특수관계인에 해당되며, 그 외의 특수관계인은 없다.

4. B법인이 ㈜대한의 주식을 취득한 내역은 다음과 같다.

취득일	주식수	비 고
2024.10.10.	20,000주	1주당 7,600원에 유상 취득
2024.11.15.	4,000주	이익준비금 자본전입으로 무상주 취득
2024.12.28.	6,000주	주식발행초과금 자본전입으로 무상주 취득
합 계	30,000주	

<요구사항 1>
유상감자로 인한 분여이익과 관련하여 각 주주가 해야 하는 세무조정 및 소득처분을 답안양식에 따라 제시하시오. 단, 의제배당은 고려하지 아니하며, 세무조정이 없는 경우에는 "세무조정 없음"이라고 표시하시오.

A법인	
B법인	
C법인	
D법인	

<요구사항 2>
유상감자로 인한 B법인의 의제배당액을 계산하시오.

【문제 7】 (10점)

(물음 1) 2025년 3월 26일 사망한 거주자 갑(60세)의 상속세 관련 자료이다.

< 자료 >

1. 상속개시일 현재 상속재산 현황은 다음과 같다.

   ① 주택: 1,800,000,000원(상속개시일의 시가)

   ② 갑이 신탁한 금전신탁: 100,000,000원

   ③ 상장주식(갑은 최대주주 아님): 10,000주*

   * 상속개시일 현재 거래소 최종시세가액은 60,000원이며, 상속개시일 이전·이후 각 2개월 간의 거래소 최종시세가액의 평균액은 50,000원임

2. 상속개시일 현재 갑의 채무 현황은 다음과 같다.

   ① 은행차입금: 400,000,000원*

   * 상속개시 1년 6개월 전에 차입한 금액으로 상속개시일까지 상환하지 않았으며, 차입한 자금의 용도가 객관적으로 명백하지 않음

   ② 공과금 미납액: 12,000,000원*

   * 상속인의 귀책사유로 인한 강제징수비 2,000,000원 포함

3. 증빙서류에 의해 입증되는 장례비용은 없다.

4. 2022년 10월 5일에 상속인인 장남에게 토지를 증여하였으며, 증여한 토지의 시가는 다음과 같다.
   ① 상속개시일의 시가: 300,000,000원
   ② 증여 당시의 시가: 200,000,000원

5. 상속인으로 배우자(55세)와 장남(30세), 장녀(27세)가 있다.

<요구사항 1>

갑의 사망에 따른 상속세 과세가액을 답안양식에 따라 제시하시오.

구 분	금 액
총상속재산가액	
과세가액 공제액	
합산되는 증여재산가액	
상속세 과세가액	

<요구사항 2>

공동상속인은 상속세 과세표준 신고 이전에 상속세 부담 최소화를 위한 다양한 방안을 검토하고 있다. 주어진 <자료>의 범위 내에서 상속세 부담을 최소화하기 위해 활용할 수 있는 세법 규정이 있다면 3줄 이내로 서술하시오.

(물음 2) '증여추정'과 '증여의제'의 차이를 비교하여 설명한 후, 「상속세 및 증여세법」에 규정된 '재산취득자금의 증여추정'과 '명의신탁재산의 증여의제'에 대하여 각각 설명하시오.

― 끝 ―

MEMO

※ 답안 작성시 유의사항

1. 답안은 문제 순서대로 작성할 것

2. 계산문제는 계산근거를 반드시 제시할 것

3. 답안은 아라비아 숫자로 원단위까지 작성할 것
   (예: 2,000,000 - 1,000,000 = 1,000,000원)

4. 별도의 언급이 없는 한 관련 자료·증빙의 제출 및 신고·납부절차는 적법하게 이행된 것으로 가정할 것

5. 별도의 언급이 없는 한 합법적으로 세금부담을 최소화하는 방법으로 풀이할 것

【문제 1】(25점)

거주자 갑, 을, 병의 2025년 귀속 종합소득 신고를 위한 자료이다. 제시된 금액은 원천징수하기 전의 금액이다.

(물음 1) 거주자 갑은 2025년 5월 31일까지 ㈜A의 영업사원으로 근무하다 퇴직한 후, 2025년 10월 1일에 ㈜B에 재취업하여 상무이사(비출자임원)로 근무하고 있다. 갑의 2025년 근로소득과 관련된 자료이다.

< 자 료 >

1. ㈜A와 ㈜B는 모두 「조세특례제한법」상 중소기업에 해당한다.

2. ㈜A가 갑의 근무기간(2025년 1월 1일~2025년 5월 31일) 중 갑에게 지급한 내역은 다음과 같다.

구 분	금 액
기본급	15,000,000원
벽지수당*1	2,500,000원
식사대*2	1,250,000원
여비*3	1,200,000원
자가운전보조금*4	1,000,000원
주택임차 소요자금 저리 대여 이익	3,000,000원

*1 매월 500,000원씩 지급됨
*2 갑은 식사를 제공받지 않았으며 매월 250,000원씩 지급받음
*3 시내출장에 소요된 실제 경비로 실비를 지급받음
*4 회사의 지급기준에 따라 매월 200,000원씩 지급됨

3. 갑은 실직기간(2025년 6월 1일~2025년 9월 30일)에 「고용보험법」에 따라 2,000,000원의 실업급여를 받았다.

4. ㈜B가 갑의 근무기간(2025년 10월 1일~2025년 12월 31일) 중 갑에게 지급한 내역은 다음과 같다.

구 분	금 액
기본급	24,000,000원
이직 지원금*1	4,500,000원
건강보험료*2	1,500,000원
단체순수보장성 보험료*3	800,000원
사택제공이익*4	4,000,000원

*1 지방에 소재하는 회사에 이직함에 따라 지급됨
*2 갑이 부담하여야 할 부분으로 ㈜B가 대납함
*3 갑(계약자)의 사망·상해 또는 질병을 보험금의 지급사유로 하고 갑을 피보험자와 수익자로 하는 보험으로서 만기에 납입보험료를 환급하지 않는 보험의 보험료로 ㈜B가 부담함
*4 ㈜B가 소유하고 있는 주택을 갑에게 무상으로 제공한 이익임

5. 근로소득공제

총급여액	근로소득공제액
1,500만원 초과 4,500만원 이하	750만원+1,500만원을 초과하는 금액의 15%
4,500만원 초과 1억원 이하	1,200만원+4,500만원을 초과하는 금액의 5%

(계속)

<요구사항>

갑의 2025년 귀속 근로소득금액을 답안 양식에 따라 제시하시오.

총급여액	
근로소득공제	
근로소득금액	

(물음 2) 거주자 을은 2024년 국내에서 제조업(중소기업)을 개시하여 영위하고 있다. 다음은 을의 2025년 사업소득 손익계산서와 추가자료이다.

< 자 료 >

1. 손익계산서(2025년 1월 1일~2025년 12월 31일)

(단위: 원)

Ⅰ. 매출액		3,200,000,000
Ⅱ. 매출원가		(1,700,000,000)
Ⅲ. 매출총이익		1,500,000,000
Ⅳ. 판매비와 관리비		
1. 급여	890,000,000	
2. 광고선전비	25,000,000	
3. 기업업무추진비	50,000,000	
4. 감가상각비	10,000,000	(975,000,000)
Ⅴ. 영업이익		525,000,000
Ⅵ. 영업외수익		
1. 이자수익	14,000,000	
2. 배당금수익	5,000,000	
3. 유형자산처분이익	20,000,000	39,000,000
Ⅶ. 영업외비용		
1. 지급이자	30,000,000	(30,000,000)
Ⅷ. 당기순이익		534,000,000

2. 판매비와 관리비 추가자료
① 급여에는 을의 급여 90,000,000원과 사업에 직접 종사하지 않는 을의 배우자 급여 60,000,000원이 포함되어 있다.

② 광고선전비는 불특정 다수인에게 지급된 것이다.

③ 기업업무추진비는 모두 업무용으로 사용하였으며 적격증명서류를 수취한 것이다. 기업업무추진비 한도 계산시 수입금액에 대한 적용률은 수입금액 100억원 이하는 0.3%이다.

④ 감가상각비는 회사 사무실로 사용하는 건물A에 대한 것이며, 세법상 상각범위액은 7,000,000원이다.

3. 영업외수익 및 비용 추가자료
① 배당금수익은 국내기업으로부터 받은 것이다.

② 유형자산처분이익은 건물A를 당기에 처분하여 발생한 것이며, 전기로부터 이월된 상각부인액 4,000,000원이 있다.

③ 지급이자 중 초과인출금에 대한 것은 없으며, 채권자불분명 차입금에 대한 이자 5,000,000원이 포함되어 있고 그 외는 업무와 관련된 것이다.

<요구사항>

을의 사업소득과 관련된 소득조정과 사업소득금액을 답안 양식에 따라 제시하시오.

손익계산서상 당기순이익		534,000,000원
구 분	과 목	금 액
가산조정		
차감조정		
사업소득금액		

(물음 3) 거주자 병(여성, 40세)의 2025년 종합소득 관련 자료이다.

< 자 료 >

1. 종합소득금액 내역

① 근로소득 총급여액: 82,000,000원

② 기타소득*1

구 분	금 액
특허권의 양도	50,000,000원
대학교 특강료 및 원고료	2,000,000원
발명경진대회 상금*2	10,000,000원

*1 실제 필요경비는 확인되지 않으며 원천징수 전의 금액임
*2 공익법인이 주무관청의 승인을 얻어 시상하는 상금임

③ 이자소득

구 분	금 액
국내은행 예금이자	4,000,000원
비영업대금의 이익*	3,000,000원

* 온라인투자연계금융업자를 통해 받은 이자가 아님

2. 생계를 같이하는 부양가족의 현황

구 분	나 이	내 용
모친	64세	정기예금이자 10,000,000원 있음
배우자	49세	소득 없음. 2025년 11월에 법적으로 이혼함
딸	9세	소득 없음. 장애인

3. 병의 보험료 지출내역

구 분	본인 부담분
국민연금보험료	4,500,000원
국민건강보험료	3,500,000원
생명보험료*1	1,200,000원
장애인전용상해보험료*2	1,800,000원

*1 본인을 피보험자로 하는 보장성 보험임
*2 딸을 피보험자로 함

4. 병의 신용카드 등 사용내역(전년도 대비 증가분은 없음)

구 분	금 액
전통시장 사용액	3,000,000원
대중교통 이용액	3,000,000원
신용카드 사용액	40,000,000원

5. 의료비 지출내역

구 분	금 액
모친의 치과치료비	10,000,000원
본인의 건강진단비	1,000,000원
딸의 선천성이상아 치료비	5,000,000원

<요구사항 1>

종합소득에 포함될 기타소득금액 및 이자소득금액과 소득세 원천징수세액을 답안 양식에 따라 제시하시오. 단, 원천징수는 적법하게 이루어졌다.

종합소득에 포함될 기타소득금액	
종합소득에 포함될 이자소득금액	
소득세 원천징수세액	

<요구사항 2>

병의 소득공제액을 답안 양식에 따라 제시하시오.

인적 공제액	기본공제액	
	추가공제액	
연금보험료·국민건강보험료 소득공제액		
신용카드 등 사용 소득공제액		

<요구사항 3>

병의 세액공제액을 답안 양식에 따라 제시하시오.

보험료 세액공제액	
의료비 세액공제액	

(계속)

【문제 2】(5점)

거주자 갑이 아들에게 양도한 주택A의 양도소득 관련 자료이다.

< 자 료 >

1. 주택A의 양도거래내용은 다음과 같다.

양도일	2025. 5. 29.
취득일	2018. 4. 24.
실지양도가액	2,300,000,000원
실지취득가액	1,300,000,000원
기타의 필요경비	48,000,000원*

* 8,000,000원은 부동산 중개수수료로 지급한 금액이며, 40,000,000원은 주택A를 경매를 통해 매입하는 과정에서 발생한 것으로 갑이 당해 주택의 소유권을 확보하기 위해 지출한 소송비용임

2. 주택A는 부동산투기지역에 소재하고 있는 등기된 주택이다. 갑은 주택A에 대해 1세대 1주택 비과세요건을 충족하고 보유기간동안 거주하였으며, 다른 주택을 보유한 사실이 없다.

3. 갑이 주택A를 아들 을에게 양도할 당시 시가는 확인되지 않으며 매매사례가액은 2,500,000,000원이다. 주택A는 2025년 갑의 유일한 양도자산이다.

4. 주택A의 양도당시 기준시가는 2,000,000,000원이며, 취득당시 기준시가는 1,075,000,000원이다.

5. 7년 이상 8년 미만 장기보유특별공제율은 보유기간별 공제율과 거주기간별 공제율이 각각 28%이다.

6. 종합소득세율

과세표준	세 율
8,800만원 초과 1억5천만원 이하	1,536만원 + 8,800만원을 초과하는 과세표준의 35%
1억5천만원 초과 3억원 이하	3,706만원 + 1억5천만원을 초과하는 과세표준의 38%

<요구사항 1>

갑의 주택A 양도로 인한 양도소득금액을 답안 양식에 따라 제시하시오.

양도가액	
취득가액	
기타의 필요경비	
양도차익	
장기보유특별공제	
양도소득금액	

<요구사항 2>

갑의 주택A 양도에 따른 양도소득산출세액을 제시하시오. 단, 양도소득금액은 200,000,000원이라고 가정한다.

【문제 3】 (10점)

(물음 1) 과세사업을 영위하고 있는 ㈜갑의 2025년 제1기 부가가치세 관련 자료이다. ㈜갑은 사업자단위과세 사업자와 주사업장 총괄납부 사업자가 아니다. 제시된 금액은 부가가치세를 포함하지 않은 금액이다.

< 자 료 >

1. 국내사업장이 없는 비거주자에게 국내에서 2025년 4월 8일에 직접 제품을 인도하고 대가 400,000원을 원화로 수령하였다.

2. 2025년 4월 5일 거래처에 제품A를 운송비 50,000원을 포함하여 3,000,000원에 판매하고, 판매장려금 200,000원과 하자보증금 150,000원을 차감한 2,650,000원을 수령하였다.

3. 2025년 7월 출시예정인 신제품K(판매가 1,000,000원)의 사전예약으로 2025년 6월 23일 환불이 불가능한 모바일 교환권을 950,000원(5% 할인된 금액)에 현금판매하였다.

4. 2025년 5월 7일 영동직매장에 판매목적으로 제품B를 반출하였다. 제품B는 개별소비세 과세대상으로 개별소비세의 과세표준은 45,000,000원, 개별소비세는 3,000,000원, 교육세는 300,000원, 장부가액은 43,000,000원, 시가는 50,000,000원이다. 제품B의 매입세액은 불공제되었다.

5. 2025년 2월 8일 해외로 제품 $50,000의 수출계약을 체결하고 2025년 6월 7일 제품을 인도하였다. 판매대금 $10,000는 2025년 4월 10일에 선수령하여 11,800,000원으로 환가하고, 제품인도일에 $40,000를 수령하여 2025년 6월 30일에 47,700,000원으로 환가하였다. 각 일자별 기준환율은 다음과 같다.

구 분	계약일	선수금	잔금
일 자	2025.2.8.	2025.4.10.	2025.6.7.
수령액($)	–	10,000	40,000
기준환율 (W/$)	1,100	1,180	1,200

6. 남동직매장에 2025년 4월 30일 화재가 발생하여 제품(시가 12,000,000원, 원가 10,000,000원)이 소실되었으나 화재보험에 가입되어 있어 2025년 6월 15일 보상금 12,000,000원을 지급받았다.

7. 2025년 4월 3일에 제품 판매계약을 체결하였으나 2025년 4월 10일에 거래처의 자금사정 악화로 계약조건을 다음과 같이 변경하였다. 변경 후 조건에 따라 대금회수가 이루어졌으며, 제품은 잔금지급약정일에 인도하기로 하였다.

구 분	기존일자	변경일자	금 액
계약금	2025.4.3.	2025.4.3.	5,000,000원
중도금	2025.6.15.	2025.6.30.	15,000,000원
잔 금	2025.8.7.	2025.12.30.	30,000,000원

<요구사항>

㈜갑이 2025년 제1기 부가가치세 확정신고 시 신고해야 할 과세표준을 답안 양식에 따라 제시하시오.

자료번호	과세표준	
	과 세	영세율
1		
⋮		
7		

(계속)

(물음 2) 부동산임대업을 영위하는 개인사업자A의 겸용주택 임대와 관련된 자료이다.

< 자 료 >

1. 겸용주택은 단층으로 도시지역 안에 소재하고 있으며, 건물면적은 200m²(상가 80m², 주택 120m², 지하층과 주차장 면적은 제외), 부수토지면적은 1,500m²이다.

2. 임대계약조건

구 분	내 용
임대기간	2023.12.1.~2025.11.30.
월임대료	3,000,000원*1
임대보증금	500,000,000원*2

*1 월임대료는 부가가치세 제외금액으로 매달 말일에 받기로 계약하였으나, 임차인의 자금사정으로 2025년 6월분은 2025년 7월초에 수령함

*2 임대보증금 운용수입으로 289,000원의 이자수익이 발생함

3. 2025년 6월 30일 현재 겸용주택의 감정가액 등의 내역

구분	장부가액	감정가액	기준시가
건물	150,000,000원	210,000,000원	128,000,000원
토지	250,000,000원	370,000,000원	192,000,000원
합계	400,000,000원	580,000,000원	320,000,000원

4. 2025년 6월 30일 현재 계약기간 1년의 정기예금이자율은 1.825%라고 가정한다.

<요구사항>

A의 2025년 제1기 과세기간(2025년 1월 1일~2025년 6월 30일)의 부가가치세 과세표준을 답안 양식에 따라 제시하시오.

구 분	과세표준
건 물	
토 지	

【문제 4】 (10점)

(물음 1) 공인회계사 갑은 2025년 7월 20일에 ㈜과오의 2025년 제1기 부가가치세 예정신고서를 검토하던 중 다음 사항을 발견하였다. 단, 다음 사항에 포함된 오류는 회사 직원의 단순 실수로 발생한 것으로 조세회피를 위한 고의적인 오류가 아니며, 제시된 금액은 부가가치세를 포함하지 않은 금액이다.

< 자 료 >

1. 영업부서의 특판활동에 따른 매입 80,000,000원과 매출 130,000,000원에 대하여 세금계산서 수취 및 발급이 이루어지지 않았으며, 매입과 매출에 대한 신고도 누락되었다. 회사는 2025년 7월 20일에 매입·매출에 대하여 전자세금계산서를 수취 및 발행하고 전송하였다.

2. 회사는 일정금액 이상의 매출거래처에 대해 판매용 상품으로 판매장려금을 지급하고 있는데, 당해 기간 동안에 판매장려금으로 지급된 상품은 시가 3,000,000원(원가 2,000,000원)이다. 회사는 판매장려상품에 대해 원가를 판매비로 회계처리하였으며, 이를 예정신고시 과세표준에 포함하지 않았다.

3. 2025년 3월 31일 직수출한 제품 28,000,000원이 신고누락 되었으며, 세금계산서도 발급되지 아니하였다.

<요구사항>

㈜과오가 2025년 7월 25일 확정신고시에 위 오류를 수정하여 신고할 경우 추가로 납부해야 하는 부가가치세(지방소비세 포함)와 가산세액을 답안 양식에 따라 제시하시오. 단, 납부지연가산세는 고려하지 않는다.

자료 번호	부가가치세 추가납부세액	가산세 종류	계산식	가산세액
1				
2				
3				
과소신고·초과환급신고 가산세				

(물음 2) 2024년 7월 1일 사업을 개시한 ㈜갑(중소기업 아님)의 자료이다. 2025년 제1기 과세기간에 대한 부가가치세 납부세액(지방소비세 포함)을 계산하시오. 단, 제시된 금액은 부가가치세가 포함되지 않은 금액이며 세금계산서 및 계산서는 적법하게 발행 및 수취하였다.

< 자 료 >

1. 미국산 소고기를 수입하여 가공(과세) 또는 미가공(면세) 상태로 판매하고 있으며, 과세기간별 과세공급가액과 면세공급가액은 다음과 같다.

구 분	축산도매업	가공품제조업
2024년 제2기	100,000,000원	100,000,000원
2025년 제1기	66,000,000원	154,000,000원

2. 가공품 관련 과세매입내역은 다음과 같다.

구 분	2024년 제2기	2025년 제1기
가공품 관련매입액	60,000,000원	42,000,000원

3. 2025년 제1기 소고기 수입액(관세과세가액으로 관세 25,000,000원 미포함) 및 사용내역은 다음과 같다.

구 분	금 액
기초재고	0원
(+)매입액	210,000,000원
(−)축산도매업 사용	30,000,000원
(−)가공품제조업 사용	150,000,000원
기말재고	30,000,000원

4. 2024년 8월 5일 제품보관용 대형냉동고를 100,000,000원에 구입하여 과세사업 및 면세사업에 공통으로 사용 중이다.

5. ㈜갑의 의제매입세액공제율은 $\frac{2}{102}$ 이다.

<요구사항>

2025년 제1기(2025년 1월 1일~2025년 6월 30일) 부가가치세 신고 시 납부세액을 답안 양식에 따라 제시하시오.

구 분		금 액
매출세액		
매입세액	세금계산서수취분	
	의제매입세액	
	공통매입세액재계산	
	차가감 계	
납부세액		

(계속)

【문제 5】(15점)

(물음 1) 제조업을 영위하는 ㈜한국(영리내국법인)의 제25기 사업연도(2025년 1월 1일~2025년 12월 31일) 법인세 관련 자료이다. 전기까지의 세무조정은 적법하게 이루어졌다.

< 자 료 >

1. 전기말 현재 「자본금과적립금조정명세서(을)」는 다음과 같다.

(단위: 원)

과 목	기초잔액	당기중증감 감소	당기중증감 증가	기말잔액
대손충당금 한도초과	2,000,000	2,000,000	7,000,000	7,000,000
미수이자	△3,000,000	-	△5,000,000	△8,000,000
토지	-	-	10,000,000	10,000,000
건설중인자산	-	-	8,000,000	8,000,000

① 미수이자는 2023년 5월 15일에 가입한 원본전입 특약이 없는 2년 만기 정기적금에서 발생한 것이다. ㈜한국은 당기에 정기적금 이자를 국내에서 수령하고 다음과 같이 회계처리하였다.

(차) 현 금　　　11,000,000
　　(대) 미수수익　　　8,000,000
　　　　이자수익　　　3,000,000

② 제24기에 토지 매입시 개발부담금을 손익계산서상 세금과공과로 처리하였고, ㈜한국은 제25기에 오류를 수정하여 다음과 같이 회계처리하였다.

(차) 토 지　　　10,000,000
　　(대) 전기오류수정이익(잉여금)　　　10,000,000

③ 건설중인자산은 공장건설(2026년 10월 준공예정)을 위한 차입금이자를 자본화한 것이다. 제24기부터 차입금 변동은 없으며, 제25기 손익계산서상 지급이자의 세부내역은 다음과 같다.

이자율	지급이자	비 고
5%	9,000,000원	공장건설을 위한 차입금이자
4%	10,000,000원	용도 미지정의 일반 차입금이자

2. 제24기에 15,000,000원의 업무무관자산을 취득하여 제25기말 현재 보유하고 있다.

3. 제25기에 대표이사로부터 시가 300,000,000원의 특허권을 200,000,000원에 매입하여 다음과 같이 회계처리하였다.

(차) 특허권　　　200,000,000
　　(대) 현 금　　　200,000,000

4. 단기투자목적으로 ㈜금강(비상장)의 주식을 2025년 11월 11일에 취득하였다. ㈜금강은 자기주식처분이익 30%, 주식발행초과금 70%를 재원으로 하는 무상주를 지급하였다. ㈜한국은 무상주 100주를 수령하여 액면가액으로 평가한 후 다음과 같이 회계처리하였다.

(차) 매도가능증권　　　9,000,000
　　(대) 배당금수익　　　9,000,000

5. ㈜한국에서 8년 6개월간 근무하다가 2025년 12월 31일에 현실적 퇴직을 한 상무이사의 상여 및 퇴직금은 다음과 같다.

구 분	일반급여	상여금	퇴직급여
비 용	90,000,000원	30,000,000원	100,000,000원
이익처분	-	10,000,000원	10,000,000원

① ㈜한국은 이사회의 결의에 따라 연간 급여액의 30%를 상여로 지급하는 상여지급규정을 두고 있다.

② ㈜한국은 퇴직급여지급규정이 없으며, 퇴직급여충당금도 설정하고 있지 않다.

<요구사항>

<자료>와 관련하여 ㈜한국이 해야 하는 제25기 세무조정 및 소득처분을 답안 양식에 따라 제시하시오.

익금산입 및 손금불산입			손금산입 및 익금불산입		
과목	금액	소득처분	과목	금액	소득처분

(물음 2) 제조업을 영위하는 ㈜태백(중소기업 아님)의 제25기 사업연도(2025년 1월 1일~2025년 12월 31일) 법인세 관련 자료이다.

< 자 료 >

1. 손익계산서상 매출액은 15,000,000,000원이며 이 중 8,000,000,000원은 특수관계인과의 거래에서 발생한 것이다.

2. ㈜태백의 제25기 사업연도 기업업무추진비 지출액은 128,000,000원으로 이 중 23,500,000원은 손익계산서에 비용으로 계상하였으며, 4,500,000원은 건설중인자산(차기 완공예정)의 원가로 계상하였고, 나머지 100,000,000원은 건물(당기 완공)의 원가로 계상하였다.

3. 손익계산서상 비용으로 계상한 기업업무추진비의 내역은 다음과 같다.

구 분	건당 3만원 이하	건당 3만원 초과	합 계
영수증수취	500,000원	2,500,000원	3,000,000원
신용카드 매출전표수취	200,000원	11,300,000원*1	11,500,000원
현물기업업무 추진비	–	9,000,000원*2	9,000,000원
합 계	700,000원	22,800,000원	23,500,000원

*1 문화예술공연 입장권 6,000,000원을 신용카드로 구입하여 거래처에 제공한 금액이 포함됨
*2 ㈜태백의 제품(원가 8,000,000원, 시가 10,000,000원)을 제공한 것으로 회사는 다음과 같이 회계처리함

(차) 기업업무추진비 9,000,000
    (대) 제 품 8,000,000
            부가가치세예수금 1,000,000

4. 제25기에 취득한 건물의 원가는 300,000,000원(기업업무추진비 포함)이며, 감가상각비로 15,000,000원을 계상하였고 이는 법인세법상 상각범위액을 초과하지 않는다.

5. 기업업무추진비 수입금액 적용률

수입금액	적용률
100억원 이하	0.3%
100억원 초과 500억원 이하	0.2%

<요구사항>

<자료>와 관련하여 ㈜태백이 해야 하는 제25기 세무조정 및 소득처분을 답안 양식에 따라 제시하시오.

익금산입 및 손금불산입			손금산입 및 익금불산입		
과목	금액	소득처분	과목	금액	소득처분

【문제 6】 (25점)

(물음 1) 제조업을 영위하는 ㈜한국의 제25기 사업연도(2025년 1월 1일~2025년 12월 31일) 법인세 관련 자료이다. 전기까지의 세무조정은 적법하게 이루어졌고 재고자산에 대한 유보사항은 없다.

< 자 료 >

1. 제25기 사업연도 말 현재 재무상태표상 재고자산 금액과 각 평가방법에 따른 평가금액은 다음과 같다. 회사는 재고자산 평가방법을 원가법으로 신고하였다.

(단위: 원)

구분	장부금액	총평균법	선입선출법	후입선출법
제품	86,000,000	86,000,000	84,000,000	88,000,000
재공품	64,000,000	65,000,000	61,000,000	64,000,000
원재료	50,000,000	56,000,000	50,000,000	45,000,000
저장품	15,000,000	13,000,000	14,000,000	12,000,000

2. 제품은 회사 설립시부터 총평균법으로 신고하여 적용하였으며, 당기에 제품의 판매가하락으로 인한 저가법 평가에 따라 다음과 같이 재고자산평가손실을 계상하였다.

(차) 재고자산평가손실 10,000,000
    (대) 재고자산평가충당금 10,000,000

(계속)

3. 재공품은 평가방법을 신고한 바 없으며 당기에는 후입선출법으로 평가하였다.

4. 원재료는 제24기 사업연도까지 총평균법으로 신고하여 평가하였으나, 제25기부터 선입선출법으로 변경하기로 결정하고 2025년 10월 1일에 재고자산 평가방법 변경신고를 하였다.

5. 저장품은 총평균법으로 신고하여 전기 이전부터 적용하고 있다. 당기말에 저장품에 대해 신고한 총평균법으로 평가하였으나, 계산 착오로 실제 금액과 다른 금액으로 평가하였다.

<요구사항>

<자료>와 관련하여 ㈜한국이 해야 하는 제25기 세무조정 및 소득처분을 답안 양식에 따라 제시하시오.

익금산입 및 손금불산입			손금산입 및 익금불산입		
과목	금액	소득처분	과목	금액	소득처분

(물음 2) 제조업을 영위하는 ㈜한국의 제25기 사업연도(2025년 1월 1일~2025년 12월 31일) 법인세 관련 자료이다.

< 자 료 >

1. 2025년 3월 1일에 자회사인 ㈜A에 200,000,000원을 3년 후 상환하는 조건으로 대여하고 약정이자율 1.2%로 계산한 2,000,000원을 이자수익으로 계상하였다. ㈜한국은 전기에 과세표준신고를 할 때 당좌대출이자율(연 4.38%)을 시가로 선택하였으며, 2025년 3월 1일의 가중평균차입이자율은 4%이다.

2. 2025년 4월 1일에 대표이사로부터 토지B를 150,000,000원에 매입하고, 매입가액을 취득원가로 회계처리하였다. 매입당시 시가는 불분명하며, 감정평가법인의 감정가액은 100,000,000원, 개별공시지가는 120,000,000원이다.

3. 출자임원에게 임대기간에 대한 약정없이 사택C를 임대보증금 100,000,000원, 월임대료 500,000원에 2024년 7월 1일부터 임대 중이다. 사택C에 대한 적정임대료는 불분명하고, 사택 건물의 시가는 800,000,000원이며, 기획재정부령으로 정하는 정기예금이자율은 3%로 가정한다.

4. 2025년 10월 1일에 특수관계인인 대주주에게 2023년 3월 1일에 취득한 비사업용토지D(미등기)를 350,000,000원에 양도하였다. 양도 당시 시가는 500,000,000원(취득원가 50,000,000원)이었으며, 보유기간 동안 장부가액의 변동은 없었다.

<요구사항 1>

<자료>와 관련하여 ㈜한국이 해야 하는 제25기 세무조정 및 소득처분을 답안 양식에 따라 제시하시오.

익금산입 및 손금불산입			손금산입 및 익금불산입		
과목	금액	소득처분	과목	금액	소득처분

<요구사항 2>

㈜한국의 제25기 토지 등 양도소득에 대한 법인세를 제시하시오.

(물음 3) 제조업을 영위하는 중소기업인 ㈜한국의 제25기 사업연도(2025년 1월 1일~2025년 12월 31일) 법인세 신고 관련 자료이다.

< 자 료 >

1. 전기말 재무상태표상 채권잔액은 9,500,000,000원이며, 전기「자본금과적립금조정명세서(을)」의 기말잔액은 다음과 같다.

과 목	기말잔액
대손충당금 한도초과액	30,000,000원
외상매출금 대손부인액*	65,000,000원
소멸시효 완성채권	△20,000,000원

* 대손부인된 외상매출금 중 40,000,000원은 제25기에 소멸시효가 완성됨

2. 제25기 대손충당금계정의 변동내역은 다음과 같다.

대손충당금

당기상계	120,000,000원	전기이월	150,000,000원
차기이월	230,000,000원	당기설정	200,000,000원
합 계	350,000,000원	합 계	350,000,000원

3. 대손충당금의 당기상계 내역은 다음과 같다.
① 당기에 소멸시효가 완성된 대여금: 45,000,000원

② 2025년 3월 1일에 매출한 거래처가 2025년 5월 1일에 부도가 발생하여 받을 수 없게 된 외상매출금: 25,000,000원

③ 법원의 면책결정에 따라 회수불능으로 확정된 채권: 10,000,000원

④ 물품의 수출로 발생한 채권으로 법정 대손사유에 해당하여 한국무역보험공사로부터 회수불능으로 확인된 채권: 30,000,000원

⑤ 특수관계법인의 파산으로 회수불가능한 업무무관 대여금: 10,000,000원

4. 당기말 재무상태표상 채권 내역은 다음과 같다.

구 분	금 액
외상매출금	8,700,000,000원
할부판매 미수금	500,000,000원
원재료 매입을 위한 선급금	300,000,000원
채무보증으로 인하여 발생한 구상채권	2,000,000,000원
금전소비대차에 따라 대여한 금액	1,000,000,000원
전기 소멸시효 완성채권	20,000,000원
합 계	12,520,000,000원

<요구사항 1>

㈜한국의 당기 대손실적률을 답안 양식에 따라 제시하시오. 단, 대손실적률 계산시 소수점 둘째 자리에서 반올림하시오 (예: 2.57% → 2.6%).

당기 대손금	
전기말 대손충당금 설정대상 채권잔액	
당기 대손실적률	

<요구사항 2>

대손금 및 대손충당금과 관련하여 ㈜한국이 해야 하는 제25기 세무조정과 소득처분을 답안 양식에 따라 제시하시오. 단, 당기 대손실적률은 1.5%로 가정한다.

익금산입 및 손금불산입			손금산입 및 익금불산입		
과목	금액	소득처분	과목	금액	소득처분

(계속)

(물음 4) 제조업을 영위하는 ㈜한국(중소기업 아님)의 제25기 사업연도(2025년 1월 1일~2025년 12월 31일) 법인세 관련 자료이다.

< 자 료 >

1. 2025년 6월 1일에 발생한 화재로 인해 다음과 같이 자산의 일부가 소실되었다.

구 분	화재 전 자산가액	화재 후 자산가액
토지	500,000,000원	450,000,000원
건물	300,000,000원	50,000,000원
기계장치	80,000,000원	50,000,000원
재고자산	150,000,000원	58,000,000원
합 계	1,030,000,000원	608,000,000원

① 건물과 기계장치에 대해서 각각 100,000,000원과 20,000,000원의 보험금을 수령하였다.

② 기계장치는 자회사의 자산이며, 화재로 인해 상실된 가치에 대해 ㈜한국이 변상할 책임은 없다.

③ 재고자산의 재해손실에는 거래처로부터 수탁받은 상품의 소실액 12,000,000원이 포함되어 있으며, 동 상품에 대한 변상책임은 ㈜한국에 있다.

2. 재해발생일 현재 미납된 법인세 및 재해가 발생한 당해연도의 법인세와 관련된 사항은 다음과 같다.

① 재해발생일 현재 미납된 법인세액은 21,200,000원(납부지연가산세 1,200,000원 포함)이다.

② 당해연도의 법인세 산출세액은 12,000,000원이며, 외국납부세액공제액 2,000,000원과 「조세특례제한법」에 의한 투자세액공제액 1,000,000원이 있다.

<요구사항>

㈜한국의 제25기 사업연도 재해손실세액공제액을 답안 양식에 따라 제시하시오. 단, 재해상실비율 계산시 소수점 둘째 자리에서 반올림하시오(예: 2.57% → 2.6%).

구 분	금 액
재해상실비율	
공제대상 법인세액	
재해손실세액공제액	

(물음 5) 제조업을 영위하는 ㈜한국의 제25기 사업연도(2025년 1월 1일~2025년 12월 31일)의 감가상각 관련 법인세 신고 자료이다.

<자료>

1. 2025년 7월 1일에 특수관계가 없는 ㈜동해로부터 정당한 사유 없이 시가 300,000,000원인 기계장치A를 450,000,000원에 매입하였다.

2. 2025년 9월 1일에 기계장치A에 대한 수선비(자본적 지출이며 주기적 수선에 해당하지 않음)로 25,000,000원을 지출하였으며, 이를 손익계산서상 비용으로 계상하였다.

3. 제25기말 기계장치A가 진부화됨에 따라 시장가치가 급락하여, 이에 대한 회수가능가액을 검토하여 5,000,000원의 손상차손을 손익계산서상 비용으로 계상하였다.

4. 손익계산서상 감가상각비는 22,500,000원이다.

5. 회사는 기계장치에 대한 감가상각방법으로 정액법을 신고하였으나 내용연수는 신고하지 아니하였다. 기준내용연수는 8년이며, 내용연수별 정액법 상각률은 다음과 같다.

내용연수	6년	8년	10년
상각률	0.166	0.125	0.100

<요구사항>

<자료>와 관련하여 ㈜한국이 해야 하는 제25기 세무조정 및 소득처분을 답안 양식에 따라 제시하시오.

익금산입 및 손금불산입			손금산입 및 익금불산입		
과목	금액	소득처분	과목	금액	소득처분

【문제 7】 (10점)

(물음 1) 2025년 5월 3일 사망한 거주자 갑의 상속세 관련 자료이다.

< 자 료 >

1. 상속재산 현황은 다음과 같다.
   ① 토지: 1,100,000,000원
   ② 생명보험금: 200,000,000원*
      * 생명보험금의 총납입보험료는 50,000,000원으로 상속인이 전부 부담함
   ③ 퇴직금: 20,000,000원*
      * 사망으로 인하여 「국민연금법」에 따라 지급되는 반환일시금임

2. 갑이 사망 전에 처분한 재산은 없었고, 상속일 현재 갑의 채무 현황은 다음과 같다.
   ① 은행차입금: 300,000,000원*
      * 상속개시 10개월 전에 차입한 금액으로 상속개시일까지 상환하지 않았으며, 차입한 자금의 용도가 객관적으로 명백하지 않음
   ② 소득세 미납액: 20,000,000원

3. 장례비용은 4,000,000원(봉안시설 비용 제외)이고, 봉안시설 비용은 7,000,000원이며, 모두 증빙서류에 의해 입증된다.

4. 상속인은 배우자(58세)와 자녀 3명(27세, 25세, 22세)이며, 자녀들은 상속을 포기하고 배우자가 단독 상속을 받았다.

<요구사항>

갑의 사망에 따른 상속세 과세표준을 답안 양식에 따라 제시하시오.

구 분	금 액
총상속재산가액	
과세가액 공제액	
상속세 과세가액	
상속세 과세표준	

(물음 2) 거주자 을(30세)의 증여세 관련 자료이다.

< 자 료 >

1. 을이 2025년 이모로부터 증여받은 내용은 다음과 같다.
   ① 토지: 200,000,000원*
      * 2025년 2월 27일에 토지를 증여받으면서 동 토지에 담보된 은행차입금 150,000,000원을 채무인수함

   ② 부동산: 300,000,000원*
      * 2025년 7월 16일에 증여받았으나 2025년 10월 16일에 이모에게 반환하였고, 반환 전에 증여세 과세표준과 세액을 결정받지는 않음

2. 을은 2025년 3월 3일에 이모로부터 시가 400,000,000원인 비상장주식을 40,000,000원에 양수하였다.

3. 을은 증여재산에 대한 감정평가수수료로 6,000,000원을 부담하였고, 과거 10년 이내에 증여받은 사실이 없다.

<요구사항>

을의 2025년도 증여세 과세표준을 답안 양식에 따라 제시하시오.

구 분	금 액
증여재산가액	
증여세 과세표준	

- 끝 -

MEMO

※ 답안 작성시 유의사항

1. 답안은 문제 순서대로 작성할 것

2. 계산문제는 계산근거를 반드시 제시할 것

3. 답안은 아라비아 숫자로 원단위까지 작성할 것
   (예 : 2,000,000 − 1,000,000 = 1,000,000원)

4. 별도의 언급이 없는 한 관련 자료·증빙의 제출 및 신고납부절차는 적법하게 이행된 것으로 가정할 것

5. 별도의 언급이 없는 한 합법적으로 세금부담을 최소화하는 방법으로 풀이할 것

【문제 1】 (25점)

다음은 거주자 갑, 을, 병의 2025년 귀속 종합소득 신고를 위한 자료이다. 제시된 금액은 원천징수하기 전의 금액이며, 별도의 언급이 없는 한 원천징수는 적법하게 이루어졌다.

(물음 1) 갑은 ㈜A에 상시 근무하던 중 2025년 6월 25일에 퇴직하였다.

< 자료 >

1. 재직 기간(2025년 1월 1일~2025년 6월 25일) 중 갑의 소득 자료

구 분	금 액
㈜A가 지급한 급여	30,000,000원
㈜A가 지급한 장기재직 공로금	5,000,000원
㈜A가 지급한 직무발명보상금*1	8,000,000원
㈜A가 지급한 사내 특강료	1,000,000원
㈜A가 지급한 사내소식지 원고료*2	600,000원
외부 거래처 특강료*3	2,500,000원

*1 발명진흥법에 따른 보상금임
*2 업무와 관련성이 있음
*3 거래처가 갑에게 지급함

2. 퇴직 후(2025년 6월 26일 이후) 갑의 소득 자료

구 분	금 액
㈜A가 지급한 퇴직금	9,000,000원
㈜A가 지급한 직무발명보상금*1	7,000,000원
㈜A 직원재교육 강연료	2,000,000원
㈜A 사원채용면접문제 출제 수당	1,000,000원
차량판매 계약금이 대체된 위약금	500,000원
슬롯머신 당첨금품*2	1,500,000원

*1 「발명진흥법」에 따른 보상금임
*2 1건에 해당하며 투입금액은 10,000원임

3. 근로소득공제

총급여액	근로소득공제액
1,500만원 초과 4,500만원 이하	750만원+1,500만원을 초과하는 금액의 15%
4,500만원 초과 1억원 이하	1,200만원+4,500만원을 초과하는 금액의 5%

<요구사항 1>

갑의 근로소득 총급여액과 종합소득에 합산되는 기타소득 총수입금액을 다음의 답안 양식에 따라 제시하시오.

(답안 양식)

근로소득 총급여액	
기타소득 총수입금액	

<요구사항 2>

갑의 기타소득 원천징수세액과 종합소득금액을 다음의 답안 양식에 따라 제시하시오.

(답안 양식)

기타소득 원천징수세액	
종합소득금액	

(계속)

(물음 2) 거주자 을(54세, 한국 국적)의 2025년 종합소득 관련 자료이다.

< 자 료 >

1. 소득 내역

구 분	금 액	비 고
근로소득	66,250,000원	총급여액 80,000,000원
이자소득	4,000,000원	예금이자로 원천징수됨

2. 생계를 같이하는 부양가족의 현황

구 분	나 이	내 용
부친	83세	소득 없음, 장애인
모친	79세	작물생산에 이용되는 논·밭 임대소득 6,000,000원
배우자	51세	소득 없음
딸	21세	소득 없음, 대학생
아들	15세	소득 없음, 중학생

3. 을의 소득공제 관련 내역

구 분	본인 부담분	비 고
국민연금 보험료	5,000,000원	회사가 부담하여 총급여액에 포함됨
건강보험료	4,000,000원	
주택청약저축 납입금액	3,000,000원	을은 무주택자임

4. 신용카드 사용내역(전년도 대비 증가분은 없음)

사용내역	금 액
부친의 신용카드	5,000,000원
모친의 신용카드	4,000,000원
본인의 신용카드	15,300,000원[*1]
배우자의 신용카드	10,000,000원[*2]

*1 국외에서 결제한 금액 3,000,000원 및 대중교통 사용분 300,000원이 포함됨
*2 전통시장 사용분 4,000,000원이 포함됨

5. 교육비 관련 내역

구 분	교육비 내역	금 액
부친	장애인 특수 교육비[*1]	2,000,000원
본인	직업능력개발훈련시설 수강료	1,500,000원
	대학원 등록금	4,000,000원
배우자	직업능력개발훈련시설 수강료	1,000,000원
딸	외국대학[*2] 등록금	10,000,000원
아들	교복구입비용	500,000원
	방과후학교 수업료	1,000,000원
	사설 영어학원 수강료	4,000,000원

*1 보건복지부장관이 장애인 재활교육을 실시하는 기관으로 인정한 비영리법인에 지급함
*2 국외에 소재하는 교육기관으로 「고등교육법」에 따른 학교에 해당함

6. 기부금 관련 내역

구 분	기부금 내역	금 액
부친	종교단체 기부금	500,000원
본인	수해 이재민구호금품	600,000원
	노동조합 회비	300,000원

<요구사항 1>

을의 소득공제액을 다음의 답안 양식에 따라 제시하시오.

(답안 양식)

인적 공제액	기본공제액	
	추가공제액	
연금보험료·건강보험료·주택 청약저축 소득공제액		
신용카드 등 사용 소득공제액		

<요구사항 2>

을의 세액공제액을 다음의 답안 양식에 따라 제시하시오.

(답안 양식)

교육비 세액공제	
기부금 세액공제	

(물음 3)

<요구사항 1>

이자소득 총수입금액 계산:
- 환매조건부 채권 매매차익: 20,000,000
- 회사채 보유기간 이자상당액: 1,000,000
- 국내은행 정기예금이자: 8,000,000
- **합계: 29,000,000원**

배당소득 총수입금액 계산:
- 투자신탁 수익증권 환매이익: 3,000,000 + 12,000,000 − 2,000,000 = 13,000,000
- 의제배당(주식발행초과금 중 지분율 상승분): 2,000,000
- 의제배당(이익준비금 자본전입): 30,000,000
- 외국법인 배당금: 4,000,000
- 코스닥상장 C법인 인정배당: 6,000,000
- **합계: 55,000,000원**

배당가산액(Gross-up):
- Gross-up 대상 배당소득: 2,000,000 + 30,000,000 + 6,000,000 = 38,000,000
- 금융소득 − 2천만원 = 84,000,000 − 20,000,000 = 64,000,000 ≥ 38,000,000
- 배당가산액 = 38,000,000 × 10% = **3,800,000원**

구분	금액
이자소득 총수입금액	29,000,000원
배당소득 총수입금액	55,000,000원
배당가산액(Gross-up 금액)	3,800,000원

※ 직장공제회 초과반환금(5,000,000원)은 무조건 분리과세

<요구사항 2>

종합소득금액:
- 금융소득금액 = 84,000,000 + 3,800,000 = 87,800,000
- 사업소득금액 = 20,000,000
- **종합소득금액 = 107,800,000원**

종합소득과세표준: 107,800,000 − 20,000,000 = 87,800,000

종합소득산출세액(비교과세):

① 일반산출세액
= (87,800,000 − 20,000,000) × 기본세율 + 20,000,000 × 14%
= [6,240,000 + (67,800,000 − 50,000,000) × 24%] + 2,800,000
= 10,512,000 + 2,800,000 = **13,312,000**

② 비교산출세액
= (87,800,000 − 87,800,000) × 기본세율 + 84,000,000 × 14%
= 0 + 11,760,000 = 11,760,000

산출세액 = Max(①, ②) = **13,312,000원**

배당세액공제:
= Min(3,800,000, 13,312,000 − 11,760,000)
= Min(3,800,000, 1,552,000)
= **1,552,000원**

구분	금액
종합소득금액	107,800,000원
종합소득산출세액	13,312,000원
배당세액공제액	1,552,000원

【문제 2】 (5점)

다음은 거주자 갑의 양도 관련 자료이다.

< 자 료 >

1. 갑은 2019년 4월 20일 취득하여 사무실로 사용하던 오피스텔을 특수관계가 있는 A법인에게 2025년 12월 31일에 양도하였다.

2. 양도 시 오피스텔의 양도가액과 시가는 다음과 같다.

양도가액	시가
390,000,000원	400,000,000원

3. 양도 시 오피스텔의 장부가액 및 필요경비 관련 자료는 다음과 같다.

취득가액	감가상각누계액	필요경비
200,000,000원[*1]	120,000,000원[*2]	25,000,000원[*3]

- *1 노후된 오피스텔의 개량을 위한 자본적 지출 15,000,000원이 제외됨
- *2 사업소득의 필요경비로 장부상 계상한 금액임
- *3 지출증빙이 확인되는 중개인 수수료 13,000,000원과 매매계약에 따른 인도의무를 이행하기 위하여 갑이 지출한 명도비용 12,000,000원임

4. 양도한 오피스텔은 갑이 대주주로 있는 B법인으로부터 취득한 것이며, 취득과 관련하여 갑에게 배당으로 소득처분된 금액 20,000,000원이 있다.

<요구사항 1>

건물 양도로 인한 갑의 양도차익을 다음의 답안 양식에 따라 제시하시오.

(답안 양식)

양도가액	
취득가액	
기타의 필요경비	
양도차익	

<요구사항 2>

위의 자료 중 갑의 양도가액 및 시가가 다음과 같을 때 양도차익을 계산하기 위한 양도가액을 다음의 답안 양식에 따라 제시하시오. 단, A법인의 세무조정 시에 법인세법 상 부당행위계산부인 규정이 적용되어 갑에게 인정소득이 처분되었다.

양도가액	시가
400,000,000원	300,000,000원

(답안 양식)

양도가액	

【문제 3】 (20점)

(물음 1) 다음은 일반과세자인 ㈜한국의 2025년 제1기 과세기간의 부가가치세 관련 자료이다. 별도의 언급이 없는 한 제시된 금액은 부가가치세가 포함되지 않은 금액이며, 세금계산서는 적법하게 발급되었다.

< 자 료 >

1. ㈜한국은 상품을 15,000,000원에 판매하기로 계약하고 6월 15일에 받은 계약금 3,000,000원에 대한 세금계산서를 발급하였다. 상품은 7월 15일에 인도되었다.

2. ㈜한국은 국내사업장이 없는 외국법인이 지정하는 국내사업자 ㈜A에게 40,000,000원에 제품을 인도하고 대금은 외국환은행에서 원화로 수령하였다. ㈜A는 인도받은 제품을 모두 면세사업에 사용하였다.

3. ㈜한국은 한국국제협력단(KOICA)에 시가 10,000,000원의 제품을 공급하였다. 한국국제협력단은 이 제품 중 90%를 해외구호를 위해 무상으로 반출하고 10%는 국내에서 사용하였다.

4. ㈜한국이 무상 공급한 내역이다.

구 분	제품		비품
	직매장반출*1	기업업무추진비*2	복리후생비*3
원 가	4,000,000원	600,000원	2,000,000원
감가상각누계액			600,000원
시 가	6,000,000원	900,000원	1,300,000원

*1 직매장에 광고목적의 전시를 위하여 반출됨
*2 거래처에 판매장려 목적으로 제공됨
*3 2024년 12월 15일에 취득하여 사무실에서 사용하던 비품을 대표이사의 가사용으로 제공하였음

5. ㈜한국의 기타 공급내역이다.

① 직수출로 2025년 5월 1일에 제품을 선적하고 받은 대가는 다음과 같다.

일 자	받은 대가	기준환율
2025.4.20.	$12,000*1	1,000원/1$
2025.5.1.	–	1,100원/1$
2025.6.25.	$5,000*2	1,050원/1$
2025.6.30.	–	1,150원/1$

*1 $12,000 중 $10,000는 즉시 환가하였고, $2,000는 과세기간말 현재 보유하고 있음
*2 $5,000는 대가수령 즉시 환가하였음

② 내국신용장에 의한 검수조건부 수출로 갑과 을에게 공급한 내역이다.

구 분	갑	을
거래액	18,000,000원	3,000,000원
인도일	2025.3.10.	2025.4.15.
검수일	2025.6.18.	2025.6.30.
내국신용장개설일	2025.6.30.	2025.7.30.

<요구사항>

㈜한국이 2025년 제1기 부가가치세 확정신고 시 신고해야 할 과세표준을 다음의 답안 양식에 따라 제시하시오.

(답안 양식)

자료번호	과세표준	
	과세	영세율
1		
2		
3		
4		
5 – ①		
5 – ②		

(계속)

(물음 2) 다음은 수산물도매업과 통조림제조업을 겸영하고 있는 ㈜대한(중소기업 아님)의 부가가치세 관련 자료이다. 단, 별도의 언급이 없는 한 제시된 금액은 부가가치세를 포함하지 않은 금액이며, 세금계산서 및 계산서는 적법하게 수취한 것으로 가정한다.

< 자료 >

1. 예정신고기간 중 면세수산물 매입액은 없었고, 2025년 제1기 중에 면세수산물의 매입 및 사용내역은 다음과 같다.

(단위: 원)

구분	금액	당기 사용내역		
		과세	면세	과세+면세
기초	8,000,000	1,850,000	6,150,000	-
매입	63,400,000	14,400,000	5,000,000	40,000,000
기말	4,000,000			

2. ㈜대한은 2025년 4월 15일에 수산물도매업과 통조림제조업에 공통으로 사용하기 위하여 트럭 2대(취득가액 합계 100,000,000원)를 구입하였다. 이 중 트럭 1대(취득가액 40,000,000원)를 2025년 6월 30일에 처분하였다.

3. 각 과세기간별 과세공급가액과 면세공급가액은 다음과 같다.

구 분	수산물도매업	통조림제조업
2024년 제2기	90,000,000원	110,000,000원
2025년 제1기	80,000,000원	120,000,000원
2025년 제2기	90,000,000원	90,000,000원

4. ㈜대한의 의제매입세액 공제율은 2/102이다.

<요구사항 1>

2025년 제1기 부가가치세 확정신고 시 트럭의 공통매입세액 중 매입세액공제액 및 2025년 제2기 부가가치세 확정신고 시 공통매입세액 재계산액을 다음의 답안 양식에 따라 제시하시오. 단, 재계산액이 납부세액을 증가시키면 (+), 감소시키면 (-) 부호를 금액과 함께 기재하시오.

(답안 양식)

매입세액공제액	
재계산으로 가산 또는 공제되는 세액	

<요구사항 2>

㈜대한의 2025년 제1기 부가가치세 확정신고 시 다음 금액을 답안 양식에 따라 제시하시오.

(답안 양식)

의제매입세액 공제액(추징액 차감 전)	
전기 의제매입세액 공제분 중 추징액	

(물음 3) 다음은 과세사업과 면세사업을 겸영하고 있는 ㈜대한의 부가가치세 관련 자료이다.

< 자 료 >

1. ㈜대한은 과세사업과 면세사업에 공통으로 사용하던 건물과 부속토지를 2025년 6월 15일에 480,000,000원(부가가치세 포함)에 일괄양도하였다. 양도일에 건물 및 부속토지의 실지거래가액은 불분명하고, 감정평가액은 없다. 각 자산가액의 내역은 다음과 같다.

(단위: 원)

구 분	기준시가	취득원가	장부가액
건물	100,000,000	200,000,000	200,000,000
부속토지	134,000,000	400,000,000	270,000,000
합 계	234,000,000	600,000,000	470,000,000

2. 각 과세기간별 과세공급가액과 면세공급가액 비율은 다음과 같다.

구 분	과세공급가액	면세공급가액
2024년 제2기	60%	40%
2025년 제1기	70%	30%

<요구사항>
㈜대한이 일괄양도한 건물 및 부속토지의 부가가치세 공급가액과 과세표준을 다음의 답안 양식에 따라 제시하시오.

(답안 양식)

구 분	공급가액	과세표준
건 물		
부속토지		

(물음 4) 다음은 과세사업을 영위하는 ㈜태백의 2025년 부가가치세 관련 자료이다.

< 자 료 >

1. ㈜태백의 신임담당자는 2025년 제1기 신고내역을 검토하다가 다음과 같은 사항을 발견하였다.
   ① 2025년 6월 20일에 공급한 과세공급가액 4,000,000원에 대하여 세금계산서를 발급하지 않았으며, 이를 확정신고에서 누락하였다. 이러한 누락은 부정행위로 인한 것이다.
   ② 2025년 6월 10일에 공급받은 과세공급가액 1,000,000원에 대해서는 매입세금계산서를 발급받았으나 확정신고에서 누락하였다.

2. ㈜태백은 위의 매출 및 매입 누락을 2025년 7월 31일에 수정신고하였다.

<요구사항>
㈜태백이 수정신고할 때 가산세액을 다음의 답안 양식에 따라 제시하시오. 단, 가산세액이 없는 경우 "없음"으로 표시하시오.

(답안 양식)

세금계산서 불성실가산세	
매출처별세금계산서합계표 불성실가산세	
매입처별세금계산서합계표 불성실가산세	
과소신고·초과환급신고가산세	

(계속)

【문제 4】 (25점)

(물음 1) 건물 전체를 임대하고 있는 ㈜백두(영리내국법인)의 제25기 사업연도(2025년 1월 1일~2025년 12월 31일) 법인세 관련 자료이다.

< 자 료 >

1. 임대내역은 다음과 같다.*1

구 분	임대면적	임대기간	보증금*2
상가	750㎡	2025.4.1.~2026.3.31.	600,000,000원
주택	250㎡	2025.4.1.~2027.3.31.	400,000,000원

*1 임대건물은 단층으로 해당 부속토지는 2,000㎡이고, 상가부속토지와 주택부속토지의 구분은 불가능하다.
*2 상가임대보증금은 2025년 3월 16일에 수령하였으며, 주택임대보증금은 임대개시일에 수령하였다.

2. 상가임대료로 매월 말 3,000,000원을 받기로 계약하였으나, 임차인의 어려운 사정으로 전혀 받지 못하여 임대기간 종료시점에 임대보증금에서 차감할 예정이다. ㈜백두는 제25기에 미수임대료 회계처리를 하지 않았다.

3. 주택임대료로 매월 말 5,000,000원을 받기로 계약하였으나, 실제로는 임대기간 전체에 대한 월임대료의 합계인 120,000,000원을 임대개시 시점에 일시금으로 수령하였으며, ㈜백두는 이를 전액 임대료수익으로 회계처리하였다.

4. 임대용 건물을 350,000,000원(토지가액 100,000,000원 포함)에 취득 시 건물의 자본적 지출액 50,000,000원이 발생하였다. 건물에 대한 지출은 상가분과 주택분으로 구분할 수 없다.

5. 상가임대보증금의 운용수익은 수입이자 2,000,000원과 신주인수권처분이익 500,000원이며, 주택임대보증금의 운용수익은 수입배당금 1,000,000원과 유가증권처분손실 1,500,000원이다.

6. 기획재정부령으로 정하는 정기예금이자율은 연 1.2%이며, 1년은 365일로 가정한다.

<요구사항 1>

㈜백두는 부동산임대업이 주업이며, 차입금적수가 자기자본적수의 2배를 초과한다. ㈜백두의 제25기 건물 임대와 관련된 세무조정 및 소득처분을 다음의 답안 양식에 따라 제시하시오. 단, 소수점 이하 금액은 버린다.

(답안 양식)

익금산입 및 손금불산입			손금산입 및 익금불산입		
과목	금액	소득처분	과목	금액	소득처분

<요구사항 2>

㈜백두가 부동산임대업이 주업이 아니며 장부를 기장하지 아니하여 추계결정하는 경우 제25기 간주임대료를 다음의 답안 양식에 따라 제시하시오. 단, 소수점 이하 금액은 버린다.

(답안 양식)

간주임대료	

(물음 2) 다음은 제조업을 영위하는 ㈜소백(중소기업)의 제25기 사업연도(2025년 1월 1일~2025년 12월 31일) 법인세 관련 자료이다. 전기까지의 세무조정은 적법하게 이루어졌다.

< 자 료 >

1. 손익계산서상 매출액은 35,000,000,000원이며 매출과 관련된 자료는 다음과 같다.
   ① 영업외손익에 부산물 판매액 1,500,000,000원이 계상되어 있다.
   ② 당기말에 수탁자가 판매한 10,000,000,000원을 제26기 초 대금회수시 매출액으로 회계처리하였다.
   ③ 손익계산서상 매출액에는 특수관계인에 대한 매출액 10,000,000,000원이 포함되어 있다.

2. 손익계산서상 판매비와관리비에 계상된 기업업무추진비는 189,000,000원이다. 이 중 증빙이 없는 기업업무추진비는 2,500,000원이며 그 외의 기업업무추진비 내역은 다음과 같다.

구 분	건당 3만원 이하	건당 3만원 초과	합 계
영수증 수취건	1,500,000원	12,000,000원	13,500,000원
신용카드 매출전표 수취건	16,000,000원	85,000,000원*	101,000,000원
세금계산서 수취건	10,000,000원	62,000,000원	72,000,000원
합 계	27,500,000원	159,000,000원	186,500,000원

* 임원 개인명의의 신용카드를 사용하여 거래처에 접대한 금액 5,000,000원이 포함됨

3. 손익계산서에는 다음의 사항이 포함되어 있다.
   ① 상시 거래관계에 있는 거래처 100곳에 개당 80,000원(부가가치세 포함)의 시계를 광고선전품으로 제공한 금액 8,000,000원을 광고선전비로 회계처리하였다.
   ② 자체 생산한 제품(원가 3,000,000원, 시가 5,000,000원)을 거래처에 제공하고 다음과 같이 회계처리하였다.

   (차) 복리후생비   5,000,000
       세금과공과   500,000
       (대) 제품   3,000,000
           잡이익   2,000,000
           부가세예수금 500,000

   ③ 거래관계 개선을 위해 약정에 따라 매출채권 15,000,000원을 대손상각비로 회계처리하였다.

4. 기업업무추진비 수입금액 적용률

수입금액	적용률
100억원 이하	0.3%
100억원 초과 500억원 이하	0.2%
500억원 초과	0.03%

<요구사항 1>
㈜소백의 기업업무추진비 한도초과액을 계산하기 위한 시부인대상 기업업무추진비 해당액을 다음의 답안 양식에 따라 제시하시오.

(답안 양식)

시부인대상 기업업무추진비 해당액	

<요구사항 2>
<요구사항 1>의 정답과 관계없이 시부인대상 기업업무추진비 해당액을 200,000,000원으로 가정하고 ㈜소백의 기업업무추진비 한도초과액을 다음의 답안 양식에 따라 제시하시오.

(답안 양식)

기업업무추진비 한도액 계산	수입금액	
	기업업무추진비 한도액	
기업업무추진비 한도초과액		

(계속)

(물음 3) 다음은 제조업을 영위하는 ㈜한라(중소기업 아님)의 제25기 사업연도(2025년 1월 1일~2025년 12월 31일) 기부금과 관련된 법인세 관련 자료이다. 전기까지의 세무조정은 적법하게 이루어졌다.

< 자 료 >

1. ㈜한라의 손익계산서상 기부금 내역은 다음과 같다.
   ① A사립대학 장학금: 100,000,000원*
      * 장학금은 약속어음으로 지급되었으며 어음의 결제일은 2026년 3월 1일임
   ② 무료로 이용할 수 있는 아동복지시설에 지출한 기부금: 50,000,000원
   ③ 사회복지법인 고유목적사업비: 6,000,000원*
      * 생산한 제품을 사회복지법에 의한 사회복지법인(특수관계 없음)의 고유목적사업비로 기부한 것으로, ㈜한라는 동 제품의 원가 6,000,000원(시가 10,000,000원)을 손익계산서상 기부금으로 계상함
   ④ 천재지변에 따른 이재민구호금품: 25,000,000원
   ⑤ 새마을금고*에 지출한 기부금: 4,000,000원
      * 새마을금고에 사랑의 좀도리운동을 위하여 지출하는 기부금은 아님

2. ㈜한라는 의료법에 의한 의료법인(특수관계 없음)으로부터 정당한 사유없이 시가 10,000,000원인 비품을 15,000,000원에 매입하고 매입가액을 취득원가로 회계처리하였다.

3. 제24기의 세무조정시 기부금과 관련된 세무조정사항은 다음과 같다.
   ① 일반기부금 한도초과액: 10,000,000원
   ② 비지정기부금 부인액: 5,000,000원

4. 제23기에 발생한 세무상 결손금은 120,000,000원이다.

<요구사항 1>

㈜한라의 제25기 기부금 관련 세무조정 및 소득처분을 다음의 답안 양식에 따라 제시하시오. 단, 기부금 한도초과액에 대한 세무조정은 제외하시오.

(답안 양식)

익금산입 및 손금불산입			손금산입 및 익금불산입		
과목	금액	소득처분	과목	금액	소득처분

<요구사항 2>

㈜한라의 제25기 차가감소득금액이 400,000,000원이라고 가정하고 당기의 특례기부금 및 일반기부금 한도초과(미달)액을 다음의 답안 양식에 따라 제시하시오.

(답안 양식)

특례기부금 해당액	
일반기부금 해당액	
특례기부금 한도초과(미달)액	
일반기부금 한도초과(미달)액	

(물음 4) 다음은 제조업을 영위하는 ㈜설악의 제25기 사업연도(2025년 1월 1일~2025년 12월 31일) 법인세 관련 자료이다.

< 자 료 >

1. ㈜설악은 결산조정에 의하여 퇴직연금충당금을 설정하고 있으며 퇴직연금충당금 계정의 당기 중 변동내역은 다음과 같다.

퇴직연금충당금

당기상계	200,000,000원	전기이월*	450,000,000원
차기이월	570,000,000원	당기설정	320,000,000원
합 계	770,000,000원	합 계	770,000,000원

* 전기말 세무상 퇴직연금충당금의 부인누계액(유보)은 50,000,000원임

2. 당기 중 종업원 퇴직으로 인한 퇴직금은 사외에 적립한 퇴직연금운용자산에서 지급되었으며 다음과 같이 회계처리하였다.

(차) 퇴직연금충당금 200,000,000
    퇴직급여충당금 30,000,000
    (대) 퇴직연금운용자산 230,000,000

3. ㈜설악의 당기말 퇴직급여추계액은 다음과 같다.
 ① 보험수리적기준: 910,000,000원
 ② 일시퇴직기준: 900,000,000원

4. 확정급여형 퇴직연금과 관련하여 사외에 적립한 퇴직연금운용자산 계정의 변동내역은 다음과 같다.

퇴직연금운용자산

전기이월	450,000,000원	당기지급*	230,000,000원
당기예치	410,000,000원	기말잔액	630,000,000원
합 계	860,000,000원	합 계	860,000,000원

* 당기지급액은 모두 현실적으로 퇴직한 임직원에게 지급됨

5. 기말 현재 재무상태표상 퇴직급여충당금 기말잔액은 100,000,000원이며, 세무상 퇴직급여충당금 부인누계액(유보)은 20,000,000원이다.

<요구사항 1>

㈜설악의 퇴직금 관련 세무조정 및 소득처분을 다음의 답안 양식에 따라 제시하시오.

(답안 양식)

익금산입 및 손금불산입			손금산입 및 익금불산입		
과목	금액	소득처분	과목	금액	소득처분

<요구사항 2>

㈜설악은 신고조정에 의하여 퇴직연금충당금을 손금에 산입하고 있다고 가정한다. <자료> 중 1번은 고려하지 않으며, 2번의 분개 중 '퇴직연금충당금'을 '퇴직급여'로 한다. 전기말 현재 신고조정에 의한 퇴직연금충당금의 손금산입액(△유보)이 400,000,000원일 때 퇴직금 관련 세무조정 및 소득처분을 다음의 답안 양식에 따라 제시하시오.

(답안 양식)

익금산입 및 손금불산입			손금산입 및 익금불산입		
과목	금액	소득처분	과목	금액	소득처분

(계속)

【문제 5】 (15점)

(물음 1) 제조업을 영위하는 ㈜한국(영리내국법인)의 제25기 사업연도(2025년 1월 1일~2025년 12월 31일) 법인세 관련 자료이다.

< 자 료 >

1. ㈜한국은 판매 후 3개월 이내에 반품가능한 조건으로 제품을 판매하고 있으며 인도기준으로 회계처리하고 있다. 매출원가율은 60%를 유지하고 있으며, 전기말 반품추정액의 회계처리에 대한 세무조정은 다음과 같다.

구 분	익금산입·손금불산입	손금산입·익금불산입
매출	30,000,000원	-
매출원가	-	7,500,000원*

* 반품자산 예상가치는 30,000,000원×25%임

2. 2025년 반품내역은 다음과 같다.
 ① 전기 매출 중 당기 반품액: 18,000,000원
 ② 당기 매출 중 당기 반품액: 120,000,000원

3. 2025년 12월 31일 현재 당기 매출 중 반품추정액은 35,000,000원이며, 반품자산의 예상가치는 매출액의 25%이다.

4. ㈜한국의 2025년 반품관련 회계처리는 다음과 같다.
 ① 전기말 반품추정액의 반품기간 종료
 가. 환불충당부채 회계처리
 (차) 환불충당부채   30,000,000
   (대) 매출채권   18,000,000
       매 출   12,000,000
 나. 반환제품회수권 회계처리
 (차) 제 품   4,500,000
    매출원가   3,000,000
   (대) 반환제품회수권 7,500,000

② 당기 매출 중 당기 반품액
 가. 반품의 매출 및 매출원가 회계처리
 (차) 매 출   120,000,000
    제 품   72,000,000
   (대) 매출채권   120,000,000
       매출원가   72,000,000
 나. 반품된 제품의 평가손실 회계처리
 (차) 제품평가손실   42,000,000
   (대) 제 품   42,000,000
③ 당기말 반품추정액 회계처리
 (차) 매   출   35,000,000
    반환제품회수권   8,750,000
   (대) 환불충당부채 35,000,000
       매 출 원 가   8,750,000

5. ㈜한국은 재고자산의 평가방법을 원가법으로 적법하게 신고하였다.

<요구사항>

㈜한국의 반품조건부 판매 관련 세무조정 및 소득처분을 다음의 답안 양식에 따라 제시하시오.

(답안 양식)

익금산입 및 손금불산입			손금산입 및 익금불산입		
과목	금액	소득처분	과목	금액	소득처분

(물음 2) 제조업을 영위하는 ㈜한국(중소기업, 상시근로자 수 10명)의 제25기 사업연도(2025년 1월 1일~2025년 12월 31일) 법인세 관련 자료이다. 이 자료를 이용하여 아래 요구사항에 답하시오. 단, 세부담 최소화를 가정하며, 최저한세 적용으로 감면배제세액이 발생할 경우 조세특례제한법상 경정시 배제순서에 따른다.

< 자 료 >

1. ㈜한국의 각사업연도소득금액은 다음과 같다.

구 분		금 액
	당기순이익	250,000,000원
(+)	익금산입·손금불산입	200,000,000원
(−)	손금산입·익금불산입	120,000,000원*
	각사업연도소득금액	330,000,000원

* 조세특례제한법 상 최저한세 대상금액 20,000,000원이 포함됨

2. ㈜한국의 법인세법 상 비과세소득은 45,000,000원이다.

3. 세무상 이월결손금은 전액 국내원천소득에서 발생한 것이며, 제14기에 발생한 15,000,000원과 제19기에 발생한 25,000,000원으로 구성되어 있다.

4. ㈜한국은 외국에 본점을 둔 A사에 해외투자(투자지분 30%, 투자일 2022년 1월 1일)로 당기 중 배당금(수입배당금 익금불산입적용대상이 아님)을 수령하였으며 그 내용은 다음과 같다.

구 분	금 액
수입배당금	50,000,000원*
A사의 소득금액	350,000,000원
A사의 법인세액	100,000,000원

* 원천징수 전 금액이며, 이에 대한 국외원천징수세액 5,000,000원과 간접외국납부세액은 세무조정 시 가산조정 되었음

5. 조세특례제한법 상 세액공제내역은 다음과 같다.

구 분	금 액
통합투자세액공제	18,000,000원
연구·인력개발비 세액공제	3,600,000원

6. 중소기업에 대한 최저한세율은 7%이다.

<요구사항 1>

㈜한국의 외국납부세액공제액을 다음의 답안 양식에 따라 제시하시오.

(답안 양식)

간접외국납부세액	
외국납부세액공제 한도액	
외국납부세액공제액	

<요구사항 2>

<요구사항 1>의 정답과 관계없이 외국납부세액공제액을 5,000,000원으로 가정하고 ㈜한국의 총부담세액을 다음의 답안 양식에 따라 제시하시오.

(답안 양식)

감면후 세액	
최저한세	
총부담세액	

(계속)

【문제 6】

(물음 1)

㈜한국 비상장주식 평가액 계산

- 순자산가액 조정: 7,000,000,000 − 100,000,000(선급비용) + 600,000,000(수선충당금) = 7,500,000,000원
- 1주당 순자산가치 = 7,500,000,000 ÷ 125,000주 = 60,000원

- 가중평균 순손익액 = (300,000,000×3 + 200,000,000×2 + 140,000,000×1) ÷ 6 = 240,000,000원
- 1주당 순손익액 = 240,000,000 ÷ 125,000주 = 1,920원
- 1주당 순손익가치 = 1,920 ÷ 0.1 = 19,200원

- 1주당 평가액 = (60,000 × 2 + 19,200 × 3) ÷ 5 = 35,520원
- 하한(순자산가치의 80%) = 60,000 × 80% = 48,000원 → 48,000원 적용
- 최대주주 할증: 48,000 × 1.2 = 57,600원

구분	금액
1주당 순자산가치	60,000원
1주당 순손익가치	19,200원
1주당 평가액	57,600원
비상장주식 평가액	2,880,000,000원 (= 57,600 × 50,000주)

(물음 2)

- 재산가치 증가금액 = 양도가액 450,000,000 − 취득가액 100,000,000 − 통상적 가치상승분 80,000,000 − 가치증가 기여분 0 = 270,000,000원
- 증여세 과세여부 판단 기준금액 = (100,000,000 + 80,000,000 + 0) × 30% = 54,000,000원 (3억원 이하이므로 30% 기준 적용)
- 재산가치 증가금액(270,000,000) ≥ 기준금액(54,000,000) → 과세대상

구분	금액
증여세 과세여부 판단 기준금액	54,000,000원
증여재산가액	270,000,000원

※ 답안 작성시 유의사항

1. 답안은 문제 순서대로 작성할 것

2. 계산문제는 계산근거를 반드시 제시할 것

3. 답안은 아라비아 숫자로 원단위까지 작성할 것
   (예 : 2,000,000 − 1,000,000 = 1,000,000원)

4. 별도의 언급이 없는 한 관련 자료·증빙의 제출 및 신고·납부절차는 적법하게 이행된 것으로 가정할 것

5. 별도의 언급이 없는 한 합법적으로 세금부담을 최소화하는 방법으로 풀이할 것

【문제 1】(25점)

다음은 거주자 갑, 을, 병, 정의 2025년 귀속 종합소득 신고를 위한 자료이다. 제시된 금액은 원천징수하기 전의 금액이며, 별도의 언급이 없는 한 원천징수는 적법하게 이루어졌다.

(물음 1) ㈜A(중소기업)의 전무이사 갑과 영업부장 을의 2025년 근로소득 관련 자료이다. 갑과 을은 5년 전부터 계속 근무하고 있다.

< 자 료 >

1. 갑과 을이 ㈜A로부터 2025년에 지급받은 내역은 다음과 같다(아래 금액은 매월 균등하게 지급받은 금액을 합산한 것임).

구 분	갑	을
기본급	70,000,000원	48,000,000원
성과급	20,000,000원	1,800,000원
식사대*1	2,760,000원	1,560,000원
자격증수당	−	240,000원
판공비	2,000,000원	−
자가운전보조금*2	3,000,000원	1,200,000원

*1 을은 구내식당에서 식사를 제공받았으나, 갑은 식사를 제공받지 않았다.
*2 갑과 을은 본인 소유차량을 직접 운전하여 업무수행에 이용하고 실제여비를 받는 대신에 회사 사규에 정해진 지급기준에 따라 자가운전보조금을 받았다.

2. 갑과 을의 국민건강보험법에 따른 건강보험료의 내역은 다음과 같으나, 본인부담분을 포함한 전액을 ㈜A가 부담하였다.

구 분	갑	을
회사부담분	4,500,000원	2,000,000원
본인부담분	4,500,000원	2,000,000원

3. 갑과 을이 ㈜A로부터 받은 보상금 등의 내역은 다음과 같다.

구 분	갑	을
직무발명보상금*3	8,000,000원	4,000,000원
주택구입·임차 자금 무상대여 이익	1,000,000원	800,000원

*3 발명진흥법에 따라 받은 보상금이다.

<요구사항>

갑과 을의 총급여액을 다음의 답안 양식에 따라 제시하시오.

(답안 양식)

갑의 총급여액	
을의 총급여액	

(계속)

(물음 2) 건설업을 영위하고 있는 병(복식부기의무자)의 2025년 사업소득 손익계산서 자료이다.

< 자 료 >

병의 손익계산서상 당기순이익은 100,000,000원이며, 다음 항목이 수익 또는 비용에 포함되어 있다.

1. 이자수익

구 분	금 액
비영업대금의 이익*1	10,000,000원
외상매출금*2 회수지연에 따른 연체이자	500,000원
국내은행 정기예금이자	20,000,000원
공익신탁의 이익	1,500,000원
비실명 이자소득*3	800,000원
합 계	32,800,000원

*1 온라인투자연계금융업자를 통해 받은 이자가 아니다.
*2 소비대차로 전환되지 아니하였다.
*3 금융실명제 대상이 아니다.

2. 인건비

구 분	금 액
대표자 병의 급여	50,000,000원
종업원 급여	300,000,000원
합 계	350,000,000원

3. 사업용 건설기계(굴삭기) 처분이익(2021년 12월 31일 취득): 5,000,000원

4. 산업재산권 양도이익: 3,000,000원

<요구사항 1>

병의 종합과세되는 이자소득 총수입금액과 이자소득(분리과세대상 포함)에 대한 소득세 원천징수세액을 다음의 답안 양식에 따라 제시하시오.

(답안 양식)

이자소득 총수입금액	
이자소득 원천징수세액	

<요구사항 2>

병의 사업소득금액을 다음의 답안 양식에 따라 제시하시오.

(답안 양식)

손익계산서상 당기순이익		
가산조정	총수입금액산입·필요경비불산입	
차감조정	총수입금액불산입·필요경비산입	
사업소득금액		

(물음 3) 정의 2025년 연말정산 관련 자료이다.

< 자 료 >

1. 본인 및 생계를 같이하는 부양가족의 현황

구 분	나 이	내 용
본인	42세	총급여액 80,000,000원
배우자	39세	소득 없음
부친	74세	양도소득금액 10,000,000원
장인	73세	장애인, 소득 없음
딸	17세	고등학교 재학 중, 소득 없음
아들	0세	2025. 4. 1. 출생, 소득 없음
위탁아동	10세	7개월 양육, 소득 없음
동생	35세	장애인, 소득 없음

2. 신용카드, 직불카드 및 현금영수증 사용내역(전년도 대비 증가분은 없음)

구 분		금 액
신용카드 사용액	본인의 정당 기부금 (정치자금세액공제 적용)	300,000원
	본인의 신차 구입에 따른 취득세	2,000,000원
	본인의 가전제품 구입	19,900,000원
	배우자의 국외 사용	900,000원
	장인의 대중교통 이용	200,000원
	동생의 도서·공연 사용	800,000원
기타 사용액	배우자의 전통시장 현금영수증 사용	1,500,000원
	부친의 직불카드 사용	5,500,000원

3. 의료비 지출내역

구 분	금 액
본인의 건강진단비	1,200,000원
본인과 배우자의 시력보정용 안경구입비(각 400,000원)	800,000원
배우자의 출산 병원비	1,000,000원
배우자의 산후조리원 비용	3,000,000원
부친의 건강증진용 약품구입비	900,000원
장인의 보청기 구입비	2,000,000원
딸의 허리디스크 수술비	8,000,000원
딸의 미용성형수술비	2,000,000원
동생의 장애인 보장구 구입비	3,000,000원

<요구사항 1>

정의 인적공제액과 자녀세액공제액을 다음의 답안양식에 따라 제시하시오.

(답안 양식)

인적 공제액	기본공제액	
	추가공제액	
자녀세액공제액		

<요구사항 2>

정의 신용카드 등 사용금액에 대한 소득공제액을 다음의 답안 양식에 따라 제시하시오.

(답안 양식)

신용카드 등 사용금액	40%공제율 적용대상	
	30%공제율 적용대상	
	15%공제율 적용대상	
신용카드 등 사용 소득공제액		

<요구사항 3>

특별세액공제를 항목별로 신청한 정의 의료비세액공제액을 다음의 답안 양식에 따라 제시하시오.

(답안 양식)

의료비 세액공제액	

(계속)

【문제 2】(5점)

다음은 거주자 갑의 부담부증여 관련 자료이다.

< 자 료 >

1. 갑은 2015년 5월 20일 취득한 토지(등기됨)를 아들 을(29세)에게 2025년 8월 13일에 증여하였다. 증여한 토지에는 갑이 A은행으로부터 차입한 차입금 100,000,000원에 대한 근저당권이 설정되어 있으며, 을은 토지를 증여받고 동 채무를 인수하였음이 객관적으로 입증된다.

2. 증여한 토지의 취득당시 가액은 다음과 같다.

실지거래가액	기준시가	지방세 시가표준액
확인되지 않음	200,000,000원	180,000,000원

3. 증여한 토지의 증여당시 가액은 다음과 같다.

시가	기준시가	지방세 시가표준액
500,000,000원	400,000,000원	250,000,000원

4. 증여한 토지에 대한 자본적지출액과 양도비용은 확인되지 않는다.

5. 을은 갑(부친)으로부터 처음 증여를 받았으며, 모친으로부터 2022년 3월 14일 현금 80,000,000원을 증여받고 증여세를 납부한 바 있다.

<요구사항 1>

토지 증여로 인한 갑의 양도차익을 다음의 답안 양식에 따라 제시하시오.

(답안 양식)

양도가액	
취득가액	
기타의 필요경비	
양도차익	

<요구사항 2>

토지 증여에 따른 을의 증여세 과세가액을 다음의 답안 양식에 따라 제시하시오.

(답안 양식)

증여세 과세가액	

【문제 3】 (15점)

(물음 1) 다음은 상호 독립적인 각 과세사업자의 2025년 제1기 부가가치세 관련 자료이다. 별도의 언급이 없는 한 제시된 금액은 부가가치세가 포함되지 않은 금액이며, 세금계산서는 적법하게 발급되었다.

< 자 료 >

1. ㈜A는 다음과 같이 기계장치를 매각하는 계약을 체결하였다.

구 분	기계장치A	기계장치B*¹
계약금	10,000,000원 (2025. 3.20.)	8,000,000원 (2025. 5.20.)
중도금	10,000,000원 (2025. 6.20.)	8,000,000원 (2025. 8.20.)
잔 금	10,000,000원 (2025. 9.20.)	8,000,000원 (2025.11.20.)
인도일	2025. 3.20.	2025.11.20.

*¹ 2025년 5월 20일에 계약금만 수령하고 기계장치 공급가액 전액에 대하여 세금계산서를 발급하였다.

2. ㈜B는 2025년 4월 4일에 장부가액 25,000,000원인 기계장치A(시가 20,000,000원)를 개인사업자 갑의 기계장치B(시가 불분명)와 교환하였다. 교환시점의 기계장치B의 감정가액은 19,000,000원, 상속세 및 증여세법상 보충적 평가액은 17,000,000원이다.

3. ㈜C는 외국에서 반입한 원재료를 가공하여 생산한 제품을 국내에 공급하는 보세구역 내의 사업자이다. ㈜C는 보세구역 밖에 있는 국내사업자 갑과 을에게 다음과 같이 제품을 공급하였다.

① 제품A(인도일 2025년 4월 25일)를 사업자 갑에게 10,000,000원에 공급하였다. 이에 대한 관세의 과세가격은 5,000,000원, 관세는 500,000원, 개별소비세는 1,500,000원이다.

② 제품B(인도일 2025년 6월 25일)를 사업자 을에게 20,000,000원에 공급하였다. 이에 대하여 세관장이 징수한 부가가치세는 1,700,000원이다.

4. ㈜D는 도시지역 안에 있는 겸용주택을 다음과 같이 임대하고 있다. 겸용주택은 2층 건물로 1층(500㎡)은 상가로, 2층(500㎡)은 주택으로 임대하고 있으며, 부수토지면적은 3,000㎡이다. 각 층의 면적에 지하층 및 주차용 면적은 제외되어 있다.

① 임대계약조건

구 분	내 용
임대기간	2025. 4. 1. ~ 2027. 3.31.
월임대료	2,000,000원
임대보증금	146,000,000원*²

*² 임대보증금 운용수입으로 155,200원의 이자수익이 발생하였다.

② 2025년 6월 30일 현재 겸용주택의 감정가액 및 기준시가 내역

구 분	감정가액	기준시가
토 지	250,000,000원	160,000,000원
건 물	150,000,000원	160,000,000원
합 계	400,000,000원	320,000,000원

③ 2025년 6월 30일 현재 계약기간 1년의 정기예금이자율은 1.8%이다.

5. ㈜E는 2025년 5월 30일에 국내사업장이 없는 외국법인과 직접 판매계약을 체결하고 그 외국법인이 지정하는 국내사업자 갑과 을에게 각각 다음과 같이 제품을 인도한 후, 그 대금을 외국환은행에서 원화로 수령하였다.

① 제품A(공급가액 10,000,000원)를 갑에게 인도하였으며, 갑은 제품A를 그대로 외국법인에 반출하였다.

② 제품B(공급가액 20,000,000원)를 을에게 인도하였으며, 을은 제품B 중 70%를 과세사업에, 30%를 면세사업에 사용하였다.

(계속)

<요구사항>

각 사업자가 2025년 제1기 부가가치세 확정신고 시 신고해야 할 과세표준을 다음의 답안 양식에 따라 제시하시오. 단, 2025년 제1기 부가가치세 예정신고는 적법하게 이루어졌다.

(답안 양식)

구 분	과세표준	
	과세	영세율
㈜A		
㈜B		
㈜C		
㈜D		
㈜E		

(물음 2) 다음은 과세사업과 면세사업을 겸영하고 있는 ㈜한국의 부가가치세 신고 관련 자료이다. 별도의 언급이 없는 한 제시된 금액은 부가가치세가 포함되지 않은 금액이다.

< 자 료 >

1. 다음은 ㈜한국이 2025년 3월 20일 현재 사업에 사용하던 자산의 내역이다. 아래 자산 중 건물과 토지는 과세사업과 면세사업 겸용자산이며, 다른 자산은 과세사업 전용자산이다.

구 분[1]	취득일	취득가액	시가
원재료	2024.12. 5.	10,000,000원	7,000,000원
건 물	2022. 7.15.	80,000,000원	90,000,000원
토 지	2017.10. 5.	40,000,000원	80,000,000원
차 량	2024. 2.19.	30,000,000원	18,000,000원
기계장치	2024. 7.10.	20,000,000원	15,000,000원
비 품	2022. 9.13.	5,000,000원	2,000,000원

[1] 위 자산 중 토지와 차량(소형승용차)은 매입당시 매입세액공제를 받지 못하였으며, 나머지 자산은 매입당시 매입세액공제를 받았다.

2. ㈜한국은 2025년 1월 10일 제품을 인도하고 1월 31일부터 매월 말일에 1,000,000원씩 총 12회에 걸쳐 대금을 수령하기로 약정하였다. 이 건 이외에 2025년 제1기의 과세매출은 없다.

3. 각 과세기간별 과세공급가액과 면세공급가액 비율은 다음과 같다.

과세기간	과세공급가액	면세공급가액
2024년 제2기	80%	20%
2025년 제1기	70%	30%

<요구사항>

㈜한국이 2025년 3월 20일에 폐업하는 경우, 2025년 제1기 부가가치세 과세표준을 각 재화별로 다음의 답안 양식에 따라 제시하시오.

(답안 양식)

구 분	과세표준
원재료	
건 물	
토 지	
차 량	
기계장치	
비 품	
제 품	
합 계	

【문제 4】 (5점)

다음은 과세사업과 면세사업을 겸영하는 ㈜대한의 부가가치세 관련 자료이다. 별도의 언급이 없는 한 제시된 금액은 부가가치세가 포함되지 않은 금액이며, 세금계산서 및 계산서는 적법하게 발급·수취되었다.

< 자 료 >

1. ㈜대한의 과세기간별 공급가액의 내역은 다음과 같다.

구 분	과세공급가액	면세공급가액
2024년 제1기[*1]	500,000,000원	–
2024년 제2기	600,000,000원	200,000,000원
2025년 제1기	700,000,000원	300,000,000원
2025년 제2기	600,000,000원	400,000,000원

[*1] 2024년 제1기 과세사업 관련 매입가액과 면세사업 관련 매입가액은 각각 240,000,000원(전액 매입세액공제 대상임)과 60,000,000원이다. 이 매입가액에는 공통매입가액은 포함되어 있지 않다.

2. ㈜대한은 2024년 4월 15일 기계장치A를 40,000,000원에 구입하여 과세사업과 면세사업에 공통으로 사용하였다. 구입 당시 면세사업과 과세사업의 예정공급가액 비율은 35:65이다.

3. ㈜대한은 2025년 10월 20일 기계장치A를 20,000,000원에 매각하였다.

<요구사항 1>

2024년 제1기 부가가치세 납부세액을 다음의 답안 양식에 따라 제시하시오.

(답안 양식)

매출세액	
매입세액	
납부세액	

<요구사항 2>

2024년 제2기 확정신고시 기계장치A에 대한 공통매입세액 정산액을 다음의 답안 양식에 따라 제시하시오. 단, 정산액이 납부세액을 증가시키면 (+), 감소시키면 (−) 부호를 금액과 함께 기재하시오.

(답안 양식)

공통매입세액 정산액	

<요구사항 3>

2025년 제1기와 제2기의 기계장치A에 대한 납부(환급)세액 재계산액을 다음의 답안 양식에 따라 제시하시오. 단, 재계산액이 납부세액을 증가시키면 (+), 감소시키면 (−) 부호를 금액과 함께 기재하시오.

(답안 양식)

2025년 제1기	
2025년 제2기	

<요구사항 4>

2025년 제2기의 기계장치A 매각에 대한 부가가치세 과세표준을 다음의 답안 양식에 따라 제시하시오.

(답안 양식)

과세표준	

(계속)

【문제 5】 (25점)

(물음 1) 다음은 제조업을 영위하는 ㈜백두의 제25기 사업연도(2025년 1월 1일 ~ 2025년 12월 31일) 법인세 신고 관련 자료이다.

< 자 료 >

1. ㈜백두는 2025년 3월 1일에 대표이사로부터 토지A를 100,000,000원에 매입하고, 매입가액을 취득원가로 회계처리하였다. 매입 당시 토지A의 시가는 불분명하며, 감정평가법인의 감정가액은 70,000,000원, 개별공시지가는 80,000,000원, 지방세시가표준액은 60,000,000원이다.

2. ㈜백두는 2025년 5월 5일에 최대주주(지분율 5%)인 갑(개인)으로부터 비상장주식B 1,000주를 1주당 5,000원에 매입하고, 매입가액을 취득원가로 회계처리하였다. 비상장주식B의 시가는 불분명하며, 감정평가법인의 감정가액은 1주당 6,000원, 상속세 및 증여세법의 보충적 평가방법을 준용한 평가가액은 1주당 7,000원이다.

3. ㈜백두는 2024년에 전무이사로부터 토지C(시가 70,000,000원)를 100,000,000원에 매입하고, 매입가액을 취득원가로 회계처리하였다. 이에 대한 전기의 세무조정은 적법하게 이루어졌다. ㈜백두는 2025년 12월 1일에 토지C를 150,000,000원에 매각하고 다음과 같이 회계처리하였다.

    (차) 현금 150,000,000

    　　 (대) 토지C   100,000,000
    　　　　　유형자산처분이익   50,000,000

4. ㈜백두는 전기말에 비상장주식D 1,000주를 주당 7,000원에 매입하고, 매입가액을 취득원가로 회계처리하였다. 당기 중 제3자간에 비상장주식D가 주당 12,000원에 거래된 것을 확인하고 이를 시가로 간주하여 2025년 12월 31일에 다음과 같이 회계처리하였다.

    (차) 기타포괄손익-공정가치측정 금융자산 5,000,000

    　　 (대) 금융자산평가이익   5,000,000
    　　　　　(기타포괄손익)

<요구사항>
㈜백두의 제25기 세무조정 및 소득처분을 다음의 답안 양식에 따라 제시하시오.

(답안 양식)

자료번호	익금산입 및 손금불산입			손금산입 및 익금불산입		
	과목	금액	소득처분	과목	금액	소득처분
1						
2						
3						
4						

(물음 2) 다음은 제조업을 영위하는 ㈜한라의 제25기 사업연도(2025년 1월 1일 ~ 2025년 12월 31일) 법인세 신고 관련 자료이다. 전기까지의 세무조정은 적법하게 이루어졌다.

< 자 료 >

1. 보유주식 ㈜A
    ① ㈜한라는 비상장법인 ㈜A의 주식 6,000주(액면가액 1,000원)를 보유하고 있으며, 그 구체적인 내역은 다음과 같다.

취득일	주식수	비 고
2019. 6. 5.	3,000주	1주당 10,000원에 유상 취득
2021. 9. 8.	2,000주	㈜A의 이익준비금 자본전입으로 취득
2023. 5.22.	1,000주	㈜A의 주식발행초과금 자본전입으로 취득
합 계	6,000주	

② ㈜A는 2025년 4월 11일에 총발행주식의 20%를 1주당 15,000원의 현금을 지급하고 소각하였다.

2. 보유주식 ㈜B

① ㈜한라는 2024년 5월 29일에 비상장법인 ㈜B의 주식 10,000주(액면가액 5,000원)를 취득하였다. 이는 ㈜B 총발행주식의 20%에 해당한다.

② 2025년 9월 1일 ㈜B가 잉여금을 자본전입함에 따라 ㈜한라는 무상주 1,000주를 수령하였다. 잉여금 자본전입결의일은 2025년 8월 1일이다.

③ 자본전입결의일 현재 ㈜B가 보유하고 있는 자기주식은 10,000주이다.

④ ㈜B의 주주 중 ㈜한라의 특수관계인은 없으며, 자본전입에 사용된 재원은 다음과 같다.

구 분	금 액
주식발행초과금	6,000,000원
자기주식처분이익 (처분일 2022. 3. 1.)	2,000,000원
자기주식소각이익 (소각일 2023.10.15.)	4,000,000원
이익준비금	8,000,000원
합 계	20,000,000원

<요구사항>

㈜한라의 제25기 법인세법상 의제배당액을 다음의 답안 양식에 따라 제시하시오.

(답안 양식)

구 분	의제배당액
㈜A	
㈜B	

(물음 3) 다음은 제조업을 영위하는 ㈜태백의 제25기 사업연도 (2025년 1월 1일 ~ 2025년 12월 31일) 법인세 신고 관련 자료이다.

< 자 료 >

1. 손익계산서상 인건비

① 이사회 결의에 의한 급여지급기준에 따르면 상여금은 일반급여의 30%이며, 인건비의 내역은 다음과 같다.

구 분	일반급여	상여금	퇴직급여
대표이사	150,000,000원	40,000,000원	-
상무이사*1	100,000,000원	50,000,000원	100,000,000원
회계부장	50,000,000원	100,000,000원	-
기타 직원	450,000,000원	250,000,000원	300,000,000원*2
합 계	750,000,000원	440,000,000원	400,000,000원

*1 상무이사는 2022년 6월 15일부터 근무하기 시작하여 2025년 12월 31일에 퇴사하였으며, 당사는 임원에 대한 퇴직급여 규정이 없다.
*2 기타 직원의 퇴직급여 중 200,000,000원은 실제 퇴직한 자에게 지급한 것이며, 100,000,000원은 「근로자퇴직급여 보장법」의 규정에 따라 퇴직금을 중간정산하여 지급한 것이다.

(계속)

② 노동조합의 업무에만 종사하는 근로시간면제자의 급여로 지급한 금액은 40,000,000원이며, 이는 「노동조합 및 노동관계 조정법」을 위반한 것이다.

2. 손익계산서상 기타경비

① ㈜태백의 지배주주인 갑(지분율 5%, 임직원 아님)에게 지급한 여비 5,000,000원을 비용으로 계상하였다.

② 비출자공동사업자인 ㈜A(특수관계인 아님)와 수행하고 있는 공동사업의 경비는 각각 50%를 부담하기로 약정되어 있으나, 당기에 발생한 공동경비 20,000,000원을 ㈜태백이 전액 부담하고 비용으로 계상하였다.

③ 환경미화 목적으로 구입한 미술품(취득가액 6,000,000원)을 복도에 전시하고 소모품비로 계상하였다.

④ 대표이사(지분율 10%)가 사용하고 있는 사택 유지비 9,000,000원과 회계부장(지분율 0.5%)이 사용하고 있는 사택 유지비 3,000,000원을 비용으로 계상하였다.

<요구사항 1>
㈜태백의 제25기 인건비와 관련된 세무조정 및 소득처분을 다음의 답안 양식에 따라 제시하시오.

(답안 양식)

익금산입 및 손금불산입			손금산입 및 익금불산입		
과목	금액	소득처분	과목	금액	소득처분

<요구사항 2>
㈜태백의 제25기 기타경비와 관련된 세무조정 및 소득처분을 다음의 답안 양식에 따라 제시하시오.

(답안 양식)

익금산입 및 손금불산입			손금산입 및 익금불산입		
과목	금액	소득처분	과목	금액	소득처분

(물음 4) 다음은 제조업을 영위하는 ㈜소백(중소기업 아님)의 제25기 사업연도(2025년 1월 1일 ~ 2025년 12월 31일) 법인세 신고 관련 자료이다. 전기까지의 세무조정은 적법하게 이루어졌다.

< 자 료 >

1. 손익계산서상 매출액은 15,000,000,000원이며, 이 중 3,000,000,000원은 특수관계인에 대한 매출액이다.

2. 손익계산서상 판매비와관리비에 계상된 기업업무추진비는 105,300,000원이며, 그 내역은 다음과 같다.

구 분	건당 3만원 이하	건당 3만원 초과	합 계
영수증 수취건	2,500,000원	12,800,000원	15,300,000원
신용카드 매출전표 수취건*	15,000,000원	75,000,000원	90,000,000원
합 계	17,500,000원	87,800,000원	105,300,000원

* 신용카드매출전표 수취건에는 다음의 금액이 포함되어 있다.
① 음반 및 음악영상물을 구입하여 거래처에 제공한 금액 : 5,000,000원
② 미술품 1점을 구입하여 거래처에 제공한 금액 : 6,000,000원
③ 전통시장기업업무추진비에 해당하는 금액 : 7,000,000원

3. 손익계산서상 잡손실로 계상된 기업업무추진비 15,000,000원은 건당 3만원을 초과하며, 적격증명서류가 없다. 이 중 지출사실이 객관적으로 명백한 경우로서 국외지역에서 지출되어 적격증명서류를 구비하기 어려운 것으로 확인되는 금액은 6,000,000원이다.

4. 거래처인 ㈜A에 직접 생산한 제품(원가 5,000,000원, 시가 6,000,000원)을 접대목적으로 무상제공하고 다음과 같이 회계처리하였다.

   (차) 광고선전비   5,000,000
       세금과공과   600,000
          (대) 제   품   5,000,000
              부가세예수금 600,000

5. 기업업무추진비 수입금액 적용률

수입금액	적용률
100억원 이하	30/10,000
100억원 초과 500억원 이하	20/10,000
500억원 초과	3/10,000

<요구사항>
㈜소백의 제25기 기업업무추진비 한도초과액을 다음의 답안양식에 따라 제시하시오.

(답안 양식)

시부인대상 기업업무추진비 해당액	
기업업무추진비 한도액	일반기업업무추진비 한도액	
	문화기업업무추진비 한도액	
	전통시장기업업무추진비 한도액	
기업업무추진비 한도초과액	

(물음 5) 다음은 제조업과 도매업을 영위하는 ㈜설악(중소기업 아님)의 제25기 사업연도(2025년 1월 1일 ~ 2025년 12월 31일) 법인세 신고 관련 자료이다.

< 자 료 >

1. ㈜설악의 전기말 재무상태표상 채권잔액은 12,460,000,000원이며, 전기말 「자본금과 적립금 조정명세서(을)」의 기말잔액은 다음과 같다.

과 목	기말잔액
대손충당금 한도초과액	25,000,000원
매출채권 대손부인액*1	48,000,000원
소멸시효 완성채권	△8,000,000원

*1 전기에 대손부인된 매출채권은 모두 당기에 소멸시효가 완성되었다.

2. ㈜설악의 제25기 대손충당금계정의 변동내역은 다음과 같다.

대손충당금

당기상계	200,000,000원	전기이월	250,000,000원
차기이월	280,000,000원	당기설정	230,000,000원
합 계	480,000,000원	합 계	480,000,000원

3. 대손충당금 당기상계 내역은 다음과 같다.

① 전기에 소멸시효가 완성된 채권: 8,000,000원

② 당기 3월 1일에 부도가 발생하여 받을 수 없게 된 외상매출금: 25,000,000원

③ 당기에 채무자의 강제집행으로 회수할 수 없게 된 미수금: 12,000,000원

④ 당기에 소멸시효가 완성된 채권: 155,000,000원

(계속)

4. 당기말 재무상태표상 채권 내역은 다음과 같다.

구 분	금 액
거래처에 대한 외상매출금	12,700,000,000원
수탁판매한 물품의 판매대금 미수금	500,000,000원
원재료 매입을 위한 선급금	1,100,000,000원
토지 양도 미수금*2	600,000,000원
무주택 종업원에 대한 주택자금대여금	100,000,000원
합 계	15,000,000,000원

*2 특수관계인 ㈜A에게 시가 400,000,000원인 토지를 600,000,000원에 양도한 것이다.

<요구사항 1>

㈜설악의 당기 대손실적률을 다음의 답안 양식에 따라 제시하시오. 단, 대손실적률 계산시 소수점 셋째 자리에서 절사하여 제시하시오.(예: 2.567% → 2.56%)

(답안 양식)

당기 대손금	
전기말 대손충당금 설정대상 채권잔액	
당기 대손실적률	

<요구사항 2>

㈜설악의 당기 대손충당금 한도초과액을 다음의 답안 양식에 따라 제시하시오. 단, 당기 대손실적률은 1.60%로 가정한다.

(답안 양식)

당기말 대손충당금 설정대상 채권잔액	
당기 대손충당금 한도액	
당기 대손충당금 한도초과액	

【문제 6】(15점)

(물음 1) 다음은 제조업을 영위하는 ㈜한국의 제24기 사업연도(2024년 1월 1일 ~ 2024년 12월 31일) 및 제25기 사업연도(2025년 1월 1일 ~ 2025년 12월 31일) 법인세 신고 관련 자료이다.

<자 료>

1. ㈜한국은 2024년 1월 10일 사용하고 있던 기계장치A를 다른 기업의 동종 기계장치B와 교환하고, 다음과 같이 회계처리하였다. 교환당시 기계장치B의 시가는 20,000,000원이다.

(차) 기계장치B　　　25,000,000
　　감가상각누계액　4,000,000

　　　　　　(대) 기계장치A　　　　28,000,000
　　　　　　　　 기계장치처분이익　 1,000,000

2. 기계장치B에 대한 수선비(자본적 지출이며 주기적 수선에 해당하지 않음)로 지출한 금액은 다음과 같으며, 이를 모두 손익계산서상 비용으로 회계처리하였다.

구 분	금 액
제24기	7,000,000원
제25기	5,000,000원

3. 제25기말 기계장치B에 대한 회수가능가액을 검토하여 3,000,000원의 손상차손을 손익계산서상 비용으로 계상하였다. 해당 손상차손은 물리적 손상에 따른 시장가치 급락을 반영한 것이다.

4. 제24기와 제25기에 손익계산서에 계상한 감가상각비는 각각 5,000,000원이다.

5. 회사는 기계장치에 대한 감가상각 방법 및 내용연수를 신고하지 않았으며, 기계장치의 기준내용연수는 8년이다. 내용연수별 상각률은 다음과 같다.

내용연수	6년	8년	10년
정액법	0.166	0.125	0.100
정률법	0.394	0.313	0.259

<요구사항>

㈜한국의 세무조정 및 소득처분을 다음의 답안 양식에 따라 제시하시오.

(답안 양식)

구 분	익금산입 및 손금불산입			손금산입 및 익금불산입		
	과목	금액	소득처분	과목	금액	소득처분
제24기						
제25기						

(물음 2) ㈜한국(영리내국법인)은 제25기 사업연도(2025년 1월 1일 ~ 2025년 12월 31일)말에 해산등기하였고, 청산절차에 착수하였다.

<자료>

1. ㈜한국의 해산등기일 현재 재무상태표상 자산 및 환가내역은 다음과 같으며, 모든 부채는 재무상태표상 금액인 565,000,000원에 상환하였다.

구 분	장부가액	환가액
현금·예금	15,000,000원	15,000,000원
토 지	250,000,000원	450,000,000원
건 물	400,000,000원	280,000,000원
기계장치	100,000,000원	60,000,000원
합 계	765,000,000원	805,000,000원

2. 자본잉여금을 자본금에 전입한 내역은 다음과 같다.

전입일	금액
2024. 2.25.	30,000,000원
2022. 2.28.	50,000,000원

3. 해산등기일 현재 재무상태표상 ㈜한국의 자본내역은 다음과 같다.

구 분	금액
자본금	180,000,000원
이익잉여금	20,000,000원

4. 당기말 「자본금과 적립금 조정명세서(갑)」의 이월결손금 잔액은 50,000,000원이다.

5. 당기말 「자본금과 적립금 조정명세서(을)」의 기말잔액은 다음과 같다.

구 분	기말잔액
건물 감가상각비 한도초과액	5,000,000원
토지 자본적지출	20,000,000원

<요구사항>

㈜한국의 청산소득금액을 다음의 답안 양식에 따라 제시하시오.

(답안 양식)

구 분	금 액
잔여재산가액	
자기자본	
청산소득금액	

(계속)

【문제 7】(10점)

(물음 1) 다음은 2025년 6월 6일 사망한 거주자 갑의 상속세 관련 자료이다.

< 자 료 >

1. 상속재산현황은 다음과 같다.

   ① 주택: 300,000,000원
      아들과 동거한 주택으로 법에서 정하는 동거주택상속공제의 요건을 갖추고 있다.

   ② 생명보험금: 600,000,000원
      생명보험금의 총납입보험료는 120,000,000원으로 갑이 부담한 보험료는 80,000,000원이며 나머지는 상속인이 부담한 것이다.

   ③ 예금: 800,000,000원

2. 갑이 사망 전 처분한 재산내역은 다음과 같다.

구 분	처분일	처분금액	용도입증금액
토 지	2025. 2. 5.	250,000,000원	210,000,000원
건 물	2024. 5.12.	450,000,000원	250,000,000원
주 식	2024. 7.25.	300,000,000원	60,000,000원

3. 상속개시 전 증여내역은 다음과 같다.

구 분	증여일	증여일 시가	상속개시일 시가
아 들	2014.11. 1.	50,000,000원	200,000,000원
딸	2018. 5.12.	70,000,000원	140,000,000원
친 구	2022. 3.10.	30,000,000원	80,000,000원

4. 상속개시일 현재 갑의 공과금과 채무는 없으며, 장례비용은 12,000,000원(봉안시설 비용 제외), 봉안시설 비용은 7,000,000원으로 모두 증명서류에 의해 입증된다.

5. 갑의 동거가족으로 배우자(75세), 아들(35세), 딸(28세)이 있으며, 배우자는 상속을 포기하였다.

<요구사항>

갑의 사망에 따른 상속세 과세표준을 다음의 답안 양식에 따라 제시하시오.

(답안 양식)

구 분	금 액
총상속재산가액	
과세가액공제액	
합산되는 증여재산가액	
상속세과세가액	
상속공제액	
상속세과세표준	

(물음 2) 다음은 을의 증여세 관련 자료이다.

< 자 료 >

1. 거주자 을은 비상장법인 ㈜무한의 최대주주 병(지분율 70%)으로부터 2023년 5월 1일 ㈜무한의 주식 10,000주를 1주당 5,000원에 취득하였다. 을과 병은 특수관계인이다.

2. ㈜무한의 주식은 유가증권시장에 상장되어 2025년 3월 5일 최초로 매매가 시작되었다. ㈜무한 주식의 평가액은 다음과 같다.

일 자	상속세 및 증여세법에 의한 1주당 평가액
2025. 3. 5.	15,000원
2025. 6. 5.	25,000원

3. 을의 주식 취득 이후 1주당 기업가치의 실질적인 증가로 인한 이익은 6,000원이다.

<요구사항>

을이 취득한 주식의 상장에 따른 이익의 증여재산가액을 다음의 답안 양식에 따라 제시하시오.

(답안 양식)

증여재산가액	

- 끝 -

※ 답안 작성시 유의사항

1. 답안은 문제 순서대로 작성할 것

2. 계산문제는 계산근거를 반드시 제시할 것

3. 답안은 아라비아 숫자로 원단위까지 작성할 것
   (예 : 2,000,000 - 1,000,000 = 1,000,000원)

4. 별도의 언급이 없는 한 관련 자료증빙의 제출 및 신고납부절차는 적법하게 이행된 것으로 가정할 것

【문제 1】(15점)

(물음 1) 다음은 과세사업을 영위하고 있는 ㈜한국의 2025년 제1기 부가가치세 관련 자료이다. 단, 별도의 언급이 없는 한 제시된 금액은 부가가치세가 포함되지 않은 금액이며, 세금계산서는 적법하게 발급된 것으로 가정한다.

< 자 료 >

1. ㈜한국은 상품A(개당 장부가액: 800,000원, 개당 시가: 1,000,000원)를 다음과 같이 판매 또는 제공하였다. 단, 판매 또는 제공된 상품은 모두 매입 시 매입세액공제를 받았다.

  ① 2025년 4월 15일 상품A 1개를 자기적립마일리지로만 전부 결제를 받고 판매

  ② 2025년 5월 15일 상품A 1개를 직원에게 개인적인 목적으로 무상 제공

  ③ 2025년 6월 15일 상품A 1개를 특수관계인이 아닌 갑에게 500,000원에 판매

2. ㈜한국은 2025년 4월 20일 창고에 보관 중인 제품B에 대한 창고증권(임치물의 반환이 수반됨)을 10,000,000원에 양도하였다.

3. ㈜한국은 2025년 6월 20일(인도일) 내국신용장(개설일: 2025년 7월 20일)에 의하여 수출업자 ㈜태백에게 제품C 10개를 20,000,000원에 공급하였다. 다만, ㈜태백이 해당 재화를 수출용도로 사용하였는지 여부는 확인되지 않는다.

4. ㈜한국은 2025년 5월 10일에 제품D를 수출하기 위하여 선적하였으며, 수출대금 $10,000 중 $5,000는 2025년 5월 1일에 수령하여 5월 8일에 원화로 환가하였고, 나머지 $5,000는 5월 20일에 수령하여 5월 25일에 원화로 환가하였다. 각 시점별 기준환율은 다음과 같으며, 각 시점의 기준환율로 실제 환가한 것으로 가정한다.

5.1.	5.8.	5.10.	5.20.	5.25.
1,000원	1,100원	1,200원	1,150원	1,000원

5. ㈜한국은 다음과 같이 대금을 회수하는 조건으로 잔금수령과 동시에 기계장치를 인도하는 계약을 체결하였으며, 회수약정일에 대금을 모두 회수하였다. 그러나 매수자와 협의하여 기계장치를 2025년 6월 30일에 조기인도하였다.

  ① 계약금(2024년 12월 1일 회수약정): 10,000,000원
  ② 중도금(2025년 4월 1일 회수약정): 15,000,000원
  ③ 잔 금(2025년 8월 1일 회수약정): 20,000,000원

6. ㈜한국은 2024년 1월 5일 40,000,000원에 취득한 차량운반구(매입 시 매입세액공제를 받음)를 2025년 6월 30일에 거래처에 무상으로 제공하였다. 제공할 당시 차량운반구의 장부가액은 10,000,000원(시가: 15,000,000원)이다.

7. ㈜한국의 대손채권 관련 자료는 다음과 같다. 단, 채권금액은 부가가치세가 포함된 금액이다.

구분	채권금액	공급일	대손사유
외상매출금A	2,200,000원	2019.11.20.	2025.1.10. 소멸시효완성
외상매출금B	3,300,000원	2024.12.15.	2025.5.16. 채무자파산[1]
받을어음	8,800,000원	2023.10.16.	2025.4.10. 부도발생

[1] 채무자의 파산으로 회수할 수 없는 채권임

(계속)

<요구사항>

㈜한국이 2025년 제1기 부가가치세 확정신고시 신고해야 할 과세표준과 매출세액을 다음의 답안 양식에 따라 제시하시오.

(답안 양식)

자료번호	과세표준	세 율	매출세액
1			
...			
7			

(물음 2) 다음은 과세사업과 면세사업을 겸영하고 있는 ㈜대한의 부가가치세 관련 자료이다. 단, 별도의 언급이 없는 한 제시된 금액은 부가가치세가 포함되지 않은 금액이며, 세금계산서 및 계산서는 적법하게 수취된 것으로 가정한다.

< 자 료 >

1. 2025년 제2기 과세기간 공급가액은 다음과 같다.

구 분	7.1.~9.30.	10.1.~12.31.	합 계
과세사업	6억원	7억원	13억원
면세사업	4억원	3억원	7억원

2. 각 과세기간별 과세공급가액과 면세공급가액 비율은 다음과 같다.

과세기간	과세공급가액	면세공급가액
2024년 제2기	72%	28%
2025년 제1기	69%	31%

3. 2025년 제2기 과세기간의 세금계산서상 매입세액 내역은 다음과 같다.

(단위: 원)

구 분	7.1.~9.30.	10.1.~12.31.	합 계
과세사업	25,000,000*1	25,000,000	50,000,000
면세사업	15,000,000	-	15,000,000
공통매입	5,000,000	9,000,000*2	14,000,000
합 계	45,000,000	34,000,000	79,000,000

*1 기업업무추진비 지출 관련 매입세액 1,000,000원 포함
*2 과세사업과 면세사업에 함께 사용하다가 2025년 10월 5일에 매각한 기계장치(매각대금: 30,000,000원)의 매입세액 4,000,000원 포함. 상기 '자료 1'의 과세기간별 공급가액에는 기계장치 매각대금이 포함되어 있지 않음

4. ㈜대한은 면세사업에만 사용하던 차량(트럭)을 2025년 7월 20일부터 과세사업과 면세사업에 함께 사용하기 시작하였다. ㈜대한은 동 차량을 2024년 9월 20일 40,000,000원에 취득하였다.

5. ㈜대한은 2024년 제2기에 공급자가 대손세액공제를 받음에 따라 대손처분 받은 세액 700,000원을 매입세액에서 차감한 바 있다. ㈜대한은 2025년 12월 20일에 대손처분 받은 세액 700,000원을 포함한 매입채무 7,700,000원을 모두 변제하였다.

<요구사항 1>

㈜대한의 2025년 제2기 부가가치세 예정신고시 매입세액공제액을 다음의 답안 양식에 따라 제시하시오.

(답안 양식)

(1) 세금계산서 수취분 매입세액	
(2) 그 밖의 공제매입세액	
(3) 공제받지 못할 매입세액	
차가감 계 : (1) + (2) - (3)	

<요구사항 2>

㈜대한의 2025년 제2기 부가가치세 확정신고시 매입세액공제액을 다음의 답안 양식에 따라 제시하시오.

(답안 양식)

(1) 세금계산서 수취분 매입세액	
(2) 그 밖의 공제매입세액	
(3) 공제받지 못할 매입세액	
차가감 계 : (1) + (2) - (3)	

【문제 2】 (5점)

다음은 숙박업과 음식점업(과세유흥장소가 아님)을 겸영하는 간이과세자 갑(간편장부대상자)의 2025년 과세기간(2025년 1월 1일 ~ 2025년 12월 31일) 자료이다. 단, 별도의 언급이 없는 한 세금계산서 및 계산서는 적법하게 수취된 것으로 가정한다.

< 자 료 >

1. 연도별 공급대가는 다음과 같으며, 전액 신용카드매출전표를 발행하였다.

구 분	숙박업	음식점업
2024년	18,000,000원	22,000,000원
2025년	30,000,000원	20,000,000원

2. 숙박업과 음식점업에 공통으로 사용하던 비품을 공급대가 3,000,000원에 매각하였다.

3. 2025년 매입내역은 다음과 같다.

구 분	세금계산서 수취분	기타분
숙박업 매입액	5,500,000원*1	-
음식점업 매입액	3,300,000원*2	1,090,000원*3
공통매입액	1,100,000원*4	-

*1 부가가치세를 포함한 금액이며, 이 중 1,100,000원은 기업업무추진비로 지출한 것임
*2 부가가치세를 포함한 금액임
*3 농민으로부터 면세농산물을 직접 매입하여 계산서 또는 신용카드매출전표를 수취하지 못한 금액임
*4 숙박업과 음식점업에 공통으로 사용하는 비품 매입액(귀속이 불명확함)으로 부가가치세를 포함한 금액임

4. 업종별 부가가치율은 다음과 같다고 가정한다.

숙박업	음식점업
20%	10%

(물음 1) 간이과세자 갑의 2025년 부가가치세 납부세액을 다음의 답안 양식에 따라 제시하시오.

(답안 양식)

납부세액	

(물음 2) 간이과세자 갑의 2025년 부가가치세 공제세액을 다음의 답안 양식에 따라 제시하시오. 단, 납부세액 초과 여부는 고려하지 아니한다.

(답안 양식)

구 분	공제세액
세금계산서 등 수취세액공제	
의제매입세액공제	
신용카드매출전표 등 발행세액공제	

(계속)

【문제 3】(10점)

다음은 내국법인인 A법인 ~ D법인의 법인세 신고 관련 자료이다. 4개 법인의 사업연도는 모두 제25기 사업연도(2025년 1월 1일 ~ 2025년 12월 31일)로 동일하다.

< 자 료 >

1. 사회적기업인 A법인의 제25기 차가감소득금액은 1억원이다. 제25기에 지출한 기부금 내역은 다음과 같으며, 제24기 특례기부금 한도초과액 10,000,000원이 있다(세무상 공제가능한 이월결손금 없음).
   ① 이재민구호금품(특례기부금): 20,000,000원
   ② 어음지급 일반기부금(어음만기일: 2026년 2월 10일): 5,000,000원
   ③ 사회복지법인 일반기부금(현금): 30,000,000원

2. 제조업을 영위하는 B법인은 2024년 6월 1일에 국고보조금 20,000,000원을 수령하고, 2024년 7월 1일에 기계장치를 50,000,000원에 취득하여 사업에 사용하기 시작하였다. 회사는 국고보조금을 기계장치에서 차감하는 형식으로 표시하고 있으며, 국고보조금을 감가상각비와 상계처리하고 있다.
   ① 회사는 기계장치에 대하여 정액법(법인세법상 신고한 상각방법)을 적용하여 5년(신고내용연수) 동안 상각하고 있다(잔존가액 없음).
   ② 제24기에 세법 규정에 따라 일시상각충당금을 설정하였으며, 제24기와 제25기에 기계장치에 대한 상각부인액 또는 시인부족액은 없다.

3. 건설업을 영위하는 C법인은 2025년 7월 1일 특례기부금 해당 단체에 건물(취득가액: 200,000,000원, 감가상각누계액: 140,000,000원, 시가: 100,000,000원)을 기부하고 이후 20년간 사용수익하기로 하였다.
   ① 사용수익에 대한 회계처리는 다음과 같다.
   (차) 사용수익기부자산 100,000,000
       감가상각누계액   140,000,000
           (대) 건물   200,000,000
               유형자산처분이익   40,000,000
   ② 제25기 사용수익기부자산에 대한 결산서상 감가상각비 계상액은 2,500,000원이다.

4. 제조업을 영위하는 D법인은 2025년 4월 20일에 외국자회사(배당확정일 현재 1년간 의결권 있는 발행주식총수의 50%를 보유함)인 E법인으로부터 현금배당금 18,000,000원(E법인 소재지국 원천징수세액 2,000,000원을 제외한 금액이며, 수입배당금 익금불산입 대상에 해당하지 않음)을 수령하였다.
   ① E법인의 각사업연도소득금액은 50,000,000원이며, 소재지국에서 납부한 법인세액은 10,000,000원이다.
   ② 현금배당에 대한 원천징수세액은 세금과공과(비용)로 회계처리하였으며, 회사는 외국납부세액공제를 적용하고자 한다.

<요구사항>

각 법인의 제25기 세무조정 및 소득처분(기부금 한도시부인과 관련된 세무조정 및 소득처분 포함)을 다음의 답안 양식에 따라 제시하시오. 단, 세부담 최소화를 가정한다.

(답안 양식)

구분	익금산입 및 손금불산입			손금산입 및 익금불산입		
	과목	금액	소득처분	과목	금액	소득처분
A법인						
B법인						
C법인						
D법인						

【문제 4】 (30점)

(물음 1) 다음은 ㈜퇴직의 제25기 사업연도(2025년 1월 1일 ~ 2025년 12월 31일) 법인세 신고 관련 자료이다.

< 자 료 >

1. 제25기 확정급여형 퇴직연금과 관련된 퇴직연금운용자산의 변동내역은 다음과 같다. 당기지급액은 현실적으로 퇴직한 임직원에게 지급된 금액이다.

전기이월	800,000,000원	당기지급	160,000,000원
당기예치	450,000,000원	기말잔액	1,090,000,000원
합 계	1,250,000,000원	합 계	1,250,000,000원

2. ㈜퇴직의 보험수리적기준 퇴직급여추계액은 960,000,000원이며, 일시퇴직기준 퇴직급여추계액은 880,000,000원이다.

3. ㈜퇴직은 제25기 말 현재 퇴직급여충당금과 퇴직금전환금이 없다.

4. ㈜퇴직은 결산조정에 의하여 퇴직연금충당금을 설정하고 있으며, 퇴직연금충당금의 제25기 변동내역은 다음과 같다.

당기감소	160,000,000원	기초잔액	800,000,000원
기말잔액	1,090,000,000원	당기증가	450,000,000원
합 계	1,250,000,000원	합 계	1,250,000,000원

5. 전기 말 현재 퇴직연금충당금에 대한 손금불산입 유보잔액은 100,000,000원이다.

<요구사항 1>

㈜퇴직의 제25기 세무조정 및 소득처분을 다음의 답안 양식에 따라 제시하시오.

(답안 양식)

익금산입 및 손금불산입			손금산입 및 익금불산입		
과목	금액	소득처분	과목	금액	소득처분

<요구사항 2>

㈜퇴직이 퇴직연금충당금을 신고조정한다고 가정할 경우 ㈜퇴직의 제25기 세무조정 및 소득처분을 다음의 답안 양식에 따라 제시하시오. 단, 전기까지 신고조정에 의해 손금산입된 퇴직연금충당금은 800,000,000원이다(자료상의 4번 사항과 5번 사항은 무시한다).

(답안 양식)

익금산입 및 손금불산입			손금산입 및 익금불산입		
과목	금액	소득처분	과목	금액	소득처분

<요구사항 3>

<요구사항 2>에 따라 퇴직연금충당금을 신고조정하는 경우 ㈜퇴직의 제25기 자본금과 적립금조정명세서(을)를 다음의 답안 양식에 따라 제시하시오.

(답안 양식)

과목	기초	당기 중 증감		기말
		감소	증가	

(계속)

(물음 2) 다음은 제조업을 영위하는 ㈜투자(지주회사 아님)의 제25기 사업연도(2025년 1월 1일 ~ 2025년 12월 31일) 법인세 신고 관련 자료이다. 단, 전기까지의 세무조정은 적법하게 이루어진 것으로 가정한다.

< 자 료 >

1. 보유주식 ㈜A

① 2020년 5월 1일에 ㈜투자는 비상장법인 ㈜A의 주식 1,800주(주당 액면가액: 5,000원)를 주당 10,000원에 취득하였다. ㈜A에 대한 지분율은 10%이다.

② ㈜투자는 2024년에 ㈜A의 잉여금 자본전입으로 인한 무상주 500주를 수령하였으며, 그 내역은 다음과 같다.

자본전입결의일	무상주식수	무상주 재원
2024.7.1.	300주	건물의 재평가적립금 (재평가세율: 3%)
2024.9.1.	200주	자기주식처분이익

③ ㈜A가 유상감자를 실시함에 따라 ㈜투자는 보유주식 중 400주를 반환하고, 감자대가로 주당 21,000원의 현금을 2025년 3월 15일(자본감소결의일: 2025년 3월 2일)에 수령하였다. 이에 대한 ㈜투자의 회계처리는 다음과 같다. ㈜A의 주식취득 이후 해당 주식에 대한 공정가치평가는 없었다.
(차) 현금 8,400,000 (대) 금융자산 8,400,000

2. 보유주식 ㈜B

① 2024년 2월 1일에 ㈜투자는 비상장법인 ㈜B의 주식 20,000주를 취득하였다. ㈜B에 대한 지분율은 10%이다.

② 2025년 7월 1일에 ㈜투자는 잉여금 자본전입으로 인한 무상주 10,000주를 수령하였다. 잉여금 자본전입결의일은 2025년 6월 1일이다.

③ 자본전입결의일 현재 ㈜B의 발행주식총수는 200,000주(주당 액면가액: 5,000원)이며, 자기주식수는 40,000주이다.

④ ㈜B의 주주 중에 ㈜투자와 특수관계인은 없다. 무상증자 시 자기주식에 배정할 무상주는 ㈜투자를 포함한 다른 주주들에게 지분비율에 따라 배정하였다.

⑤ ㈜B의 무상주 재원은 다음과 같다.

구 분	금 액
주식발행초과금	40,000,000원
자기주식소각이익 (소각일: 2024.6.5.)	20,000,000원
자기주식처분이익	60,000,000원
이익잉여금	280,000,000원
합 계	400,000,000원

⑥ ㈜투자는 무상주 수령에 대해 회계처리를 하지 않았다.

3. ㈜투자는 제25기에 차입금과 지급이자가 없다.

4. 수입배당금액 익금불산입률은 다음과 같다.

출자비율	익금불산입률
20% 미만	30%

<요구사항 1>

㈜투자의 제25기 법인세법상 의제배당액을 피출자법인별로 다음의 답안 양식에 따라 제시하시오.

(답안 양식)

피출자법인	의제배당액
㈜A	
㈜B	

<요구사항 2>

㈜투자의 제25기 세무조정 및 소득처분을 다음의 답안 양식에 따라 제시하시오.

(답안 양식)

익금산입 및 손금불산입			손금산입 및 익금불산입		
과목	금액	소득처분	과목	금액	소득처분

(물음 3) 다음은 제조업을 영위하는 ㈜제조(지주회사 아님)의 제25기 사업연도(2025년 1월 1일 ~ 2025년 12월 31일) 법인세 신고 관련 자료이다. 단, 전기까지의 세무조정은 적법하게 이루어진 것으로 가정한다.

< 자 료 >

1. 이자수익
㈜제조는 2024년 1월 2일 국내은행에 2년 만기 정기예금을 가입하였다. 동 이자는 매년 1월 2일에 지급된다. 이자수익과 관련된 ㈜제조의 회계처리는 다음과 같다.

<제24기>
2024.12.31.
 (차) 미수이자 7,000,000
  (대) 이자수익 7,000,000

<제25기>
2025.1.2.
 (차) 현금   6,020,000
   선급법인세 980,000
   (원천징수세액)
  (대) 미수이자 7,000,000

2025.12.31.
 (차) 미수이자 6,000,000
  (대) 이자수익 6,000,000

2. 배당금수익
① ㈜제조는 2024년 1월 27일에 상장법인 ㈜생산의 주식 10%를 취득하였다.

② ㈜제조는 ㈜생산으로부터 현금배당금 3,000,000원과 주식배당 200주(주당 액면가액: 5,000원, 주당 발행가액: 9,000원)를 수령하였다. 동 배당의 배당기준일은 2025년 12월 1일, 배당결의일은 2025년 12월 23일, 배당지급일은 2026년 1월 2일이다.

③ ㈜제조는 현금배당에 대해 제25기에 다음과 같이 회계처리하였으나, 주식배당에 대해서는 회계처리를 하지 않았다.
 (차) 미수배당금 3,000,000
  (대) 배당금수익 3,000,000

3. ㈜제조는 제25기에 차입금과 지급이자가 없다.

4. 수입배당금액 익금불산입률은 다음과 같다.

출자비율	익금불산입률
20% 미만	30%

<요구사항 1>
㈜제조의 제25기 이자수익과 관련된 세무조정 및 소득처분을 다음의 답안 양식에 따라 제시하시오.

(답안 양식)

익금산입 및 손금불산입			손금산입 및 익금불산입		
과목	금액	소득처분	과목	금액	소득처분

<요구사항 2>
㈜제조의 제25기 배당금수익과 관련된 세무조정 및 소득처분을 다음의 답안 양식에 따라 제시하시오.

(답안 양식)

익금산입 및 손금불산입			손금산입 및 익금불산입		
과목	금액	소득처분	과목	금액	소득처분

(계속)

(물음 4) 다음은 제조업을 영위하는 ㈜주행의 제25기 사업연도 (2025년 1월 1일 ~ 2025년 12월 31일) 법인세 신고 관련 자료이다.

< 자 료 >

1. ㈜주행은 2025년 1월 1일에 임직원 사용목적의 업무용승용차 1대를 50,000,000원(취득세 등 부대비용 포함)에 취득하여 업무에 사용하고 있다.

2. 동 업무용승용차는 임직원이 직접 운전하는 경우 보상하는 업무전용자동차보험에 2025년 1월 1일 가입되었다.

3. 제25기 사업연도에 발생한 업무용승용차 관련비용은 다음과 같으며 기업회계기준에 따라 손익계산서에 계상되었다.

항목	금액
감가상각비	8,000,000원
유류비	3,500,000원
보험료	800,000원
자동차세	1,000,000원
그 밖의 유지비용	700,000원
합계	14,000,000원

4. 회사가 작성한 운행기록부상의 총 주행거리와 업무상 주행거리는 다음과 같다.

구 분	주행거리
총 주행거리	20,000km
업무상 주행거리	19,000km

<요구사항 1>

㈜주행의 제25기 세무조정 및 소득처분을 다음의 답안 양식에 따라 제시하시오.

(답안 양식)

익금산입 및 손금불산입			손금산입 및 익금불산입		
과목	금액	소득처분	과목	금액	소득처분

<요구사항 2>

㈜주행이 운행기록을 작성·비치하지 않았다고 가정할 경우 ㈜주행의 제25기 세무조정 및 소득처분을 다음의 답안 양식에 따라 제시하시오.

(답안 양식)

익금산입 및 손금불산입			손금산입 및 익금불산입		
과목	금액	소득처분	과목	금액	소득처분

세 법

(물음 5) 다음은 제조업을 영위하는 ㈜접대(중소기업 아님)의 제25기 사업연도(2025년 1월 1일 ~ 2025년 12월 31일) 법인세 신고 관련 자료이다. <자료 1>과 <자료 2>는 각각 독립적 상황이다.

< 자 료 1 >

1. 손익계산서상 매출액은 10,780,000,000원(특수관계인 매출 없음)이며, 관련 세부내역은 다음과 같다.
   ① 2025년 12월 31일에 제품A를 인도하였으나, 당기 매출로 계상하지 않아 익금산입한 금액 15,000,000원이 있다.
   ② 매출할인 20,000,000원 및 매출환입 10,000,000원을 영업외비용으로 회계처리하였다.
   ③ 2025년 12월 28일에 대금을 선수령(인도일: 2026년 2월 3일)하고 전자세금계산서를 발행한 공급가액 30,000,000원이 매출액에 포함되어 있다.

2. 손익계산서상 판매비와관리비에 계상된 기업업무추진비는 49,700,000원이며 이에 대한 내역은 다음과 같다.

구 분	건당 3만원 이하	건당 3만원 초과	합 계
신용카드매출전표 수취건	-	42,000,000원	42,000,000원
영수증 수취건	700,000원	2,500,000원	3,200,000원
현물기업업무추진비	-	4,500,000원	4,500,000원
합 계	700,000원	49,000,000원	49,700,000원

위의 기업업무추진비 중 현물기업업무추진비는 업무상 접대목적으로 ㈜접대의 제품(원가: 4,000,000원, 시가: 5,000,000원)을 제공한 것으로 회사는 다음과 같이 회계처리하였다.
(차) 기업업무추진비 4,500,000
　　　(대) 제　　　품 4,000,000
　　　　　부가세예수금 500,000

3. ㈜접대는 기업업무추진비와 관련하여 매입세액불공제된 금액 5,000,000원을 세금과공과(비용)로 회계처리하였다. 동 비용은 신용카드를 사용하여 지출되었다.

4. 문화기업업무추진비, 전통시장기업업무추진비 및 경조사비로 지출된 금액은 없다.

5. 기업업무추진비 한도액 계산시 수입금액에 대한 비율은 다음과 같다.

수입금액	적용률
100억원 이하	30/10,000
100억원 초과 500억원 이하	20/10,000

<요구사항 1>

<자료 1>을 이용하여 ㈜접대의 제25기 적격증명서류 미수취 손금불산입 기업업무추진비, 시부인대상 기업업무추진비 및 기업업무추진비 한도액을 다음의 답안 양식에 따라 제시하시오.

(답안 양식)

적격증명서류 미수취 손금불산입 기업업무추진비	
시부인대상 기업업무추진비	
기업업무추진비 한도액	

< 자 료 2 >

1. 시부인대상 기업업무추진비는 39,000,000원이고, 기업업무추진비 한도액은 12,000,000원이다.

2. 기업업무추진비는 다음과 같이 계상되었다.
   ① 판매비와관리비 : 21,000,000원
   ② 건물 : 18,000,000원

3. 기업업무추진비를 포함한 건물(2025년 취득)의 취득가액은 300,000,000원이며, 제25기에 감가상각비로 20,000,000원(법인세법상 감가상각 손금한도 내 금액임)을 계상하였다.

<요구사항 2>

<자료 2>를 이용하여 ㈜접대의 제25기 사업연도 기업업무추진비와 건물 감가상각비 관련 세무조정 및 소득처분을 다음의 답안 양식에 따라 제시하시오.

(답안 양식)

익금산입 및 손금불산입			손금산입 및 익금불산입		
과목	금액	소득처분	과목	금액	소득처분

(계속)

【문제 5】 (24점)

다음은 거주자 갑, 을, 병의 2025년 귀속 종합소득 신고를 위한 자료이다. 단, 제시된 금액은 원천징수하기 전의 금액이며, 별도의 언급이 없는 한 원천징수는 모두 적법하게 이루어졌다고 가정한다.

(물음 1) 제조업을 영위하는 거주자 갑의 2025년 금융소득과 관련된 내역이 <자료 1>과 같을 때 아래 요구사항에 답하시오.

< 자 료 1 >

1. 비실명금융자산에서 발생한 이자: 3,000,000원(금융회사를 통하여 지급되었음)
2. 상호저축은행법에 따른 신용부금으로 인한 이익: 10,000,000원
3. 민사집행법에 따라 법원에 납부한 보증금에서 발생한 이자: 1,200,000원
4. 외상매출금의 지급기일 연장이자: 7,000,000원(소비대차로 전환된 외상매출금에서 발생한 이자 4,000,000원 포함)
5. 국세기본법에 의해 법인으로 보는 단체로부터 받은 현금배당: 5,000,000원
6. 국외은행 예금이자: 7,000,000원(국내에서 원천징수되지 아니함)
7. 자기주식소각이익(소각 당시 시가가 취득가액을 초과하였음)의 자본전입으로 받은 무상주 액면가액: 2,000,000원
8. 종합소득세율(일부)

과세표준	세 율
1,400만원 초과 5,000만원 이하	84만원 + 1,400만원을 초과하는 과세표준의 15%
5,000만원 초과 8,800만원 이하	624만원 + 5,000만원을 초과하는 과세표준의 24%

<요구사항 1>

갑의 무조건분리과세되는 금융소득에 대한 소득세 원천징수세액을 다음의 답안 양식에 따라 제시하시오.

(답안 양식)

원천징수세액	

<요구사항 2>

갑의 종합과세되는 이자소득 총수입금액, 배당소득 총수입금액 및 배당가산액(Gross-up금액)을 다음의 답안 양식에 따라 제시하시오.

(답안 양식)

이자소득 총수입금액	
배당소득 총수입금액	
배당가산액(Gross-up금액)	

<요구사항 3>

갑의 종합소득 산출세액을 다음의 답안 양식에 따라 제시하시오. 단, 과세표준은 50,000,000원이며, 이자소득 총수입금액은 15,000,000원(자료의 비영업대금의 이익 포함), 배당소득 총수입금액은 10,000,000원(배당소득은 전액 Gross-up 대상임)이라고 가정한다.

(답안 양식)

일반산출세액	
비교산출세액	

(물음 2) 제조업을 영위(복식부기의무자)하는 거주자 을(55세, 남성)의 연금소득 및 사업소득 내역이 <자료 2>와 같을 때 아래 요구사항에 답하시오.

< 자 료 2 >

<연금소득 내역>

1. 2025년 1월 1일 현재 연금계좌(2020년 1월 1일 가입) 평가액의 구성내역은 다음과 같다.

구 분	금 액
이연퇴직소득	10,000,000원
이연퇴직소득 외 평가액	290,000,000원
합 계	300,000,000원

2. 이연퇴직소득 외 평가액에는 연금계좌 불입 시 연금세액공제를 받지 못한 금액 20,000,000원이 포함되어 있다.

3. 이연퇴직소득에 대하여 과세이연된 퇴직소득세는 500,000원이다.

4. 을은 연금을 2025년 1월 1일부터 신청하여 수령하기 시작하였고 2025년 수령액은 65,000,000원이다(의료목적, 천재지변이나 그 밖의 부득이한 사유로 인출한 금액은 없음).

<사업소득 내역>

1. 손익계산서상 당기순이익: 15,000,000원

2. 손익계산서상 대표자 을의 급여: 2,000,000원

3. 차입금(2024년에 차입)에 대한 손익계산서상 이자비용의 세부내역은 다음과 같다. 단, 1년은 365일로 가정한다.
   ① 채권자불분명사채이자: 2,000,000원(연이자율 14%)
   ② 저축은행차입금이자: 7,300,000원(연이자율 10%)

4. 손익계산서상 기업업무추진비 지출액: 500,000원(증명서류를 분실함)

5. 손익계산서상 업무용승용차의 처분손실: 9,500,000원

6. 재해로 인하여 발생한 재해손실: 4,000,000원(손익계산서에 미계상됨)

7. 외화매출채권에 대한 외환차손: 3,000,000원(손익계산서에 미계상됨)

8. 60일 동안 부채 합계가 사업용자산 합계를 초과하였으며, 초과인출금적수는 532,900,000원이다.

<요구사항 1>

을의 연금계좌로부터의 연금수령한도를 다음의 답안 양식에 따라 제시하시오.

(답안 양식)

연금수령한도	

<요구사항 2>

을의 총연금액(분리과세 포함) 및 사적연금소득 원천징수세액(분리과세 포함)을 다음의 답안 양식에 따라 제시하시오. 단, 연금수령한도는 50,000,000원이라고 가정한다.

(답안 양식)

총연금액(연금계좌)	
사적연금소득 원천징수세액	

<요구사항 3>

을의 사업소득금액을 다음의 답안양식에 따라 제시하시오. 단, 세부담 최소화를 가정한다.

(답안 양식)

손익계산서상 당기순이익	
총수입금액산입·필요경비불산입	
총수입금액불산입·필요경비산입	
사업소득금액	

(계속)

(물음 3) 거주자 병(43세, 여성)의 2025년 종합소득 신고와 관련된 내역이 <자료 3>과 같을 때 아래 요구사항에 답하시오.

< 자 료 3 >

1. 종합소득금액의 내역은 다음과 같다.

구 분	금 액	비 고
근로소득금액	16,000,000원	총급여액 25,000,000원
사업소득금액 (부동산매매업)	14,000,000원*1	
종합소득금액	30,000,000원	

*1 미등기토지(보유기간 10년)의 양도로 인한 소득으로 양도가액 200,000,000원, 취득가액 180,000,000원, 양도비용 6,000,000원(기타필요경비로 인정됨)임

2. 생계를 같이하는 부양가족의 현황은 다음과 같다.

구 분	나 이	비 고
부친	67세	소득없음
모친	71세	장애인, 2025년 3월 4일 사망
배우자	46세	퇴직소득금액 80만원, 총급여액 400만원(일용근로자 아님)
장남	20세	근로소득 연 200만원 (일용근로자로서 받은 급여)
차남	18세	소득없음

3. 교육비의 지출내역은 다음과 같다.
   ① 본인의 대학원 등록금: 8,000,000원
   ② 장남의 직업훈련을 위하여 직업훈련개발시설에 지급한 수강료: 5,000,000원
   ③ 차남에 대한 고등학교 수업료: 2,000,000원
   ④ 차남에 대한 교복비: 600,000원
   ⑤ 차남의 고등학교가 교육과정으로 실시하는 현장체험학습에 지출한 비용: 500,000원

4. 사업소득에 대해서는 복식부기 장부를 기장하고 있으며, 소득세법에 따라 장부 및 증명서류를 보관하고 있다 (간편장부대상자이며 신고해야 할 소득금액을 누락하지 않음).

5. 주택자금(병은 무주택세대주임) 및 보험료의 지출내역은 다음과 같다.
   ① 주택청약저축 납입액: 2,000,000원
   ② 주택임차자금의 원리금 상환액: 4,000,000원(국민주택규모의 주택임차자금임)
   ③ 국민건강보험법에 따라 본인이 부담하는 건강보험료 납입액: 1,000,000원
   ④ 국민연금법에 따라 본인이 부담하는 국민연금 보험료 납입액: 4,000,000원

6. 보유기간 10년 이상 11년 미만 토지의 장기보유특별공제율은 20%이다.

7. 종합소득세율(일부)

과세표준	세 율
1,400만원 초과 5,000만원 이하	84만원 + 1,400만원을 초과하는 과세표준의 15%
5,000만원 초과 8,800만원 이하	624만원 + 5,000만원을 초과하는 과세표준의 24%

<요구사항 1>

병의 인적공제액 및 소득세법상 특별소득공제액을 다음의 답안 양식에 따라 제시하시오.

(답안 양식)

인적공제액	기본공제액	
	추가공제액	
특별소득공제액		

<요구사항 2>

병의 일반산출세액과 비교산출세액을 다음의 답안 양식에 따라 제시하시오. 단, 종합소득공제는 3,000,000원이라고 가정한다.

(답안 양식)

일반산출세액	
비교산출세액	

<요구사항 3>

특별세액공제를 항목별로 신청한 병의 교육비세액공제액 및 기장세액공제액을 다음의 답안 양식에 따라 제시하시오. 단, 종합소득산출세액은 9,000,000원이라고 가정한다.

(답안 양식)

교육비세액공제액	
기장세액공제액	

【문제 6】 (6점)

거주자 갑의 토지A에 대한 양도소득과 관련된 다음의 자료를 이용하여 아래 요구사항에 답하시오.

< 자 료 >

1. 토지A(등기된 비사업용 토지)의 취득 및 양도와 관련된 내역은 다음과 같다.

양 도 일	2025.12.12.
취 득 일	2015.10.18.
실지양도가액	200,000,000원
실지취득가액	80,000,000원
양 도 비 용	4,000,000원

2. 갑은 토지A를 아들 을에게 양도하였다(양도당시 시가: 220,000,000원).

3. 토지A의 실지양도가액은 양도 후 매 3개월마다 25,000,000원씩 수령하기로 하였다(현재가치 평가금액: 180,000,000원).

4. 토지A의 실지취득가액에는 취득세 3,000,000원(지방세법에 의한 감면액 600,000원을 감면하기 전 금액임)이 포함되어 있다(적격증명서류 분실).

5. 양도비용은 부동산 매매계약의 해약으로 인하여 지급한 위약금 2,000,000원, 공증비용 500,000원 및 부동산중개수수료 1,500,000원으로 구성되어 있다(적격증명서류를 보관하고 있음).

6. 토지A는 토지투기지역으로 지정된 지역에 소재하고 있으며, 갑은 2025년에 토지A 외에 양도한 다른 자산은 없다.

7. 보유기간 10년 이상 11년 미만 토지의 장기보유특별공제율은 20%이다.

8. 종합소득세율(일부)

과세표준	세 율
1,400만원 이하	과세표준의 6%
1,400만원 초과 5,000만원 이하	84만원 + 1,400만원을 초과하는 과세표준의 15%
5,000만원 초과 8,800만원 이하	624만원 + 5,000만원을 초과하는 과세표준의 24%
8,800만원 초과 1억5천만원 이하	1,536만원 + 8,800만원을 초과하는 과세표준의 35%

<요구사항 1>

갑의 토지A 양도에 따른 양도소득금액을 다음의 답안 양식에 따라 제시하시오. 단, 세부담 최소화를 가정한다.

(답안 양식)

양도가액	
취득가액	
기타의 필요경비	
장기보유특별공제	
양도소득금액	

<요구사항 2>

갑의 토지A 양도에 따른 양도소득산출세액을 다음의 답안 양식에 따라 제시하시오. 단, 양도소득금액은 100,000,000원이라고 가정한다.

(답안 양식)

양도소득과세표준	
양도소득산출세액	

(계속)

【문제 7】 (10점)

(물음 1) ㈜대한과 ㈜민국의 최대주주인 거주자 갑은 외아들인 거주자 을의 재산을 증대시키기 위하여 다음 자료와 같은 사항을 순차적으로 수행할 계획을 수립하였다.

< 자 료 >

1. 갑은 ㈜대한과 ㈜민국의 주식 70%를 각각 보유하고 있다. ㈜대한과 ㈜민국은 모두 비상장회사이다.

2. 갑은 보유하고 있던 ㈜대한의 주식 중 80%를 을에게 액면가로 양도한다.

3. 골프장을 운영하는 ㈜민국은 직영하던 클럽하우스 내 식당 운영권을 ㈜대한에게 무상으로 제공한다.

4. 갑이 을에게 ㈜대한의 주식을 양도한 시점으로부터 3년 이내에 ㈜대한을 코스닥시장에 상장시킨다.

<요구사항>
을에게 발생가능한 모든 증여세 과세 문제에 대해 간략하게 기술하시오.

(물음 2) 다음은 거주자 병(45세)의 증여세 관련 자료이다.

< 자 료 >

1. 병이 증여받은 내역은 다음과 같으며, 그 외 증여받은 재산은 없다.

증여자	증여일자	유형	증여재산가액
외조모	2023.5.1.	토지	15,000,000원
조부	2023.7.1.	현금	10,000,000원
부친	2024.6.1.	현금	15,000,000원
모친	2025.3.1.	현금	50,000,000원
조모	2025.3.1.	토지	25,000,000원

2. 증여받은 재산에 대해 당사자 간 합의에 따라 반환한 내역은 다음과 같으며, 반환하기 전에 과세표준과 세액을 결정받은 바 없다.

증여자	증여일자	유형	반환일자
외조모	2023.5.1.	토지	2023.8.2.
조부	2023.7.1.	현금	2023.9.2.

3. 상속세 및 증여세율(일부)

과세표준	세 율
1억원 이하	과세표준의 10%
1억원 초과 5억원 이하	1천만원 + 1억원을 초과하는 금액의 20%

<요구사항>
병의 증여세 과세표준 및 증여세 산출세액을 다음의 답안 양식에 따라 제시하시오. 단, 혼인·출산 증여재산공제액은 없는 것으로 가정한다.

(답안 양식)

증여자	증여세 과세표준	증여세 산출세액
외조모		
조부		
부친		
모친		
조모		

- 끝 -

※ 답안 작성시 유의사항

1. 답안은 문제 순서대로 작성할 것

2. 계산문제는 계산근거를 반드시 제시할 것

3. 답안은 아라비아 숫자로 원단위까지 작성할 것
   (예 : 2,000,000 − 1,000,000 = 1,000,000원)

4. 별도의 언급이 없는 한 관련 자료·증빙의 제출 및 신고납부절차는 적법하게 이행된 것으로 가정할 것

【문제 1】(24점)

다음은 거주자 갑, 을, 병 및 정의 2025년 귀속 종합소득 신고를 위한 자료이다. 단, 제시된 금액은 원천징수하기 전의 금액이며, 별도의 언급이 없는 한 원천징수는 모두 적법하게 이루어졌다고 가정한다.

(물음 1) 거주자 갑의 2025년 금융소득과 관련된 내역이 <자료 1>과 같을 때 갑의 종합소득에 합산될 이자소득 총수입금액, 배당소득 총수입금액 및 배당가산액을 다음의 답안 양식에 따라 제시하시오.

(답안 양식)

이자소득 총수입금액	
배당소득 총수입금액	
배당가산액(Gross-up 금액)	

<자료 1>

1. 집합투자기구로부터 지급받은 이익: 4,500,000원(이자 2,000,000원, 배당 1,500,000원, 상장주식 처분이익 1,000,000원으로 구성됨)

2. 환매조건부 채권의 매매차익: 5,000,000원

3. 외국법인으로부터 받은 현금배당금: 3,000,000원(국내에서 원천징수되지 않음)

4. ㈜A의 2024년 사업연도 법인세 신고시 법인세법에 따라 배당으로 처분된 금액(결산확정일: 2025년 2월 20일): 1,600,000원

5. ㈜B가 자기주식소각이익(2022년 6월 5일에 소각하였으며, 소각당시 시가가 취득가액을 초과함)을 자본전입함에 따라 ㈜B로부터 수령한 무상주의 액면가액: 10,000,000원(시가는 12,000,000원임)

6. 사업목적이 아닌 일시적인 금전대여로 인해 수령한 원금 초과액 및 수수료: 2,000,000원(원천징수 되지 않음)

7. 매매계약의 위약으로 인해 받은 손해배상금에 대한 법정이자: 1,400,000원

8. 2021년에 가입한 저축성보험의 중도해지 환급금: 15,000,000원(납입보험료 총액은 12,000,000원임)

(물음 2) 거주자 을은 2025년 6월 30일까지 ㈜A의 생산직 사원으로 근무하다가 2025년 7월 1일부터 ㈜B의 영업직 사원으로 이직하여 근무하고 있다. 을의 2025년 근로소득과 관련된 내역이 <자료 2>와 같을 때 ㈜A로부터 받은 총급여액, ㈜B로부터 받은 총급여액을 다음의 답안 양식에 따라 제시하시오. 단, 을이 2024년에 ㈜A로부터 받은 총급여액은 20,000,000원이다.

(답안 양식)

㈜A 총급여액	
㈜B 총급여액	

(계속)

<자료 2>

1. 을이 ㈜A로부터 받은 소득내역은 다음과 같다.

① 기본급(월 1,500,000원): 9,000,000원
② 자격수당(월 100,000원): 600,000원
③ 상여금: 1,000,000원
④ 식사대(월 250,000원)*1: 1,500,000원
   *1 식사 및 기타 음식물을 제공받지 않음
⑤ 잉여금처분에 의한 상여금*2: 800,000원
   *2 전년도 실적을 바탕으로 한 상여금으로서 잉여금처분 결의일은 2025년 2월 25일임
⑥ 연장근로수당: 2,800,000원
⑦ 을의 자녀를 수익자로 하는 교육보험의 보험료를 회사가 부담한 금액: 3,000,000원

2. 을이 ㈜B로부터 받은 소득내역은 다음과 같다.

① 기본급(월 1,000,000원): 6,000,000원
② 영업수당: 5,000,000원
③ 식사대(월 300,000원)*3: 1,800,000원
   *3 식사 및 기타 음식물을 제공받지 않음
④ 자가운전보조금(월 250,000원)*4: 1,500,000원
   *4 을의 소유차량을 본인이 직접 운전하여 회사의 업무수행에 이용하고 시내출장 등에 소요된 실제 여비를 받는 대신에 그 소요경비를 회사의 지급기준에 따라 받은 금액임
⑤ 연장근로수당: 800,000원
⑥ 사택을 무상으로 제공받음으로 인해 얻은 이익: 3,000,000원
⑦ 건강보험료 및 고용보험료의 본인 부담분을 회사가 납부한 금액(월 80,000원): 480,000원
⑧ 발명진흥법에 따라 받은 직무발명보상금: 2,000,000원

(물음 3) 거주자 병의 2025년 기타소득과 관련된 내역이 <자료 3>과 같을 때 병의 종합과세되는 기타소득금액과 기타소득(분리과세대상 포함)에 대한 소득세 원천징수세액을 다음의 답안 양식에 따라 제시하시오.

(답안 양식)

종합과세되는 기타소득금액	
기타소득 원천징수세액	

<자료 3>

1. 고려시대 골동품의 양도로 받은 금액: 80,000,000원(5년 보유 후 양도하였음)

2. 공익사업과 관련없는 지역권의 대여로 인해 받은 금품: 25,000,000원(지역권의 대여와 관련하여 실제 발생한 경비는 22,000,000원임)

3. ㈜C의 2024년 각사업연도소득금액에 대한 세무조정시 기타소득으로 병에게 처분된 금액: 6,000,000원(결산확정일: 2025년 2월 24일)

4. 일시적으로 잡지에 원고를 기고하고 6월 30일에 받은 원고료: 2,500,000원

5. 주택매수자가 계약을 해약함에 따라 계약금이 위약금으로 대체된 금액: 5,000,000원

6. 연금계좌에서 이연퇴직소득의 일부를 일시금으로 연금외수령한 금액: 8,000,000원

(물음 4) 거주자 정(45세, 남성이며 배우자 없음)의 2025년 종합소득 신고와 관련된 내역이 <자료 4>와 같을 때 아래 요구사항에 답하시오.

<자료 4>

1. 종합소득금액의 내역은 다음과 같다.

구 분	금 액	비 고
이자소득금액	15,000,000원	정기예금이자 10,000,000원과 비영업대금의 이익* 5,000,000원으로 구성됨 * 온라인투자연계금융업의 등록을 한 자를 통하여 지급받는 금액이 아님
배당소득금액	21,500,000원	배당가산액 1,500,000원 포함
근로소득금액	28,750,000원	총급여액 40,000,000원
기타소득금액	19,750,000원	
종합소득금액	85,000,000원	

2. 생계를 같이하는 부양가족의 현황은 다음과 같다.

구 분	나 이	소 득	비 고
부친	72세	1,200만원	곡물작물재배로 인한 사업소득금액임
모친	68세	없음	2025년 3월 사망
누나	46세	총급여액 500만원	장애인임
장녀	15세	없음	기숙사 생활로 별거하고 있음
차녀	5세	없음	

3. 보험료 등의 납입내역은 다음과 같다.

① 국민연금법에 따라 본인이 부담하는 국민연금 보험료 납입액: 4,000,000원
② 보험회사에 개설하고 있는 연금저축계좌 납입액: 5,000,000원
③ 국민건강보험법에 따라 본인이 부담하는 건강보험료 납입액: 1,500,000원
④ 고용보험법에 따라 본인이 부담하는 고용보험료 납입액: 300,000원
⑤ 본인을 피보험자로 하는 자동차보험료 납입액: 900,000원
⑥ 누나를 피보험자로 하는 장애인전용 보장성보험료 납입액: 1,300,000원

4. 의료비 지출내역은 다음과 같다.

① 본인의 질병치료비용: 2,000,000원
② 모친의 입원치료비용: 5,000,000원
③ 장녀의 질병치료비용: 800,000원
④ 차녀의 맹장염 수술비용: 3,500,000원

5. 종합소득세율(일부)

과세표준	세 율
1,400만원 이하	과세표준의 6%
1,400만원 초과 5,000만원 이하	84만원 + 1,400만원을 초과하는 과세표준의 15%
5,000만원 초과 8,800만원 이하	624만원 + 5,000만원을 초과하는 과세표준의 24%
8,800만원 초과 1억5천만원 이하	1,536만원 + 8,800만원을 초과하는 과세표준의 35%

<요구사항 1>
거주자 정의 인적공제액을 다음의 답안 양식에 따라 제시하시오.

(답안 양식)

기본공제액	
추가공제액	

(계속)

<요구사항 2>

거주자 정의 특별소득공제액과 연금보험료공제액을 다음의 답안 양식에 따라 제시하시오.

(답안 양식)

특별소득공제액	
연금보험료공제액	

<요구사항 3>

거주자 정의 일반산출세액, 비교산출세액 및 배당세액공제액을 다음의 답안 양식에 따라 제시하시오. 단, 종합소득공제는 10,000,000원이라고 가정한다.

(답안 양식)

일반산출세액	
비교산출세액	
배당세액공제액	

<요구사항 4>

특별세액공제를 항목별로 신청한 거주자 정의 보험료 및 의료비 세액공제액을 다음의 답안 양식에 따라 제시하시오. 단, 세액공제액은 전액 근로소득에 대한 산출세액에서 공제 가능한 것으로 가정한다.

(답안 양식)

보험료 세액공제액	
의료비 세액공제액	

【문제 2】 (6점)

다음은 거주자 갑의 주택A 양도소득과 관련된 자료이다. 이 자료를 이용하여 갑의 주택A 양도로 인한 양도소득금액을 다음의 답안 양식에 따라 제시하시오. 단, 세부담 최소화를 가정한다.

(답안 양식)

양도가액	
취득가액	
기타의 필요경비	
양도차익	
양도소득금액	

< 자료 >

1. 주택A(등기된 주택임)의 취득 및 양도와 관련된 내역은 다음과 같다.

양 도 일	2025. 6. 5.
취 득 일	2018. 9. 8.
실지양도가액	1,200,000,000원
실지취득가액	불분명
양 도 비 용	6,500,000원
자본적지출액	4,000,000원

2. 주택A는 1세대 1주택 비과세요건을 충족하며, 조정대상지역 밖에 소재하고 있다.

3. 갑은 시가가 1,500,000,000원인 주택A를 특수관계가 있는 ㈜K에게 양도하였다.

4. 주택A의 실지취득가액은 불분명하며, 매매사례가액 및 감정가액은 확인되지 않는다.

5. 주택A의 양도당시 기준시가는 1,200,000,000원이며, 취득당시의 기준시가는 800,000,000원이다.

6. 양도비용은 주택A 양도시 부동산 중개수수료로 지급한 금액이며, 자본적지출액은 주택A의 리모델링 비용이다. 양도비용과 자본적지출액에 대해 현금영수증을 수취하였다.

7. 갑의 해당 주택 거주기간은 4년 6개월이다.

【문제 3】 (32점)

(물음 1) 다음은 ㈜동해의 제25기 사업연도(2025년 1월 1일~2025년 12월 31일) 법인세 신고 관련 자료이다.

< 자 료 >

1. ㈜동해는 2025년 3월 6일 특수관계인이 아닌 A은행과 채무를 출자로 전환하는 내용이 포함된 경영정상화계획 이행을 위한 협약을 체결하였다.

2. ㈜동해는 2025년 4월 6일 A은행 차입금 100,000,000원을 출자로 전환하면서 신주 10,000주(주당 액면가액: 5,000원, 주당 시가: 6,000원)를 A은행에 교부하고 다음과 같이 회계처리하였다.

(차) 차입금 100,000,000 (대) 자 본 금 50,000,000
　　　　　　　　　　　　　　주식발행초과금 50,000,000

3. ㈜동해의 제24기말 현재 세무상 이월결손금 잔액의 내역은 다음과 같다.

① 제 9기 발생분: 　 10,000,000원
② 제17기 발생분: 　　5,000,000원*
　* 합병시 승계받은 결손금임
③ 제24기 발생분: 　 20,000,000원

4. ㈜동해는 2025년 5월 6일 A은행 차입금의 출자전환으로 인해 발생한 주식발행초과금 50,000,000원을 재원으로 하여 무상증자를 실시하였다. 무상증자 직전의 ㈜동해 발행주식총수는 100,000주이며, 자기주식은 없다.

5. A은행은 ㈜동해가 2025년 7월 6일 주당 9,000원에 유상감자를 실시함에 따라 ㈜동해 주식 2,200주를 반납하고 다음과 같이 회계처리하였다.

(차) 현금 19,800,000 (대) 단기매매금융자산 19,800,000

<요구사항 1>

<자료>의 1번~3번을 이용하여 ㈜동해의 제25기 세무조정 및 소득처분을 다음의 답안 양식에 따라 제시하시오. 단, 각사업연도소득금액의 최소화를 가정한다.

(답안 양식)

익금산입 및 손금불산입			손금산입 및 익금불산입		
과목	금액	소득처분	과목	금액	소득처분

<요구사항 2>

<자료> 4번과 5번의 무상증자 및 유상감자와 관련하여 A은행이 행하여야 할 세무조정 및 소득처분을 다음의 답안 양식에 따라 제시하시오. 단, 수입배당금액 익금불산입에 대한 세무조정은 제외하시오.

(답안 양식)

익금산입 및 손금불산입			손금산입 및 익금불산입		
과목	금액	소득처분	과목	금액	소득처분

(계속)

(물음 2) 다음은 ㈜서해(중소기업이 아님)의 제25기 사업연도(2025년 1월 1일~2025년 12월 31일) 법인세 신고 관련 자료이다.

< 자 료 >

1. 손익계산서상 이자비용의 내역은 다음과 같다.

구분	이자율	이자비용	차입금	차입금적수
①	8%	16,000,000원	2억원	730억원
②	6%	8,926,027원	3억원	543억원
③	4%	6,049,315원	3억원	552억원

① 회사채이자로서 금융회사를 통해 채권자에 지급되었으며, 이자비용에는 사채할인발행차금 상각액 4,000,000원이 포함되어 있다.
(차입기간: 2023년 7월 1일~2028년 6월 30일)
② A은행 차입금으로 당기에 상환한 운영자금 차입금이다.
(차입기간: 2023년 7월 1일~2025년 6월 30일)
③ B은행 차입금으로 당기에 신규로 차입한 운영자금 차입금이며, 이자비용에는 기간경과 분 미지급이자 1,000,000원이 포함되어 있다.
(차입기간: 2025년 7월 1일~2027년 6월 30일)

2. ㈜서해는 2024년 10월 1일 업무에 직접 사용하지 않는 자동차를 특수관계인으로부터 100,000,000원(시가 60,000,000원)에 취득하여 보유하고 있다. 동 자동차와 관련하여 당기 중 감가상각비 20,000,000원(내용연수 5년, 정액법 상각)을 비용으로 계상하였다.

3. 가지급금의 내역은 다음과 같다.

구분	지급일	금 액	대여금 적수
①	2025.3. 7.	100,000,000원	300억원
②	2025.6.15.	30,000,000원	60억원
③	2025.9.23.	36,500,000원	36.5억원

① 대표이사 대여금으로 대표이사에게 업무와 무관하게 무상으로 대여한 금액이다. 한편 당기 말 현재 대표이사로부터 별도의 상환 약정 없이 차입한 차입금(가수금 적수는 154억원임)이 있다.
② 학자금 대여액으로 직원에게 자녀학자금을 무상으로 대여한 금액이다.
③ 주택자금 대여액으로 무주택직원에게 국민주택 취득자금으로 대여한 금액이다. 동 대여금과 관련하여 약정에 의한 이자수익 400,000원을 손익계산서에 이자수익으로 계상하였다.

4. ㈜서해는 가중평균차입이자율을 적용하여 인정이자를 계산하며, 1년은 365일로 가정한다.

5. ㈜서해는 A은행 및 B은행과 특수관계가 없다.

<요구사항>
㈜서해의 제25기 세무조정 및 소득처분을 다음의 답안 양식에 따라 제시하시오.

(답안 양식)

익금산입 및 손금불산입			손금산입 및 익금불산입		
과목	금액	소득처분	과목	금액	소득처분

(물음 3) 다음은 중소기업인 ㈜남해(사회적 기업 아님)의 제25기 사업연도(2025년 1월 1일~2025년 12월 31일) 법인세 신고 관련 자료이다.

< 자 료 >

1. 손익계산서상 기부금 내역은 다음과 같다.

일 자	구 분	금 액
3.15.	이재민 구호금품	20,000,000원
5.10.	사립대학교 장학금	15,000,000원
7.20.	사회복지법인 기부금	30,000,000원
9.12.	영업자단체 협회비	10,000,000원

① 이재민 구호금품은 천재지변에 의한 이재민에게 자사 제품(장부가액 20,000,000원, 시가 30,000,000원)으로 기부한 것이다.
② 사립대학교 장학금은 대표이사의 모교인 사립대학교에 약속어음(결제일 2026년 1월 20일)으로 기부한 것이다.
③ 사회복지법인 기부금은 사회복지법인의 고유목적사업비를 현금으로 기부한 것이다.
④ 영업자단체 협회비는 영업자가 조직한 단체로서 주무관청에 등록된 단체(특례기부금 및 일반기부금 단체에 해당하지 않음)에 납부한 회비이며, 특별회비(해당 특별회비는 정관이 정하는 바에 따른 정상적인 회비징수 방식에 의한 회비가 아님) 3,000,000원이 포함되어 있다.

2. ㈜남해는 2025년 10월 1일 보유하고 있던 건물(취득가액 4억원, 감가상각누계액 2억원, 상각부인액 1억원)을 10년간 회사가 사용수익 하는 조건으로 향우회에 기부하고 건물의 시가인 5억원을 무형자산으로 계상하였다. ㈜남해는 동 무형자산에 대한 상각비 10,000,000원을 비용으로 계상하였다.

3. ㈜남해의 결산서상 당기순이익은 450,000,000원, 법인세비용은 52,000,000원이다.

4. 세무상 이월결손금은 없으며, 위에서 제시한 것 외에 다른 세무조정사항은 없다고 가정한다.

<요구사항 1>

제25기 차가감소득금액을 다음의 답안 양식에 따라 제시하시오.

(답안 양식)

당기순이익	×××
익금산입 및 손금불산입	×××
1) ……	×××
2) ……	×××
⋮	⋮
손금산입 및 익금불산입	×××
1) ……	×××
2) ……	×××
⋮	⋮
차가감소득금액	×××

<요구사항 2>

제25기 차가감소득금액이 250,000,000원이라고 가정할 경우 기부금 해당액과 기부금 한도초과(미달)액을 다음의 답안 양식에 따라 제시하시오.

(답안 양식)

특례기부금 해당액	
일반기부금 해당액	
특례기부금 한도초과(미달)액	
일반기부금 한도초과(미달)액	

(계속)

(물음 4) 다음은 ㈜백두의 제25기 사업연도(2025년 1월 1일~2025년 12월 31일) 법인세 신고 관련 자료이다.

< 자 료 >

1. ㈜백두는 2024년 4월 1일 착공한 본사사옥을 당기 중 준공하고 2025년 7월 1일부터 사업에 사용하기 시작하였다. 본사사옥에 대한 사용승인서 교부일은 2025년 10월 1일이다.

① 본사사옥의 건설을 위하여 2024년 3월 1일 A은행으로부터 500,000,000원을 연 이자율 6%로 차입하였으며, 2025년 12월 31일 전액 상환하였다. 동 차입금에 대한 지급이자를 전액 각 사업연도의 이자비용으로 각각 계상하였다.

② 제25기 중 운영자금이 일시적으로 부족하여 위 차입금 중 100,000,000원을 2025년 3월 1일부터 5월 31일까지 운영자금으로 전용하여 사용하였다.

③ 건설기간 중 건설자금의 일시예치로 인한 수입이자는 제24기 5,000,000원, 제25기 3,500,000원으로 이를 각 사업연도의 이자수익으로 각각 계상하였다.

④ 본사사옥의 건설원가 10억원을 장부상 취득가액으로 계상하였으며, 본사사옥에 대한 당기 감가상각비 15,000,000원을 비용으로 계상하였다.

⑤ 본사사옥에 대한 내용연수를 20년으로 신고하였으며, 감가상각방법은 신고하지 않았다.

2. ㈜백두는 2025년 1월부터 신제품 개발을 시작하여 2025년 10월 1일 제품 개발을 완료하였으며, 2025년 12월 1일부터 신제품의 판매를 시작하였다.

① 개발비 지출액 전액(5억원)을 무형자산(개발비)으로 계상하였으며, 개발비 지출액의 내역은 다음과 같다.

구 분	개발비 지출액
개발부서 인건비	250,000,000원
개발관련 재료비	100,000,000원
개발부서 관리비	150,000,000원

② 개발부서 재료비에는 판매비와 관리비로 처리되어야 할 소모품비 5,000,000원이 포함되어 있다.

③ 개발부서 관리비에는 개인정보보호법의 규정에 따라 지급한 손해배상액 30,000,000원이 포함되어 있다. 동 손해배상액은 신제품 개발과 무관한 일반관리비이며, 손해배상액과 관련하여 실제 발생한 손해액이 분명하지 않다. 개인정보보호법상 실제 발생한 손해액 대비 손해배상액의 배수상한은 5배인 것으로 가정한다.

④ 개발비의 상각기간을 5년으로 신고하였으며, 개발비 상각비 14,000,000원을 비용으로 계상하였다.

<요구사항 1>
<자료> 1번을 이용하여 ㈜백두의 제25기 세무조정 및 소득처분을 다음의 답안 양식에 따라 제시하시오. 단, 건설자금이자의 계산은 편의상 월할계산하는 것으로 하며, 전기의 세무조정은 적법하게 이루어진 것으로 가정한다.

(답안 양식)

익금산입 및 손금불산입			손금산입 및 익금불산입		
과목	금액	소득처분	과목	금액	소득처분

<요구사항 2>
<자료> 2번을 이용하여 ㈜백두의 제25기 세무조정 및 소득처분을 다음의 답안 양식에 따라 제시하시오.

(답안 양식)

익금산입 및 손금불산입			손금산입 및 익금불산입		
과목	금액	소득처분	과목	금액	소득처분

(물음 5) 다음은 제25기 사업연도(2025년 1월 1일~2025년 12월 31일) 말에 해산하기로 결의하고 청산절차에 착수한 ㈜한라의 청산소득 관련 자료이다. ㈜한라의 청산소득금액을 다음의 답안 양식에 따라 제시하시오.

(답안 양식)

잔여재산가액	
자 기 자 본	
청산소득금액	

< 자 료 >

1. 해산등기일 현재의 재무상태표는 다음과 같다.

(단위: 원)

현 금	50,000,000	부 채	200,000,000
재고자산	200,000,000	자 본 금	100,000,000
기계장치	100,000,000	이익잉여금	50,000,000
합 계	350,000,000	합 계	350,000,000

2. ㈜한라는 재고자산과 기계장치를 다음과 같이 환가하였으며, 부채는 200,000,000원에 상환하였다.
   ① 재고자산: 250,000,000원
   ② 기계장치: 80,000,000원

3. ㈜한라의 제25기말 자본금과 적립금 조정명세서(을)의 유보잔액은 다음과 같다.
   ① 재고자산 평가감: 10,000,000원
   ② 기계장치 상각부인액: 20,000,000원

4. ㈜한라는 2024년 10월 15일 자본잉여금 20,000,000원을 자본금에 전입하고 무상주 4,000주를 발행하였다.

5. ㈜한라의 제25기말 현재 세무상 이월결손금 잔액의 내역은 다음과 같다.
   ① 제13기 발생분: 50,000,000원
   ② 제22기 발생분: 70,000,000원

6. 위에서 제시한 것 외에 다른 사항은 고려하지 않는다.

【문제 4】(8점)

다음은 제조업을 영위하고 있는 ㈜갑(상시근로자 수 10명)의 제25기 사업연도(2025년 1월 1일~2025년 12월 31일) 법인세 신고 관련 자료이다. 이 자료를 이용하여 아래 물음에 답하시오. 단, 세부담 최소화를 가정하며, 최저한세 적용으로 감면배제세액이 발생할 경우 조세특례제한법상 경정시 배제순서에 따른다.

< 자 료 >

1. 각사업연도소득금액은 200,000,000원이며, 과세표준도 동일하다.

2. 위 금액은 조세특례제한법상 최저한세 대상 익금불산입액 100,000,000원이 차감된 금액이다.

3. 일반 연구 및 인력개발비 내역은 다음과 같다.

구 분	금 액
당기 발생분	20,000,000원[1]
전기 발생분	10,000,000원[2]

*1 수입금액 대비 일반 연구 및 인력개발비는 2%임
*2 전기 발생분은 소급하여 4년간 연평균발생액보다 적음

4. 통합투자세액공제는 2,700,000원이며, 외국납부세액은 12,000,000원이다. ㈜갑은 외국납부세액에 대하여 세액공제를 적용하며, 이와 관련된 세무조정은 적절하게 이루어졌다. 과세표준에 포함된 국외원천소득은 115,000,000원이다.

5. 적격증명서류 미수취가산세가 1,000,000원 있다.

6. 최저한세율은 다음과 같다.
   ① 중소기업: 7%
   ② 비중소기업: 10%

(계속)

(물음 1) ㈜갑이 중소기업일 경우 다음 요구사항에 답하시오.

<요구사항 1>

㈜갑의 제25기 연구 및 인력개발비 세액공제액을 계산하시오.

<요구사항 2>

<요구사항 1>의 정답이 500,000원이라고 가정하고, ㈜갑의 제25기 다음 각 금액을 답안 양식에 따라 제시하시오.

(답안 양식)

조세특례제한법상 익금불산입 적용 배제 금액	
외국납부세액공제액	
총부담세액	

(물음 2) ㈜갑이 비중소기업일 경우(최초로 중소기업에 해당하지 않게 된 과세연도부터 10년이 경과하였으며, 중견기업이 아님) 다음 요구사항에 답하시오.

<요구사항 1>

㈜갑의 제25기 연구 및 인력개발비 세액공제액을 계산하시오.

<요구사항 2>

<요구사항 1>의 정답이 500,000원이라고 가정하고, ㈜갑의 제25기 다음 각 금액을 답안 양식에 따라 제시하시오.

(답안 양식)

조세특례제한법상 익금불산입 적용 배제 금액	
외국납부세액공제액	
총부담세액	

【문제 5】 (14점)

(물음 1) 다음은 ㈜갑과 ㈜을의 2025년 제1기 부가가치세 관련 자료이다. 단, 별도의 언급이 없는 한 제시된 금액은 부가가치세를 포함하지 않은 금액이며, 세금계산서는 적법하게 발급한 것으로 가정한다.

< 자 료 1 >

1. ㈜갑은 5월 1일 거래처에 중간지급조건부로 상품A[*1]와 장기할부조건부로 상품B[*2]를 판매하였다. 동 일자에 대금 수령 없이 상품A는 10,000,000원, 상품B는 20,000,000원으로 세금계산서를 발급하였다.

   *1 5월부터 매월 초 1,000,000원씩 10개월 수령 조건
   *2 5월부터 매월 초 1,000,000원씩 20개월 수령 조건

2. ㈜갑은 은행차입금 10,000,000원을 보유 중이던 건물C (시가 10,000,000원)로 변제하였으며, 사업에 사용하던 건물D(시가 13,000,000원)로 조세를 물납하였다.

3. ㈜갑은 기계장치E(시가불분명)를 거래처 기계장치F (시가불분명)와 교환하였다. 기계장치E와 F의 평가액은 다음과 같다.

구 분	상속세 및 증여세법상 보충적 평가액	감정평가법인의 감정가액
기계장치E	11,000,000원	12,000,000원
기계장치F	13,000,000원	14,000,000원

4. ㈜갑은 6월 1일 공익사업을 위한 토지 등의 취득 및 보상에 관한 법률에 따라 건물G와 H를 수용당하고 각각 80,000,000원과 20,000,000원을 현금으로 수령하였다. 건물G는 ㈜갑이 철거하는 조건이고, 건물H는 법에 따른 사업시행자가 철거하는 조건이다.

5. ㈜갑은 상가건물I를 다음의 조건으로 임대하였으며, 임차인이 5월분 임대료를 지급하지 않아 보증금에서 충당하였다. 정기예금이자율은 연 3.65%이며, 1년은 365일로 가정한다.

구 분	내 용
계약기간	2025. 4. 1.~2027. 3. 31.
월임대료	1,000,000원(매월 말 지급)
임대보증금	40,000,000원
특약사항	임대료 미지급시 다음 달 1일 보증금에서 충당

< 자료 2 >

㈜을은 6월 1일 토지, 건물 및 기계장치를 100,000,000원에 일괄양도하였다. 자산별 양도가액 구분이 불분명하며, 각 자산가액의 내역은 다음과 같다.

(단위: 원)

구 분	기준시가	장부가액	감정가액*
토지	45,000,000	40,000,000	54,000,000
건물	15,000,000	20,000,000	18,000,000
기계장치	–	20,000,000	18,000,000
합계	60,000,000	80,000,000	90,000,000

* 2025년 6월 30일 기준 감정가액임

<요구사항 1>

<자료 1>을 이용하여 과세사업자인 ㈜갑이 2025년 제1기 부가가치세 확정신고시 신고해야할 과세표준과 매출세액을 다음의 답안 양식에 따라 제시하시오.

(답안 양식)

자료번호	과세표준	세 율	매출세액
1			
...			
5			

<요구사항 2>

<자료 2>를 이용하여 과세사업과 면세사업을 겸영하는 ㈜을이 2025년 제1기 부가가치세 확정신고시 신고해야할 과세표준과 매출세액을 다음의 답안 양식에 따라 제시하시오. 단, 토지, 건물 및 기계장치는 과세사업과 면세사업에 공통으로 사용되어 왔으며 직전 과세기간의 과세공급가액비율은 60%, 당해 과세기간의 과세공급가액비율은 70%로 가정한다.

(답안 양식)

과세표준	세 율	매출세액

(물음 2) 다음은 ㈜대한과 ㈜민국의 부가가치세 관련 자료이다. 단, 별도의 언급이 없는 한 제시된 금액은 부가가치세를 포함하지 않은 금액이며, 세금계산서 및 계산서는 적법하게 수취한 것으로 가정한다.

< 자 료 >

1. ㈜대한은 햄버거 제조업(중소기업)을 영위하고 있으며 2025년 제1기 확정신고기간(4월 1일~6월 30일)자료는 다음과 같다.

① 매입내역

구 분	매입가액
돼지고기	10,000,000원
소고기	20,000,000원*
채소	4,000,000원
소금	1,000,000원
설탕 및 조미료	2,000,000원
수돗물	1,040,000원

* 소고기는 수입산이며 관세의 과세가격은 20,000,000원, 관세는 1,400,000원임

② 돼지고기 사용내역

구 분	당기매입분	전기이월분
햄버거제조	8,000,000원	1,000,000원
거래처증정	1,000,000원	500,000원
기말재고	1,000,000원	–
계	10,000,000원	1,500,000원

2. ㈜민국은 과세사업과 면세사업을 겸영하고 있으며, 과세기간별 공급가액은 다음과 같다.

과세기간	기간구분	과세 공급가액	면세 공급가액
2024년 제1기	1. 1.~3. 31.	4.8억원	5.2억원
	4. 1.~6. 30.	5.2억원	4.8억원
2024년 제2기	7. 1.~9. 30.	5억원	5억원
	10.1.~12.31.	5.8억원	4.2억원
2025년 제1기	1. 1.~3. 31.	5억원	5억원
	4. 1.~6. 30.	7억원	3억원
2025년 제2기	7. 1.~9. 30.	7억원	3억원
	10.1.~12.31.	7억원	3억원

① 건물A를 2024년 1월 1일 55,000,000원(부가가치세 포함)에 구입한 후 과세사업과 면세사업에 공통으로 사용하였으며, 2025년 12월 31일 40,000,000원에 매각하였다.

(계속)

② 기계장치B를 2025년 7월 1일 22,000,000원(부가가치세 포함)에 구입한 후 과세사업과 면세사업에 공통으로 사용하였으며, 2025년 11월 1일 10,000,000원에 매각하였다.

<요구사항 1>

㈜대한의 2025년 제1기 부가가치세 확정신고시 공제할 의제매입세액과 관련된 다음 각 금액을 답안 양식에 따라 제시하시오. 단, 제1기 과세기간의 햄버거공급과 관련된 과세표준은 500,000,000원이며, 제1기 예정신고시 공제받은 의제매입세액은 1,000,000원인 것으로 가정한다.

(답안 양식)

의제매입세액 공제액	
전기 의제매입세액 공제분 추징액	

<요구사항 2>

㈜민국의 건물A와 기계장치B의 취득과 관련된 다음 각 금액을 답안 양식에 따라 제시하시오. 단, 정산 및 재계산의 경우 납부세액을 증가시키면 (+), 감소시키면 (−) 부호를 금액과 함께 기재하시오.

(답안 양식)

건물A	금액
2024년 제1기 확정신고시 공통매입세액 정산액	
2024년 제2기 납부(환급)세액 재계산액	
2025년 제1기 납부(환급)세액 재계산액	
2025년 제2기 납부(환급)세액 재계산액	

기계장치B	금액
2025년 제2기 예정신고시 공제받지 못할 매입세액	
2025년 제2기 확정신고시 공통매입세액 정산액	

【문제 6】(6점)

다음은 2025년 7월 1일부터 일반과세자에서 간이과세자로 전환된 사업자 갑의 2025년 거래내역이다. 단, 거주자 갑의 2024년도 공급대가의 합계액은 4,800만원에 미달한 것으로 가정한다.

< 자 료 >

1. 과자 제조업을 영위하고 있는 갑의 2025년 7월 1일부터 2025년 12월 31일까지의 매출과 매입 자료는 다음과 같다.

   ① 공급대가: 50,000,000원
      (신용카드매출전표 발행분은 10,000,000원이고, 2,200,000원은 거래처의 파산으로 대손이 확정됨)

   ② 매입세액: 2,000,000원
      (신용카드매출전표 수취분은 1,000,000원이고, 세금계산서 수취분은 1,000,000원임)

   ③ 면세농산물 매입액: 2,000,000원
      (신용카드매출전표 수취분은 1,000,000원이고, 농민으로부터 직접 매입하여 적격증명서류를 수취하지 못한 금액은 1,000,000원임)

2. 2025년 7월 1일 현재 보유자산 현황

구 분	취득일자	취득가액[1]	시 가
원 재 료	2025. 6. 1.	1,100,000원	2,000,000원
기계장치	2024. 12. 1.	불분명[2]	10,000,000원
건 물	2021. 2. 1.	44,000,000원	50,000,000원

*1 취득가액은 일반과세자가 매입한 경우 공급가액, 간이과세자가 매입한 경우 공급대가로 봄
*2 기계장치는 관련 증명서류의 분실로 인하여 취득가액 및 장부가액이 확인되지 않음

3. 과자 제조업의 업종별 부가가치율은 다음의 비율로 가정한다.

2024년 이전	2025년
10%	20%

(물음 1) 간이과세자 갑의 2025년 부가가치세 납부세액(재고납부세액 제외) 및 세액공제액을 다음의 답안 양식에 따라 제시하시오.

(답안 양식)

납부세액 (재고납부세액 제외)	
세액공제	매입세금계산서 등 수취세액공제
	의제매입세액공제
	신용카드매출전표 등 발행세액공제 (한도는 고려하지 말 것)

(물음 2) 간이과세자 갑의 2025년 부가가치세 재고납부세액을 다음의 답안 양식에 따라 제시하시오.

(답안 양식)

구 분	재고납부세액
원 재 료	
기계장치	
건 물	

(물음 3) 사업자 갑이 2025년 7월 1일부터 간이과세자에서 일반과세자로 전환되었다고 가정하고, 일반과세자 갑의 2025년 부가가치세 재고매입세액을 다음의 답안 양식에 따라 제시하시오.

(답안 양식)

구 분	재고매입세액
원 재 료	
기계장치	
건 물	

【문제 7】 (10점)

(물음 1) 거주자 갑이 상속받은 ㈜대한의 주식과 관련된 다음 자료를 이용하여 요구사항에 답하시오.

< 자 료 >

1. 상속받은 주식 수는 70,000주이며, 상속개시일은 2025년 7월 1일이다.

2. 12월말 비상장법인인 ㈜대한은 부동산과다법인이 아니며, 중소기업 및 중견기업도 아니다.

3. 상속개시일 현재 상속세 및 증여세법에 따른 ㈜대한의 자산과 부채는 다음과 같다.

자산 총계	부채 총계
100억원	50억원

① 자산 총계에는 개발비 500,000,000원이 포함되어 있고, 세무상 영업권 평가액 500,000,000원은 포함되어 있지 않다.
② 부채 총계에는 퇴직급여충당금 계상액 800,000,000원이 포함되어 있고, 이는 상속개시일 현재 퇴직금추계액의 50%에 해당한다.

4. ㈜대한의 총 발행주식수는 2017년 설립 이후 변동없이 100,000주이다.

5. ㈜대한의 각 사업연도 순손익액을 구하기 위한 자료는 다음과 같다.

사업연도	내 역
2024년	- 각사업연도소득금액: 650,000,000원 - 국세 환급금 이자: 5,000,000원 - 당해연도 법인세 등: 150,000,000원
2023년	- 각사업연도소득금액: 580,000,000원 - 기업업무추진비 한도초과액: 20,000,000원 - 당해연도 법인세 등: 110,000,000원
2022년	- 각사업연도소득금액: 470,000,000원 - 지급이자 손금불산입액: 15,000,000원 - 당해연도 법인세 등: 80,000,000원

6. 순손익가치 계산시 적용할 이자율은 10%이다.

(계속)

<요구사항 1>

상속재산인 ㈜대한의 비상장주식 평가액을 다음 답안 양식에 따라 제시하시오. 단, ㈜대한의 비상장주식 평가는 순자산가치만 평가하는 경우에 해당하지 아니한다.

(답안 양식)

1주당 순자산가치	
1주당 순손익가치	
1주당 평가액	
비상장주식평가액	

<요구사항 2>

상속세 및 증여세법상 비상장주식 평가방법과 소득세법상 비상장주식 평가방법의 차이에 대해 5줄 이내로 기술하시오.

(물음 2) 비상장 영리내국법인인 ㈜갑은 2025년 3월 2일 정기주주총회 결의로 이익잉여금을 처분하여 배당을 실시하였다. 다음 자료를 이용하여 증여세 납세의무자를 모두 제시하고 납세의무자별로 증여일의 증여재산가액 및 증여세 산출세액을 답안 양식에 따라 계산하시오. 단, 해당 증여일 전 10년 이내에 동일인으로부터 받은 증여재산가액은 없으며, 증여세액의 정산 규정은 고려하지 아니한다.

(답안 양식)

납세의무자	증여재산가액	증여세 산출세액

< 자 료 >

1. ㈜갑의 사업연도는 매년 1월 1일~12월 31일이다.

2. ㈜갑의 주주 구성 및 실제배당내역은 다음과 같다.

주주	관계	지분비율	실제배당
A(70세)		40%	20억원
B(45세)	A의 아들	10%	30억원
C(18세)	B의 딸	5%	90억원
D(60세)		30%	30억원
E(30세)	D의 딸	5%	20억원
㈜F		10%	10억원
합계		100%	200억원

3. A, B, C, D, E는 모두 거주자이며, ㈜F는 영리 내국법인이다. A와 D는 특수관계인이 아니다.

4. 상속세 및 증여세율(일부)

과세표준	세 율
5억원 초과 10억원 이하	9천만원 + 5억원을 초과하는 금액의 30%
10억원 초과 30억원 이하	2억4천만원 + 10억원을 초과하는 금액의 40%
30억원 초과	10억4천만원 + 30억원을 초과하는 금액의 50%

5. 초과배당금액에 대한 소득세 상당액은 다음과 같다고 가정한다.

초과배당금액	소득세 상당액
3억원	0.9억원
6억원	2억원
10억원	4억원
48억원	20억원
80억원	35억원

- 끝 -

MEMO

※ 답안 작성시 유의사항

1. 답안은 문제 순서대로 작성할 것

2. 계산문제는 계산근거를 반드시 제시할 것

3. 답안은 아라비아 숫자로 원단위까지 작성할 것
   (예 : 2,000,000 - 1,000,000 = 1,000,000원)

4. 별도의 언급이 없는 한 관련 자료·증빙의 제출 및 신고·납부절차는 적법하게 이행된 것으로 가정한다.

【문제 1】 (9점)

다음은 건설업을 영위하는 중소기업인 ㈜정건설의 자료이다. 2025년 제1기 확정신고와 제2기 예정신고는 정확하게 이루어졌고, 과세거래에 대해서는 세금계산서를, 면세거래에 대해서는 계산서를 발급하고 수취하였다. 제시된 금액은 별도의 언급이 없는 한 부가가치세가 포함되지 않은 금액이다.

< 자 료 >

1. 회사는 토지를 구입하여 국민주택과 상가를 건설하여 판매하고 있으며, 해외에서도 국민주택 건설용역을 제공하고 있는데, 해외국민주택 건설용역에 대해서는 면세의 포기를 신고하였다.

2. 2025년 토지의 매입내역은 다음과 같다.

(단위: 원)

구 분	1.1.~6.30.	7.1.~9.30.	10.1.~12.31.
국내국민주택 건설 용도	900,000,000	500,000,000	600,000,000
상가건설 용도	300,000,000	100,000,000	200,000,000

3. 2025년의 매출내역은 다음과 같다.

(단위: 원)

구 분		1.1.~6.30.	7.1.~9.30.	10.1.~12.31.
국내 국민 주택	건물분	3,000,000,000	700,000,000	900,000,000
	토지분	1,250,000,000	850,000,000	890,000,000
상가	건물분	1,200,000,000	409,000,000	700,000,000
	토지분	850,000,000	341,000,000	519,000,000
해외국민주택 건설용역		2,000,000,000	800,000,000	891,000,000
합 계		8,300,000,000	3,100,000,000	3,900,000,000

4. 2025년에 발급받은 세금계산서상 매입세액 내역은 다음과 같다.

(단위: 원)

구 분	1.1.~6.30.	7.1.~9.30.	10.1.~12.31.
국내국민주택 건물 건설 관련	200,000,000	50,000,000	60,000,000
상가 건물 건설 관련	100,000,000	40,000,000	50,000,000
해외국민주택 건설용역 관련	150,000,000	60,000,000	70,000,000
공통매입세액1*1	30,000,000	10,000,000	20,000,000
공통매입세액2*2	-	-	50,000,000
합 계	480,000,000	160,000,000	250,000,000

*1 공통매입세액1은 회사의 모든 사업과 관련하여 발생한 매입세액이며, 실지귀속을 확인할 수 없다.
*2 2025년 10월 10일에 구입한 새 레미콘믹서기의 매입세액이다.

5. 국내국민주택 건물 건설과 상가 건물 건설에 공통으로 사용하던 구 레미콘믹서기(2022년 4월 4일 400,000,000원에 구입)를 2025년 10월 10일에 100,000,000원에 매각(장부가액 80,000,000원)하고, 같은 날 동일한 용도의 새 레미콘믹서기를 500,000,000원에 구입하였다.

(물음 1) 2025년 제2기 부가가치세 확정신고시의 매출세액을 다음 양식으로 제시하시오. 단, 과세표준 또는 매출세액이 없는 경우에는 "0" 또는 "없음"으로 표시하시오.

(계속)

(답안 양식)

구 분	과세표준	세율	매출세액
1.국내국민주택 공급			
2.상가 공급			
3.해외국민주택 건설용역			
4.레미콘믹서기 매각			
합 계			

(물음 2) 2025년 제2기 부가가치세 확정신고시 공제되는 매입세액을 계산하시오.

【문제 2】(11점)

각 물음은 독립적이다.

(물음 1) ㈜박눈물은 부동산임대업을 영위하는 법인이다. 2025년 11월 30일 임대의 어려움과 자금난으로 인하여 폐업하게 되었다. 2025년 제2기 확정신고기간의 부가가치세 매출세액을 계산하시오. 2025년 제1기 확정신고와 제2기 예정신고는 정확하게 이루어졌으며, 폐업시 사업장에 남아있는 재화는 다음과 같다.

< 자 료 >

1. 임대용 건물은 주택 50m2, 상가 150m2, 부수토지 1,000m2로 구성된 단층의 겸용주택이며, 2024년 11월 1일부터 2025년 10월 31일까지 임대보증금 없이 매달 1일에 40,000,000원의 임대료를 받았다.

2. 위의 겸용주택 및 부수토지는 2023년 9월 1일 취득하였으며, 건물의 취득가액은 5,000,000,000원, 부수토지의 취득가액은 3,000,000,000원이고, 폐업일 현재의 감정평가액은 건물 6,000,000,000원, 부수토지 4,000,000,000원이다.

3. 사업장 출퇴근 및 업무용으로 사용하던 개별소비세 과세대상인 승용자동차는 2024년 4월 1일에 10,000,000원에 구입하였으며, 구입시 부가가치세액 1,000,000원은 매입세액공제를 받지 못하였고, 폐업시 시가는 6,000,000원이다.

4. 사업장에 있는 비품은 2024년 7월 1일에 2,000,000원에 구입하였으며, 부가가치세액 200,000원은 매입세액공제를 받았고, 폐업시 시가는 800,000원이다.

(물음 2) 다음은 2025년 4월 1일 개업한 간이과세자 김조류의 2025년 과세기간(2025년 4월 1일 ~ 2025년 12월 31일) 자료이다. 단, 직전연도 식료품점과 음식점의 공급대가는 각각 ₩40,000,000과 ₩60,000,000인 것으로 가정한다.

< 자 료 >

1. 김조류는 닭을 구입하여 털을 제거한 후 생닭으로 판매하는 식료품점과 프라이드치킨으로 판매하는 음식점을 겸영하고 있다.

2. 2025년 공급대가

(단위: 원)

구 분	식료품점	음식점
현금영수증 발행분	9,000,000	10,000,000
신용카드매출전표 발행분	7,000,000	8,000,000
영수증 발행분	18,200,000	21,600,000
자기적립마일리지 결제분*1	3,000,000	4,000,000
통신사 마일리지 결제분*2	1,000,000	2,000,000
합계	38,200,000	45,600,000

*1 매출액에 대하여 3%의 마일리지를 부여하고 있으며, 이 마일리지를 이용하여 결제한 금액이다.
*2 K통신사가 자기 고객에게 제공한 마일리지를 식료품점과 음식점에서 사용할 수 있도록 하고, 사용액의 70%를 K통신사가 보전해 준다. 위 금액은 K통신사 고객이 사용한 마일리지의 70%를 K통신사로부터 현금으로 보전 받은 금액이다.

3. 2025년 매입내역

(단위: 원)

구 분	식료품점	음식점
계산서 수취	9,000,000*1	
세금계산서 수취	1,100,000*2	3,300,000*3
	4,400,000*4	

*1 닭 구입액으로 실지 귀속은 불분명함
*2 부가가치세가 포함된 금액임
*3 부가가치세가 포함된 금액이며, 이중 1,100,000원은 기업업무추진비로 지출된 것임
*4 부가가치세가 포함된 금액이며, 공통매입세액의 실지귀속은 불분명함

4. 음식점업의 업종별 부가가치율은 10%로 가정한다.

<요구사항 1>

김조류의 2025년 과세기간 부가가치세 납부세액을 계산하시오.

<요구사항 2>

김조류의 2025년 공제세액을 다음의 답안 양식에 따라 제시하시오. 단, 납부세액 초과 여부는 고려하지 아니한다.

(답안 양식)

구 분	공제세액
1. 세금계산서 등 수취세액공제	
2. 의제매입세액공제	
3. 신용카드매출전표 등 발행세액공제	

【문제 3】 (14점)

다음은 거주자 갑의 2025년 귀속 종합소득 신고를 위한 자료이다. 단, 제시된 금액은 원천징수하기 전의 금액이며, 원천징수는 적법하게 이루어졌다.

(물음 1) 갑의 금융소득과 관련된 내역이 <자료 1>과 같을 때 요구사항에 답하시오.

<자료 1>

갑의 금융소득 내역은 다음과 같다.

1. 물가연동국고채의 원금 증가분(발행일 2021년 1월 2일): 5,000,000원

2. 상호저축은행법에 의한 신용부금으로 인한 이익: 3,000,000원

3. 법인세법에 따라 법인으로 보는 단체로부터 받은 현금배당: 7,000,000원

4. 파생결합사채로부터 발생한 수익의 분배금(상법상 파생결합사채의 요건을 충족함): 4,000,000원

5. 자기주식소각이익을 자본전입함에 따라 ㈜A로부터 수령한 무상주의 액면가액(2024년 12월 10일 소각하였으며 소각당시 자기주식의 시가가 취득가액을 초과함): 20,000,000원

6. 집합투자기구(사모투자전문회사 아님)로부터의 이익: 2,000,000원

7. 비상장법인인 ㈜B로부터 받은 현금배당(㈜B는 중소기업법에 의한 중소기업에 해당함): 8,000,000원

8. 법인세법상 소득공제를 적용받은 유동화전문회사로부터 받은 현금배당: 1,000,000원

<요구사항 1>

종합과세되는 이자소득 총수입금액, 배당소득 총수입금액을 다음의 답안 양식에 따라 제시하시오.

(답안 양식)

이자소득 총수입금액	
배당소득 총수입금액	

<요구사항 2>

배당가산액(Gross-up금액), 종합과세대상 금융소득금액을 다음의 답안 양식에 따라 제시하시오.

(답안 양식)

배당가산액(Gross-up금액)	
종합과세대상 금융소득금액	

(계속)

(물음 2) <자료 2>와 <자료 3>을 이용하여 아래 요구사항에 답하시오.

<자료 2>

(2025년 1월 1일~ 2025년 6월 30일의 소득자료)
갑은 ㈜C(제조업)의 생산직근로자로 근무하였다.

1. ㈜C로부터의 기본급여 수령액(월 900,000원): 5,400,000원

2. ㈜C로부터의 상여금 수령액(1회 수령하였음): 2,000,000원

3. ㈜C로부터의 식사대 수령액(월 300,000원): 1,800,000원

4. 산불재해로 인하여 ㈜C가 지급한 급여(월 400,000원): 2,400,000원

5. 본인부담분 건강보험료를 ㈜C가 대신하여 부담한 금액(월 100,000원): 600,000원

6. ㈜C로부터 수령한 연장근로수당(월 500,000원): 3,000,000원

7. 전세권을 대여하고 받은 대가: 8,000,000원

8. 일시적으로 라디오에 출연하여 출연료로 받은 수당: 7,000,000원

9. ㈜C를 퇴사한 후 운영할 예정인 치킨집 개업과 관련하여 ㈜C에게서 지원받은 개업축하금: 5,000,000원

10. ㈜C의 사내장기자랑 행사에서 1등을 하여 수령한 상금: 2,000,000원

11. ㈜C로부터 수령한 발명진흥법에 따른 직무발명보상금: 8,000,000원

12. ㈜C로부터 수령한 휴일근로수당: 1,000,000원

<자료 3>

(2025년 7월 1일~ 2025년 12월 31일의 소득자료)
갑은 2025년 6월 30일에 ㈜C에서 현실적으로 퇴사하였다.

1. 유가증권을 일시적으로 ㈜D사(특수관계 없음)에게 대여하고 받은 금품: 6,000,000원

2. ㈜C로부터 지급받기로 한 발명진흥법에 따른 직무발명보상금 미수금 수령액: 2,000,000원

3. 제작된 지 300년이 경과된 골동품을 A은행에 양도하고 받은 대가(보유기간: 13년, 확인되는 필요경비금액: 82,000,000원): 90,000,000원

4. 근로소득공제액표

총급여액	공제액
500만원 이하	총급여액×70%
500만원 초과 1,500만원 이하	350만원+(총급여액-500만원)×40%
1,500만원 초과 4,500만원 이하	750만원+(총급여액-1,500만원)×15%
4,500만원 초과 1억원 이하	1,200만원+(총급여액-4,500만원)×5%
1억원 초과	1,475만원+(총급여액-1억원)×2%

<요구사항 1>

생산직근로자로서 받은 초과근로수당의 비과세여부를 결정하기 위한 갑의 월정액급여와 과세대상 초과근로수당금액을 다음의 답안 양식에 따라 제시하시오(직전 근로기간의 총급여액은 24,000,000원이었음).

(답안 양식)

월정액급여	
과세대상 초과근로수당금액	

<요구사항 2>

근로소득 총수입금액 및 근로소득금액을 답안 양식에 따라 제시하시오(단, 생산직 초과근로수당의 비과세요건을 충족한다고 가정함).

(답안 양식)

근로소득 총수입금액	
근로소득금액	

<요구사항 3>

종합과세되는 기타소득금액과 기타소득(분리과세대상 포함)에 대한 소득세 원천징수세액을 다음의 답안 양식에 따라 제시하시오.

(답안 양식)

기타소득금액	
기타소득 원천징수세액	

【문제 4】 (8점)

다음은 거주자 을(48세, 남성)의 2025년 귀속 종합소득 신고를 위한 자료이다. 이 자료를 이용하여 아래 물음에 답하시오.

< 자 료 >

1. 종합소득금액의 내역은 다음과 같다.

금융소득금액	30,200,000원 (비영업대금의 이익* 10,000,000원, 정기적금이자 18,000,000원, 배당소득금액 2,200,000원으로 구성됨) * 온라인투자연계금융업의 등록을 한 자를 통하여 지급받는 금액이 아님
사업소득금액	10,000,000원(제조업)
근로소득금액	5,880,000원(총급여액 12,300,000원)
기타소득금액	3,920,000원
종합소득금액	50,000,000원

2. 부양가족의 현황은 다음과 같다.

구분	나이	비고
부친	73세	무료로 슬롯머신을 1회 이용하여 받은 당첨액 2,000,000원 수령
모친	71세	법원보증금으로 인한 이자소득 20,000,000원 수령
동생	42세	장애인이며 소득이 없음
장남	16세	중학생이며 소득이 없음
장녀	5세	유치원생이며 소득이 없음(입양자로 2025년에 입양신고 하였음)

3. 의료비의 지출내역은 다음과 같다.
   ① 모친의 교통사고치료비: 5,860,000원
   ② 동생의 재활치료비: 1,009,000원
   ③ 장남의 시력보정용 안경구입비: 800,000원

4. 교육비 지출내역은 다음과 같다.
   ① 장남에 대한 중학교 수업료: 1,000,000원
   ② 장녀에 대한 유치원 수업료: 1,500,000원
   ③ 장남의 현장체험 학습비: 600,000원(교육과정에 의한 현장체험 학습임)

5. 사업장에 자연재해가 발생하여 50,000,000원의 사업용자산이 상실되었다. 상실 전의 사업용자산총액은 200,000,000원이었다.

6. 종합소득세율

종합소득과세표준	세율
1,400만원 이하	과세표준의 6%
1,400만원 초과 5,000만원 이하	84만원 + 1,400만원을 초과하는 과세표준의 15%
5,000만원 초과 8,800만원 이하	624만원 + 5,000만원을 초과하는 과세표준의 24%
8,800만원 초과 1억5천만원 이하	1,536만원 + 8,800만원을 초과하는 과세표준의 35%
1억5천만원 초과 3억원 이하	3천706만원 + 1억5천만원을 초과하는 과세표준의 38%
3억원 초과 5억원 이하	9천406만원 + 3억원을 초과하는 과세표준의 40%
5억원 초과 10억원 이하	1억7,406만원 + 5억원을 초과하는 과세표준의 42%
10억원 초과	3억8,406만원 + 10억원을 초과하는 과세표준의 45%

(계속)

(물음 1) 을의 인적공제액을 다음의 답안 양식에 따라 제시하시오.

(답안 양식)

기본공제액	
추가공제액	

(물음 2) 을의 종합소득 산출세액을 다음의 답안 양식에 따라 제시하시오. 단, 배당소득 총수입금액은 전액 배당가산액(Gross-up금액) 대상인 배당소득이며, 을의 종합소득공제는 10,000,000원이라고 가정한다.

(답안 양식)

일반산출세액	
비교산출세액	

(물음 3) 을의 자녀세액공제액, 의료비세액공제액, 교육비세액공제액 및 재해손실세액공제액을 다음의 답안 양식에 따라 제시하시오. 단, 을의 종합소득 산출세액은 6,000,000원이며 기장세액공제, 배당세액공제 및 외국납부세액공제는 없고, 의료비세액공제와 교육비세액공제는 전액 근로소득에 대한 산출세액에서 공제가능한 것으로 가정한다.

(답안 양식)

자녀세액공제액	
의료비세액공제액	
교육비세액공제액	
재해손실세액공제액	

【문제 5】(5점)

거주자 병(계속 5년 이상 국내에 주소를 둠)의 2025년 귀속 양도소득 관련 내역이 다음과 같을 때 물음에 답하시오.

< 자 료 >

1. 국내건물과 국외건물의 취득 및 양도내역은 다음과 같다.

구 분	국내건물	국외건물
양도일	2025.4.20.	2025.8.22.
취득일	2024.1.26.	2022.7.14.
실지양도가액	500,000,000원	$400,000
실지취득가액	400,000,000원	$100,000

2. 국내건물(상가, 등기되었음)을 취득하면서 리모델링비용(자본적지출에 해당함) 30,000,000원을 지출하였고 신용카드매출전표를 수취하였다.

3. 국내건물을 양도하면서 부동산중개수수료로 10,000,000원이 발생하였고 양도관련 공증비용 5,000,000원이 발생하였다.

4. 국외건물(주택, 미등기임) 취득일의 외국환거래법에 의한 기준환율은 1,300원/$(대고객외국환매입률: 1,200원/$)이고 양도일의 기준환율은 1,000원/$(대고객외국환매입률: 900원/$)이다.

5. 국외건물을 양도하면서 $4,000의 부동산중개수수료가 발생하였다.

(물음 1) 병의 국내건물 및 국외건물의 양도소득금액을 다음의 답안 양식에 따라 제시하시오.

(답안 양식)

국내건물	
국외건물	

(물음 2) 병의 국내건물 및 국외건물의 양도소득과세표준을 다음의 답안 양식에 따라 제시하시오. 단, 국내건물의 양도소득금액은 8,000,000원, 국외건물의 양도소득금액은 9,000,000원이고, 세부담 최소화를 가정한다.

(답안 양식)

구분	과세표준
국내건물	
국외건물	

【문제 6】(28점)

(물음 1) 다음은 ㈜한강(중소기업 아님)의 제25기 사업연도(2025년 1월 1일 ~ 2025년 12월 31일) 법인세 신고 관련 자료이다.

< 자 료 >

1. 손익계산서상 매출액은 10,560,000,000원이며, 세부내역은 다음과 같다.

(단위: 원)

과목	손익계산서상 매출액	비고
제품매출	10,000,000,000	①, ②
용역매출	560,000,000	③
합 계	10,560,000,000	

① 2025년 12월 31일에 제품을 인도하였으나, 당기 제품매출로 계상하지 않아 익금산입한 금액 12,000,000원이 있다.
② 기업회계기준과 법인세법과의 손익귀속시기 차이로 당기 제품매출로 계상하지 않은 금액 15,000,000원을 익금산입하였다.
③ 용역매출의 세부내역은 다음과 같다. 기타의 용역매출은 특수관계인 외의 자에게 제공한 유사한 용역제공거래에서 발생한 것이며, 용역제공의 시가는 불분명하다.

(단위: 원)

과목	특수관계인 용역매출	기타의 용역매출
용역매출액	280,000,000	280,000,000
용역매출원가	250,000,000	200,000,000

④ 손익계산서상 중단사업부문손익에는 중단한 사업부문의 제품매출 23,000,000원이 포함되어 있다.
⑤ 회사의 제품매출은 전액 특수관계 없는 자와의 거래에서 발생한 것이다.

2. 손익계산서상 기업업무추진비 계정의 총액은 50,000,000원이며, 이 중에는 다음의 사항이 포함되어 있다.
① 문화예술공연입장권을 5,000,000원에 구입하여 거래처에 제공하였다.
② 거래처(특수관계 없음)에 업무상 접대목적으로 제품(시가 1,500,000원, 제조원가 1,250,000원)을 무상 제공하고, 다음과 같이 회계처리하였다.

(차) 기업업무추진비 1,400,000
   (대) 제 품 1,250,000
       부가세예수금 150,000

③ ㈜한강은 판촉을 위하여 임의단체(우수고객이 조직한 법인 아닌 단체)에 복리시설비로 20,000,000원을 지급하였다.

3. 회사는 현물기업업무추진비를 제외한 모든 지출건에 대하여 신용카드 등 적격증명서류를 수취하였다.

4. 기업업무추진비 수입금액 적용률

수입금액	적용률
100억원 이하	30/10,000
100억원 초과 500억원 이하	20/10,000
500억원 초과	3/10,000

(계속)

<요구사항 1>
법인세법에 따라 계산한 회사의 제25기 특수관계인에 대한 용역매출금액을 제시하시오.

<요구사항 2>
제25기 시부인대상 기업업무추진비, 기업업무추진비 한도액 및 기업업무추진비 한도초과(미달)액을 다음의 답안 양식에 따라 제시하시오.

(답안 양식)

시부인대상 기업업무추진비	
기업업무추진비 한도액	
기업업무추진비 한도초과(미달)액	

(물음 2) 다음은 제조업을 영위하는 중소기업 ㈜동해(일반기업회계기준 적용)의 제25기 사업연도(2025년 1월 1일 ~ 2025년 12월 31일) 법인세 신고 관련 자료이다.

< 자 료 >

1. 전기말 자본금과 적립금조정명세서(을)상 기말잔액의 내역

(단위: 원)

과목	기말잔액	비고
대손충당금 한도초과액	3,000,000	
소멸시효 완성채권	△ 12,000,000	①
단기대여금 대손부인액	9,000,000	②
미수수익(정기예금미수이자)	△10,000,000	

① 소멸시효 완성채권은 제24기에 상법상 소멸시효가 완성된 외상매출금(A)을 신고조정에 의하여 손금산입한 것이다.
② 단기대여금 대손부인액은 제23기에 주주(지분율 1%)에 대한 주택자금 대여액을 대손 부인한 것이다.

2. 재무상태표상 채권 및 대손충당금 내역

(단위: 원)

과목	제25기	제24기	비고
매출채권	1,000,000,000	978,500,000	①
(대손충당금)	(25,000,000)	(17,000,000)	
미수수익	12,000,000	10,000,000	②
미수금	100,000,000	150,000,000	③
장기대여금	300,000,000	300,000,000	④
(대손충당금)	(10,000,000)	(10,000,000)	

① 당기말 매출채권에는 채무자의 파산으로 회수할 수 없는 채권 4,500,000원과 민사집행법의 규정에 의하여 채무자의 재산에 대한 경매가 취소된 압류채권 7,000,000원이 포함되어 있다.
② 미수수익은 국내정기예금 미수이자이다.
③ 미수금은 비품 매각대금으로 대손가능성이 없다고 판단되어 대손충당금을 설정하지 않았다.
④ 장기대여금은 해외현지법인(특수관계인)에 회사의 영업활동과 관련하여 시설 및 운영자금을 대여한 것이다.

3. 제25기의 손익계산서상 대손상각비는 27,500,000원이다.

4. 대손충당금 당기상계액의 내역
① 제24기에 상법상 소멸시효가 완성되어 전기에 신고조정에 의하여 손금산입한 외상매출금(A): 12,000,000원
② 부도발생일부터 6개월 이상 지난 받을어음 2매(부도발생일 이전의 것으로 저당권이 설정되어 있지 않음)에 대한 외상매출금 전액: 7,700,000원
③ 채무자의 사업폐지로 회수할 수 없는 외상매출금: 2,300,000원

5. 회사는 전기에 대손금으로 손금 인정된 매출채권 2,500,000원을 당기 중 회수하여 대손충당금의 증가로 회계처리하였다.

6. 전기 이전의 세무조정은 적법하며, 세부담 최소화를 가정한다.

<요구사항 1>
당기의 대손실적률을 다음의 답안 양식에 따라 제시하시오. 단, 대손실적률은 %로 제시하며, 소수점 셋째 자리에서 절사한다. (예: 1.2345% → 1.23%)

(답안 양식)

당기 대손금(Ⓐ)	
전기말 채권잔액(Ⓑ)	
당기 대손실적률(=Ⓐ÷Ⓑ)	

<요구사항 2>
당기의 대손충당금 한도초과액을 계산하시오. 단, <요구사항 1>에 의한 당기의 대손실적률은 0.70%로 가정한다.

(물음 3) 다음은 제조업을 영위하는 영리내국법인 ㈜한국(지주회사 아님)의 제25기 사업연도(2025년 1월 1일 ~ 2025년 12월 31일) 법인세 신고 관련 자료이다.

< 자 료 >

1. 당기말 투자주식 명세

(단위: 원)

보유 주식	㈜한국의 지분율	당기 수령 현금배당금	당기말 결산서상 장부가액
㈜갑(상　장)	40%	1,500,000	300,000,000
㈜을(상　장)	60%	10,000,000	65,000,000

① ㈜갑과 ㈜을은 제조업을 영위하는 영리내국법인이다.
② 피투자회사 중 법인세 감면을 받은 기업은 없다.

2. 당기에 수취한 현금배당금(배당기준일: 2024년 12월 31일)에 대한 회사의 회계처리는 다음과 같다.

(차) 현　　금　11,500,000
　　(대) 관계기업투자(갑주식)　1,500,000
　　　　 종속기업투자(을주식)　10,000,000

3. 투자주식의 취득 및 처분내역은 다음과 같다. 단, 주식의 취득과 처분은 시가로 이루어진 것으로 가정한다.

(단위: 원)

일자	취득·처분내역	취득금액
2023. 8.10.	㈜갑주식 40% 취득	100,000,000
2023.11.22.	㈜을주식 60% 취득	50,000,000
2024.10.20.	㈜갑주식 30% 취득	180,000,000
2024.11. 2.	㈜갑주식 30% 처분	-

4. 회사는 ㈜을로부터 무상주 600주(1주당 액면가액 5,000원, 무상주 배정기준일 2025년 1월 1일)를 교부받았다. 동 무상주는 건물의 재평가잉여금 3,000,000원과 이익준비금 2,000,000원을 자본에 전입하여 발행된 것이다.

5. 손익계산서상 이자비용 명세

(단위: 원)

내　역	금　액
사채표시이자	10,000,000
사채할인발행차금 상각액	1,500,000
장기미지급금의 현재가치할인차금 상각액	2,500,000
기업구매자금대출이자	500,000
합　계	14,500,000

6. 제25기말 현재 재무상태표상의 자산총액은 1,000,000,000원이다.

7. 수입배당금 익금불산입 비율

지분율	익금불산입비율
① 50% 이상	100%
② 20% 이상 50% 미만	80%
③ 20% 미만	30%

<요구사항>
㈜한국의 제25기 수입배당금 익금불산입액을 다음의 답안 양식에 따라 제시하시오.

(답안 양식)

구분	익금불산입 대상금액(Ⓐ)	지급이자관련 익금불산입배제금액(Ⓑ)	익금불산입액 (Ⓒ=Ⓐ-Ⓑ)
㈜갑			
㈜을			

(계속)

익금산입 및 손금불산입			손금산입 및 익금불산입		
과목	금액	소득처분	과목	금액	소득처분
업무용승용차 처분손실 한도초과액(A)	34,000,000	기타사외유출	전기 감가상각비 부인액 추인(A)	12,000,000	△유보
			전기 감가상각비 부인액 추인(B)	2,000,000	△유보

(물음 5) 다음은 제조업을 영위하는 ㈜동백(중소기업)의 제25기 사업연도(2025년 1월 1일~2025년 12월 31일) 법인세 신고 관련 자료이다.

< 자 료 >

1. 회사의 결산서상 당기순이익은 433,400,000원이며, 아래 제시된 내역을 제외하고 세무조정사항은 없는 것으로 가정한다.
   ① 손익계산서상 법인세비용: 10,000,000원
   ② 영업외수익으로 계상한 자산수증이익 25,000,000원을 이월결손금 보전에 사용하였다.
   ③ 2025년 12월 5일에 사회복지법인 기부금으로 20,000,000원을 지출하였다. 회사는 제24기 과세표준 및 세액신고 시 일반기부금 한도초과액이 50,000,000원 있었다.
   ④ 회사는 2025년 2월 2일에 의결권 있는 지분 80%(지분취득일: 2022.1.20.)를 보유하고 있는 중국소재 자회사 ㈜상해로부터 배당금(수입배당금 익금불산입 대상에 해당하지 않음)을 수취하였다. 회사는 배당금 20,000,000원 중 중국정부에 납부한 원천징수세액 1,000,000원을 차감한 잔액을 송금 받고, 다음과 같이 회계처리하였다. 동 수입배당금에 대응되는 과세기간의 ㈜상해의 소득금액과 법인세액은 각각 27,000,000원과 2,000,000원이다.

   (차) 현　　금　19,000,000　(대) 배당금수익 20,000,000
   　　 법인세비용　1,000,000

2. 결손금 발생내역

   (단위: 원)

발생 사업연도	발생액	전기까지 과세표준 계산상 공제된 금액
2006년	100,000,000	85,000,000
2024년	80,000,000	30,000,000

3. 회사는 조세특례제한법상 통합투자세액공제(공제액: 900,000원)를 신청하였으며, 외국법인세액에 대해 세액공제를 적용한다.

4. 회사는 수도권과밀억제권역 외에 소재하며, 기타의 공제·감면세액은 없다.

5. 제25기 법인세율 중 일부

과세표준	세율
2억원 이하	과세표준의 100분의 9
2억원 초과 200억원 이하	1천8백만원+(2억원을 초과하는 금액의 100분의 19)

6. 중소기업의 최저한세율은 100분의 7이다.

<요구사항 1>

㈜동백의 제25기 각 사업연도 소득에 대한 법인세 과세표준을 다음의 답안 양식에 따라 제시하시오.

(답안 양식)

차가감소득금액	
각 사업연도 소득금액	
과세표준금액	

<요구사항 2>

㈜동백의 제25기 각 사업연도 소득에 대한 법인세 공제·감면세액과 총부담세액을 다음의 답안 양식에 따라 제시하시오. 단, <요구사항 1>에 의한 과세표준금액은 300,000,000원으로 가정한다.

(답안 양식)

공제·감면세액	
총부담세액	

(계속)

【문제 7】(10점)

비상장내국법인인 ㈜갑은 특수관계인이 아닌 비상장내국법인 ㈜을을 흡수합병하였다(합병등기일: 2025년 7월 5일). 합병당사법인은 모두 제조업을 영위하고 있다. 정관상 사업연도는 매년 1월 1일부터 12월 31일까지이며, 각 물음과 관련된 공통자료는 다음과 같다. 각 물음은 독립적이다.

< 공통자료 >

1. ㈜을의 합병 직전 재무상태표

(단위: 원)

유동자산	50,000,000	부 채	80,000,000
구 축 물	50,000,000	자 본 금	20,000,000
토 지	100,000,000	주식발행초과금	30,000,000
		이익잉여금	70,000,000
합 계	200,000,000	합 계	200,000,000

2. 합병 직전 ㈜을이 보유한 자산의 시가는 다음과 같으며, 부채의 시가는 장부가액과 동일하다.

구분	금액
유동자산	50,000,000원
구축물	100,000,000원
토지	150,000,000원
합 계	300,000,000원

3. 물음에서 별도의 언급이 없는 한 ㈜을의 자산 및 부채와 관련된 유보(또는 △유보) 사항은 없다고 가정한다.

4. 물음에서 별도의 언급이 없는 한 ㈜갑이 납부하는 ㈜을의 법인세는 없다고 가정한다.

(물음 1) 다음의 추가자료를 이용하여 요구사항에 답하시오.

< 추 가 자 료 >

1. 합병직전 ㈜을의 주주관련 사항은 다음과 같다.

주주	지분비율	취득가액
㈜갑	30%	10,000,000원
㈜병	70%	40,000,000원

㈜갑은 ㈜을의 주식을 2023년 7월 10일에 취득하였으며, ㈜병과는 특수관계가 아니다.

2. ㈜갑은 ㈜병에게 합병대가로 액면가액 20,000,000원(시가 42,000,000원)의 ㈜갑의 신주를 교부하고 10,500,000원의 합병교부금을 지급하였다. 합병포합주식에 대해서는 ㈜갑 주식과 합병교부금을 지급하지 않았다.

3. 합병대가 중 주식가액이 차지하는 비율이 80% 이상이어야 한다는 요건을 제외하고 다른 과세이연 요건은 모두 충족된다고 가정한다.

<요구사항 1>
합병대가 중 주식가액이 차지하는 비율이 80% 이상인지 여부를 구체적으로 제시하시오.

<요구사항 2>
<요구사항 1>의 결과에 따른 ㈜병의 의제배당금액을 제시하시오.

(물음 2) 법인세 부담 최소화를 가정하고 다음의 추가자료를 이용하여 요구사항에 답하시오.

< 추 가 자 료 >

1. 합병등기일 현재 ㈜을의 토지 계정에는 취득세와 관련된 유보금액 4,000,000원이 있다.

2. ㈜갑은 ㈜을의 유일한 주주인 ㈜병에게 합병대가로 액면가액 50,000,000원(시가 150,000,000원)의 ㈜갑의 신주를 교부하고 20,000,000원의 합병교부금을 지급하였다. ㈜병은 ㈜을의 주식을 50,000,000원에 취득하였으며, ㈜갑과 특수관계가 아니다.

3. ㈜갑은 ㈜을의 자산과 부채를 합병등기일 현재 시가로 취득하고 한국채택국제회계기준에 따라 아래와 같이 회계처리하였다.

(차) 유동자산	50,000,000	(대) 부　　채	80,000,000
구 축 물	100,000,000	현　　금	20,000,000
토　　지	150,000,000	자 본 금	50,000,000
		주식발행초과금	100,000,000
		염가매수차익(수익)	50,000,000

<요구사항>

위의 합병이 비적격합병으로 간주될 경우 다음의 금액을 답안양식에 따라 제시하시오.

① 합병으로 인한 ㈜을의 양도손익

(답안 양식)

양도가액	
순자산장부가액	
양도손익	

② 합병과 관련된 ㈜갑의 2025 사업연도의 세무조정

(답안 양식)

익금산입 및 손금불산입			손금산입 및 익금불산입		
과목	금액	소득처분	과목	금액	소득처분

③ 합병으로 인해 발생하는 ㈜병의 의제배당금액

【문제 8】 (7점)

각 물음은 독립적이다.

(물음 1) 아래의 자료를 이용하여 요구사항에 답하시오.

< 자 료 >

1. ㈜대한은 비상장영리법인으로 중소기업에 해당하며, 구체적인 주주현황은 다음과 같다. 단, ㈜대한의 총발행주식수는 설립이후 변동된 적이 없다.

주주	주식수	지분비율
갑(본인)	50,000주	50%
을(배우자)	30,000주	30%
병(아들)	20,000주	20%
합계	100,000주	100%

2. ㈜대한은 부동산과다법인 및 순자산가치만으로 주식을 평가하는 법인에 해당하지 않으며, 가업상속공제대상에도 해당하지 아니한다. ㈜대한의 1주당 순손익가치 및 순자산가치는 각각 20,000원이다.

3. 갑, 을, 병은 모두 거주자이다.

4. 갑은 2025년 3월 1일에 사망하면서 소유하고 있던 ㈜대한의 주식 전체를 ㈜대한에게 유증하였다. 상법상 ㈜대한이 갑의 주식을 유증받는데 문제가 없으며, 회사는 수증한 자기주식을 소각할 계획이 없다.

5. ㈜대한의 주식 이외에 갑의 상속재산은 없다.

6. 상속세 및 증여세 세율

과세표준	세　　율
1억원 이하	과세표준의 10%
1억원 초과 5억원 이하	1천만원 + 1억원을 초과하는 금액의 20%
5억원 초과 10억원 이하	9천만원 + 5억원을 초과하는 금액의 30%
10억원 초과 30억원 이하	2억4천만원 + 10억원을 초과하는 금액의 40%
30억원 초과	10억4천만원 + 30억원을 초과하는 금액의 50%

<요구사항 1>

갑의 유증과 관련하여 을과 병에게 부과되는 지분상당액의 상속세를 계산하시오.

(계속)

<요구사항 2>
갑의 유증과 관련하여 을과 병에게 상속세를 부과하는 이유를 기술하시오.

(물음 2) 다음 자료를 이용하여 물음에 답하시오.

< 자 료 >

1. 을은 갑의 토지(상속세 및 증여세법상 시가 150억원)를 2025년 1월 1일부터 무상으로 사용 중이다.

2. 갑은 2025년 9월 30일 해당 토지를 을에게 양도하였다.

3. 을은 해당 토지를 병에게 양도하였다.

4. 갑, 을, 병은 모두 거주자이다.

5. 이자율 10%의 5년 연금현가계수는 3.7907이다.

6. 기획재정부령으로 정한 부동산 무상사용 연간 이익률은 2%이다.

<요구사항 1>
을에게 증여세가 부과되기 위해서는 어떤 요건이 필요한지 기술하시오.

<요구사항 2>
을에게 증여세가 부과되는 경우 증여세 산출세액을 계산하시오.

<요구사항 3>
소득세법의 규정에도 불구하고 갑과 을에게 토지 양도에 따른 소득세가 부과되지 않고, 최종적으로 토지를 양도받은 병에게 증여추정에 따라 증여세가 부과되기 위한 요건을 기술하시오.

【문제 9】(8점)

비상장 영리 내국법인인 ㈜갑은 특수관계인인 비상장 영리 내국법인인 ㈜을을 흡수합병하고 2025년 6월 5일 합병등기를 하였다. 아래의 자료를 이용하여 물음에 답하시오. 각 물음은 독립적이다.

< 자 료 >

1. 합병 직전 ㈜갑의 주식 1주당 평가액은 500,000원(액면가액 100,000원)이며, ㈜을의 주식 1주당 평가액은 100,000원(액면가액 50,000원)이다.

2. 합병 직전 ㈜갑과 ㈜을의 주주구성은 다음과 같다.

회사	주주	주식수	지분비율
㈜갑	A	1,400주	70%
	B	600주	30%
	합계	2,000주	100%
㈜을	X	1,125주	75%
	Y	363주	24.2%
	Z	12주	0.8%
	합계	1,500주	100%

3. ㈜갑은 ㈜을의 주주들에게 ㈜을의 주식 3주당 ㈜갑의 신주 1주를 교부하였다.

4. ㈜갑의 주주 B와 ㈜을의 주주 Y는 특수관계인이며, 그 이외에는 서로 특수관계인에 해당하는 주주가 없다.

(물음 1) ㈜갑의 주주 A, B와 ㈜을의 주주 X, Y, Z가 모두 개인인 경우 각각의 과세문제(구체적인 금액 포함)를 답안양식에 따라 제시하시오. 만일 과세문제가 없다면 "없음"이라고 적고 그 이유를 기술하시오.

(답안 양식)

구분	세무처리 내용
A	
B	
X	
Y	
Z	

(물음 2) ㈜갑의 주주 A, B와 ㈜을의 주주 X, Y, Z가 모두 영리내국법인인 경우 각각의 과세문제(구체적인 금액 포함)를 답안 양식에 따라 제시하시오. 만일 과세문제가 없다면 "없음"이라고 적고 그 이유를 기술하시오.

(답안 양식)

구분	세무처리 내용
A	
B	
X	
Y	
Z	

-끝-

MEMO

※ 답안 작성시 유의사항

1. 답안은 문제 순서대로 작성할 것

2. 계산문제는 계산근거를 반드시 제시할 것

3. 답안은 아라비아 숫자로 원단위까지 작성할 것
   (예 : 2,000,000 - 1,000,000 = 1,000,000원)

4. 별도의 언급이 없는 한 관련 자료·증빙의 제출 및 신고납부절차는 적법하게 이행된 것으로 가정한다.

【문제 1】(20점)

다음은 거주자 갑(72세, 남성)의 2025년 귀속 종합소득 신고를 위한 자료이다. 단, 제시된 금액은 원천징수하기 전의 금액이며, 별도의 언급이 없는 한 원천징수는 적법하게 이루어졌다고 가정한다.

< 자료 1 >

1. 일시적인 금전대여로 인한 비영업대금의 이익: 1,800,000원

2. 민사집행법에 따라 법원에 납부한 보증금 및 경락대금에서 발생한 이자소득: 1,000,000원

3. 이익준비금을 자본전입함에 따라 상장법인 ㈜A로부터 수령한 무상주: 2,500주
   (1주당 액면가액 5,000원, 1주당 시가 7,000원)

4. 외국법인으로부터 받은 현금배당금: 5,000,000원
   (국내에서 원천징수되지 않음)

5. 공익신탁법에 따른 공익신탁의 이익: 1,400,000원

6. 출자공동사업자로서 받은 분배금: 10,000,000원

7. 조세특례제한법상 동업기업과세특례를 적용받는 동업기업 B로부터 수동적동업자로서 배분받은 소득금액: 3,000,000원

(물음 1) 갑의 금융소득과 관련된 내역은 다음과 같다. <자료 1>을 이용하여 종합과세되는 이자소득 총수입금액, 배당소득 총수입금액 및 배당가산액(Gross-up금액)을 다음의 답안 양식에 따라 제시하시오.

(답안 양식)

이자소득 총수입금액	
배당소득 총수입금액	
배당가산액(Gross-up 금액)	

(계속)

(물음 2) 갑(남성, 72세)의 연금소득 및 기타소득과 관련된 내역은 다음과 같다. <자료 2>를 이용하여 아래 요구사항에 답하시오.

<자료 2>

1. 고용관계 없이 다수인에게 강연을 하고 받은 강연료: 100,000원

2. 복권당첨금(1매당 5,000원인 복권 10매를 구입하여 이 중 1매가 당첨됨): 10,000,000원

3. 지상권을 양도하고 받은 대가: 7,000,000원

4. 주택매수자가 계약을 해약함에 따라 계약금이 위약금으로 대체된 금액: 3,000,000원

5. 일시적으로 신문에 원고를 기고하고 받은 원고료: 2,000,000원

6. 국민연금 수령액: 12,000,000원
   ① 2002년 1월 1일 이후 불입기간의 환산소득누계액은 480,000,000원(납입월수 174개월)이고, 총불입기간의 환산소득누계액은 800,000,000원(납입월수 348개월)임
   ② 2002년 1월 1일 이후 불입한 국민연금보험료 중 연금보험료공제를 적용받지 않은 금액은 5,000,000원임

7. 연금계좌에서 연금형태로 인출한 금액: 15,000,000원 (의료목적, 천재지변이나 그 밖의 부득이한 사유로 인출한 금액은 없음)
   ① 2020년 1월 1일부터 연금계좌에 가입하였으며, 총 114,000,000원을 불입함
   ② 2025년 1월 5일부터 연금을 수령하기 시작하였고, 불입액 중 1,400,000원은 연금계좌세액공제를 받지 못함 (기산연차를 2025년으로 가정함)
   ③ 연금수령개시 신청일 현재 연금계좌 운용수익누계액은 6,000,000원임

<요구사항 1>
연금수령한도, 총연금액 및 사적연금소득에 대한 소득세 원천징수세액을 다음의 답안 양식에 따라 제시하시오.

(답안 양식)

연금수령한도	
총연금액	공적연금(국민연금)
	사적연금(연금계좌)
사적연금소득 원천징수세액	

<요구사항 2>
종합과세되는 기타소득금액과 기타소득(분리과세대상 포함)에 대한 소득세 원천징수세액을 다음의 답안 양식에 따라 제시하시오.

(답안 양식)

기타소득금액	
기타소득 원천징수세액	

(물음 3) <자료 3>을 이용하여 아래 요구사항에 답하시오. 단, 보험료소득공제액은 전액 근로소득금액에서 공제가능하고, 보험료세액공제액은 전액 근로소득에 대한 산출세액에서 공제가능한 것으로 가정한다.

< 자료 3 >

1. 생계를 같이하는 부양가족의 현황

구분	나이	비고
배우자	71세	2025년 6월 20일 사망
장남	27세	장애인, 소득없음
차남	18세	총급여액 450만원
장녀	15세	외국유학중으로 동거하지 않음

2. 보험료의 납입내역은 다음과 같다.
   ① 고용보험법상 고용보험료: 600,000원
   ② 본인을 피보험자로 하는 생명보험의 보험료(만기환급금이 납입보험료를 초과하지 않음): 400,000원
   ③ 장남을 피보험자로 하는 장애인전용보장성보험의 보험료: 1,600,000원
   ④ 국민연금법상 국민연금보험료: 4,200,000원

3. 기부금의 지출내역은 다음과 같다.
   ① 사립학교가 운영하는 병원에 지출한 시설비: 20,000,000원
   ② 차남이 다니는 고등학교의 장이 추천하는 학생에게 지급한 장학금: 600,000원
   ③ 장남이 다녔던 고등학교에 고유목적사업비로 지출한 기부금: 1,200,000원
   ④ 종교단체에 지출한 일반기부금: 3,600,000원

<요구사항 1>
갑(72세, 남성)의 인적공제액을 제시하시오.

<요구사항 2>
갑의 종합소득공제액을 제시하시오. 단, 위 <요구사항 1>에 의한 인적공제액은 10,000,000원이라고 가정한다.

<요구사항 3>
갑의 자녀세액공제액, 보험료세액공제액 및 기부금세액공제액을 다음의 답안 양식에 따라 제시하시오. 단, 갑의 2025년 종합소득금액은 이자소득금액 15,000,000원, 배당소득금액 5,000,000원, 근로소득금액 30,000,000원이라고 가정하며, 종합소득 산출세액은 5,000,000원이라고 가정한다.

(답안 양식)

자녀세액공제액	
보험료세액공제액	
기부금세액공제액	

(계속)

【문제 2】(7점)

다음은 거주자 을의 퇴직소득과 관련된 자료이다. 세부담 최소화의 가정 하에 이 자료를 이용하여 아래 물음에 답하시오.

< 자 료 >

1. 거주자 을은 2018년 7월 20일에 ㈜배움의 임원으로 입사하여 근무하다가 2025년 12월 31일에 현실적으로 퇴직하였다.

2. 퇴직급여액은 250,000,000원이다.

3. 과세기간별 총급여액

과세기간	총급여액
2018년	53,000,000원
2019년	109,000,000원
2020년	101,000,000원
2021년	110,000,000원
2022년	120,000,000원
2023년	120,000,000원
2024년	130,000,000원
2025년	140,000,000원

4. 근속연수에 따른 공제액

근속연수	근속연수에 따른 공제액
5년이하	100만원×근속연수
5년 초과 10년 이하	500만원+200만원×(근속연수-5년)
10년 초과 20년 이하	1,500만원+250만원×(근속연수-10년)
20년 초과	4,000만원+300만원×(근속연수-20년)

5. 환산급여공제액

환산급여	환산급여에 따른 차등공제액
800만원 이하	환산급여×100%
800만원 초과 7,000만원 이하	800만원+(환산급여-800만원)×60%
7,000만원 초과 1억원 이하	4,520만원+(환산급여-7,000만원)×55%
1억원 초과 3억원 이하	6,170만원+(환산급여-1억원)×45%
3억원 초과	1억 5,170만원+(환산급여-3억원)×35%

6. 퇴직소득세율

종합소득과세표준	세율
1,400만원 이하	과세표준의 6%
1,400만원 초과 5,000만원 이하	84만원 + 1,400만원을 초과하는 과세표준의 15%
5,000만원 초과 8,800만원 이하	624만원 + 5,000만원을 초과하는 과세표준의 24%
8,800만원 초과 1억5천만원 이하	1,536만원 + 8,800만원을 초과하는 과세표준의 35%
1억5천만원 초과 3억원 이하	3천706만원 + 1억5천만원을 초과하는 과세표준의 38%
3억원 초과 5억원 이하	9천406만원 + 3억원을 초과하는 과세표준의 40%
5억원 초과 10억원 이하	1억7,406만원 + 5억원을 초과하는 과세표준의 42%
10억원 초과	3억8,406만원 + 10억원을 초과하는 과세표준의 45%

(물음 1) 임원 퇴직소득 한도액과 퇴직소득금액을 다음의 답안 양식에 따라 제시하시오.

(답안 양식)

임원 퇴직소득 한도액	
퇴직소득금액	

(물음 2) 퇴직소득금액이 150,000,000원이라고 가정하고, 퇴직소득 산출세액을 제시하시오.

【문제 3】 (31점)

(물음 1) 다음은 중소기업인 ㈜태백(사회적 기업 아님)의 제25기 사업연도 (2025년 1월 1일 ~ 2025년 12월 31일) 법인세 신고 관련 자료이다.

< 자 료 >

1. ㈜태백의 제25기 사업연도 손익계산서상 당기순이익은 300,000,000원이며, 제24기에 발생한 세무상 결손금은 280,000,000원이다.

2. ㈜태백은 당사가 제조한 제품을 환경보호단체(특수관계 없는 일반기부금 단체임)에 고유목적사업비로 기부하였고, 제품의 장부가액인 5,000,000원(시가: 8,000,000원)을 손익계산서에 기부금으로 계상하였다.

3. ㈜태백의 전기말 유보잔액은 다음과 같으며, 모두 일반기부금에 해당한다.
   ① 사회복지법인 미지급 기부금: 4,000,000원
      (현금지급일: 2025년 3월 2일)
   ② 문화단체(일반기부금 단체임)에 어음으로 지급한 기부금: 2,000,000원 (어음만기일: 2025년 5월 30일)

4. ㈜태백은 2025년 중 근로복지진흥기금에 3,000,000원을 현금으로 출연하였으며, 수해가 발생한 지역의 이재민 구호사업을 위하여 60,000,000원을 현금으로 기부하였다. 해당 기부금을 모두 손익계산서에 기부금으로 계상하였다.

5. ㈜태백은 일반기부금 단체(특수관계 없음)로부터 A비품을 2025년 5월 1일에 전액 현금으로 매입하고 매입가액을 취득원가로 계상하였다. A비품의 매입가액은 9,000,000원이며, 시가는 6,000,000원이다. A비품을 시가보다 고가로 매입한 것에 대한 정당한 사유는 없다.

6. ㈜태백은 비품에 대한 감가상각방법 및 내용연수를 신고하지 않았다. ㈜태백은 당기에 2,400,000원을 A비품의 감가상각비로 손익계산서에 계상하였다(기준내용연수에 따른 세법상 정률법 상각률은 0.250, 정액법 상각률은 0.150으로 가정함).

7. 위에서 제시한 것 외에 다른 세무조정사항은 없다고 가정한다.

<요구사항 1>

제25기 세무조정 및 소득처분을 다음의 답안 양식에 따라 제시하시오. 단, 기부금 한도초과액에 대한 세무조정은 제외하시오.

(답안 양식)

익금산입 및 손금불산입			손금산입 및 익금불산입		
과목	금액	소득처분	과목	금액	소득처분

<요구사항 2>

제25기 차가감소득금액이 300,000,000원이라고 가정할 경우 기부금 한도초과(미달)액을 다음의 답안 양식에 따라 제시하시오.

(답안 양식)

특례기부금 한도초과(미달)액	
일반기부금 한도초과(미달)액	

(계속)

(물음 2) 다음은 제조업을 영위하는 ㈜독도(지주회사 아님)의 제25기 사업연도(2025년 1월 1일 ~ 2025년 12월 31일) 법인세 신고 관련 자료이다.

< 자 료 >

1. ㈜독도가 장기투자목적으로 취득한 주식의 내역은 다음과 같다.

피투자회사	지분율	취득일	주식수 주당취득가액
㈜금강(상장)	10%	2025.1.10.	800주 20,000원
㈜설악(비상장)	70%	2025.1.15.	900주 30,000원

2. ㈜독도는 ㈜금강으로부터 무상주 100주(1주당 액면가액 5,000원, 배정기준일 2025년 5월 4일)를 교부받았다. 무상주는 재평가세가 1% 과세된 재평가적립금 5,000,000원을 자본에 전입하여 발행된 것이다.

3. ㈜독도는 ㈜설악으로부터 무상주 300주(1주당 액면가액 5,000원, 배정기준일 2025년 3월 2일)를 교부받았다. 동 무상주 중 60%는 자기주식처분이익을, 40%는 주식발행초과금을 자본에 전입하여 발행된 것이다.

4. ㈜독도는 제25기 사업연도에 근로시간면제자 B에게 50,000,000원의 급여를 지급하였고, 이를 손익계산서에 비용으로 계상하였다. ㈜독도가 B에게 지급한 급여는 노동조합 및 노동관계조정법 위반에 해당한다.

5. ㈜독도는 2025년 1월 1일에 개별소비세 과세대상인 업무용 승용차(배기량 3,000cc) 1대를 90,000,000원에 구입하였다. ㈜독도가 제25기 손익계산서에 계상한 감가상각비는 10,000,000원이며, 감가상각비 외에 업무용 승용차 관련비용은 없다. 해당 차량에 대하여 총무부에서 관리하고 있는 내용은 다음과 같다.

① 사용자: 영업부 신차장
② 업무전용자동차보험 가입
③ 운행기록 미작성

6. ㈜독도는 차입금 및 지급이자가 없으며, 무상주 수령과 관련하여 회계처리를 하지 않았다.

<요구사항>

제25기 세무조정 및 소득처분을 다음의 답안 양식에 따라 제시하시오.

(답안 양식)

익금산입 및 손금불산입			손금산입 및 익금불산입		
과목	금액	소득처분	과목	금액	소득처분

(물음 3) 다음은 ㈜한국(중소기업이 아님)의 제25기 사업연도 (2025년 1월 1일 ~ 2025년 12월 31일) 법인세 신고 관련 자료이다.

< 자 료 >

1. ㈜한국이 2024년부터 수행하고 있는 A공사(공사기간: 2024년 1월 1일 ~ 2026년 12월 31일)의 도급금액은 450,000,000원이며, 공사원가의 투입내역은 다음과 같다.

(단위: 원)

구 분	2024년	2025년
발생원가누적액	100,000,000	250,000,000
추가공사예정원가	300,000,000	250,000,000

2. 공사에 사용한 기계장치의 유류비 9,760,000원(회계처리 누락)은 발생원가누적액에 포함되지 않았으나, 추가공사예정원가에는 포함되어 있다.

3. 공사손실충당금전입액 50,000,000원을 발생원가누적액에 포함하지 않고 비용으로 계상하였다고 가정한다.

4. 발생원가누적액에는 일반관리직으로 근무하던 비출자임원인 갑이 현실적으로 퇴직함에 따라 지급한 퇴직급여 38,000,000원이 포함되어 있다. ㈜한국은 퇴직급여 지급규정을 두고 있지 않으며, 퇴직급여충당금도 계상하지 않고 있다. 갑은 2025년 8월 5일에 퇴직(근속연수: 5년 6개월 10일)하였으며, 퇴직전 1년간 총급여액은 40,000,000원이다.

5. ㈜한국은 공사진행률을 원가기준법에 의해 산정하고 있으며, 전기의 발생원가 및 추가공사예정원가는 전액 법인세법에서 인정되는 공사원가로 가정한다.

<요구사항 1>
임원 갑의 퇴직급여 한도초과액을 제시하시오.

<요구사항 2>
A공사에 대한 제25기 누적공사진행률 및 공사수익을 다음의 답안 양식에 따라 제시하시오.

(답안 양식)

누적공사진행률	
공사수익	

(계속)

(물음 4) 세무조정 및 소득처분

익금산입 및 손금불산입			손금산입 및 익금불산입		
과목	금액	소득처분	과목	금액	소득처분
임대료(상가)	2,000,000	유보	외상매출금	60,000,000	△유보
전기오류수정이익(미수이자)	20,000,000	기타			
전기오류수정이익(외상매출)	60,000,000	기타			

해설

1. **상가**: 지급일(매월 말일)이 약정되어 있으므로 귀속시기는 지급일. 7월~12월 6개월분 6,000,000원이 당기 익금이나 회사는 4,000,000원만 계상 → 익금산입 2,000,000원(유보)

2. **사무실A**: 지급약정일은 2026.11.30이나, 결산확정 시 이미 경과한 기간(12월 1개월분)에 대응하여 1,000,000원을 수익으로 계상하였으므로 세법상 인정(법령 §71① 단서) → 세무조정 없음

3. **사무실B**: 10·11월분은 지급일(익월 10일) 도래분으로 당기 익금이며, 12월분 미수임대료 1,000,000원은 결산확정 시 기간경과분 수익 계상으로 인정 → 세무조정 없음

4. **전기오류수정이익 ① 미수이자 20,000,000원**: 해외정기예금 이자는 약정에 의한 지급일(만기일 2025.6.30)이 속하는 당기 귀속. 이익잉여금으로 처리하였으므로 익금산입(기타) 20,000,000원

5. **전기오류수정이익 ② 외상매출 60,000,000원**: 전기 귀속분으로 전기에 적법히 익금산입(유보)되었으므로, 당기 회계상 이익잉여금 60,000,000원은 익금산입(기타)하고, 당기 중 전액 회수로 전기 유보를 추인하여 외상매출금 60,000,000원 익금불산입(△유보)

익금산입 및 손금불산입			손금산입 및 익금불산입		
과목	금액	소득처분	과목	금액	소득처분
퇴직급여충당금 한도초과	19,000,000	유보	전기 퇴직급여충당금	20,000,000	△유보
퇴직연금충당금	7,000,000	유보	퇴직연금충당금	5,500,000	△유보

【문제 4】 (8점)

다음은 제조업을 영위하는 ㈜한강(중소기업이 아님, 상시근로자 수 50명)의 제25기 사업연도(2025년 1월 1일 ~ 2025년 12월 31일) 법인세 신고 관련 자료이다.

< 자 료 >

1. ㈜한강의 제24기 사업연도(2024년 1월 1일 ~ 2024년 12월 31일) 법인세 신고납부내역은 다음과 같다.
   ① 산출세액: 40,000,000원(토지 등 양도소득에 대한 법인세 5,000,000원 포함)
   ② 공제감면세액: 4,000,000원
   ③ 중간예납세액: 15,000,000원
   ④ 원천징수세액: 2,000,000원
   ⑤ 가산세: 1,000,000원

2. ㈜한강의 제25기 중간예납기간(2025년 1월 1일 ~ 2025년 6월 30일)에 대한 자료는 다음과 같다. 단, 1년은 365일로 가정한다.
   ① 손익계산서상 당기순이익: 250,000,000원
   ② 2025년 4월 2일에 대표이사에게 90,500,000원을 업무와 관련 없이 무상으로 대여하였다.
   ③ 차입금은 모두 제24기 중 차입한 것으로서 중간예납기간 중 변동은 없으며, 지급이자의 내역은 다음과 같다.

구 분	차입금	이자율	지급이자
차입금A	600,000,000원	6%	18,000,000원
차입금B	400,000,000원	5.6%	11,200,000원

   ④ 중간예납기간 중 내국법인 현금배당(수입배당 금액 익금불산입 대상이 아님) 20,000,000원과 국내은행 정기예금이자 10,000,000원을 수령하였다.
   ⑤ 외국납부세액공제: 8,600,000원
   ⑥ 연구·인력개발비에 대한 세액공제: 25,000,000원
   ⑦ 적격증명서류미수취 가산세: 300,000원
   ⑧ 위에 제시된 자료 이외의 세무조정, 비과세소득, 소득공제, 수시부과세액, 세액공제 및 세액감면은 없다.

3. ㈜한강에 적용되는 최저한세율은 10%이다.

(물음 1) <자료>의 1번을 이용하여 직전 사업연도 실적기준에 의한 중간예납세액을 제시하시오.

(물음 2) <자료>의 2번과 3번을 이용하여 아래 요구사항에 답하시오.

<요구사항 1>
제25기 중간예납기간의 세무조정 금액을 다음의 답안 양식에 따라 제시하시오. 단, 인정이자 계산 시 가중평균차입이자율을 적용한다.

(답안 양식)

지급이자 손금불산입액	
인정이자 익금산입액	

<요구사항 2>
제25기 중간예납기간의 과세표준이 300,000,000원이라고 가정하고, 중간예납기간의 실적기준(가결산)에 의한 중간예납세액을 제시하시오.

【문제 5】 (17점)

(물음 1) 다음은 과세사업을 영위하고 있는 ㈜동해의 자료이다. 단, 별도의 언급이 없는 한 제시된 금액은 부가가치세를 포함하지 않은 금액이며, 세금계산서는 적법하게 발급한 것으로 가정한다.

< 자 료 >

1. 2025년 10월 15일에 제품을 50,000,000원에 외상으로 판매(인도)하고, 2025년 11월 10일에 외상매출금 중 매출할인액 1,000,000원과 거래처에 대한 판매장려금 지급액 4,000,000원을 공제한 45,000,000원을 회수하였다.

2. 2025년 11월 1일에 다음과 같이 상품(개당 장부가액: 800,000원, 개당 시가: 1,000,000원)을 판매 또는 제공하였다. 단, 판매 또는 제공된 상품 3개는 매입시 매입세액공제를 받지 못하였다.
  ① A(특수관계인)에게 상품 1개를 700,000원에 판매
  ② B(특수관계인 아님)에게 상품 1개를 600,000원에 판매
  ③ 개인적인 소비를 위하여 종업원에게 상품 1개를 무상 제공

3. 2025년 12월 10일에 수출업자(내국신용장수출업자가 아님)와 직접도급계약에 의한 수출재화 임가공용역을 10,000,000원에 제공하고, 부가가치세를 별도로 적은 세금계산서를 발급하였다.

4. 공장건물을 다음과 같은 계약조건으로 매각하였으며, 아래 금액은 토지가액이 제외된 금액이다. 약정에 의한 매수자의 공장건물 이용가능일은 2025년 12월 10일이다.
  ① 계약금(2025. 5.10. 회수약정): 10,000,000원
  ② 중도금(2025.10.10. 회수약정): 30,000,000원
  ③ 잔 금(2026. 1.10. 회수약정): 20,000,000원

5. 2025년 10월 31일에 제품을 인도하였다. 판매대금 중 1,000,000원은 인도일에 회수하였고, 나머지는 11월부터 매월 말일에 1,000,000원씩 총 19개월에 걸쳐 분할하여 회수하기로 약정하였다. ㈜동해는 제품 인도일에 공급가액이 20,000,000원으로 적힌 세금계산서를 거래상대방에게 발급하였다.

6. 2025년 11월 15일에 외국법인(국내사업장 없음)이 지정한 국내사업자인 갑에게 재화를 인도하였으며, 그 대금(50,000,000원)을 외국환은행에서 원화로 받았다. 갑은 인도받은 재화 중 60%는 과세사업에 사용하였고, 40%는 면세사업에 사용하였다.

7. 개인사업자인 을에게 2025년 11월 1일부터 2년간 창고를 임대하기로 하고, 임대개시일에 임대보증금 100,000,000원을 수령하였다. 월 임대료 1,000,000원은 매월 말일에 받기로 약정하였으나, 12월분 임대료는 2026년 1월에 수령하였다. 2025년 12월 31일 현재 기획재정부령이 정하는 정기예금이자율은 1.825%로 가정한다.

<요구사항>

㈜동해가 2025년 제2기 부가가치세 확정신고시 신고해야 할 과세표준과 매출세액을 다음의 답안 양식에 따라 제시하시오.

(답안 양식)

자료번호	과세표준	세율	매출세액
1.			
...	...	...	...
7.			
합 계			

(계속)

(물음 2) 다음은 과세사업(제조업)과 면세사업을 겸영하고 있는 ㈜남해(중소기업 아님)의 자료이다. 단, 별도의 언급이 없는 한 세금계산서 및 계산서는 적법하게 수취한 것으로 가정한다.

< 자 료 >

1. 2024년과 2025년 제1기의 공급가액은 다음과 같다.

(단위: 원)

구 분	과세사업	면세사업
2024년 제1기	280,000,000	70,000,000
2024년 제2기	312,000,000	88,000,000
2025.1.1. ~ 2025.3.31.	150,000,000	50,000,000
2025.4.1. ~ 2025.6.30.	200,000,000	100,000,000

2. 실지 귀속을 확인할 수 없는 공통매입세액의 내역은 다음과 같다.

(단위: 원)

구 분	2025.1.1.~ 3.31.	2025.4.1.~ 6.30.
공통매입세액	10,000,000*1	15,000,000*2

*1 기업업무추진비 관련 매입세액 2,000,000원 포함
*2 2025년 4월 10일에 취득하여 과세사업과 면세사업에 함께 사용하다가 2025년 6월 20일에 다시 매각한 기계장치에 대한 매입세액 3,000,000원 포함

3. 과세사업과 면세사업에 함께 사용하기 위하여 신축하던 냉동창고를 2025년 6월에 완공하였으며, 관련 매입세액의 내역은 다음과 같다.
① 2024년 제1기: 10,000,000원
② 2024년 제2기: 30,000,000원
③ 2025년 제1기: 40,000,000원
 (예정신고기간분 25,000,000원 포함)

4. 과세사업과 면세사업에 함께 사용하기 위하여 2023년 제2기에 트럭을 취득하였으며, 관련 공통매입세액(4,000,000원)을 예정공급가액비율(면세사업의 예정공급가액 비율은 25%임)로 안분하였다. 과세 및 면세공급가액이 확정된 2024년 제1기에 트럭 관련 공통매입세액을 정산하였으며, 이후 납부·환급세액을 재계산하고 있다.

5. 회사는 원재료인 면세축산물을 가공하여 과세재화를 생산·공급하고 있다. 면세축산물의 기초재고는 없으며, 2025년 제1기에 매입한 면세축산물의 사용내역은 다음과 같다.
① 과세사업에 사용: 91,800,000원
② 면세사업에 사용: 15,300,000원
③ 기말 재고액: 45,900,000원

<요구사항 1>
<자료>의 1번과 2번을 이용하여 2025년 제1기 확정신고시 공통매입세액 중 면세사업분을 제시하시오.

<요구사항 2>
<자료>의 1번과 3번을 이용하여 2025년 제1기 확정신고시 냉동창고 관련 공통매입세액 정산에 따라 납부세액에 가산(또는 차감)할 금액을 다음의 답안 예시에 따라 제시하시오. 단, 냉동창고 관련 매입세액은 예정사용면적비율(과세 70% : 면세 30%)로 안분계산하였으며, 2025년 6월 20일에 실제사용면적(과세 60% : 면세 40%)이 확정되었다.

(답안 예시)

납부세액에 가산할 금액인 경우:	(+) 1,000,000원
납부세액에서 차감할 금액인 경우:	(-) 1,000,000원

<요구사항 3>
<자료>의 1번과 4번을 이용하여 2025년 제1기 확정신고시 트럭 관련 공통매입세액 재계산에 따라 납부세액에 가산(또는 차감)할 금액을 위 <요구사항 2>의 답안 예시에 따라 제시하시오.

<요구사항 4>
<자료>의 1번과 5번을 이용하여 2025년 제1기 확정신고시 의제매입세액공제액을 제시하시오. 제1기 예정신고시 의제매입세액공제액은 1,000,000원으로 가정하며, 의제매입세액공제한도는 고려하지 아니한다.

【문제 6】 (5점)

다음은 제조업(떡방앗간)과 음식점업(과세유흥장소에 해당하지 아니함)을 겸영하는 간이과세자 갑의 2025년 과세기간(2025년 1월 1일 ~ 2025년 12월 31일) 자료이다.

< 자 료 >

1. 2025년 공급대가

(단위: 원)

구 분	영수증 발행분	신용카드매출전표 발행분
제조업	16,000,000	11,000,000
음식점업	16,000,000	17,000,000
합계	32,000,000	28,000,000

※ 직전 과세기간의 제조업과 음식점업의 공급대가 비율은 40 : 60임

2. 2025년 6월 26일에 제조업과 음식점업에 공통으로 사용하던 승합차를 부가가치세 포함 5,500,000원에 매각하였다.

3. 2025년 매입내역

(단위: 원)

구 분	세금계산서 수취분	계산서 수취분
제조업 매입액	5,000,000	2,600,000[*1]
음식점업 매입액	4,000,000	5,400,000[*1]
공통매입세액	200,000[*2]	–

*1 원재료인 면세농산물 매입액임
*2 공통매입세액의 실지귀속은 불분명함

4. 업종별 부가가치율은 다음과 같다고 가정한다.
① 전기·가스·증기 및 수도사업: 5%
② 음식점업: 10%
③ 제조업: 20%

(물음 1) 갑의 2025년 과세기간 부가가치세 납부세액을 다음의 답안 양식에 따라 제시하시오.

(답안 양식)

구 분	부가가치세 납부세액
제조업	
음식점업	
공통사용재화	
합 계	

(물음 2) 갑의 2025년 공제세액을 다음의 답안 양식에 따라 제시하시오. 단, 납부세액 초과 여부는 고려하지 아니한다.

(답안 양식)

구 분	공제세액
세금계산서 등 수취세액공제	
의제매입세액공제	
신용카드매출전표 등 발행세액공제	

(계속)

【문제 7】 (8점)

비상장법인인 ㈜한국은 증자를 위해 10,000주의 신주를 발행하기로 결의하였다. 아래의 자료를 이용하여 물음에 답하시오. 단, 각 물음은 독립적이다.

< 자 료 >

1. 신주인수권은 구 주주들에게 지분비율대로 균등하게 배정되었다.

2. ㈜한국의 증자 전 개인 주주현황은 다음과 같다.

개인 주주	주식수	지분율
갑	4,000주	40%
을	3,000주	30%
병	2,000주	20%
정	1,000주	10%
합계	10,000주	100%

3. ㈜한국의 증자 전 1주당 평가액은 100,000원(액면가액 10,000원)이며, 1주당 인수가액은 50,000원이다.

4. 갑과 을은 특수관계인에 해당하며, 이 밖에는 특수관계인에 해당하는 주주가 없다.

(물음 1) 갑이 신주인수권의 전부를 포기하고, 그 실권주를 다시 배정하지 아니한 경우 증여재산가액을 다음의 답안 양식에 따라 제시하시오.

(답안 양식)

구분	증여재산가액
을	
병	
정	

(물음 2) 갑과 병이 신주인수권의 전부를 포기하여 다음과 같이 재배정한 경우 증여재산가액을 답안 양식에 따라 제시하시오.

주주	증자전 주식수	당초 인수 주식수	재배정 주식수	증자후 주식수
갑	4,000주	–	–	4,000주
을	3,000주	3,000주	4,500주	10,500주
병	2,000주	–	–	2,000주
정	1,000주	1,000주	1,500주	3,500주
합계	10,000주	4,000주	6,000주	20,000주

(답안 양식)

구분	증여재산가액
을	
정	

(물음 3) 증자 전 을의 주식은 갑이 명의신탁한 것이며, 병과 정의 증자 전 주식은 각기 본인들 소유이다. 신주 10,000주는 갑이 모두 인수하기로 하고 주금도 갑이 전부 납입하였으나, 형식적으로는 갑, 을, 병, 정의 지분비율대로 배정된 후 등록되었다. 이와 관련하여 유상증자 및 증자 후 명의신탁에 대한 증여세 과세내용을 간략히 기술하시오.

【문제 8】 (4점)

다음 자료를 이용하여 물음에 답하시오.

< 자 료 >

1. 거주자 A는 2025년 6월 1일에 사망하면서 소유하고 있던 토지(상속개시일 현재 시가 500,000,000원)를 ㈜대한에게 유증하였다. 토지 이외에 A의 상속재산은 없다.

2. ㈜대한은 비상장법인으로 중소기업에 해당하며, 상속개시일 현재 주주현황은 다음과 같다.

주주	주식수	지분율
갑	40,000주	40%
을	30,000주	30%
병	30,000주	30%
합계	100,000주	100%

3. 갑은 A의 아들이며, 을은 갑의 딸이다.

4. 갑, 을, 병은 모두 거주자이다.

(물음) 거주자 A의 유증과 관련한 ㈜대한, 갑, 을, 병의 과세문제를 다음 답안 양식으로 간략히 기술하시오. 단, 과세문제가 없다면 "없음"이라고 표시하시오.

(답안 양식)

구분	과세문제
㈜대한	
갑	
을	
병	

-끝-

MEMO

세법

2/16　　　　　　　　　1교시

※ 답안 작성시 유의사항

1. 답안은 문제 순서대로 작성할 것

2. 계산문제는 계산근거를 반드시 제시할 것

3. 답안은 아라비아 숫자로 원단위까지 작성할 것
   (예: 2,000,000 - 1,000,000 = 1,000,000원)

4. 별도의 언급이 없는 한 관련 자료·증빙의 제출 및 신고납부절차는 적법하게 이행된 것으로 가정한다.

5. 별도의 언급이 없는 한 합법적으로 조세부담을 최소화 할 수 있는 방법으로 문제를 풀이하시오.

6. 종합소득세율

종합소득과세표준	세율
1,400만원 이하	과세표준의 6%
1,400만원 초과 5,000만원 이하	84만원 + 1,400만원을 초과하는 과세표준의 15%
5,000만원 초과 8,800만원 이하	624만원 + 5,000만원을 초과하는 과세표준의 24%
8,800만원 초과 1억5천만원 이하	1,536만원 + 8,800만원을 초과하는 과세표준의 35%
1억5천만원 초과 3억원 이하	3천706만원 + 1억5천만원을 초과하는 과세표준의 38%
3억원 초과 5억원 이하	9천406만원 + 3억원을 초과하는 과세표준의 40%
5억원 초과 10억원 이하	1억7,406만원 + 5억원을 초과하는 과세표준의 42%
10억원 초과	3억8,406만원 + 10억원을 초과하는 과세표준의 45%

【문제 1】(13점)

다음은 중소기업인 ㈜미래수산의 자료이다. 2025년 제1기 확정신고와 제2기 예정신고는 정확하게 이루어졌고, 과세거래에 대해서는 세금계산서를, 면세거래에 대해서는 계산서를 발급하고 수취하였다. 제시된 금액은 별도의 언급이 없는 한 부가가치세가 포함되지 않은 금액이다.

<자료>

1. 회사는 수산물을 매입하여 가공(과세) 또는 미가공(면세) 상태로 판매하고 있으며, 회사의 냉동창고 중 여유분을 임대하고 있다. 냉동창고 임대는 일정 면적을 제공하는 방식이 아니라, 일정 분량 이내의 보관을 보장하는 방식으로 계약하고 있어 냉동창고의 회사사용부분과 임대부분의 실질구분이 어렵다.

2. 구 냉동창고는 2021년 11월 1일에 600,000,000원(토지가 200,000,000원, 건물가 400,000,000원)에 구입하여 회사 수산물 보관에 사용하다 2025년 5월부터 창고 여유분을 ㈜현재수산에 임대하였다. 임대보증금은 없으며, 월임대료는 10,000,000원으로 2025년 5월 1일에 6개월분을 수령하였다.

3. 회사는 2025년 10월 31일에 사용중인 구 냉동창고를 800,000,000원(토지가 300,000,000원, 건물가 500,000,000원)에 매각하고 대금은 다음과 같이 수령하였다.
   ① 2025년 6월 25일 계약금 100,000,000원
   ② 2025년 8월 31일 중도금 200,000,000원
   ③ 2025년 10월 31일 잔금 500,000,000원

4. 냉동창고의 공간부족으로 2025년 11월 1일에 신 냉동창고를 1,600,000,000원(토지가 600,000,000원, 건물가 1,000,000,000원)에 매입하여 이전하였다. 매입대금은 다음과 같이 지급하였다.
   ① 2025년 7월 7일 계약금 200,000,000원
   ② 2025년 8월 8일 중도금 600,000,000원
   ③ 2025년 11월 1일 잔금 800,000,000원

5. 신 냉동창고도 회사 수산물 보관과 임대용의 공용으로 사용하고 있다. 신 냉동창고의 월임대료는 20,000,000원으로 2025년 11월 1일에 1년분을 수령하였으며, 임대보증금은 없다.

(계속)

6. 2025년 수산물의 매출내역은 다음과 같으며, 회사는 면세 재화의 수출에 대하여 면세의 포기를 신고하였다.

(단위: 원)

구 분		1.1.~6.30.	7.1.~9.30.	10.1.~12.31.
국내 판매	미가공	4,000,000,000	900,000,000	800,000,000
	가공	3,000,000,000	800,000,000	700,000,000
수출	미가공	2,000,000,000	700,000,000	600,000,000
	가공	1,000,000,000	600,000,000	500,000,000
합 계		10,000,000,000	3,000,000,000	2,600,000,000

7. 2025년에 발급받은 세금계산서상 매입세액 내역은 다음과 같다.

(단위: 원)

구 분	1.1.~6.30.	7.1.~9.30.	10.1.~12.31.
국내 미가공판매 관련	40,000,000	9,000,000	8,000,000
국내 가공판매 관련	80,000,000	30,000,000	20,000,000
미가공수출 관련	20,000,000	7,000,000	6,000,000
가공수출 관련	30,000,000	20,000,000	15,000,000
공통매입세액*	-	-	100,000,000
합 계	170,000,000	66,000,000	149,000,000

* 공통매입세액은 신 냉동창고의 매입에 따라 발생한 매입세액이다.

8. 면세수산물의 매입액은 다음과 같다. 면세수산물의 가공판매 또는 미가공판매에 대한 실지귀속이 불분명하다.

(단위: 원)

구 분	1.1.~6.30.	7.1.~9.30.	10.1.~12.31.
면세수산물 매입액	6,000,000,000	2,200,000,000	2,000,000,000

(물음 1) 2025년 제2기 부가가치세 확정신고시의 매출세액을 다음 양식으로 제시하시오.

(답안 양식)

구 분	과세표준	세율	매출세액
수산물 매출			
창고 임대			
창고 매각			
합 계			

(물음 2) 2025년 제2기 부가가치세 확정신고시의 매입세액과 관련된 다음의 요구사항에 답하시오.

<요구사항 1>
공통매입세액 중 면세사업분을 계산하시오.

<요구사항 2>
의제매입세액 공제액을 계산하시오.

<요구사항 3>
공제되는 매입세액을 계산하시오.

【문제 2】 (7점)

공인회계사 정세무는 과세사업자인 ㈜과거전자의 신입직원이 작성하여 2025년 4월 25일 신고·납부한 2025년 제1기 부가가치세 예정신고서를 검토하던 중 다음 사항을 발견하였다.

< 자 료 >

1. 거래처인 ㈜미래상사에 고가의 전자제품(1건)을 판매하고 개별소비세, 교육세 및 농어촌특별세 10,000,000원을 제외한 금액을 공급가액으로 하였다.

2. 회사는 일정금액 이상의 매출거래처에 대하여 현금 또는 판매용 상품으로 판매장려금품을 지급하고 있는데, 예정신고기간 동안에 지급된 현금 판매장려금은 20,000,000원이고, 판매장려상품은 시가로 60,000,000원(원가 40,000,000원)이다. 회사는 지급한 판매장려금과 판매장려상품을 공급가액에서 차감하지 않고 판매비로 회계처리하였다.

3. 회사가 예정신고기간 동안 전자세금계산서를 발급하지 않고 종이세금계산서를 발급한 금액은 50,000,000원이다. 동 금액은 매출처별세금계산서합계표에 기재되어 신고되었다.

4. 회사는 1월 15일에 재화를 인도하고 2월 25일에 대금 70,000,000원을 받은 거래에 대하여 2월 25일자 전자세금계산서를 발급하여 2월 26일에 전자세금계산서 발급명세를 전송하였고, 과세표준에 포함하여 신고하였다.

5. 특판 사업부의 매입 60,000,000원과 매출 80,000,000원에 대하여 실수로 세금계산서 수취 및 발급이 이루어지지 않았으며, 신고도 누락되었다.

(물음) 2025년 7월 25일 확정신고시에 위 오류를 수정하여 신고할 경우 추가로 납부해야하는 부가가치세(지방소비세 포함)와 가산세를 다음 양식에 따라 계산하시오. 단, 위 오류는 회사 직원의 세법 지식 부족으로 발생한 사항으로 조세회피를 위한 고의적인 오류는 아니며, 거래시에 세금계산서를 미발급 및 미수취한 부분에 대해서는 확정신고시에 다시 세금계산서를 발급 및 수취하지는 않았다고 가정한다.

(답안 양식)

자료 번호	부가가치세 추가납부세액	가산세 종류	계산식	가산세액
1				
2				
3				
4				
5				
합계				
과소신고가산세				
납부지연가산세				

(계속)

【문제 3】(28점)

전기 사업연도 이전의 세무조정은 적정하게 이루어졌으며, 별도의 언급이 없는 한 기업회계기준에 따라 회계처리한 것으로 가정한다.

(물음 1) 제조업을 영위하는 ㈜강북(중소기업이 아님)의 제25기 사업연도(2025년 1월 1일 ~ 2025년 12월 31일) 자료를 이용하여 답안 양식에 따라 세무조정 및 소득처분을 하시오. 단, ㈜강북은 법인세 감면이 적용된다.

< 자 료 >

1. 제24기 4월 20일에 취득한 기계장치A의 재무상태표상 취득가액과 손익계산서상 감가상각비는 다음과 같다.

구 분	재무상태표상 취득가액	손익계산서상 감가상각비
제24기	50,000,000원	12,843,500원
제25기	58,000,000원	16,973,661원

① 제24기 9월 20일에 기계장치A에 대한 자본적지출에 해당하는 수선비 7,000,000원(주기적인 수선에 해당하지 아니함)을 비용으로 계상하였다.

② 제25기 4월 12일에 기계장치A에 대한 자본적지출에 해당하는 수선비 8,000,000원을 자산 취득가액에 가산하였다.

2. 제25기 10월 15일에 특수관계인 ㈜강서로부터 기계장치B(시가 60,000,000원)를 매입하고, 매입가액인 80,000,000원을 장부상 취득가액으로 계상하였다. 제25기에 기계장치B에 대한 감가상각비 10,000,000원을 손익계산서에 비용으로 계상하였다. 기계장치B는 ㈜강서가 2년간 사용한 것이다.

3. 제25기에 취득한 비품의 내역은 다음과 같다.
① 비품A: 10월 2일에 복사기를 5,000,000원에 매입하고 손익계산서에 비용(소모품비)으로 계상하였다.

② 비품B: 7월 15일에 회의용 탁자를 6,000,000원에 취득하고 유형자산으로 계상하였다. 제25기에 비품B에 대한 감가상각비 584,000원을 손익계산서에 비용으로 계상하였다.

4. ㈜강북은 기계장치와 비품에 대한 감가상각방법을 정률법으로, 내용연수는 6년으로 신고(기준내용연수: 기계장치 8년, 비품 5년)하였다. 내용연수별 상각률은 다음과 같다.

내용연수	4년	5년	6년	8년
상각률	0.528	0.451	0.394	0.313

(답안 양식)

익금산입 및 손금불산입			손금산입 및 익금불산입		
과목	금액	소득처분	과목	금액	소득처분

(물음 2) 다음은 제조업을 영위하는 중소기업인 ㈜남해의 제25기 사업연도(2025년 1월 1일 ~ 2025년 12월 31일) 대손금 및 대손충당금과 관련된 자료이다. 이 자료를 이용하여 아래 요구사항에 답하시오.

< 자 료 >

1. 전기말 자본금과 적립금조정명세서(을)상 기말잔액의 내역

(단위: 원)

과 목	기말잔액
대손충당금 한도초과액	4,000,000
외상매출금 대손부인액	10,000,000
받을어음 대손부인액	5,000,000

① 전기의 대손실적률은 0.6%이다.
② 외상매출금 대손부인액 중 4,000,000원은 당기에 상법상 소멸시효가 완성되었다.
③ 받을어음 대손부인액은 2024년 8월 20일에 부도발생한 어음 2매를 대손처리한 것이다. 그 중 1매(3,000,000원)를 당기 중 회수하여 대손충당금의 증가로 회계처리하였다.

2. 당기 대손충당금 계정의 내역

(단위: 원)

기초잔액	당기 상계액 (감소)	당기 설정액 (증가)	기말잔액
20,000,000	10,000,000	15,000,000	25,000,000

3. 당기 대손충당금 상계액의 내역
① 5월 20일에 부도발생한 거래처A에 대한 외상매출금: 3,000,000원(부도발생일 이전의 채권으로서 채무자의 재산에 대하여 저당권을 설정하고 있지 않음)
② 거래처B와의 거래관계 개선을 위하여 채권을 임의로 포기한 금액: 1,000,000원
③ 채무자회생및파산에관한법률에 따른 회생계획인가의 결정에 따라 회수불능으로 확정된 외상매출금: 6,000,000원

4. 당기말 재무상태표상 채권의 내역

과 목	금 액
외상매출금	600,000,000원
받을어음	400,000,000원
대 여 금	250,000,000원
합 계	1,250,000,000원

① 외상매출금: 채무자의 파산으로 인하여 회수할 수 없는 외상매출금 20,000,000원과 법원의 면책결정에 따라 회수불능으로 확정된 외상매출금 7,000,000원 포함
② 받을어음: 기업회계기준에 따라 차입거래로 보는 할인어음 30,000,000원 포함
③ 대여금: 직원에 대한 주택자금 대여액 50,000,000원과 직원에 대한 학자금 대여액 100,000,000원 포함

<요구사항 1>

당기의 대손실적률을 다음의 답안 양식에 따라 제시하시오. 단, 대손실적률 계산 시 소수점 셋째 자리에서 절사한다. (예: 2.627% → 2.62%)

(답안 양식)

당기 대손금(Ⓐ)	
전기말 채권잔액(Ⓑ)	
당기 대손실적률(=Ⓐ÷Ⓑ)	

<요구사항 2>

당기의 대손충당금 한도초과액을 다음의 답안 양식에 따라 제시하시오. 단, <요구사항 1>에 의한 당기의 대손실적률은 1.5%로 가정한다.

(답안 양식)

당기말 채권잔액	
당기 대손충당금 한도액	
당기 대손충당금 한도초과액	

(계속)

(물음 3) ㈜영남은 제25기 사업연도(2025년 1월 1일 ~ 2025년 12월 31일) 종료일 현재 독점규제 및 공정거래에 관한 법률에 따른 상호출자제한기업집단에 속하는 법인이다. 이 자료를 이용하여 아래 요구사항에 답하시오.

< 자 료 >

1. ㈜영남의 제25기 각사업연도소득금액 및 과세표준의 내역은 다음과 같다.

(단위: 원)

당기순이익	1,800,000,000
(+)익금산입·손금불산입	650,000,000
(-)손금산입·익금불산입	420,000,000
차가감소득금액	2,030,000,000
(+)일반기부금 한도초과액	15,000,000
(-)기부금한도초과이월액 손금산입	45,000,000
각사업연도소득금액	2,000,000,000
(-)이월결손금	400,000,000
과세표준	1,600,000,000

2. 익금산입·손금불산입의 내역
   ① 법인세비용: 300,000,000원
   ② 기업업무추진비 한도초과액: 150,000,000원
   ③ 퇴직급여충당금 한도초과액: 200,000,000원

3. 손금산입·익금불산입의 내역
   ① 국세환급가산금: 20,000,000원
   ② 수입배당금액 익금불산입: 350,000,000원
   ③ 정기예금 미수이자: 50,000,000원

4. 제25기 사업연도의 이익잉여금 처분내역
   ① 현금배당: 500,000,000원
   ② 주식배당: 200,000,000원
   ③ 상법상 이익준비금: 70,000,000원

5. 제25기 사업용자산 투자 및 감가상각비 내역

(단위: 원)

과 목	취득가액	감가상각비
기계장치	800,000,000	60,000,000
차량운반구	30,000,000	5,000,000
비 품	50,000,000	10,000,000
합 계	880,000,000	75,000,000

① 사업용자산에 대한 투자 중 리스에 의한 투자는 없으며, 차량운반구는 중고자산을 취득한 것이다.
② 사업용자산에 대한 감가상각비는 상각범위액 이내 금액으로 전액 손금에 산입된다.

6. 제24기와 제25기의 임금지급액 내역
   ① 제24기 상시근로자에 대한 임금지급액 총액은 9억원(임원에 대한 임금 1억원 포함)이며, 제25기 상시근로자에 대한 임금지급액 총액은 12억원(임원에 대한 임금 2억원 포함)이다.
   ② 전체 상시근로자의 수 및 청년정규직 근로자 수는 제24기보다 제25기에 증가하였다.
   ③ 신규 상시근로자의 전년대비 임금증가액은 50,000,000원이며, 청년정규직 근로자의 전년대비 임금증가액은 30,000,000원이다.
   ④ 상시근로자 중 근로소득이 8천만원 이상인 근로자는 없으며, 해당 사업연도에 정규직으로 전환한 근로자는 없다고 가정한다.

7. 2025. 4. 5에 ㈜영남은 협력중소기업의 사내근로복지기금에 80,000,000원을 출연하였다.

<요구사항 1>

제25기의 기업소득을 투자액 차감방식(미환류소득 계산시 투자액을 차감하는 방식)을 적용하여 다음의 답안 양식에 따라 제시하시오.

(답안 양식)

각사업연도소득금액	2,000,000,000원
(+) 가산액	
(-) 차감액	
기업소득	

<요구사항 2>

제25기의 미환류소득 계산시 환류액으로 보아 차감하는 투자액, 임금증가액 및 상생협력출연금을 다음의 답안 양식에 따라 제시하시오.

(답안 양식)

투자액	
임금증가액	
상생협력출연금	

<요구사항 3>

제25기의 미환류소득을 투자액 차감방식과 투자액 미차감방식(미환류소득 계산시 투자액을 차감하지 않는 방식)에 의하여 각각 계산하고, 다음의 답안 양식에 따라 제시하시오. 단, <요구사항 1>에 의한 기업소득은 5,000,000,000원(투자액으로 차감되는 자산에 대한 감가상각비 손금산입액 100,000,000원 포함)으로 가정한다.

(답안 양식)

미환류소득(투자액 차감방식)	
미환류소득(투자액 미차감방식)	

(물음 4) 다음은 제조업을 영위하는 ㈜호남의 제25기 사업연도(2025년 1월 1일 ~ 2025년 12월 31일) 법인세 신고 관련 자료이다. 이 자료를 이용하여 아래 요구사항에 답하시오. 단, 법인세부담최소화를 가정한다.

< 자 료 >

1. ㈜호남의 결산서상 당기순이익은 800,000,000원이며, 아래 제시된 내역을 제외하고는 세무조정사항이 없는 것으로 가정한다.
   ① 회사는 10월 5일에 제품을 인도하고 그 대금을 10월 말일부터 매월 말일에 2,000,000원씩 총 20개월에 걸쳐 회수하기로 약정하였다. 이와 관련하여 회사는 인도기준에 의하여 인도일에 할부매출액 40,000,000원과 할부매출원가 32,000,000원(원가율: 80%)을 계상하였다.
   ② 특수관계인이 아닌 거래처에 대한 전기 외상매출 누락액 100,000,000원을 당기에 회수하고 매출액으로 계상하였다.
   ③ 손익계산서상 매출액은 5,000,000,000원(특수관계인에 대한 매출액 1,000,000,000원 포함)이며, 기업업무추진비는 66,000,000원이다.

2. 제24기에 600,000,000원의 결손금이 발생하였으며, 제23기의 법인세 신고내용은 다음과 같다.
   ① 각사업연도소득에 대한 법인세 과세표준: 500,000,000원
   ② 산출세액: 95,000,000원(토지 등 양도소득에 대한 법인세 20,000,000원 포함)
   ③ 공제·감면세액: 46,500,000원
   ④ 제23기 사업연도 법인세율 자료

과세표준	세율
2억원 이하	9%
2억원 초과 200억원 이하	19%
200억원 초과 3,000억원 이하	21%
3,000억원 초과	24%

(계속)

3. 사업연도별 연구 및 인력개발비(신성장·원천기술 연구개발비 또는 국가전략기술 연구개발비는 없음)의 내역은 다음과 같다.

사업연도	연구 및 인력개발비
제21기	100,000,000원
제22기	200,000,000원
제23기	50,000,000원
제24기	150,000,000원
제25기	200,000,000원

<요구사항 1>

㈜호남이 중소기업일 경우와 중소기업이 아닐 경우로 구분하여 각사업연도소득에 대한 과세표준을 다음의 답안 양식에 따라 제시하시오. 단, 결손금을 소급공제하는 경우에는 공제한도까지 최대한 소급공제하는 것으로 가정하며, 회생계획을 이행중인 법인 등 법소정의 법인이 아니라고 가정한다.

(답안 양식)

구 분	중소기업	비중소기업
각사업연도소득금액		
(−) 이월결손금		
과세표준		

<요구사항 2>

㈜호남이 중소기업일 경우와 중소기업이 아닐 경우(최초로 중소기업에 해당하지 않게 된 과세연도부터 10년이 경과하였으며, 중견기업이 아님)로 구분하여 연구 및 인력개발비세액공제액을 다음의 답안 양식에 따라 제시하시오.

(답안 양식)

중소기업	
비중소기업	

【문제 4】(7점)

제조업을 영위하는 ㈜영동(중소기업이 아님)의 제25기 사업연도(2025년 1월 1일 ~ 2025년 12월 31일) 자료는 다음과 같다. 단, ㈜영동은 사회적 기업이 아니다.

< 자 료 >

1. 당기 주식 취득 및 감자 내역

① 1월 20일에 상장법인인 ㈜A의 주식 900주(지분비율 9%)를 9,000,000원에 취득하고, 실제 매입가액을 금융자산으로 회계처리하였다.

② 2월 20일에 ㈜A로부터 주식발행초과금의 자본전입으로 인한 무상주 100주를 수령(1주당 액면가 5,000원, 시가 11,000원)하였다.

③ 3월 30일에 ㈜A의 유상감자로 인하여 보유주식 중 500주를 반납하고 다음과 같이 회계처리하였다.

(차) 현 금 6,000,000
　　(대) 금융자산　　　　　　4,500,000
　　　　금융자산처분이익(수익) 1,500,000

2. 당기 현물출자 내역

① 특수관계인이 아닌 비상장법인 ㈜B(현물출자 당시 계속 사업을 영위하던 기존 법인임)에 토지(시가 80,000,000원, 장부가액 50,000,000원)를 현물출자하고, 주식 5,000주(시가 60,000,000원, 액면가액 25,000,000원)를 수령하였다.

② 현물출자(적격현물출자에 해당함)에 대하여 다음과 같이 회계처리하였다.

(차) 금융자산 80,000,000
　　(대) 토지　　　　　　50,000,000
　　　　토지처분이익　　30,000,000

3. 당기 기부금 내역

① 손익계산서상 당기순이익에 기부금 관련 세무조정을 제외한 모든 세무조정이 반영된 후의 소득금액은 33,000,000원이다.

② 일반기부금 해당 단체에 정당한 사유없이 시가 300,000,000원인 토지를 200,000,000원에 매각하고 장부가액과 양도가액의 차이 30,000,000원을 유형자산처분손실로 계상하였다.
③ 서울시청으로부터 시가 100,000,000원인 토지를 정당한 사유없이 150,000,000원에 매입하고 매입가액을 토지 취득가액으로 계상하였다.
④ 특수관계인인 일반기부금 단체에 고유목적사업비로 현물(장부가액 3,000,000원, 시가 4,000,000원)을 기부하고, 장부가액을 손익계산서에 기부금으로 계상하였다.
⑤ 세무상 이월결손금은 2022년 발생분 40,000,000원이다.

4. ㈜영동은 회생계획을 이행중인 법인 등 법소정의 법인이 아니라고 가정한다.

(물음) 아래의 답안 양식에 따라 기부금한도시부인을 포함한 모든 세무조정 및 소득처분을 하시오.

(답안 양식)

익금산입 및 손금불산입			손금산입 및 익금불산입		
과목	금액	소득처분	과목	금액	소득처분

【문제 5】 (13점)

다음은 거주자 갑의 2025년 귀속 종합소득 신고를 위한 자료이다. 단, 제시된 금액은 원천징수하기 전의 금액이며, 원천징수는 적법하게 이루어졌다.

(물음 1) <자료 1>을 이용하여 갑의 2025년도 종합과세대상 금융소득금액을 답안 양식에 따라 제시하시오. 단, 금융소득 중 분리과세 선택이 가능한 경우 분리과세를 선택하였다고 가정한다.

<자료 1>

갑의 금융소득 내역은 다음과 같다.

1. ㈜A의 2024년 사업연도(결산확정일: 2025년 2월 25일)에 대한 법인세 신고시 법인세법에 따라 배당으로 처분된 금액: 1,000,000원

2. 채권의 환매조건부 매매차익: 7,000,000원

3. 2023년 3월 1일 발행된 장기채권(만기 12년)으로부터 발생한 2025년 귀속 이자소득: 4,000,000원

4. ㈜B의 잉여금처분결의에 따른 현금배당: 5,000,000원 (㈜B는 12월말 결산법인으로 잉여금처분결의일은 2025년 3월 20일임)

5. 출자공동사업자의 분배금: 10,000,000원

6. 외국법인으로부터의 배당소득: 3,000,000원 (국내에서 원천징수하지 아니함)

7. 보유 중인 ㈜C 주식 1,000주의 유상감자로 현금 12,000,000원을 수령하였으며, 해당 주식의 취득내역은 다음과 같다.
 ① 2023년 5월 2,000주를 25,000,000원에 취득
 ② 2024년 5월 이익준비금의 자본전입으로 인한 무상주 500주 수령(1주당 액면가 10,000원, 시가 15,000원)
 ③ 2025년 1월 주식발행초과금의 자본전입으로 인한 무상주 500주 수령(1주당 액면가 10,000원, 시가 12,000원)

8. 집합투자기구로부터의 이익: 7,000,000원(이자 1,500,000원, 배당 4,000,000원, 상장주식처분이익 1,500,000원으로 구성됨)

(계속)

(답안 양식)

이자소득 총수입금액	
배당소득 총수입금액	
귀속법인세액(Gross-up금액)	
종합과세대상 금융소득금액	

(답안 양식)

총급여액	
근로소득공제액	
근로소득금액	

(물음 2) <자료 2>를 이용하여 갑의 2025년도 총급여액, 근로소득공제액 및 근로소득금액을 답안 양식에 따라 제시하시오.

<자료 2>

㈜D(중소기업 아님)의 회계과장으로 근무하는 갑의 근로소득 관련 자료는 다음과 같다.

1. 급여합계액(월 3,000,000원): 36,000,000원

2. 2025년에 제공한 근로에 대해 2026년 2월 주주총회에서 결정된 잉여금처분에 의한 상여금: 4,000,000원

3. 회사가 갑의 퇴직급여로 지급하기 위하여 당기에 적립한 금액: 2,500,000원(회사는 별도의 퇴직연금 적립규칙이 없음)

4. 회사의 2025년 과세기간(1.1.~12.31.)에 대한 법인세 신고시 상여로 소득처분된 금액: 3,000,000원

5. 회사 업무를 위하여 사용하는 차량의 자가운전보조금(월 250,000원): 3,000,000원(갑은 시내출장에 대한 여비를 받지 않음)

6. 회사로부터 주택구입자금의 무상대여로 얻은 이익: 1,500,000원

7. 신입직원 교육을 위한 사내 강사료: 2,000,000원

8. 근로소득공제액표

총급여액	공제액
500만원 이하	총급여액×70%
500만원 초과 1,500만원 이하	350만원+(총급여액-500만)×40%
1,500만원 초과 4,500만원 이하	750만원+(총급여액-1,500만원)×15%
4,500만원 초과 1억원 이하	1,200만원+(총급여액-4,500만원)×5%
1억원 초과	1,475만원+(총급여액-1억원)×2%

(물음 3) <자료 3>을 이용하여 갑의 2025년도 기타소득금액(분리과세 포함) 및 이에 대한 소득세 원천징수세액을 답안 양식에 따라 제시하시오.

<자료 3>

갑의 기타소득 관련 자료는 다음과 같으며 필요경비는 확인되지 않는다.

1. 공익사업과 관련하여 지상권을 대여하고 받은 금액: 1,500,000원

2. 연금계좌에서 연금외수령한 기타소득금액: 4,000,000원

3. 계약의 위약으로 받은 배상금으로 계약금이 배상금으로 대체된 금액: 2,000,000원

4. ㈜E의 제25기(2025년 1월 1일 ~ 2025년 12월 31일) 법인세 신고시 법인세법에 따라 기타소득으로 처분된 금액: 2,500,000원

(답안 양식)

구 분	기타소득금액	원천징수세액
1		
2		
3		
4		
합 계		

(물음 4) 종합소득공제액이 37,470,000원이라고 가정하고, 종합소득 산출세액과 배당세액공제액을 다음의 답안 양식에 따라 제시하시오.

(답안 양식)

일반산출세액	
비교산출세액	
배당세액공제액	

【문제 6】(11점)

다음은 거주자 갑(남성, 49세)의 2025년 귀속 종합소득 신고를 위한 자료이다.

< 자 료 >

1. 종합소득금액의 내역은 다음과 같다.

이자소득금액	25,000,000원(정기예금이자)
근로소득금액	28,750,000원(총급여액: 40,000,000원)
사업소득금액	18,750,000원(복식부기의무자임)
합 계	72,500,000원

2. 생계를 같이하는 부양가족의 현황은 다음과 같다.
 ① 배우자(45세, 총급여액 5,000,000원 있음)
 ② 장남(20세, 장애인, 총급여액 6,000,000원 있음)
 ③ 장녀(6세, 유치원생)
 ④ 차남(2025년 8월 5일 출생)
 ⑤ 부친(85세, 소득 없으며 2025년 5월 22일 사망)

3. 종합소득세 계산에 필요한 기타 지출내역은 다음과 같다.
 ① 국민건강보험법에 따른 건강보험료 본인 부담분: 750,000원
 ② 본인의 자동차 종합보험료 납부액: 800,000원

 ③ 무주택 세대주로서 주택관련 지출내역
  가. 주택청약저축 납입액: 2,500,000원
  나. 국민주택임차를 위한 차입금의 원리금 상환액: 3,000,000원
  다. 국민주택임차를 위한 월세지급액: 6,000,000원
 ④ 본인 및 동거가족의 신용카드사용 내역(전년도 대비 증가분은 없음)

(단위: 원)

구 분	사용금액	포함되어 있는 금액
본인	신용카드 7,000,000	국외사용분: 800,000 대중교통이용분: 1,000,000
배우자	직불카드 6,000,000	지방세납부액: 500,000
	현금영수증 9,000,000	전통시장사용분: 2,500,000 도서·공연사용분: 1,000,000
장남	신용카드 5,000,000	대중교통이용분: 500,000

 ⑤ 연금계좌 납입금액

구 분	금 액
연금저축계좌	6,800,000원
퇴직연금계좌	2,000,000원

 ⑥ 의료비 지출내역

의료비내역	지출대상	금 액
시력보정용 안경구입	본 인	600,000원
재활치료비	장 남	3,500,000원
난임시술비	배우자	1,000,000원
미숙아 의료비*	차 남	1,000,000원
건강증진 보약구입	부 친	1,500,000원

* 보건소장 또는 의료기관의 장이 특별한 의료적 관리와 보호가 필요하다고 인정함에 따라 지급한 의료비에 해당한다.

 ⑦ 교육비 지출내역

구 분	금 액	비 고
본 인	10,000,000원*	야간 경영대학원 교육비
장 남	7,000,000원	장애인 재활교육을 위해 사회복지시설에 지출한 특수교육비
장 녀	2,000,000원	어린이집 수업료

* 본인의 대학원 교육비 중 50%는 직장에서 지원받고 있으며, 동 금액은 소득세 비과세 요건을 충족함

(계속)

(물음 1) 종합소득공제액을 다음의 답안 양식에 따라 항목별로 각각 제시하시오.

(답안 양식)

인적공제액	
××공제액	
△△공제액	
...	

(물음 2) 세액공제액(근로소득세액공제 및 세액공제한도는 고려하지 않음)을 다음의 답안 양식에 따라 제시하시오.

(답안 양식)

××세액공제액	
△△세액공제액	
...	

【문제 7】(7점)

다음은 거주자 갑의 양도소득 관련 자료이다. 이 자료를 이용하여 물음에 답하시오.

< 자 료 >

1. 갑은 2019년 3월 1일 타인으로부터 상가건물을 500,000,000원에 취득하였음이 매매계약서로 입증된다.

2. 위 상가에는 갑이 매수할 때 A은행에서 차입한 채무에 대한 근저당권(채권최고액 200,000,000원, 실제 채무액 200,000,000원)이 설정되어 있다.

3. 갑과 그의 아들 을은 다음 조건으로 위 상가에 대한 매매계약을 체결하고, 2025년 10월 1일 소유권이전등기를 완료하였다.
   ① 매매가액: 800,000,000원
   ② 을이 갑의 A은행 차입금 200,000,000원 인수
   ③ 잔금 600,000,000원은 2025년 10월 1일까지 지급하기로 함

4. 위 매매가액은 당시 시세에 비추어 볼 때 정당한 가액이다. 을은 그 동안 갑으로부터 증여받은 사실이 없다.

5. 위 상가와 관련하여 갑이 지출한 기타비용은 다음과 같다.

(단위: 원)

구 분	일 자	금 액
취득세	2019. 3. 5.	2,000,000
부동산중개수수료 및 기타 양도비용	2025. 10. 1.	250,000
도배비용	2019. 3. 10.	500,000
자본적 지출	2021. 5. 30.	10,000,000

<장기보유특별공제율표>

보유기간	공제율
3년이상 4년미만	6%
4년이상 5년미만	8%
5년이상 6년미만	10%
6년이상 7년미만	12%
7년이상 8년미만	14%

(물음 1) 갑과 을의 매매거래가 금융거래 자료에 의하여 진실한 것으로 인정되는 경우, 갑이 부담할 양도소득세를 계산하시오.

(물음 2) 갑과 을의 매매거래가 금융거래 자료 등에 의하여 입증되지 아니하고, 갑의 A은행 근저당권 설정과 을의 채무인수만 입증되었다고 가정한다. 위 자료에 의하여 아래 요구사항에 답하시오.

<요구사항 1>
갑이 부담할 양도소득세 계산에 있어서 양도가액과 취득가액을 다음의 답안 양식에 따라 제시하시오.

(답안 양식)

양도가액	
취득가액	

<요구사항 2>
관할세무서장이 을에게 부과할 수 있는 세목의 종류와 과세가액을 다음의 답안 양식에 따라 제시하시오.

(답안 양식)

세 목	
과세가액	

【문제 8】(6점)

㈜씨네의 특수관계인인 거주자 갑은 2024년 11월 15일 ㈜씨네로부터 영화플러스영화관 운영사업에 관한 모든 권리와 의무를 양도받아 포괄적으로 승계하였다. 아래의 자료를 토대로 물음에 답하시오.

< 자 료 >

1. ㈜씨네는 2024년 10월 24일 영화관 사업에 관하여 2024년 제2기 예정신고기간의 부가가치세 30,000,000원을 신고하였으나 납부하지는 않았다.

2. ㈜씨네의 사업장 관할세무서장은 2024년 12월 5일 ㈜씨네에 위 미납한 부가가치세 30,500,000원(납부지연가산세 500,000원 포함)의 납부기한을 2024년 12월 31일로 정하여 납부고지하였다.

3. 관할세무서장은 ㈜씨네가 납부기한이 경과하도록 위 부가가치세와 가산세를 납부하지 아니하자 ㈜씨네의 재산에 대하여 강제징수를 하였지만, 납부하여야 할 국세 및 강제징수비를 충당하기에 부족하였다.

4. 관할세무서장은 2025년 5월 8일 갑을 제2차 납세의무자로 지정하여, 위 미납한 부가가치세와 추가 납부지연가산세의 합계액인 35,000,000원을 부과하는 처분을 하였다.

(물음 1) 관할세무서장이 갑을 제2차 납세의무자로 지정하여 부가가치세를 부과한 근거가 무엇인지 서술하시오.

(물음 2) 관할세무서장이 갑에게 납부지연가산세를 부과한 처분이 타당한지 여부를 서술하시오.

(계속)

【문제 9】 (8점)

다음 자료를 이용하여 물음에 답하시오.

< 자 료 >

1. 거주자 갑은 2025년 5월 6일에 사망하였는데, 상속재산가액은 주택 1채(상속세및증여세법상 동거주택 상속공제 요건을 충족함) 시가 1,000,000,000원, 상가건물 시가 500,000,000원, 은행예금 100,000,000원이다.
   ① 갑은 2024년 7월 1일 거주하던 주택의 방 한칸을 전세 놓았으며, 이로 인해 세입자에게 반환할 전세보증금 50,000,000원이 있다. 해당 전세보증금에 대해서는 전세권이 설정되어 있다.
   ② 갑은 2024년 10월 1일 거주하던 주택을 담보로 저축은행에서 60,000,000원을 차입하였으며, 전액 사용용도가 입증되지 않는다.
   ③ 장례비는 10,000,000원을 지출하였고 그 지출은 입증되었다.

2. 갑의 유족은 배우자 병과 30세된 아들(을)뿐이고, 상속재산에 대하여 병이 상속을 포기함으로써 을이 전부 상속받았다.

3. 갑은 2022년 5월 6일 당시 27세인 그의 아들 을에게 토지 1,000m2(논, 시가 200,000,000원)를 증여하였고, 을은 증여세를 납부하였다. 을은 2025년 2월 1일 위 토지를 대지로 형질변경 하였고, 이로 인하여 위 토지의 시가가 1,000,000,000원으로 상승하였다. 형질변경에 소요된 비용은 50,000,000원이고, 위 토지 보유기간동안 평균지가상승률을 감안한 정상적인 가치상승률은 10%로 가정한다.

(물음 1) 아래 답안 양식에 따라 갑이 부담하여야 하는 상속세의 과세표준을 계산하시오.

(답안 양식)

총상속재산가액	
사전 증여재산가액	
상속세 과세가액	
상속세 과세표준	

(물음 2) 아래 답안 양식에 따라 2025년에 을이 부담하여야 하는 증여세의 과세표준을 계산하시오.

(답안 양식)

증여재산가액	
증여세 과세표준	

- 끝 -

MEMO

 세법 기출 10개년
공인회계사 2차 기출문제집

10개년 기출문제
- 정답 및 해설 -

2024년 회계사 기출문제 해설

[문제 1]
(물음 1)
〈요구사항 1〉

구 분	금 액
이자소득원천징수세액	₩2,180,000
이자소득 총수입금액	14,000,000

〈요구사항 2〉

구 분	금 액
배당소득 총수입금액	₩12,000,000
배당가산액	600,000

1. 금융소득의 구분

구 분	이자소득	배당소득	비 고
정기예금이자	₩5,000,000	–	₩10,000,000 × 50%(갑의 손익분배비율)
상업어음할인료(주1)	2,000,000	–	25%
환매조건부 채권의 매매차익	7,000,000	–	
손해배상금 연체이자	–	–	기타소득
법인으로 보는 단체로부터 받은 배당	–	₩9,000,000*	
법인세가 과세된 신탁재산분배금	–	3,000,000	
공익신탁의 이익	–	–	비과세
합 계	₩14,000,000	+ ₩12,000,000	= ₩26,000,000(2천만원 초과)

* Gross-up 가능 배당소득

2. 배당가산액(Gross-up금액) : Min[①, ②] × 10% = ₩600,000
   ① Gross-up 가능 배당소득 : ₩9,000,000
   ② 금융소득 총수입금액 − 2,000만원 : ₩26,000,000 − ₩20,000,000 = ₩6,000,000
3. 이자소득원천징수세액 : ₩2,000,000 × 25% + (₩5,000,000(주2) + ₩7,000,000) × 14% = ₩2,180,000

〈요구사항 3〉

사업소득금액	₩243,000,000

(1) 공동사업장의 소득 금액(주3)

당기순이익	₩500,000,000	
① 정기예금이자	(10,000,000)	이자소득
② 유가증권처분이익	(4,000,000)	비열거소득 또는 양도소득
사업소득금액	₩486,000,000	

(2) 거주자 갑의 사업소득금액 : ₩486,000,000 × 50% = ₩243,000,000

〈주1〉 금융업을 영위하는 사업자 외의 자가 받는 상업어음할인료(어음을 할인하고 할인료를 받는 경우 동 할인료)는 비영업대금의 이익이므로 25%의 원천징수세율이 적용된다.

〈주2〉 공동사업장에서 발생한 소득금액에 대하여 원천징수된 세액은 각 공동사업자의 손익분배비율에 따라 배분한다.
  · 배분된 원천징수세액 : ₩10,000,000 × 14% × 50% = ₩700,000(= ₩5,000,000 × 14%)

〈주3〉 복식부기의무자이므로 유형자산(차량운반구) 처분이익은 사업소득에 포함한다. 그러므로 장부상 수익으로 계상한 유형자산(차량운반구) 처분이익은 별도의 세무조정이 필요하지 않다.

(물음 2)
〈요구사항 1〉

구 분	금 액
근로소득 총급여액	₩45,500,000
근로소득공제액	14,625,000
근로소득금액	13,875,000

1. 근로소득 총급여액(주1) : ① + ② = ₩45,500,000

　① 상용근로자 총급여

기본급	₩20,000,000	
건강보험료·고용보험료 대납액(주2)	500,000	
자녀학자보조금	1,000,000	
식대	1,000,000	(₩300,000 − ₩200,000) × 10개월
퇴직급여	−	퇴직소득
합계	₩22,500,000	

　② 일용근로자 총급여

기본급	₩16,000,000	₩400,000 × 40일
성과급	7,000,000	₩175,000(주3)(= ₩7,000,000 ÷ 40일) × 40일
합계	₩23,000,000	

2. 근로소득공제액 : ① + ② = ₩14,625,000

　① 상용근로자 근로소득공제액 : ₩7,500,000 + (₩22,500,000 − ₩15,000,000) × 15% = ₩8,625,000
　② 일용근로자 근로소득공제액 : ₩150,000 × 40일 = ₩6,000,000(일용근로자 총급여 ₩23,000,000 이내임)

3. 종합소득에 합산되는 근로소득금액 : ₩22,500,000(상용근로자 총급여) − ₩8,625,000(상용근로자 근로소득공제) = ₩13,875,000

〈요구사항 2〉

구 분		금 액
인적공제액	기본공제액	₩6,000,000
	추가공제액	3,500,000
특별소득공제액		4,500,000

1. 인적공제액(주4)

구 분	기본공제	추가공제
본인	○	₩500,000(부녀자공제)
부친	○	₩3,000,000(경로우대자 & 장애인공제)
배우자	○	−
아들	○	−
	(₩1,500,000 × 4명) = ₩6,000,000	₩3,500,000

〈주1〉 별도의 언급이 없는 경우 총급여액은 비과세소득을 제외한 금액으로 분리과세되는 총급여액을 포함한 금액을 의미한다.

〈주2〉 기본급이라 함은 근로계약상의 급여로 건강보험료·고용보험료가 차감되지 않은 금액을 의미하며, 문제자료에서 대리납부한 금액을 포함하여 **지급받은 내역**으로 제시되었으므로 총급여액은 상황별로 다음과 같이 계산한다.

　① 건강보험료·고용보험료를 대납하지 않았을 경우 회사로부터 지급받게 되는 금액(건강보험료 등이 차감된 금액) : ₩19,500,000(= ₩20,000,000 − ₩500,000)
　　→ 총급여액에 포함되는 금액 ₩20,000,000(기본급), 보험료소득공제 ₩500,000
　② 건강보험료·고용보험료를 대납한 경우 회사로부터 지급받게 되는 금액(건강보험료 등이 차감되지 않은 금액 → 즉, 대납분이 포함된 금액) : ₩20,000,000
　　→ 총급여액에 포함되는 금액 ₩20,500,000(기본급 + 건강보험료·고용보험료 대납액), 보험료소득공제 ₩500,000

〈주3〉 일용근로자가 유급휴일에 대하여 지급받는 주휴수당 및 작업능률에 따라 지급받은 수당은 당해 법령에서 정한 기간의 근로일수에 배분하여 원천징수하는 것으로 근로소득공제 대상에 해당한다.(서면−2022−소득관리−4916, 2023.01.05.)

〈주4〉　① 본인 : 배우자가 있는 여성으로 종합소득금액이 ₩13,875,000으로 3천만원 이하이므로 부녀자공제대상(50만원)이다.
　　② 부친 : 소득금액이 100만원 이하이므로 기본공제대상자에 해당한다. 70세 이상이며, 장애인이므로 경로우대자공제 및 장애인공제대상이다.
　　③ 배우자 : 소득금액이 100만원 이하이다.
　　④ 아들 : 20세 이하이며, 소득금액이 100만원 이하이므로 기본공제대상자에 해당한다.

2. 특별소득공제액 : ① + ② = ₩4,500,000
   ① 보험료공제(건강보험료·고용보험료) : ₩500,000
   ② 주택자금공제 : Min[a, b] = ₩4,000,000
      a. ₩15,000,000 × 40% = ₩6,000,000
      b. ₩4,000,000

(물음 3)
〈요구사항 1〉

기타소득금액	₩18,200,000

(1) 조건부 기타소득금액

상표권 대여	₩1,200,000	₩6,000,000 − Max[₩4,800,000, ₩6,000,000 × 60%]
골동품 양도	−	무조건 분리과세
주식매수선택권 퇴직 이후 행사이익(주1)	10,000,000	
지방자치단체 상금	−	비과세
합계	₩11,200,000	300만원 초과 → 종합과세

(2) 종합소득에 합산되는 기타소득금액 : ₩11,200,000 + ₩7,000,000(알선수재 금품)(주2) = ₩18,200,000

〈요구사항 2〉

구 분	금 액
일반산출세액	₩19,560,000
비교산출세액	34,740,000

1. 일반(주3) : ₩100,000,000(가정치) × 기본세율 = ₩19,560,000
2. 비교(주3) : (₩100,000,000 − ₩50,000,000*1) × 기본세율 + ₩47,500,000*2 × 60%(양도소득세율) = ₩34,740,000
   *1. 분양권 양도에 의한 매매차익으로 종합소득금액에 포함된 금액 : ₩110,000,000 − ₩60,000,000 = ₩50,000,000
    2. ₩110,000,000 − ₩60,000,000 − ₩2,500,000(양도소득기본공제) = ₩47,500,000

〈주1〉 벤처기업 등으로부터 부여받았다는 언급이 없으므로 벤처기업 등이 아닌 기업으로부터 부여받은 주식매수선택권으로 보아 과세되는 것으로 풀이하였다.
〈주2〉 뇌물, 알선수재·배임수재에 의하여 받는 금품도 무조건 종합과세되나, 조건부 기타소득금액의 300만원 초과 여부 판정시에는 제외한다.
〈주3〉 [관련규정]
부동산매매업자의 종합소득금액에 다음의 부동산 등에 대한 매매차익이 있는 경우 세액계산 특례를 적용하여 종합소득산출세액을 계산하도록 규정하고 있다.
① 비사업용토지
② 미등기자산
③ 분양권
④ 조정대상지역의 1세대 2주택(조합원입주권, 분양권의 수 포함) 이상에 해당하는 주택

> 종합소득산출세액 : Max[①, ②]
> ① 과세표준 × 기본세율
> ② (과세표준 − 토지 등 매매로 인한 사업소득금액) × 기본세율 + 토지 등 매매차익* × 양도소득세율

* 토지 등 매매차익

구 분	계 산
(1) 비사업용토지	매매가액 − 필요경비 − 장기보유특별공제 − 양도소득기본공제
(2) 미등기자산	매매가액 − 필요경비 → 양도소득기본공제×, 장기보유특별공제×
(3) 분양권/주택	매매가액 − 필요경비 − 양도소득기본공제 → 장기보유특별공제× 단, 보유기간 3년 이상인 조정대상지역 내 주택을 2026. 5. 9. 까지 양도하는 경우 그 해당 주택은 장기보유특별공제를 적용한다.

여기서 필요경비는 취득가액·자본적 지출·양도비용을 말한다.

〈요구사항 3〉

구 분	금 액
의료비세액공제액	₩3,450,000
기장세액공제액	1,000,000
연금계좌세액공제액	960,000

1. 의료비세액공제액 : ① × 30% + (② + ③) × 15% = ₩3,450,000[주2]
   ① 난임시술비 : ₩8,000,000
   ② 특정의료비 : ₩6,500,000(본인)
   ③ 일반의료비 : ₩1,850,000(딸)[주1] − ₩45,000,000(총급여액) × 3% = ₩500,000(700만원 한도 내)

2. 기장세액공제액 : Min[①, ②] = ₩1,000,000
   ① ₩33,000,000(가정치) × $\frac{₩50,000,000}{₩100,000,000^*}$ × 20% = ₩3,300,000
   ② 한도 : ₩1,000,000
   * 종합소득금액 : ① + ② + ③ = ₩100,000,000
      ① 근로소득금액 : ₩33,000,000
      ② 사업소득금액 : ₩50,000,000
      ③ 기타소득금액 : ₩17,000,000(가정치)

3. 연금계좌세액공제액 : Min[①, ②] × 12%[주3] = ₩960,000
   ① 연금계좌납입액 : Min[₩5,000,000, ₩6,000,000] + ₩3,000,000 = ₩8,000,000
   ② 한도 : ₩9,000,000

〈주1〉 딸은 과세기간개시일 현재 6세 이하가 아니므로 딸의 상처치료를 위한 수술비는 일반의료비에 해당한다.
〈주2〉 의료비세액공제액은 근로소득산출세액 이내의 금액이다.
   · 근로소득산출세액 : ₩33,000,000(가정치) × $\frac{₩33,000,000}{₩100,000,000}$ = ₩10,890,000
〈주3〉 종합소득금액이 4,500만원을 초과하므로 연금계좌세액공제의 공제율은 12%이다.

[문제 2]
〈요구사항 1〉

구 분	토지A	건물B
양도차익	₩295,500,000	₩152,000,000
과세표준	293,000,000	106,400,000

1. 양도차익

구분	토지A	건물B
양도가액	₩500,000,000	₩250,000,000
-) 취득가액	(200,000,000)*1	(85,000,000)*3
-) 필요경비	(4,500,000)*2	(13,000,000)*4
=) 양도차익	₩295,500,000	₩152,000,000

*1. 매매사례가액(주1) : ₩200,000,000
 2. 필요경비개산공제액(주2) : ₩150,000,000(기준시가) × 3% = ₩4,500,000
 3. 취득가액(주3) : ₩100,000,000(실지거래가액) - (₩18,000,000 - ₩3,000,000) = ₩85,000,000
 4. 필요경비(주4) : ₩4,000,000(소송비용) + ₩6,000,000(개발부담금) + ₩3,000,000(명도비용) = ₩13,000,000

2. 과세표준

구분	토지A	건물B
양도차익	₩295,500,000	₩152,000,000
-) 장기보유특별공제(주5)	–	(45,600,000)*
-) 양도소득기본공제(주6)	(2,500,000)	–
=) 과세표준	₩293,000,000	₩106,400,000

* ₩152,000,000 × 30%(15년 이상) = ₩45,600,000

〈요구사항 2〉
특수관계법인에게 고가양도한 경우로서 법인세법상 양도가액과 시가의 차이에 대하여 상여로 소득처분한 금액이 있는 경우에는 법인세법상 부당행위계산부인 규정에 따른 시가를 해당 자산의 양도 당시의 실지거래가액으로 본다. 이는 근로소득(인정상여)으로 과세된 부분에 대해 또 다시 양도소득으로 과세되는 문제(이중과세문제)를 조정하기 위함이다.

〈주1〉 취득에 든 실지거래가액(매입가액에 **취득부대비용등을 가산한 금액**)을 확인할 수 없는 경우에 한정하여 매매사례가액, 감정가액 또는 환산취득가액을 순차적으로 적용한 금액을 적용한다. → 매매사례가액, 감정가액 또는 환산취득가액 적용시에는 취득부대비용을 가산하지 않으므로 문제에서 제시된 취득시 지출한 부동산 중개수수료는 취득가액에 더하지 않는다.
〈주2〉 취득가액을 실지거래가액에 의하지 않는 경우 필요경비개산공제액을 필요경비로 하여 양도차익을 계산한다.
〈주3〉 필요경비를 계산할 때 양도자산 보유기간에 그 자산에 대한 **감가상각비**로서 각 과세기간의 사업소득금액을 계산하는 경우 필요경비에 산입하였거나 산입할 금액이 있을 때에는 이를 공제한 금액을 그 취득가액으로 한다.
〈주4〉 ① 양도자산을 **취득한 후 쟁송**이 있는 경우에 그 소유권을 확보하기 위하여 직접 소요된 소송비용·화해비용 등의 금액(그 지출한 연도의 각 소득금액의 계산에 있어서 필요경비에 산입된 것을 제외한 금액)은 **자본적지출 등**에 해당한다. cf) 취득에 관한 쟁송이 있는 자산에 대하여 그 소유권 등을 확보하기 위하여 직접 소요된 소송비용·화해비용 등의 금액(그 지출한 연도의 각 소득금액의 계산에 있어서 필요경비에 산입된 것을 제외한 금액)은 **취득가액**에 포함한다.
 ② 개발이익환수에 관한 법률에 따른 개발부담금은 **자본적지출 등**에 해당한다.
 ③ 매매계약에 따른 인도의무를 이행하기 위하여 양도자가 지출하는 명도비용은 양도비 등에 해당한다.
 ④ 부동산매매계약의 해약으로 인하여 지급하는 위약금 등은 양도차익 계산시 필요경비로 공제하지 아니한다.(소득세법 기본통칙 97-0…6)
〈주5〉 ① 토지A : 3년 미만 보유한 토지이므로 장기보유특별공제를 적용하지 않는다.
 ② 건물B : 3년 이상 보유한 건물이므로 장기보유특별공제를 적용한다.
〈주6〉 양도소득기본공제는 그룹별로 적용하며, 해당연도 중 먼저 양도한 토지의 양도소득금액에서 공제한다.

[문제 3]
(물음 1)
〈요구사항 1〉

구 분	과세표준
농산물 매출	₩700,000,000
저온저장고 무상임대	450,800*1
건물과 부속토지 매각	128,000,000*2
합 계	₩828,450,800

*1. 저온저장고(건물) 무상임대(시가임대료)(주1) : (₩71,540,000 × 50% − ₩0) × 5% × $\frac{92일}{365일}$ = ₩450,800

　　　　　　　　　　　　　　　　　　　건물의 시가

2. 건물과 부속토지 매각 : ₩412,800,000 × $\frac{2억원 × 80\%^{(주2)}}{3억원 + 2억원 × 20\% + 2억원 × 80\%^{(주2)} × 1.1}$ = ₩128,000,000

〈요구사항 2〉

구 분		금 액
세금계산서 수취분 매입세액		₩83,000,000*1
의제매입세액공제액(주3)		8,375,000*2
공제받지 못할 매입세액(주4)	면세사업분	8,000,000
	공통매입세액	8,031,250*3
공제되는 매입세액		₩75,343,750

〈주1〉 ① 시가가 불분명한 경우로 유형 또는 무형의 자산을 제공하거나 제공받는 경우에는 다음의 산식에 따라 계산한 금액을 시가임대료로 한다.

$$（자산의 시가 × 50\% - 전세금 등） × 정기예금이자율 × \frac{임대일수}{365(366)}$$

② 특수관계인에게 사업용부동산을 무상으로 임대하는 용역은 부가가치세 과세대상 용역에 해당하며, 임대용역은 **주된 사업과 관련 없는** 공급으로 판단되므로 전액 과세도는 것으로 풀이하였다.

다만, 출제자의 의도가 명확하지 않으며, 해당 문제에서는 임대업을 목적사업으로 하고 있지 않고 일시 임대용역으로 자료가 제시되었으므로 **주된 사업과 관련하여** 우연히 또는 일시적으로 공급되는 용역으로 보는 경우 다음과 같은 풀이도 가능하다.

· 저온저장고 무상임대 : ₩450,800 × 80%* = ₩360,640

　* 직전 과세기간의 과세공급가액비율 : $\frac{40억원}{50억원}$ = 80%

과세대상 용역에 해당하므로 과세 및 면세 여부는 주된 사업의 과세 및 면세 여부에 따른다. 또한 해당 사업자는 농산물을 매입하여 가공(과세) 또는 미가공(면세) 상태로 판매하고 있으므로 농산물 보관을 위한 저온저장고(건물)는 과세사업과 면세사업에 공통으로 사용하던 자산에 해당하므로 해당 자산의 일시적 임대료는 사용면적이 구분되지 않는 경우 직전 과세기간의 과세공급가액비율(80%)로 안분계산한다.

주된 사업	부수 재화·용역	과세·면세 여부
과세사업	과세대상	과세
	면세대상	면세
면세사업	과세대상	면세
	면세대상	면세

〈주2〉 ① 자산별 양도가액 구분이 불분명하므로 감정가액(직전 과세기간개시일부터 공급시기가 속하는 과세기간의 종료일까지의 감정가액)으로 토지와 건물을 안분계산한다.
② 사용면적이 구분되지 않는 건물의 경우 직전 과세기간의 과세공급가액비율(80%)로 안분계산한다.

〈주3〉 제1기 과세기간에 매입한 면세농산물 등의 가액이 해의 1월 1일부터 12월 31일까지에 공급받은 면세농산물 등의 가액의 75% 이상 또는 25% 미만이 아니므로 제조업 특례(1역년 한도)대상에 해당하지 않는다.

〈주4〉 납부세액 또는 환급세액 재계산은 공제받지 못할 매입세액 명세서(별지 제22호 서식)에 함께 기재되는 사항이나 요구사항 2의 단서에서 납부세액 재계산은 고려하지 않는다고 하였으므로 재계산을 제외한 금액으로 답을 작성한다.

*1. 세금계산서 수취분 매입세액 : ₩60,000,000(과세사업분) + ₩8,000,000(면세사업분) + ₩15,000,000(공통매입세액) = ₩83,000,000

2. 의제매입세액공제액 : Min[①, ②] - ₩884,000,000 × $\frac{8억원}{17억원}$(예정신고기간 과세공급가액비율) × $\frac{4}{104}$ = ₩8,375,000

    ① (₩468,000,000 + ₩884,000,000) × $\frac{15억원}{32억원}$(해당 과세기간 과세공급가액비율) × $\frac{4}{104}$ = ₩24,375,000

    ② ₩1,500,000,000 × 50% × $\frac{4}{104}$ = ₩28,846,153

3. 공통매입세액 : ① - ② = ₩8,031,250

    ① 해당 과세기간(6개월) 공통매입세액 중 면세사업분 : (₩34,000,000 + ₩15,000,000) × $\frac{17억원}{32억원}$(해당 과세기간 면세공급가액비율) = ₩26,031,250

    ② 예정신고기간(3개월) 공통매입세액 중 면세사업분 : ₩34,000,000 × $\frac{9억원}{17억원}$(예정신고기간 면세공급가액비율) = ₩18,000,000

〈요구사항 3〉

납부세액(재계산 고려 후)	₩62,421,875

1. 면세공급가액비율

2025년 제1기	2025년 제2기
20%	53.125%

2. 납부세액(재계산 고려 후) : ① + ② = ₩62,421,875
    ① 납부세액(재계산 고려 전) : ₩50,000,000(가정치)
    ② 재계산 : ₩50,000,000 × (1 - 25% × 1) × (53.125% - 20%) = ₩12,421,875

(물음 2)
〈요구사항 1〉

구 분	금 액
납부세액	₩1,175,000
차가감납부세액(환급세액)	649,475

(1) 납부세액 : ① - ② = ₩1,175,000

    ① 매출세액 : (₩27,225,000 + ₩13,200,000[주2]) × $\frac{10}{110}$ - ₩100,000* = ₩3,575,000

    * 대손세액공제액 : ₩1,100,000 × $\frac{10}{110}$ = ₩100,000

    ② 매입세액 : ₩2,400,000

(2) 세액공제(신용카드매출전표등 발행세액공제) : (₩27,225,000 + ₩13,200,000) × 1.3% = ₩525,525[주1]

(3) 차가감납부세액 : ₩1,175,000 - ₩525,525 = ₩649,475

〈주1〉 2025년 제1기의 매출이 제2기와 유사한 수준이라고 자료가 제시되었으므로 제1기와 제2기의 신용카드매출전표 등 발행세액공제 합계액이 연한도 1,000만원 이내라고 볼 수 있다.
〈주2〉 지방자치단체에 시가보다 저가로 양도하였으나 지방자치단체는 특수관계가 없는 자로 보는 것이 타당하므로 부당행위계산부인규정을 적용하지 않는다.

〈요구사항 2〉

구 분	금 액
납부세액(재고납부세액 포함)	₩7,977,375
차가감납부세액(환급세액)	7,319,850

(1) 납부세액[주1] : ① + ② = ₩7,977,375
  ① 일반 : (₩27,225,000 + ₩13,200,000) × 15% × 10% = ₩606,375
  ② 재고납부세액 : a + b = ₩7,371,000

   a. 상품 : ₩8,000,000 × $\frac{10}{100}$ × (1 − 5.5%) = ₩756,000

   b. 건물 : ₩100,000,000 × $\frac{10}{100}$ × (1 − 5% × 6) × (1 − 5.5%) = ₩6,615,000

(2) 공제세액[주2] : ① + ② = ₩657,525(₩7,977,375 이내의 금액임)
  ① 세금계산서 수취 세액공제 : ₩2,400,000 × 5.5% = ₩132,000
  ② 신용카드매출전표등 발행세액공제 : ₩525,525(요구사항 1과 같음)

(3) 차가감납부세액 : ₩7,977,375 − ₩657,525 = ₩7,319,850

〈주1〉 ① 공급대가의 합계액을 12개월로 환산한 금액을 기준으로 4,800만원 이상에 해당하므로 납부의무가 면제되지 않는다.
  ② 간이과세자는 대손세액공제를 적용하지 않는다.
〈주2〉 ① 간이과세자는 의제매입세액공제를 적용하지 않는다.
  ② 공제세액 합계는 납부세액(재고납부세액 포함) 합계를 한도로 하여 공제한다.

[문제 4]
(물음 1)
〈요구사항 1〉

익금산입 및 손금불산입			손금산입 및 익금불산입		
과목	금액	소득처분	과목	금액	소득처분
부당행위계산부인	₩400,000,000	기타사외유출	투자주식(기업업무추진비)	₩36,000,000	△유보
증빙불비기업업무추진비	8,730,000	상여	건물감액	4,640,000	△유보
전기기업업무추진비	1,000,000	유보	단기투자주식(주4)	150,000	△유보
기업업무추진비 한도초과액	93,640,000	기타사외유출	수입배당금	150,000	기타
건물감액분 상각비	116,000	유보			
미수배당금	500,000	유보			
단기투자주식평가손실	1,150,000	유보			

1. 부당행위계산부인 : ₩1,600,000,000(= ₩1,200,000,000 ÷ 75%) − ₩1,200,000,000 = ₩400,000,000
2. 기업업무추진비 시부인

구 분	B	T	D	비 고
① 비용	₩89,000,000*1	−	₩89,000,000	−
② 건물	81,000,000	₩76,360,000	4,640,000	손입(△유보)
합 계	₩170,000,000	₩76,360,000*2	₩93,640,000	손不(기타사외유출)

*1. 비용계상기업업무추진비

I/S상 기업업무추진비	₩59,730,000	
증빙불비기업업무추진비	(8,730,000)	손금불산입(상여)
전기기업업무추진비	(1,000,000)	손금불산입(유보)
약정에 따른 채권포기액	3,000,000	
투자주식 감액금액(주1)	36,000,000	손금산입(△유보)
계	₩89,000,000	

2. 기업업무추진비 한도 : ① + ② = ₩76,360,000

① 기초금액 : ₩12,000,000 × $\frac{12}{12}$ = ₩12,000,000

② 수입금액 기준(주2) : ₩10,000,000,000 × $\frac{3}{1,000}$ + ₩17,060,000,000 × $\frac{2}{1,000}$ + ₩1,200,000,000 × $\frac{2}{1,000}$ × 10% = ₩64,360,000

3. 건물감액분 상각비(주3) : ₩4,640,000 × $\frac{1}{20}$ × $\frac{6}{12}$ = ₩116,000

4. 수입배당금 익금불산입(주5) : ₩500,000* × 30% = ₩150,000
   * ₩500 × 1,000주 = ₩500,000

〈요구사항 2〉

익금산입 및 손금불산입			손금산입 및 익금불산입		
과목	금액	소득처분	과목	금액	소득처분
채무면제이익(주식발행초과금)(주6)	₩36,000,000	기타			

〈주1〉 장기적 우호관계 형성을 위해 채권의 일부를 포기하였으므로 해당 금액은 기업업무추진비에 해당한다.

구분	차변		대변	
B	투자주식	60,000,000	매출채권	60,000,000
T	투자주식*	24,000,000	매출채권	60,000,000
	기업업무추진비	36,000,000		
D	〈손금산입〉 투자주식 ₩36,000,000 (△유보)			

* ₩8,000 × 3,000주 = ₩24,000,000 → 채무의 출자전환으로 취득한 주식의 취득가액은 원칙적으로 해당 주식의 취득 당시의 시가로 한다.
cf) 회생계획인가의 결정 등에 의한 법 소정의 출자전환의 경우(대손불능채권은 제외)에는 출자전환된 채권의 장부가액을 주식의 취득가액으로 한다.

〈주2〉 기업업무추진비한도 계산시 수입금액은 기업회계기준에 의한 매출액을 의미한다. 부당행위계산부인규정에 의한 익금산입액(매출액)은 기업회계기준과 세법상의 차이이며, 장부상 매출액과 기업회계기준상 매출액의 차이가 아니므로 수입금액 조정이 필요하지 않다.

〈주3〉 ① 기업업무추진비를 포함한 전체 건물취득가액이 제시되지 않았으나, 건물취득가액을 x 라고 했을 때 건물감액비 상각비 계산산식은 다음과 같으며, 분자와 분모의 x 를 상계하면 해설상의 산식이 된다.

$$₩4,640,000 \times \frac{x \times 1/20 \times 6/12}{x} = ₩116,000$$

② 신고에 따라 감가상각비 회계처리를 하였으므로 상각부인액은 없다.

〈주4〉 단기금융자산은 매입가액을 취득가액으로 한다.

구분	차변		대변	
B	단기투자주식	37,150,000	현금	37,150,000
T	단기투자주식	37,000,000	현금	37,150,000
	비용	150,000		
D	〈손금산입〉 단기투자주식 ₩150,000 (△유보)			

〈주5〉 ① 배당기준일 현재 3개월 이상 보유한 주식에서 발생한 배당이므로 수입배당금 익금불산입대상이다.
② 지급이자차감액 계산시 제외되는 현재가치할인차금상각액 이외의 지급이자와 차입금이 없으므로 지급이자차감액은 없다.

〈주6〉

구분	차변		대변	
B	매입채무	60,000,000	자본금	15,000,000
			주식발행초과금	45,000,000
T	매입채무	60,000,000	자본금	15,000,000
			주식발행초과금	9,000,000[*1]
			채무면제이익	36,000,000[*2]
D	〈익금산입〉 채무면제이익 ₩36,000,000 (기타)			

*1. 주식발행초과금 : [₩8,000(시가) − ₩5,000(액면가)] × 3,000주 = ₩9,000,000
2. 법인이 채무를 출자전환하는 경우로서 해당 주식 등의 시가(시가가 액면가액에 미달하는 경우에는 액면가액)를 초과하여 발행된 금액은 채무면제이익에 해당한다.

(물음 2)

익금산입 및 손금불산입			손금산입 및 익금불산입		
과목	금액	소득처분	과목	금액	소득처분
채권자불분명사채이자(주1)	₩2,300,000	상여			
업무무관토지 관련 재산세	3,800,000	기타사외유출			
업무무관자산 등 관련 지급이자	17,700,000	기타사외유출			
인정이자	2,318,904	상여			

1. 업무무관자산 등 관련 지급이자 손금불산입액 : ① × $\frac{Min[②, ③]}{③}$ = ₩17,700,000

   ① 지급이자 : a + b = ₩17,700,000
      a. X은행 차입금 이자 : ₩9,600,000
      b. Y은행 차입금 이자 : ₩8,100,000
   ② 업무무관자산 등 적수 : a + b = 2,009억원
      a. 업무무관자산적수 : 5억원(주2) × 365일 = 1,825억원
      b. 업무무관가지급금 적수 : 1억원(주3) × 184일 = 184억원
   ③ 차입금 적수(주4) : a + b = 766.5억원
      a. X은행 차입금적수 : ₩9,600,000 ÷ 8% × 365일 = 438억원
      b. Y은행 차입금적수 : ₩8,100,000 ÷ 9% × 365일 = 328.5억원

2. 인정이자 익금산입액 : 184억원 × 4.6% × $\frac{1}{365}$ = ₩2,318,904

   * Min[①, ②] = 4.6%(주5)

   ① 가중평균차입이자율 : $\frac{₩150,000,000 × 8\% + ₩90,000,000 × 9\%}{₩150,000,000 + ₩90,000,000}$ = 8.375%

   ② 당좌대출이자율 : 4.6%

〈주1〉 채권자불분명사채이자는 다음에 해당하는 차입금의 이자(알선수수료·사례금 등 명목여하에 불구하고 사채를 차입하고 지급하는 모든 금품 포함)를 말한다.
   ① 채권자의 주소 또는 성명을 확인할 수 없는 차입금*
   ② 채권자의 능력·자산상태로 보아 금전을 대여한 것으로 인정할 수 없는 차입금
   ③ 채권자의 금전거래사실 및 거래내용이 불분명한 차입금
   * 다만, 거래일 현재 주민등록표에 의하여 거주사실이 확인된 채권자가 차입금을 변제받은 후 소재불명이 된 경우의 차입금에 대한 이자를 제외한다.
〈주2〉 건축물 또는 시설물 신축용 토지의 유예기간은 취득일부터 5년이며, 유예기간이 지났으므로 지급이자 손금불산입을 해야 한다.
   [참고] 내국법인이 취득하여 보유하고 있는 부동산을 유예기간이 경과한 후에도 법인의 업무에 직접 사용하지 아니하는 경우에는 업무와 관련없는 자산으로 보아 지급이자손금불산입 규정을 적용한다.(서면인터넷방문상담2팀-1236, 2005.07.28.)
〈주3〉 임원에 대한 주택구입자금대여액은 업무무관가지급금에 해당한다.
   cf) 중소기업 직원(지배주주등인 직원은 제외)에 대한 주택자금 대여액은 업무무관가지급금으로 보지 않는다.
〈주4〉 지급이자 손금불산입 규정을 적용할 때 차입금이라 함은 **지급이자 및 할인료를 부담하는 부채**를 말한다.(법인세법 기본통칙 28-53…1) 그러므로 지급이자를 부담하지 않는 A법인 차입금은 제외하고 차입금적수를 계산한다.
〈주5〉 ① 가중평균차입이자율 계산시 채권자불분명사채와 특수관계인으로부터의 차입금은 제외한다. X은행 차입금의 경우 이자비용이 1년치가 아니나, 이자비용이 1년치 이자비용의 80%(9.6개월치)이므로 대여시점(7월 1일) 현재 차입금에 해당한다.
   ② 조세부담 최소화가정이 주어졌으므로 가중평균차입이자율과 당좌대출이자율 중 낮은 이자율을 선택한다. cf) 금전대차거래의 시가에 대해 별도의 신고를 하지 않은 것으로 제시된 문제에서는 원칙에 따라 가중평균차입이자율을 적용한다.

(물음 3)

익금산입 및 손금불산입			손금산입 및 익금불산입		
과목	금액	소득처분	과목	금액	소득처분
자기주식	₩12,500,000	기타	자기주식	₩12,500,000	△유보
임원상여금 한도초과액	50,000,000	상여	주식보상비용	3,000,000	기타
개발비감액분 상각비	2,550,000	유보	자기주식처분손실	2,500,000	기타
상각부인액	2,700,000	유보	개발비	90,000,000	△유보
전기오류수정손실(임의적립금)	87,500,000	기타			

1. 주식매수선택권 관련 세무조정

    (1) 장부상 회계처리

    (차) 현금　　　　　　　　　　　　 7,000,000　(대) 자기주식　　　　　　　　　12,500,000
    　　 자기주식처분손실(자본조정)　 5,500,000

    (2) 세법상 회계처리

    (차) 현금　　　　　　　　　　　　 7,000,000　(대) 자기주식　　　　　　　　　12,500,000
    　　 주식보상비용(손금)　　　　　 3,000,000*
    　　 자기주식처분손실(손금)(주2)　 2,500,000

    *1,000개 × (₩10,000 − ₩7,000) = ₩3,000,000(주1)

    (3) 세무조정

    〈익금산입〉 자기주식(자본조정)(주3)　12,500,000　(기타)
    〈손금산입〉 자기주식(자산)(주3)　　　12,500,000　(△유보)
    〈손금산입〉 주식보상비용　　　　　　 3,000,000　(기타)
    〈손금산입〉 자기주식처분손실　　　　 2,500,000　(기타)

    ※ 별해
    아래와 같이 세무조정을 해도 된다.
    〈손금산입〉 자기주식 장부가액　　　12,500,000　(△유보)
    〈익금산입〉 행사 당시의 시가　　　　10,000,000　(기타)
    〈손금산입〉 주식보상비용　　　　　　 3,000,000　(기타)

〈주1〉 주식매수선택권 부여받은 경우 약정된 주식매수시기에 주식매수선택권 행사에 따라 주식을 시가보다 낮게 발행하는 경우 그 주식의 시가와 실제 매수가격의 차액은 손금에 산입한다.
〈주2〉 주식매수선택권의 행사에 따라 자기주식을 양도하는 경우에는 주식매수선택권을 행사하는 당시의 시가(₩10,000,000)가 익금이며, 자기주식의 장부가액(₩12,500,000)이 손금이므로 순액으로 ₩2,500,000이 손금에 해당한다.
〈주3〉 자기주식에 대한 익금산입(기타), 손금산입(△유보)의 양쪽 세무조정은 실무상 생략가능한 세무조정이므로 해당 세무조정을 생략하고 답안을 작성해도 점수에는 영향이 없을 것으로 생각된다.

2. 개발비 관련 세무조정
   (1) 임원상여금 한도초과액[주1] : ₩50,000,000(특별상여금)
   (2) 개발비 감액 : ₩50,000,000 + ₩40,000,000(광고선전비) = ₩90,000,000
   (3) 개발비감액분 상각비 : $₩90,000,000 \times \dfrac{₩25,500,000}{₩900,000,000} = ₩2,550,000$
   (4) 개발비 상각시부인
       ① 회사계상액 : ₩25,500,000 - ₩2,550,000 = ₩22,950,000
       ② 상각범위액 : $(₩900,000,000 - ₩90,000,000) \times \dfrac{1}{10} \times \dfrac{3}{12}$[주2] = ₩20,250,000
       ③ 상각부인액 : ① - ② = ₩2,700,000

3. 정관에 따른 퇴직급여 중간정산금 : 세무조정 없음[주3]

4. 잉여금처분상여
   (1) 제24기 사업연도
       ① 회사 회계처리

       | (차) | 개발촉진적립금(임의적립금) | 87,500,000 | (대) | 현금[주4] | 87,500,000 |

       ② 세무조정 : 없음[주5]
   (2) 제25기 사업연도
       ① 회사 회계처리

       | (차) | 전기오류수정손실 | 87,500,000 | (대) | 개발촉진적립금(임의적립금)[주6] | 87,500,000 |

       ② 세무조정 : 〈손금불산입〉 전기오류수정손실 ₩87,500,000 (기타)

〈주1〉 법인세법의 요건을 충족하는 주식매수선택권을 임원이 행사함으로 인하여 내국법인이 법인세법에 의한 금액을 임원에게 지급하는 금액에 대하여는 임원상여금 한도액 규정이 적용되지 않는다.(법인세과-848, 2011.10.31.)
〈주2〉 개발비는 관련 제품의 판매·사용가능시점부터 상각한다.
〈주3〉 ① 법인이 임원 또는 직원에게 지급하는 퇴직급여는 임원 또는 직원이 현실적으로 퇴직하는 경우에 지급하는 것에 한하여 이를 손금에 산입한다.
     ② 정관 또는 정관에서 위임된 퇴직급여지급규정에 따라 장기 요양 등 기획재정부령으로 정하는 사유로 그 때까지의 퇴직급여를 중간정산하여 임원에게 지급한 경우는 현실적인 퇴직으로 본다. 현실적으로 퇴직하는 경우이므로 중간정산금 지급액은 손금에 산입하며, 문제에서 회계처리를 제시하지 않았으나 개발완료후 지출한 금액이므로 비용으로 회계처리한 것으로 판단된다. 그러므로 별도의 세무조정이 필요하지 않다.
〈주4〉 2024년 12월 31일에 상여금을 **지급하면서** 별도의 세무조정은 하지 않았다고 자료가 제시되었으므로 2024년에 상여금이 현금으로 지급된 것으로 볼 수 있다.
〈주5〉 법인이 그 임원 또는 직원에게 이익처분에 의하여 지급하는 상여금은 이를 손금에 산입하지 않으며, 비용으로 회계처리하지 않았으므로 세무조정은 없다.
〈주6〉 2025년 회사 회계처리가 제시되지는 않았으나 전기오류수정손실을 계상하였으므로 전기에 임의적립금 감소로 계상한 금액을 다시 증가시킨 것으로 볼 수 있다.

[문제 5]
(물음 1)
〈요구사항 1〉

구 분	금 액
재배정하는 경우	₩10,500,000
실권시키는 경우	0

1. 재배정하는 경우[주1]

주 주	증자전	1차 배정	재배정	증자후
㈜A	4,000주	–	–	4,000주
㈜서울	3,000주	3,000주	4,500주	10,500주
㈜B	2,000주	–	–	2,000주
㈜C	1,000주	1,000주	1,500주	3,500주
계	10,000주	4,000주	6,000주	20,000주
주 가	@₩20,000	@₩13,000		@₩16,500

주당 ₩7,000 이익 (1차 배정 → 증자후)
주당 ₩3,500 손실 (재배정 → 증자후)

- 손실총액 = 이익총액
① 손실총액 : ₩3,500 × 20,000주 = ₩70,000,000
② 이익총액 : ₩7,000 × 10,000주 = ₩70,000,000

손실총액과 이익총액이 같으므로 아래 ① 또는 ②의 방법으로 이익분여액을 계산할 수 있다.
① 해당 법인의 손실총액 × 이익주주비율
② 해당 법인의 이익총액 × 손실주주비율

(1) ㈜A : 〈익 금 산 입〉 부당행위계산부인 ₩10,500,000* (기타사외유출)

(2) ㈜서울 : 〈익 금 산 입〉 투자주식 ₩10,500,000* (유보)

* 4,000주 × ₩3,500 × $\frac{4,500주}{6,000주}$ = ₩10,500,000

2. 실권하는 경우

(1) 분석

주 주	증자전	증자	증자후
㈜A	4,000주	–	4,000주
㈜서울	3,000주	3,000주	6,000주
㈜B	2,000주	–	2,000주
㈜C	1,000주	1,000주	2,000주
계	10,000주	4,000주	14,000주
주 가	@₩20,000	@₩13,000	@₩18,000

주당 ₩7,000 이익
주당 ₩2,000 손실

- 손실총액 = 이익총액
① 손실총액 : ₩2,000 × 14,000주 = ₩28,000,000
② 이익총액 : ₩7,000 × 4,000주 = ₩28,000,000

손실총액과 이익총액이 같으므로 아래 ① 또는 ②의 방법으로 이익분여액을 계산할 수 있다.
① 해당 법인의 손실총액 × 이익주주비율
② 해당 법인의 이익총액 × 손실주주비율

(2) 현저한 이익분여요건 성립여부 검증

① 균등증자시 1주당 평가액 : $\frac{10,000주 \times ₩20,000 + 10,000주 \times ₩13,000}{10,000주 + 10,000주}$ = ₩16,500

② 1주당 평가차액 : ₩16,500 − ₩13,000 = ₩3,500

③ ₩3,500 < ₩16,500 × 30% = ₩4,950 → 불충족

④ 분여이익 : 4,000주 × ₩2,000 × $\frac{3,000주}{4,000주}$ = ₩6,000,000 < 3억원 → 불충족

〈주1〉 법인세법상 저가발행 & 재배정의 경우 현저한 이익분여여부를 불문하고 법인이 특수관계있는 자에게 분여한 이익은 부당행위계산부인규정을 적용하며, 특수관계에 있는 법인으로부터 분여받은 이익은 익금산입(유보)로 세무조정한다. cf) 저가발행 & 실권의 경우에는 현저한 이익분여요건을 충족하여야 한다.

〈요구사항 2〉

구 분	답 안
최대 매입가격	₩6,194,999,999
최대 보통주 발행주식수	154,874주

(1) 기준금액(주1) : $\dfrac{₩5,800,000,000 + ₩6,000,000,000}{2} = ₩5,900,000,000$

(2) 최대 매입가격
   ① 부당행위계산부인 규정을 적용받는 최소 매입가격 : Min[a, b] = ₩6,195,000,000
      a. ₩5,900,000,000 × 105% = ₩6,195,000,000
      b. ₩5,900,000,000 + ₩300,000,000 = ₩6,200,000,000
   ② 부당행위계산부인 규정을 적용받지 않는 최대 매입가격 : ₩6,195,000,000 − ₩1 = ₩6,194,999,999

(3) 최대 보통주 발행주식수
   ① 부당행위계산부인 규정을 적용받는 최소 보통주 발행주식수 : ₩6,195,000,000 ÷ ₩40,000 = 154,875주
   ② 부당행위계산부인 규정을 적용받지 않는 최대 보통주 발행주식수 : 154,875주 − 1주 = 154,874주

〈물음 2〉

〈요구사항 1〉

소급공제 결손금 금액	₩140,000,000

	공제전	소급공제 결손금	공제후
과세표준	₩350,000,000	− x	= ₩210,000,000
산출세액	46,500,000	26,600,000	19,900,000
공제감면세액	(19,900,000)		
환급세액한도	26,600,000		

∴ x : Min[①, ②] = ₩140,000,000
   ① ₩140,000,000(= ₩26,600,000 ÷ 19%(주2))
   ② ₩150,000,000(제15기 결손금)

〈요구사항 2〉

구 분	금 액
환급세액	₩22,800,000
환급취소세액	11,400,000

	공제전	소급공제 결손금	공제후
과세표준	₩350,000,000	− ₩120,000,000	= ₩230,000,000
산출세액	46,500,000	22,800,000	23,700,000
공제감면세액	(19,900,000)		
환급세액한도	26,600,000		

(1) 환급세액 : Min[①, ②] = ₩22,800,000
   ① ₩46,500,000(소급공제 전 산출세액) − ₩23,700,000(소급공제 후 산출세액) = ₩22,800,000
   ② 환급세액한도 : ₩26,600,000

(2) 환급취소세액(주3) : $₩22,800,000 × \dfrac{₩90,000,000 − ₩30,000,000^{(주4)}}{₩120,000,000} = ₩11,400,000$

〈주1〉 시가가 불분명한 경우 → 다음의 가액을 순차로 적용한다.
   ① 감정평가업자가 감정한 가액(감정한 가액이 2 이상인 경우에는 그 감정한 가액의 평균액) 단, 주식 또는 출자지분 및 가상자산은 감정가액을 적용하지 않는다.
   ② 상속세 및 증여세법상의 보충적 평가방법

〈주2〉 소급공제 결손금 공제후 산출세액(② ₩19,900,000)이 ₩18,000,000(= 2억원 × 9%)을 초과하므로 19% 세율 구간의 과세표준에서 결손금이 공제된 것이다.

〈주3〉 납세지 관할 세무서장은 다음의 어느 하나에 해당되는 경우에는 환급세액(제1호 및 제2호의 경우에는 과다하게 환급한 세액 상당액)에 법령으로 정하는 바에 따라 계산한 이자상당액을 더한 금액을 해당 결손금이 발생한 사업연도의 법인세로서 징수한다.
   1. 법인세를 환급한 후 결손금이 발생한 사업연도에 대한 법인세 과세표준과 세액을 경정함으로써 결손금이 감소된 경우
   2. 결손금이 발생한 사업연도의 직전 사업연도에 대한 법인세 과세표준과 세액을 경정함으로써 환급세액이 감소된 경우
   3. 중소기업에 해당하지 아니하는 내국법인이 법인세를 환급받은 경우
   * 위 1에 해당하므로 환급취소세액을 추징한다. 직전 사업연도 과세표준이 증가한 경우이므로 위 2에 해당하지는 않는다.

〈주4〉 결손금 중 일부 금액만을 소급공제받은 경우에는 소급공제받지 아니한 결손금이 먼저 감소된 것으로 본다.

[문제 6]
(물음 1)
〈요구사항 1〉

구 분	금 액
총상속재산가액	₩2,644,300,000
과세가액 공제액	414,000,000
합산되는 증여재산가액	80,000,000
상속세 과세가액	2,310,300,000

1. 총상속재산가액

국내정기예금⟨주1⟩	₩204,300,000	₩200,000,000 + ₩5,000,000 − ₩700,000
국내주택	1,500,000,000	
상장주식	440,000,000	₩22,000* × 20,000주
국외예금	500,000,000	
합 계	₩2,644,300,000	

   * 1주당 평가액 : Max[①, ②] = ₩22,000⟨주2⟩

   ① $\frac{(₩20,000 × 3) + (₩25,000 × 2)}{5}$ = ₩22,000/주

   ② ₩25,000(1주당 순자산가치) × 80% = ₩20,000

2. 과세가액 공제액 : ① + ② = ₩414,000,000

   ① 장례비용 : a + b = ₩14,000,000
      a. 일반 장례비용 : ₩9,000,000(최소 5백만원 ~ 최대 1천만원)
      b. 봉안시설 비용 : Min[₩6,000,000, ₩5,000,000] = ₩5,000,000
   ② 채무⟨주3⟩ : ₩400,000,000

3. 합산되는 증여재산가액⟨주4⟩ : (3억원 − 1.3억원) − Min[3억원 × 30%, 3억원] = ₩80,000,000

4. 상속세 과세가액 : ₩2,644,300,000 − ₩414,000,000 + ₩80,000,000 = ₩2,310,300,000

〈요구사항 2〉
1. 국내에 있는 상속재산에 대하여만 상속세를 부과하며, 국내에 있는 재산을 증여한 경우에만 사전증여재산가액에 해당 재산가액을 가산한다.
2. 장례비용을 차감하지 않는다.⟨주5⟩

(물음 2)

병의 반환 시기	증여세 납세의무	
	을	병
2025년 4월 30일까지	없음	없음
2025년 7월 31일까지	없음	있음
2025년 8월 1일 이후	있음	있음

⟨주1⟩ 예금·저금·적금 등의 평가는 평가기준일 현재 예입총액과 이미 지난 미수이자 상당액을 합친 금액에서 원천징수세액 상당 금액을 뺀 금액으로 한다.(상속증여세 집행기준 63-58의2-10)
⟨주2⟩ 갑이 최대주주가 아니므로 할증평가를 하지 않는다.
⟨주3⟩ 채무합계액이 상속개시전 2년 이내 5억원 이상이 아니므로 추정상속재산에 해당하지 않는다.
⟨주4⟩ 특수관계인으로부터 저가양수한 경우로서 시가와 대가와의 차액이 3억원 이상이거나 시가의 30% 이상인 경우에 해당한다.
⟨주5⟩ 비거주자의 사망으로 인하여 상속이 개시되는 경우에는 다음의 가액 또는 비용은 상속재산의 가액에서 뺀다. → **장례비용 차감×**
   ① 해당 상속재산에 관한 공과금
   ② 해당 상속재산을 목적으로 하는 유치권(留置權), 질권, 전세권, 임차권(사실상 임대차계약이 체결된 경우를 포함한다), 양도담보권·저당권 또는 동산·채권 등의 담보에 관한 법률에 따른 담보권으로 담보된 채무
   ③ 피상속인의 사망 당시 국내에 사업장이 있는 경우로서 그 사업장에 갖춰 두고 기록한 장부에 의하여 확인되는 사업상의 공과금 및 채무

2023년 회계사 기출문제 해설

[문제 1]
(물음 1)
〈요구사항 1〉

근로소득 총급여액	₩18,800,000
연금소득 총연금액	32,000,000
기타소득 총수입금액	28,000,000

1. 근로소득 총급여액

기본급	₩14,400,000	
연장근로수당<주1>	4,000,000	월정액급여가 210만원을 초과하므로 전액 과세됨
자녀보육수당	–	월 20만원까지 비과세 근로소득임
출장비	–	비과세 근로소득임
식사대	400,000	(₩250,000 – ₩200,000) × 8개월
합계	₩18,800,000	

2. 종합소득에 합산되는 연금소득 총연금액

① 연금계좌의 구성 및 평가액

구 분	평가액	연금수령	연금외수령
A 세액공제×	₩8,000,000	₩8,000,000	–
B 이연퇴직소득	20,000,000	20,000,000	–
C 세액공제○ + 운용수익	222,000,000	32,000,000	₩20,000,000
합 계	₩250,000,000	₩60,000,000*1	₩20,000,000*2

*1. 연간연금수령한도 : ₩250,000,000 × $\frac{1}{11-6^{<주2>}}$ × 120% = ₩60,000,000

2. ₩80,000,000 – ₩60,000,000 = ₩20,000,000

② 소득구분

구 분	연금수령	소득구분	연금외수령	소득구분
A	₩8,000,000	–	–	–
B	20,000,000	연금소득(분리과세)	–	–
C	32,000,000<주3>	연금소득(종합과세)	₩20,000,000	기타소득(분리과세)
합 계	₩60,000,000		₩20,000,000	

〈주1〉 월정액급여 : [₩14,400,000(급여) + ₩1,600,000(자녀보육수당) + ₩2,000,000(식사대)] ÷ 8개월 = ₩2,250,000 > ₩2,100,000 → 월정액급여 계산시 연장근로수당과 비과세 실비변상적성질의 급여에 해당하는 출장비는 포함하지 않는다.

〈주2〉 2013. 2. 28. 이전에 가입한 연금계좌이고 이연퇴직소득이 연금계좌에 있으므로 나이요건(55세)이 충족되는 2025년도가 기산연차(6연차)이다.
[참고] 연금수령한도 계산시 기산연차
소득세법 시행령 제40조의2 제4항의 기산연차(최초로 연금수령할 수 있는 날이 속하는 과세기간)는 연금수령 개시 신청과 관계없이 연령 요건 및 가입기간 요건을 충족하는 과세기간에 해당한다.(소득, 기획재정부 소득세제과-431,2016.11.01.)
① 연령 요건 : 가입자가 55세 이후 연금계좌취급자에게 연금수령 개시를 신청한 후 인출할 것
② 가입기간 요건 : 연금계좌의 가입일부터 5년이 경과된 후에 인출할 것. 다만, 이연퇴직소득이 연금계좌에 있는 경우에는 그러하지 아니한다.

〈주3〉 사적연금의 총연금액이 1,500만원을 초과하므로 종합소득에 합산된다. 연금소득에 대한 세액 계산의 특례는 종합소득 세액계산에 대한 별도의 규정이므로 종합소득 합산 여부 판정시 고려할 필요는 없다.

3. 종합소득에 합산도는 기타소득 총수입금액

연금외수령한 기타소득	–	무조건 분리과세
재산권에 관한 알선수수료	₩5,000,000	
복권당첨소득	–	무조건 분리과세
주택입주지체상금	20,000,000	
임대료 수입(주1)	3,000,000	
계	₩28,000,000	

〈요구사항 2〉

기타소득 원천징수세액	₩95,037,000
종합과세되는 기타소득금액	10,200,000

1. 기타소득 원천징수세액(분리과세대상 포함) : ① + ② = ₩95,037,000
   ① 분리과세대상 기타소득의 원천징수세액 : a + b = ₩92,997,000
      a. 연금외수령한 기타소득 원천징수세액 : ₩20,000,000 × 15% = ₩3,000,000
      b. 복권당첨소득 원천징수세액 : ₩300,000,000 × 20% + ₩99,990,000 × 30% = ₩89,997,000
        * 복권당첨소득 : ₩400,000,000 – ₩10,000 = ₩399,990,000
   ② 종합과세대상 기타소득의 원천징수세액 : ₩10,200,000 × 20% = ₩2,040,000

2. 종합과세되는 기타소득금액

재산권에 관한 알선수수료	₩5,000,000	
주택입주지체상금	4,000,000	₩20,000,000 × (1 – 80%)
임대료 수입	1,200,000	₩3,000,000 × (1 – 60%)
계	₩10,200,000	→ 3백만원 초과 종합과세

(물음 2)

〈요구사항 1〉 임원 퇴직소득 한도초과액(근로소득 해당액) : (1) + (2) = ₩38,500,000

(1) 법인세법상 임원퇴직금한도초과액(근로소득) : ₩8,000,000(주2)

(2) 소득세법상 임원퇴직금한도초과액(근로소득) : ① – ② = ₩30,500,000
   ① 2012년 이후 퇴직급여 : ₩231,000,000
   ② 한도 : a + b = ₩200,500,000
      a. 2019년말 이전 : ₩100,000,000* × $\frac{1}{10}$ × $\frac{12개월^{(주4)}}{12개월}$ × 3배 = ₩30,000,000

         * $\frac{₩100,000,000(2019년)}{1년}$ = ₩100,000,000(주3)

      b. 2020년 이후 : ₩155,000,000* × $\frac{1}{10}$ × $\frac{66개월^{(주7)}}{12개월}$ × 2배 = ₩170,500,000

         * $\frac{₩75,000,000(2022년)^{(주5)} + ₩150,000,000(2023년) + ₩150,000,000(2024년) + ₩90,000,000(2025년)}{3년}$ = ₩155,000,000(주6)

※ 별해 : (₩231,000,000 + ₩8,000,000) – ₩200,500,000(퇴직소득) = ₩38,500,000

〈주1〉 통신판매중개를 하는 자를 통하여 장소를 대여하고 사용료로서 받은 금액이 5백만원 이하이므로 기타소득으로 신고가능하다. 기타소득으로 신고시 의제필요경비를 적용할 수 있으므로 납세자에게 유리하다.

〈주2〉 퇴직위로금은 퇴직급여지급규정상의 금액이 아니므로 법인세법상 임원퇴직금 한도초과액으로 상여로 소득처분된다.

〈주3〉 2019년말 이전 3년간(3년 미만인 경우 그 근무기간) 연평균 총급여액

〈주4〉 2019년말까지의 근무기간(1개월 미만은 1개월로 본다.)

〈주5〉 매월 균등액을 수령했다고 가정했으므로 2022년 7월 1일부터 2022년 12월 31일까지의 총급여액은 ₩75,000,000(= ₩150,000,000 × 6/12)이다.

〈주6〉 퇴직전 3년간(2022년 7월 1일~2025년 6월 30일)의 연평균 총급여액

〈주7〉 2020년 이후의 근무기간(1개월 미만은 1개월로 본다.) → 2020년(12개월) + 2021년(12개월) + 2022년(12개월) + 2023년(12개월) + 2024년(12개월) + 2025년(6개월) = 66개월

〈요구사항 2〉 퇴직소득과세표준 : ① - ② = ₩171,700,000

① 환산급여 : (₩205,000,000(가정치) - ₩9,000,000*) × $\frac{12}{7년}$ = ₩336,000,000

　* 근속연수공제 : ₩5,000,000 + ₩2,000,000 × (7년(주1) - 5년) = ₩9,000,000

② 환산급여공제 : ₩151,700,000 + (₩336,000,000 - ₩300,000,000) × 35% = ₩164,300,000

〈요구사항 3〉 사업소득 총수입금액 : (1) + (2) = ₩10,836,000

(1) 임대료 : ₩2,000,000 × 5月 = ₩10,000,000

(2) 간주임대료 : (₩500,000,000 - ₩300,000,000) × 60% × 153일 × 3.65% × $\frac{1}{365}$ - ₩1,000,000 = ₩836,000

(물음 3)

〈요구사항 1〉

이자소득 총수입금액	₩13,000,000
배당소득 총수입금액	22,600,000
배당가산액	800,000

1. 금융소득의 구분

구 분	이자소득	배당소득	비 고
국외 비영업대금의 이익	₩6,000,000	-	무조건 종합과세, 25%
채권의 할인액(주2)	2,000,000	-	
경매입찰 보증금의 이자(주3)	-	-	무조건 분리과세
신용부금으로 인한 이익	5,000,000	-	
집합투자기구로부터 받은 이익(주4)	-	₩5,600,000*2	
상장법인 현금배당	-	7,000,000*1	
외국법인 현금배당	-	9,000,000	무조건 종합과세
인정배당(주5)	-	1,000,000*1	
합 계	₩13,000,000	+ ₩22,600,000	= ₩35,600,000(2천만원 초과)

*1. Gross-up 가능 배당소득
 2. ₩8,000,000 × 70% = ₩5,600,000

2. 배당가산액 : Min[₩8,000,000, ₩15,600,000] × 10% = ₩800,000

〈주1〉 근속연수 : 6년 6개월 → 7년(1년 미만은 1년으로 본다.)
〈주2〉 국가가 발행한 채권이 원금과 이자가 분리되는 경우에는 원금에 해당하는 채권 및 이자에 해당하는 채권의 할인액은 채권·증권의 이자와 할인액에 포함된다.
〈주3〉 민사집행법에 따라 법원에 납부한 보증금 및 경락대금에서 발생하는 이자소득은 분리과세한다.
〈주4〉 ① 집합투자기구로부터 이익은 재산권에서 발생하는 소득의 내용과는 무관하게 배당소득으로 과세한다.
　　　② 집합투자기구로부터 이익에는 상장주식 매매차익은 포함하지 않는다.
〈주5〉 인정배당의 수입시기는 결산확정일이며, Gross-up 가능 배당소득이다.

〈요구사항 2〉

인적	기본공제액	₩4,500,000
공제액	추가공제액	2,000,000
주택담보노후연금 이자비용공제액		2,000,000

1. 인적공제[주1]

구 분	기본공제	추가공제
본인	○	₩1,000,000(경로우대자공제)
모친	○	1,000,000(경로우대자공제)
동생	×	–
위탁아동	○	–
	₩1,500,000 × 3명 = ₩4,500,000	₩2,000,000

2. 주택담보노후연금 이자비용공제액 : Min[₩3,000,000, ₩2,000,000(한도)] = ₩2,000,000

〈요구사항 3〉

일반산출세액	₩7,600,000
비교산출세액	7,984,000

1. 종합소득금액과 과세표준

금융소득금액	₩36,400,000	₩35,600,000 + ₩800,000
연금소득금액	30,000,000	
종합소득금액	₩66,400,000	
종합소득공제	(6,000,000)	가정치
과세표준	₩60,400,000	

2. 종합소득산출세액 : Max[①, ②] = ₩7,984,000
   ① 일반 : ₩20,000,000 × 14% + (₩60,400,000 − ₩20,000,000) × 기본세율 = ₩7,600,000
   ② 비교 : ₩6,000,000 × 25% + ₩29,600,000 × 14% + (₩60,400,000 − ₩36,400,000) × 기본세율 = ₩7,984,000

〈주1〉 ① 본인 : 종합소득금액(₩66,400,000)이 3천만원 이하가 아니므로 부녀자공제대상에 해당하지 않으며, 기본공제대상자인 직계비속(또는 입양자)가 없으므로 한부모공제대상에도 해당하지 않는다. 70세 이상이므로 경로우대자공제대상이다.
② 모친 : 70세 이상이므로 경로우대자공제(100만원) 대상이다.
③ 동생 : 소득금액이 100만원을 초과하므로 기본공제대상자에 해당하지 않는다.
④ 위탁아동 : 2025년도에 6개월 이상 양육하였으며, 소득이 없으므로 기본공제대상자에 해당한다.

[문제 2]
〈요구사항 1〉
① 납세의무자 : 해당 자산의 양도일까지 계속 5년 이상 국내에 주소 또는 거소를 둔 거주자
② 양도소득의 범위 : 국외에 있는 토지, 건물, 부동산에 관한 권리(부동산임차권은 등기여부에 관계없이 과세대상임)* 및 기타자산을 양도함으로써 발생하는 소득
   * 부동산에 관한 권리 : 부동산을 취득할 수 있는 권리, 지상권, 전세권과 부동산임차권
③ 양도가액과 취득가액 적용순서 : 실지거래가액으로 한다. 다만, 양도 당시의 실지거래가액을 확인할 수 없는 경우에는 양도자산이 소재하는 국가의 양도 당시 현황을 반영한 시가(주1)에 따르되, 시가를 산정하기 어려울 때에는 법령으로 정하는 방법(주2)에 따른다.

〈요구사항 2〉

양도소득금액	₩437,000,000
양도소득과세표준	434,500,000

양도가액(주3)	₩990,000,000	$900,000 × ₩1,100(양도일 기준환율)
취득가액(주3)	(520,000,000)	$400,000 × ₩1,300(취득일 기준환율)
기타필요경비(주3)	(33,000,000)	$30,000 × ₩1,100(양도일 기준환율)
양도차익	₩437,000,000	
장기보유특별공제(주4)	–	
양도소득금액	₩437,000,000	
양도소득기본공제(주5)	(2,500,000)	
양도소득과세표준	₩434,500,000	

〈주1〉 국외자산의 시가를 산정하는 경우 다음의 어느 하나에 해당하는 가액이 확인되는 때에는 이를 해당 자산의 시가로 한다.
  ① 국외자산의 양도에 대한 과세와 관련하여 이루어진 외국정부(지방자치단체 포함)의 평가가액
  ② 국외자산의 양도일 또는 취득일전후 6월이내에 이루어진 실지거래가액
  ③ 국외자산의 양도일 또는 취득일전후 6월이내에 평가된 감정평가법인등의 감정가액
  ④ 국외자산의 양도일 또는 취득일전후 6월이내에 수용 등을 통하여 확정된 국외자산의 보상가액
〈주2〉 법령으로 정하는 방법 : 상속세 및 증여세법 규정을 준용하여 국외자산가액을 평가하는 것. 다만, 상속세 및 증여세법 규정을 준용하여 국외자산가액을 평가하는 것이 적절하지 아니한 경우에는 감정평가 및 감정평가사에 관한 법률에 따른 감정평가법인등이 평가하는 것을 말한다.
〈주3〉 양도가액 및 필요경비를 수령하거나 지출한 날 현재 외국환거래법에 의한 기준환율 또는 재정환율에 의하여 계산한다. 즉, 다음의 환율을 적용한다.
  ① 양도가액과 기타필요경비 : 양도일의 기준환율 또는 재정환율
  ② 취득가액 : 취득일의 기준환율 또는 재정환율
〈주4〉 장기보유특별공제는 국외자산에 대한 양도소득세에는 준용하지 아니한다.
〈주5〉 국외자산은 등기여부를 불문하고 양도소득기본공제를 적용한다.

[문제 3]
(물음 1)

구 분	과세표준
㈜A⟨주1⟩	₩120,000,000*
㈜B⟨주2⟩	0
㈜C⟨주3⟩	45,000,000
㈜D⟨주4⟩	3,000,000
㈜E⟨주5⟩	0

* 완성도기준지급조건부 : ₩300,000,000 × (10% + 30%) = ₩120,000,000

(물음 2)

구 분		과세표준
과 세	세금계산서 발급분⟨주6⟩	₩302,000,000*1
	기 타⟨주7⟩	78,000,000*2
영세율	세금계산서 발급분⟨주8⟩	80,000,000*3
	기 타	120,000,000*4

⟨주1⟩ 하자보증금은 과세표준에서 공제하지 않는다.
⟨주2⟩ 민사집행법에 따른 경매는 재화의 공급으로 보지 않는다.
⟨주3⟩ 장기할부판매의 원칙적인 공급시기는 대가의 각 부분을 받기로 한 때이나 공급시기 전에 세금계산서를 발급한 경우 대가수령여부와 무관하게 선발급특례에 따라 세금계산서 발급일을 공급시기로 본다.
⟨주4⟩ 제3자 적립 마일리지등으로 결제받은 부분에 대해 보전받지 아니하고 '자기생산·취득재화'를 공급하는 경우 공급한 재화의 시가를 공급가액으로 한다.
⟨주5⟩ 직장연예 및 직장문화와 관련된 재화를 사용인에게 대가를 받지 아니하고 제공하는 경우 재화의 공급으로 보지 아니한다.
⟨주6⟩ ① 장기할부판매의 원칙적인 공급시기는 대가의 각 부분을 받기로 한 때이나 폐업 전에 공급한 재화 또는 용역의 공급시기가 폐업일 이후에 도래하는 경우에는 그 폐업일을 공급시기로 한다. 그러므로 2025년 7월말(14회 대금)과 8월말(15회 대금) 받기로 한 금액도 6월 30일(폐업일)이 공급시기이며, 6월 30일에 7월말과 8월말 약정수령분을 포함한 세금계산서를 발급한다.
    a. 4월말 세금계산서 : ₩1,000,000(4월말 약정수령분)
    b. 5월말 세금계산서 : ₩1,000,000(5월말 약정수령분)
    c. 6월말 세금계산서 : ₩3,000,000(6월말, 7월말, 8월말 약정수령분)
② 수출대행수수료는 10%로 과세되며, 세금계산서 발급거래이다.
⟨주7⟩ 폐업시 잔존재화는 10%로 과세되며, 세금계산서 발급거래가 아니다.
① 제품 : 매입세액을 공제받았으므로 공급으로 의제되며, 비상각자산이므로 시가를 공급가액으로 한다.
② 기계장치 : 매입세액을 공제받았으므로 공급으로 의제되며, 상각자산으로 간주시가를 공급가액으로 한다. 이 경우 경과된 과세기간의 수는 사업에 사용한 날을 기준으로 산정한다.
③ 건물 : 사업자가 재화의 공급으로 보지 않는 사업의 포괄양수도에 따라 양수한 감가상각대상자산이 자기생산·취득재화의 공급의제에 해당하여 간주시가를 계산하는 경우 해당 재화의 경과된 과세기간의 수는 해당 사업의 양도자가 당초 취득한 날을 기준으로 하여 산정한다. 그러므로 취득가액도 사업양도자가 매입세액공제를 받은 가액으로 한다.
④ 토지 : 면세이므로 신고해야 할 과세표준이 없다.
⟨주8⟩ ① 수출업자와 직접 도급계약에 의하여 수출재화를 임가공하는 수출재화임가공용역은 영세율을 적용하며, 국내거래이므로 세금계산서 발급거래이다.
② 내국신용장 또는 구매확인서에 의하여 정당하게 공급된 경우에는 해당 재화를 수출용도에 사용하였는지의 여부에 관계없이 영세율이 적용되며, 국내거래이므로 세금계산서 발급거래이다.

*1. ₩300,000,000 + ₩2,000,000(7월말, 8월말 약정수령분) = ₩302,000,000
2. 폐업시 잔존재화 : ① + ② + ③ = ₩78,000,000
    ① 제품 : ₩13,000,000
    ② 기계장치 : ₩30,000,000 × (1 - 25% × 1) = ₩22,500,000
    ③ 건물 : ₩5,000,000(사업양도자의 취득당시 매입세액공제액) ÷ 10% × (1 - 5% × 3) = ₩42,500,000
3. 세금계산서 발급분 : ① + ② = ₩80,000,000
    ① 수출재화임가공용역 : ₩30,000,000
    ② 내국신용장에 의한 수출 : ₩50,000,000
4. ₩200,000,000(수출액) - ₩80,000,000(세금계산서 발급분) = ₩120,000,000

(물음 3)
〈요구사항 1〉 예정신고시 매입세액공제액

구 분	금 액
(1) 세금계산서 수취분 매입세액	₩13,000,000
(2) 그 밖의 공제매입세액	-
(3) 공제받지 못할 매입세액	5,000,000*
차가감 계: (1) + (2) - (3)	8,000,000

구 분	예정신고기간(3개월)		해당과세기간(6개월)		직전과세기간(6개월)	
	공급가액	비율	공급가액	비율	공급가액	비율
과세사업	2.2억원	50%	4억원	40%	3.7억원	37%
면세사업	2.2억원	50%	6억원	60%	6.3억원	63%
합 계	4.4억원	100%	10억원	100%	10억원	100%

* ① + ② = ₩5,000,000
  ① 면세사업 매입세액 : ₩2,000,000
  ② 공통매입세액 중 면세사업분 : ₩6,000,000 × 50%(예정신고기간 면세공급가액비율) = ₩3,000,000

〈요구사항 2〉 확정신고시 매입세액공제액

구 분	금 액
(1) 세금계산서 수취분 매입세액	₩6,000,000
(2) 그 밖의 공제매입세액^(주1)	680,000*1
(3) 공제받지 못할 매입세액	3,290,000*2
차가감 계: (1) + (2) - (3)	3,390,000

*1. ① + ② = ₩680,000
    ① 과세전환매입세액(기계장치B) : ₩6,000,000 × 10% × (1 - 25% × 1) × 40%(해당과세기간 과세공급가액비율) = ₩180,000
    ② 변제대손세액 : ₩5,500,000 × $\frac{10}{110}$ = ₩500,000
2. ① + ② + ③ = ₩3,290,000
    ① 면세사업 매입세액 : ₩1,000,000
    ② 건물 매입세액정산분^(주2) : ₩100,000,000 × 10% × [29%(확정사용면적비율) - 25%(예정사용면적비율)] = ₩400,000
    ③ 공통매입세액 중 면세사업분 : a + b - ₩3,000,000(예정신고분) = ₩1,890,000
       a. 기계장치A : ₩3,000,000 × 63%(직전과세기간 면세공급가액비율) = ₩1,890,000
       b 그 외 : (₩6,000,000 + ₩2,000,000 - ₩3,000,000) × 60%(해당과세기간 면세공급가액비율) = ₩3,000,000

〈주1〉 과세전환매입세액과 변제대손세액은 예정신고시 공제하지 않고 확정신고시에만 공제한다.
〈주2〉 대체비율과 확정비율의 차이가 5% 미만이어도 확정비율로 정산하며, 확정비율로 정산시에는 기간경과는 고려하지 않는다.

[문제 4]
〈요구사항 1〉

납부세액	₩1,181,500
차가감납부할세액(지방소비세 포함)	681,500

1. 납부세액 : ① + ② = ₩1,181,500
   ① 음식점업^(주1) : ₩50,000,000 × 20% × 10% = ₩1,000,000
   ② 공통사용재화(트럭) : ₩9,900,000 × $\frac{₩55,000,000}{₩60,000,000}$^(주2) × 20% × 10% = ₩181,500

2. 공제세액^(주3) : ① + ② + ③ = ₩500,000
   ① 매입세금계산서 등 수취세액공제 : (₩10,000,000 + ₩10,000,000) × 0.5% = ₩100,000
   ② 신용카드매출전표 등 발행세액공제 : ₩50,000,000 × 60% × 1.3% = ₩390,000
   ③ 전자신고세액공제 : ₩10,000

3. 차가감납부할세액(지방소비세 포함) : ₩1,181,500 − ₩500,000 = ₩681,500

〈요구사항 2〉

구 분	재고매입세액	계산내역
원재료	₩94,500	₩1,100,000 × $\frac{10}{110}$ × (1 − 5.5%)
기계장치	94,500	₩2,200,000 × $\frac{10}{110}$ × (1 − 50% × 1기^(주4)) × (1 − 5.5%)
건물	900,000	₩22,000,000 × $\frac{10}{110}$ × (1 − 10% × 5기^(주4)) × (1 − 10%^(주5))
합 계	₩1,089,000	

〈주1〉 정육점업은 면세사업에 해당하므로 음식점업 공급대가를 기준으로 계산한다.
〈주2〉 면세사업과 과세사업에 공통으로 사용한 트럭은 직전과세기간의 과세공급대가비율로 과세표준을 안분계산한다.
〈주3〉 간이과세자는 의제매입세액공제를 적용하지 않는다.
〈주4〉 2025. 7. 1.에 과세유형이 전환되었으므로 경과된 과세기간의 수 계산시 2025. 1. 1.부터 2025. 6. 30.까지도 하나의 과세기간으로 계산한다.
〈주5〉 2021. 6. 30. 이전에 재화를 공급받은 분에 대해서는 개정규정에도 불구하고 종전의 규정에 따라 재고매입세액을 계산하며, 감가상각자산은 취득일이 속하는 과세기간에 적용된 업종별 부가가치율을 적용한다.

[문제 5]
(물음 1)
〈요구사항 1〉

구 분	익금불산입액
A사	₩3,780,000
B사	0
C사	19,200,000
D사	15,400,000

1. A사(주1) : $(₩45,000,000 \times \frac{10\%}{30\%} - ₩60,000,000^* \times \frac{2억원}{50억원}) \times 30\% = ₩3,780,000$

   * ₩70,000,000 − ₩10,000,000(업무무관자산 관련 이자비용) = ₩60,000,000

2. B사 : $(₩10,000,000 - ₩60,000,000 \times \frac{10억원}{50억원}) \times 80\% = △₩1,600,000 \rightarrow ₩0$

3. C사 : $(₩30,000,000 - ₩60,000,000 \times \frac{5억원}{50억원}) \times 80\% = ₩19,200,000$

4. D사 : $(₩25,000,000 - ₩60,000,000 \times \frac{8억원}{50억원}) \times 100\% = ₩15,400,000$

〈요구사항 2〉

구 분(주2)	익금불산입액
E사	₩0
F사	9,500,000
G사	42,750,000

1. E사 : ₩0

2. F사 : ₩10,000,000 × 95% = ₩9,500,000

3. G사 : ₩45,000,000 × 95% = ₩42,750,000

〈주1〉 배당금은 배당기준일 현재의 보유주식(출자비율 30%, 장부가액 6억원)에 대하여 지급되나, 이 중 배당기준일 현재 3개월 이상 계속 보유하고 있는 주식(출자비율 10%, 장부가액 2억원)의 수입배당금액에 대해서 익금불산입규정이 적용된다. → 출자비율(10%)이 20% 미만이므로 익금불산입률은 30%를 적용한다.

〈주2〉 외국자회사로부터 받은 수입배당금액의 95%에 해당하는 금액은 각 사업연도의 소득금액을 계산할 때 익금에 산입하지 아니한다.

　① E사 : 출자비율은 10% 이상이나 내국법인이 외국법인의 지분을 배당기준일 현재 6개월 이상 계속하여 보유하고 있지 않으므로 수입배당금 익금불산입적용대상이 아니다.

　② F사 : 해외자원개발업 영위 외국법인으로 출자비율이 5% 이상이며, 내국법인이 외국법인의 지분을 배당기준일 현재 6개월 이상 계속하여 보유하고 있으므로 수입배당금 익금불산입적용대상이다.

　③ G사 : 출자비율이 10% 이상이며, 내국법인이 외국법인의 지분을 배당기준일 현재 6개월 이상 계속하여 보유하고 있으므로 수입배당금 익금불산입적용대상이다.

　[참고] 외국자회사란 다음의 요건을 모두 갖춘 법인을 말한다.

　① 지분율요건 : 내국법인이 의결권 있는 발행주식 총수 또는 출자총액이 10%(해외자원개발사업을 경영하는 외국법인의 경우는 5%) 이상을 출자하고 있는 외국법인일 것

　② 보유요건 : 내국법인이 외국법인의 지분을 배당기준일 현재 6개월 이상 계속하여 보유하고 있는 외국법인일 것

(물음 2)

〈요구사항 1〉

당기순이익	₩40,000,000
익금산입 및 손금불산입	₩37,000,000
1) 법인세비용 - 손不(기타사외유출)	6,000,000
2) 비지정기부금(새마을금고^(주1)) - 손不(기타사외유출)	21,000,000
3) 미지급기부금(종교단체) - 손不(유보)	10,000,000
손금산입 및 익금불산입	₩65,500,000
1) 재산세환급금이자 - 익不(기타)	500,000
2) 토지 - 손入(△유보)	40,000,000*
3) 전기미지급기부금(사립대학교 장학금) - 손入(△유보)	25,000,000
차가감소득금액	₩11,500,000

* ₩300,000,000 - ₩200,000,000(시가) × 130% = ₩40,000,000

〈요구사항 2〉

특례기부금 해당액	₩55,000,000
일반기부금 해당액	76,000,000
특례기부금 한도초과(미달)액	14,500,000
일반기부금 한도초과(미달)액	73,950,000

1. 기부금의 구분

구 분	특례기부금	일반기부금
천재지변 이재민 구호금품	₩30,000,000	-
근로복지진흥기금	-	₩16,000,000
아동복지시설	-	20,000,000*
의료법인(의제기부금)	-	40,000,000
사립대학교 장학금	₩25,000,000	-
계	₩55,000,000	₩76,000,000

* Max[₩15,000,000, ₩20,000,000] = ₩20,000,000^(주2)

2. 기준금액

① 기준소득금액 : ₩30,000,000(차가감소득금액, 가정치) + ₩55,000,000(특례기부금) + ₩76,000,000(일반기부금)
= ₩161,000,000

② 기준소득 : ₩161,000,000 - Min[₩80,000,000(이월결손금), ₩161,000,000 × 80%] = ₩81,000,000

〈주1〉 새마을금고에 지출하는 기부금은 비지정기부금에 해당한다. 다만, 새마을금고에 사랑의 좀도리운동을 위하여 지출하는 기부금은 일반기부금에 해당한다.

〈주2〉 특수관계인인 일반기부금 단체에 대한 현물기부금은 Max[시가, 장부가]로 평가하며, 손익계정의 분류차이이므로 별도의 세무조정은 필요하지 않다. 또한 기부금 관련 문제에서 부가가치세에 대한 별도의 언급이 없는 경우 면세로 보아 부가가치세는 고려하지 않는다.

구 분	차 변		대 변	
B	기부금	15,000,000	제품	15,000,000
T	기부금	20,000,000	제품	15,000,000
			제품처분이익	5,000,000
D	〈손금산입〉 기부금 ₩5,000,000 (기타), 〈익금산입〉 제품처분이익 ₩5,000,000 (기타)			

3. 기부금 세무조정

(단위 : 백만원)

		B	T	D	T/A
① 특례	당기분	55	40.5*1	14.5	손不 14.5 (기타사외유출)
② 일반	당기이전분(주1)	2	4.05*2	–	손入 2 (기타)
	당기분	76	2.05*3	73.95	손不 73.95 (기타사외유출)

*1. ₩81,000,000 × 50% = ₩40,500,000
 2. (₩81,000,000 − ₩40,500,000) × 10% = ₩4,050,000
 3. ₩4,050,000 − ₩2,000,000 = ₩2,050,000

(물음 3)

익금산입 및 손금불산입			손금산입 및 익금불산입		
과목	금액	소득처분	과목	금액	소득처분
채권자불분명사채이자	₩1,485,000	기타사외유출			
채권자불분명사채이자	1,515,000	상여			
건설중인자산(주2)	4,000,000	유보			
업무무관자산 등 관련 지급이자	6,400,000	기타사외유출			

* 업무무관자산 등 관련 지급이자 손금불산입액 : ① × $\frac{②}{③}$ = ₩6,400,000

① 지급이자 : a + b = ₩8,000,000
 a. A은행 차입금 이자 : ₩10,000,000 − ₩4,000,000(특정차입금 이자)(주3) = ₩6,000,000
 b. B은행 차입금 이자 : ₩5,000,000 − ₩3,000,000(기업구매자금대출 이자)(주3) = ₩2,000,000

② 업무무관자산 등 적수 : a + b = 438억원
 a. 업무무관자산적수 : ₩100,000,000(주4) × 365일 = 365억원
 b. 업무무관가지급금 적수(주5) : 73억원

③ 차입금 적수 : a + b = 547.5억원
 a. A은행 차입금적수 : ₩6,000,000 ÷ 6% × 365일 = 365억원
 b. B은행 차입금적수 : ₩2,000,000 ÷ 4% × 365일 = 182.5억원

〈주1〉 10년내 전기이월 한도초과액(2015. 1. 1. 이후분)부터 한도내에서 손금산입한다.
〈주2〉 장기건설 중인 재고자산에 대한 차입금 이자는 법인세법상 자본화대상이 아니다.
〈주3〉 업무무관자산 등 관련 지급이자 손금불산입시 지급이자에는 선순위 손금불산입된 지급이자와 기업구매자금대출이자는 제외된다.
〈주4〉 업무무관자산은 부당행위계산의 부인규정에 의한 시가초과액을 포함한 금액으로 한다.
〈주5〉 ① 중소기업에 근무하는 직원(지배주주등인 직원은 제외)에 대한 주택구입·전세자금 대여금은 업무무관가지급금에 해당하지 않는다.
 ② 귀속자가 불분명하여 대표자에 대한 상여로 처분한 금액에 대한 소득세를 법인이 대납한 금액은 업무무관가지급금에 해당하지 않는다.
 ③ 대표이사에게 업무와 무관하게 대여한 금액은 업무무관가지급금에 해당한다. 가지급금 인정이자에 대한 세무조정도 필요하나, 문제단서에 따라 가지급금 인정이자는 고려하지 아니한다.

(물음 4)

익금산입 및 손금불산입			손금산입 및 익금불산입		
과목	금액	소득처분	과목	금액	소득처분
복구충당부채(주1)	₩6,139,133	유보	구축물(주1)	₩6,139,133	△유보
자산감액분상각비	613,913	유보			
복구충당부채	306,957	유보			

1. 자산감액분 상각비 : $₩6,139,133 \times \dfrac{₩5,613,913}{₩56,139,133} = ₩613,913$

2. 구축물 상각시부인

    ① 상각비 해당액 : ₩5,613,913 - ₩613,913(자산감액분 상각비) = ₩5,000,000

    ② 상각범위액 : $(₩56,139,133 - ₩6,139,133) \times 0.1(10년, 정액법) \times \dfrac{12}{12} = ₩5,000,000$

    ③ 상각부인액(시인부족액) : ₩0

(물음 5)

〈요구사항 1〉

익금산입 및 손금불산입			손금산입 및 익금불산입		
과목	금액	소득처분	과목	금액	소득처분
토지(주2)	₩360,000,000	유보	건물(주2)	₩360,000,000	△유보

* 토지 : $₩600,000,000 \times \dfrac{₩300,000,000}{₩500,000,000}(감정평가액비율) = ₩360,000,000$

〈요구사항 2〉

익금산입 및 손금불산입			손금산입 및 익금불산입		
과목	금액	소득처분	과목	금액	소득처분
금융자산 비망계정(주3)	₩1,000	유보	기타포괄손익	₩20,000,000	기타

〈요구사항 3〉

익금산입 및 손금불산입			손금산입 및 익금불산입		
과목	금액	소득처분	과목	금액	소득처분
외화재고자산(주4)	₩1,500,000	유보	외화선급금(주4)	₩120,000	△유보
외화차입금	6,000,000	유보			

〈주1〉 복구충당부채는 법인세법상 인정하지 않는 충당부채이므로 손금불산입하여야 하며, 손금불산입항목은 자산의 원가를 구성할 수 없으므로 구축물로 계상된 금액을 손금산입(△유보)으로 감액한다.

〈주2〉 토지와 건물 등을 함께 취득하여 가액의 구분이 불분명한 경우 ① 시가 → ② 감정가액 → ③ 상속세 및 증여세법상 평가액에 따라 안분계산한다.

〈주3〉 주식 발행법인이 파산한 경우는 주식 보유법인은 해당 주식을 시가로 감액할 수 있다. 다만, 주식등의 발행법인별로 보유주식총액을 시가로 평가한 가액이 1천원 이하인 경우에는 1천원으로 한다.

〈주4〉 비화폐성 외화자산·부채인 외화선급금, 외화재고자산에 대한 평가손익은 인정되지 않는다.

- 제25기 세무조정(총액법, B/S계정 접근법)^(주1)
  1) 기초유보추인 : ₩6,000,000 → 익금산입(유보)
  2) 기말유보발생
     ① B/S상 차입금 기말평가액 : ₩20,000,000 − ₩500,000(평가이익) = ₩19,500,000
     ② 세무상 차입금 기말평가액 : $15,000 × ₩1,300 = ₩19,500,000
     ③ 제25기말 유보잔액 : ₩0 → 세무조정 없음

※ 참고(I/S계정 접근법)^(주2)
   아래와 같이 세무조정을 하더라도 세무조정의 순액은 동일하다.
   (1) 기초유보추인 : ₩6,000,000 × $\frac{\$30,000}{\$45,000}$(상환비율) = ₩4,000,000 → 익금산입(유보)
   (2) 외화환산손실
      ① I/S상 평가이익 : ₩500,000
      ② 세무상 평가이익 : ₩22,000,000* − $15,000 × ₩1,300 = ₩2,500,000
         * 평가손익 반영전 세무상 차입금 : ₩20,000,000 + ₩2,000,000(△유보잔액) = ₩22,000,000
      ③ 차이 : ₩2,000,000 → 익금산입(유보)

〈요구사항 4〉

익금산입 및 손금불산입			손금산입 및 익금불산입		
과목	금액	소득처분	과목	금액	소득처분
미지급이자^(주5)	₩9,000,000	유보	미수이자^(주3)	₩30,000,000	△유보
			기명사채^(주4)	7,000,000	△유보

〈주1〉 총액법(B/S계정 접근법) 세무조정은 다음과 같다. → I/S계정 접근법과 혼동되지 않도록 주의해야 한다.
   ① 기초유보추인 : 자산의 처분비율 및 부채의 상환비율과 무관하게 기초유보를 전액 추인한다.
   ② 기말유보발생 : 기초유보를 전액 추인하여 유보잔액이 0(영)이므로 기말 B/S상 자산·부채금액과 기말 세무상 자산·부채금액의 차이인 기말유보금액을 총액으로 세무조정한다.
〈주2〉 I/S계정 접근법 세무조정은 다음과 같다.
   ① 기초유보추인 : 자산의 처분비율 및 부채의 상환비율만큼 기초유보를 추인한다.
   ② 외화환산손익 : 법인세법상 외화환산손익과 I/S상 외화환산손익의 차이만큼 세무조정한다.
〈주3〉 기명사채 미수이자는 귀속미도래 기간경과분을 계상한 것으로 원천징수대상 이자이므로 익금불산입(△유보)한다.
〈주4〉 유가증권은 원가법으로 평가하므로 유효이자율법에 따라 상각하여 이자수익으로 계상한 금액(액면가액과 매입가액의 차액)은 익금불산입(△유보)한다.
〈주5〉 차입일로부터 이자지급일이 1년을 초과하는 특수관계인과의 거래에 따른 이자비용으로 귀속미도래분은 발생주의 특례가 적용되지 않으므로 손금불산입(유보)한다.

[문제 6]
(물음 1)
〈요구사항 1〉

익금산입 및 손금불산입			손금산입 및 익금불산입		
과목	금액	소득처분	과목	금액	소득처분
이익잉여금(주1)	₩3,500,000	기타	감가상각누계액(주1)	₩3,500,000	△유보
			감가상각의제	217,500	△유보

1. 제24기 감가상각 시부인
   ① 감가상각비 해당액 : ₩6,000,000
   ② 상각범위액 : ₩40,000,000 × 0.313(8년, 정률법) × $\frac{6}{12}$ = ₩6,260,000
   ③ 상각부인액 : △₩260,000 → 손입(△유보)(주2)

2. 제25기 감가상각 시부인
   ① 감가상각비 해당액 : ₩4,000,000
   ② 상각범위액(주3) : (₩40,000,000 - ₩6,260,000) × 0.125(8년, 정액법) = ₩4,217,500
   ③ 상각부인액 : △₩217,500 → 손입(△유보)

> ※ 참고
> 세법상 미상각잔액을 구하는 방법은 다음과 같이 두가지 방법이 있으며, 감가상각의제 문제풀이시에는 직접법으로 문제를 풀이하는 것이 보다 간편하다.
> ① 직접법 : 당기말 세무상 취득가액*1 - 당기초 세무상 감가상각누계액*2
>   *1. 당기말 세무상 취득가액 : 당기말 B/S상 취득가액* + 즉시상각의제누계액
>   * 다만, 자산감액 등의 세무조정으로 세무상의 취득가액과 장부상 취득가액이 다른 경우에는 취득가액 관련 유보를 가감해야 한다.
>   2. 당기초 세무상 감가상각누계액은 최초사업연도부터 감면받은 경우 상각범위액의 누계액이 된다.
> ② 간접법 : (당기말 B/S상 취득가액 - 당기초 B/S상 감가상각누계액) + 당기즉시상각의제액 ± 전기이월유보잔액
>
> cf) 간접법으로 제25기 상각범위액을 계산하면 다음과 같다.
> [(₩40,000,000 - ₩6,000,000) + ₩0 - ₩260,000] × 0.125 = ₩4,217,500

〈주1〉 회계변경누적효과를 미처분이익잉여금의 증가로 처리한 금액은 익금산입(기타) 처리한 후 세법상 익금에 해당하지 않으므로 다시 익금불산입 (△유보)으로 처리하며, 해당 금액은 상각시부인에는 영향을 미치지 아니한다.
〈주2〉 감면법인으로 감가상각의제가 적용되므로 시인부족액을 전액 손금산입한다.
〈주3〉 감가상각방법 변경시 상각범위액은 미상각잔액에 변경된 감가상각방법에 의한 상각률을 적용하여 계산한다. 이 경우 내용연수는 잔존내용연수가 아닌 당초에 신고한 내용연수를 적용한다.

〈요구사항 2〉

익금산입 및 손금불산입			손금산입 및 익금불산입		
과목	금액	소득처분	과목	금액	소득처분
부당행위계산부인	₩20,000,000	기타사외유출	기계장치B(고가매입)	₩20,000,000	△유보
기계장치B(직부인)	1,000,000	유보			
기계장치B(시부인)	1,250,000	유보			

1. 기계장치B 고가매입(주1)

    ₩120,000,000 − ₩100,000,000 = ₩20,000,000 ≥ ₩5,000,000(= ₩100,000,000 × 5%) → 손입(△유보) + 손불(기타사외유출)

2. 자산감액분 추인(상각비) : ₩20,000,000 × $\frac{₩6,000,000}{₩120,000,000}$ = ₩1,000,000

3. 감가상각 시부인

    ① 감가상각비 해당액 : ₩6,000,000 − ₩1,000,000 + ₩10,000,000(당기즉시상각의제)(주2) = ₩15,000,000

    ② 상각범위액 : [₩120,000,000 − ₩20,000,000(자산감액분) + ₩10,000,000(당기즉시상각의제)] × 0.25(4년, 정액법)(주3) × $\frac{6}{12}$ = ₩13,750,000

    ③ 상각부인액 : ₩1,250,000 → 손불(유보)

〈요구사항 3〉

익금산입 및 손금불산입			손금산입 및 익금불산입		
과목	금액	소득처분	과목	금액	소득처분
상각부인액	₩23,937,500	유보			

1. 제24기 건설자금이자 : ₩600,000,000 × 5% × $\frac{11}{12}$(주4) = ₩27,500,000

2. 제25기 건설자금이자 : ₩600,000,000 × 5% × $\frac{6}{12}$(주5) = ₩15,000,000

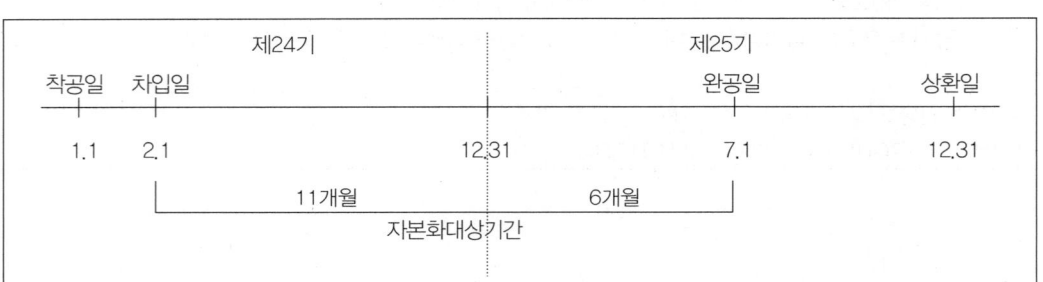

3. 감가상각시부인

    ① 감가상각비 해당액 : ₩60,000,000 + ₩15,000,000(제25기 건설자금이자) = ₩75,000,000

    ② 상각범위액 : [₩2,000,000,000 + ₩15,000,000(제25기 건설자금이자) + ₩27,500,000(제24기 건설자금이자)] × 0.05(20년, 정액법) × $\frac{6}{12}$(주6)

    = ₩51,062,500

    ③ 상각부인액(시인부족액) : ₩23,937,500 → 손불(유보)

〈주1〉 특수관계인인 법인으로부터 기계장치B를 고가매입하였으며, 현저한 이익분여요건이 충족되었으므로 부당행위계산부인규정이 적용된다. 장부에 고가매입가로 계상하였으므로 시가와 고가매입가의 차액을 손금산입(△유보)으로 자산을 감액한 후 다시 손금불산입(기타사외유출) 한다.

〈주2〉 당기에 취득한 자산으로 수선비가 600만원에 미달하지 않으므로 소액수선비에 해당하지 않는다.

〈주3〉 기계장치에 대한 회사의 감가상각방법은 정액법(기준내용연수 8년)이다. 다만, 중고자산(자산을 취득한 해당 내국법인의 기준내용연수의 50% 이상이 경과된 자산)을 다른 법인으로부터 취득한 경우이므로 수정내용연수를 적용할 수 있다.

〈주4〉 자본화개시일 : 착공일(1.1.)과 차입일(2.1.) 중 늦은날부터 자본화한다.

〈주5〉 자본화종료일 : 완공일(7.1.)과 상환일(12.31.) 중 빠른날까지 자본화한다.

〈주6〉 사업연도 중에 취득하여 사업에 사용한 감가상각자산에 대한 상각범위액은 사업에 사용한 날부터 당해 사업연도종료일까지의 월수에 따라 계산한다. 이 경우 월수는 역에 따라 계산하되 1월 미만의 일수는 1월로 한다.

(물음 2)

〈요구사항 1〉

A법인(주1)	〈손금불산입〉 부당행위계산부인 ₩5,000,000 (기타사외유출)
B법인(주1)	세무조정 없음
C법인(주1)	〈익금산입〉 주식 ₩5,500,000 (유보)
D법인(주1)	〈손금불산입〉 부당행위계산부인 ₩500,000 (기타사외유출)

1. 분석

주 주	감자전	감 자	감자후
A법인	40,000주	10,000주	30,000주
B법인	30,000주	9,000주	21,000주
C법인	20,000주	–	20,000주
D법인	10,000주	1,000주	9,000주
계	100,000주	20,000주	80,000주
주 가	@₩6,000	@₩4,000	@₩6,500*

주당 ₩2,000 손실
주당 ₩500 이익

- 손실총액 = 이익총액
① 손실총액 : ₩2,000 × 20,000주 = ₩40,000,000
② 이익총액 : ₩500 × 80,000주 = ₩40,000,000

손실총액과 이익총액이 같으므로 아래 ① 또는 ②의 방법으로 이익분여액을 계산할 수 있다.
① 해당 법인의 손실총액 × 이익주주비율
② 해당 법인의 이익총액 × 손실주주비율

* 감자후 1주당 평가액 : $\frac{(100,000주 \times ₩6,000) - (20,000주 \times ₩4,000)}{80,000주} = ₩6,500$

2. 현저한 이익분여요건 충족여부 : ₩2,000(₩6,000 − ₩4,000) ≥ ₩1,800(= ₩6,000 × 30%) → 충족함

3. 이익분여액

① A법인(손실주주) → C법인(이익주주) : (10,000주 × ₩2,000) × $\frac{20,000주}{80,000주}$ = ₩5,000,000
  (A법인 손실총액) (이익주주비율)

② D법인(손실주주) → C법인(이익주주) : (1,000주 × ₩2,000) × $\frac{20,000주}{80,000주}$ = ₩500,000
  (D법인 손실총액) (이익주주비율)

※ 법정산식(A법인 & D법인 → C법인)(주2) : (₩6,000 − ₩4,000) × 20,000주 × $\frac{\cancel{20,000주}}{80,000주}$ × $\frac{10,000주 + 1,000주}{\cancel{20,000주}}$ = ₩5,500,000

〈주1〉 ① A법인 : 손실주주로 이익주주(C법인)와 특수관계가 있으며, 자본거래로 분여한 이익이 현저한 이익분여요건을 충족하므로 부당행위계산부인규정을 적용한다.
② B법인 : 손실주주이나 이익주주(C법인)와 특수관계가 없으므로 부당행위계산부인규정을 적용하지 않는다.
③ C법인 : 이익주주이므로 부당행위계산부인규정이 적용되는 자본거래로 특수관계인(A법인 & D법인)으로부터 분여받은 이익을 익금에 산입한다.
④ D법인 : 손실주주로 이익주주(C법인)와 특수관계가 있으며, 자본거래로 분여한 이익이 현저한 이익분여요건을 충족하므로 부당행위계산부인규정을 적용한다.

〈주2〉 법인의 감자에 있어서 주주등의 소유주식등의 비율에 의하지 아니하고 일부 주주등의 주식등을 소각하여 특수관계인에게 이익을 분여한 경우 익금에 산입할 금액의 계산에 관하여는 상속세 및 증여세법 규정을 준용한다.
주식등을 시가보다 낮은 대가로 소각한 경우의 법정산식은 아래와 같으며, 아래 산식의 총감자 주식수를 약분하여 정리하면 해설 본문상의 산식과 동일하게 된다.

(감자한 주식의 1주당 평가액 − 감자시 지급한 1주당 금액) × 총감자 주식수 × 이익을 분여받은 특수관계인의 감자후 지분율 × $\frac{\text{이익을 분여한 특수관계인의 감자 주식수}}{\text{총감자 주식수}}$

〈요구사항 2〉
1. 주식의 변동내역

일자	내역	감자전	감자	감자순서
2024. 10. 10.	유상취득(@₩7,600)	20,000주	3,000주	②
2024. 11. 15.	무상증자(@₩10,000)	4,000주		
2024. 12. 28.	무상증자(단기소각주식)(주1)	6,000주	6,000주	①
계		30,000주	9,000주	

2. 감자시 의제배당 : ① - ② = ₩12,000,000

  ① 감자대가 : 9,000주 × ₩4,000 = ₩36,000,000

  ② 소멸주식의 세무상 취득가액 : 6,000주 × ₩0 + 3,000주 × ₩8,000* = ₩24,000,000

  $* \dfrac{20,000주 \times ₩7,600 + 4,000주 \times ₩10,000}{20,000주 + 4,000주} = ₩8,000$

[문제 7]

〈요구사항 1〉

구 분	금 액
총상속재산가액	₩2,400,000,000
과세가액 공제액	415,000,000
합산되는 증여재산가액	200,000,000
상속세 과세가액	2,185,000,000

1. 총상속재산가액

주택	₩1,800,000,000
금전신탁	100,000,000
상장주식	500,000,000*
합 계	₩2,400,000,000

  * 10,000주 × ₩50,000(주2) = ₩500,000,000

2. 과세가액 공제액 : ① + ② + ③ = ₩415,000,000

  ① 공과금 : ₩12,000,000 - ₩2,000,000(주3) = ₩10,000,000

  ② 장례비용(주4) : ₩5,000,000(최소 5백만원 ~ 최대 1천만원)

  ③ 채무(주5) : ₩400,000,000

3. 합산되는 증여재산가액(주6) : ₩200,000,000

4. 상속세 과세가액 : ₩2,400,000,000 - ₩415,000,000 + ₩200,000,000 = ₩2,185,000,000

〈주1〉 단기소각주식(감자 전 2년 이내에 의제배당으로 과세되지 않은 무상주)이 있는 경우 감자 등으로 인한 의제배당금액을 계산할 때 그 주식을 먼저 소각한 것으로 보며 그 주식의 취득가액은 0(영)으로 한다.
〈주2〉 상장주식은 상속개시일 이전·이후 각 2개월간의 거래소 최종시세가액의 평균액으로 평가한다.
〈주3〉 공과금에는 상속개시일 이후 상속인이 책임져야할 사유로 납부 또는 납부할 가산세, 가산금, 강제징수비, 벌금, 과료, 과태료 등은 포함되지 아니한다.
〈주4〉 장례비용이 없더라도 상속세 과세가액 계산시 5백만원을 장례비용으로 공제한다.
〈주5〉 채무합계액이 상속개시전 2년 이내 5억원 이상이 아니므로 추정상속재산에 해당하지 않는다.
〈주6〉 상속인에게 상속개시전 10년 이내에 증여한 재산은 합산과세되며, 상속세 과세가액에 합산하는 증여재산가액은 증여일 현재의 시가에 의하여 평가한다.

〈요구사항 2〉(주1)

구 분	내 용
1. 상속공제	① 인적공제 : 배우자와 자녀(미성년자 아님)가 2명 있으므로 일괄공제(5억원)(주2)와 배우자상속공제(최소 5억원 ~ 최대 30억원)를 적용받을 수 있다. ② 동거주택상속공제 : 상속받은 주택이 동거주택상속공제 요건을 충족하는 경우 동거주택상속공제를 적용받을 수 있다. ③ 금융재산상속공제(주3) : 금전신탁과 상장주식(최대주주 아님)에서 차입금을 차감한 금액에 대해서 금융재산상속공제를 적용받을 수 있다.
2. 세액공제	① 증여재산공제 : 증여재산가액이 합산되었으므로 이중과세를 조정하기 위하여 증여세액(증여 당시의 해당 증여재산에 대한 증여세 산출세액)을 상속세 산출세액에서 공제한다. ② 신고세액공제 : 상속세 신고기한 이내에 과세표준신고를 한 경우에는 3% 신고세액공제를 적용할 수 있다.

3. 납부관련	① 분납 : 상속세 납부세액이 1천만원을 초과하는 경우에는 납부기한이 지난 후 2개월 이내에 분할납부할 수 있다. 다만, 연부연납을 허가받은 경우에는 그러하지 아니하다.
	② 연부연납 : 상속세 납부세액이 2천만원을 초과하는 경우에는 납세지 관할세무서장에 신청하여 허가를 받아 연부연납을 할 수 있다. 연부연납은 가업상속재산이 없는 경우 상속세를 최대 10년간 분할하여 납부하는 제도로 연부연납시 납세의무자는 납세담보를 제공해야 하며, 연부연납가산금을 각 회분의 분할납부 세액에 가산하여 납부하여야 한다.
	③ 물납 : 다음의 요건을 모두 갖춘 경우에는 납세지 관할세무서장에 신청하여 허가를 받아 물납을 할 수 있다.
	  a. 상속재산(상속재산에 가산하는 증여재산 중 상속인 및 수유자가 받은 증여재산을 포함한다) 중 부동산과 유가증권(국내에 소재하는 부동산 등 물납에 충당할 수 있는 재산으로 한정한다)의 가액이 해당 상속재산가액의 2분의 1을 초과할 것
	  b. 상속세 납부세액이 2천만원을 초과할 것
	  c. 상속세 납부세액이 상속재산가액 중 법소정 금융재산의 가액(상속재산에 가산하는 증여재산의 가액은 포함하지 아니한다)을 초과할 것

〈요구사항 3〉

1. 증여추정과 증여의제의 차이점
    ① 증여추정 : 과세관청이 증여사실을 입증하기 어려운 일정한 요건을 충족한 거래를 증여로 추정하여 증여세를 부과하는 것이다. 다만, 재산취득자가 증여받지 않았다는 사실을 입증하는 경우 등은 증여로 보지 않는다.
    ② 증여의제 : 본래는 증여에 해당하지 않는 일정한 사실을 증여로 의제하여 증여세를 부과하는 것이다. 이러한 증여의제는 증여추정과는 달리 납세의무자의 반증과는 무관하게 증여세가 부과된다.

2. 재산 취득자금의 증여추정과 증여추정과 명의신탁재산의 증여의제

재산 취득자금의 증여추정	재산취득자의 직업·연령·소득 및 재산상태 등으로 볼 때 재산을 자력으로 취득하였다고 인정하기 어려운 경우로서 자금출처로 입증된 금액의 합계액이 취득재산가액에 미달하는 경우에는 그 재산을 취득한 때에 그 재산의 취득자금을 그 재산의 취득자가 증여받은 것으로 추정하여 이를 그 재산취득자의 증여재산가액으로 한다.
명의신탁재산의 증여의제	권리의 이전이나 그 행사에 등기 등이 필요한 재산(토지·건물은 제외)에 있어서 실제소유자와 명의자가 다른 경우에는 국세기본법상의 실질과세원칙에 불구하고 그 재산의 가액을 실제소유자가 명의자에게 증여한 것으로 본다.

〈주1〉 위 세법 규정 중 일부분을 서술하면 점수가 주어질 것으로 생각된다.
〈주2〉 기초공제와 기타인적공제액의 합계액보다 일괄공제(5억원)가 더 크므로 일괄공제를 적용받을 수 있다.
    Max[①, ②] = 5억원
      ① 2억원(기초공제) + 1억원*(기타인적공제) = 3억원
        * 자녀공제 : ₩50,000,000 × 2명 = 1억원
      ② 5억원(일괄공제)
〈주3〉 금융재산상속공제 : ₩200,000,000* × 20% = ₩40,000,000(최소 2천만원 ~ 최대 2억원)
    * 순금융재산 : ₩100,000,000(금전신탁) + ₩500,000,000(상장주식) - ₩400,000,000(은행차입금) = ₩200,000,000

2022년 회계사 기출문제 해설

[문제 1]
(물음 1)

총급여액	₩47,850,000
근로소득공제	12,142,500
근로소득금액	35,707,500

1. 총급여액 : (1) + (2) = ₩47,850,000

   (1) ㈜A

기본급	₩15,000,000	
벽지수당	1,500,000	(₩500,000 − ₩200,000) × 5개월
식사대	250,000	(₩250,000 − ₩200,000) × 5개월
여비	−	비과세 근로소득
자가운전보조금(주1)	1,000,000	
주택임차 소요자금 저리 대여 이익(주2)	−	
합계	₩17,750,000	

   (2) ㈜B

기본급	₩24,000,000	
이직지원금(주3)	4,500,000	
건강보험료	1,500,000	회사대납분이므로 근로소득으로 과세함
단체순수보장성 보험료	100,000	₩800,000 − ₩700,000
사택제공이익(주4)	−	
합계	₩30,100,000	

2. 근로소득공제액 : ₩12,000,000 + (₩47,850,000 − ₩45,000,000) × 5% = ₩12,142,500

3. 근로소득금액 : ₩47,850,000 − ₩12,142,500 = ₩35,707,500

〈주1〉 시내출장에 소요된 실제 경비를 실비를 지급받고 있는 경우 자가운전보조금은 전액 근로소득으로 과세된다.
〈주2〉 중소기업의 직원(영업사원)이므로 주택임차 소요자금 저리 대여 이익은 비과세 근로소득에 해당한다.
〈주3〉 수도권 외의 지역으로 이전하는 공공기관 소속 공무원 또는 직원에게 한시적으로 지급하는 이전지원금은 월 20만원까지 비과세하나, 직원의 이직으로 인한 이직지원금은 전액 근로소득으로 과세된다.
〈주4〉 비출자임원, 소액주주인 임원과 임원이 아닌 종업원이 사택을 무상으로 제공받음으로 인해 얻은 이익은 비과세된다.

(물음 2)

	손익계산서상 당기순이익	₩534,000,000
구 분	과 목	금 액
가산조정	대표자 급여⁽주1⁾	90,000,000
	배우자 급여⁽주1⁾	60,000,000
	기업업무추진비 한도초과액⁽주2⁾	4,400,000*1
	감가상각비⁽주3⁾	3,000,000*2
	채권자불분명사채이자	5,000,000
차감조정	이자수익	14,000,000
	배당금수익	5,000,000
	유형자산처분이익⁽주3⁾	20,000,000
	사업소득금액	₩657,400,000

*1. 기업업무추진비 한도초과액 : ① - ② = ₩4,400,000
  ① 기업업무추진비 해당액 : ₩50,000,000
  ② 기업업무추진비 한도액 : ₩36,000,000 × 12/12 + ₩3,200,000,000 × 3/1,000 = ₩45,600,000
*2. 감가상각비 상각부인액 : ₩10,000,000 - ₩7,000,000 = ₩3,000,000

(물음 3)
〈요구사항 1〉

종합소득에 포함될 기타소득금액	₩22,800,000
종합소득에 포함될 이자소득금액	0
소득세 원천징수세액	5,870,000

1. 종합소득에 포함될 기타소득금액 : ₩22,800,000

특허권의 양도	₩20,000,000	₩50,000,000 × (1 - 60%)
대학교 특강료 및 원고료	800,000	₩2,000,000 × (1 - 60%)
발명경진대회 상금	2,000,000	₩10,000,000 × (1 - 80%)
합계	₩22,800,000	300만원 초과 → 종합과세

2. 종합소득에 포함될 이자소득금액 : ₩0

국내은행 예금이자	₩4,000,000	
비영업대금의 이익⁽주4⁾	3,000,000	25%
합계	₩7,000,000	2,000만원 이하 → **분리과세**

3. 소득세 원천징수세액(분리과세대상 포함)⁽주5⁾ : ① + ② = ₩5,870,000
  ① 종합소득에 포함될 기타소득금액의 원천징수세액 : ₩22,800,000 × 20% = ₩4,560,000
  ② 분리과세되는 이자소득금액의 원천징수세액 : ₩4,000,000 × 14% + ₩3,000,000 × 25% = ₩1,310,000

〈주1〉 ① 대표자급여는 필요경비불산입한다.
  ② 사업에 근무하는 대표자 가족 인건비는 필요경비로 인정되나 배우자는 사업에 직접 종사하지 않으므로 배우자 급여를 필요경비불산입한다.
〈주2〉 광고선전비는 전액 필요경비로 인정되나 기업업무추진비는 한도내에서 필요경비로 인정되므로 한도초과액을 필요경비불산입한다
〈주3〉 ① 건물을 당기에 처분하였더라도 소득세법상 감가상각시부인은 생략하지 않으며, 상각시부인 후 유보잔액은 추인하지 않고 소멸시킨다.
  ② 건물의 처분으로 인한 소득은 양도소득이므로 처분한 건물처분이익은 사업소득금액 계산시 총수입금액불산입한다.
〈주4〉 14% 원천징수세율을 적용하는 온라인투자연계금융업자를 통해 받은 이자(적격 P2P 금융)가 아니므로 25% 원천징수세율을 적용한다.
  [참고] 적격 P2P 금융 : 자금을 대출받으려는 차입자와 자금을 제공하려는 투자자를 온라인을 통하여 중개하는 자로서 관련 법률에 따라 금융위원회에 등록하거나 금융위원회로부터 인가·허가를 받는 등 이용자 보호를 위한 일정 요건을 갖춘 자를 통하여 지급받는 이자소득에 대해서는 14% 원천징수세율을 적용한다.
〈주5〉 소득세 원천징수세액은 분리과세대상 소득에 대한 원천징수세액도 포함하여 계산해야 한다.

〈요구사항 2〉

인적 공제액	기본공제액	₩4,500,000
	추가공제액	3,000,000
연금보험료 · 국민건강보험료 소득공제액		8,000,000
신용카드 등 사용 소득공제액		4,500,000

1. 인적공제액(주1)

구 분	기본공제액	추가공제액
본인	○	₩1,000,000(한부모)
모친	○	–
배우자	×	–
딸	○	2,000,000(장애인)
	₩1,500,000 × 3명 = ₩4,500,000	₩3,000,000

2. 연금보험료 · 국민건강보험료 소득공제액 : ① + ② = ₩8,000,000

   ① 연금보험료 : ₩4,500,000

   ② 건강보험료(주2) : ₩3,500,000

3. 신용카드 등 사용소득공제액

   (1) 신용카드사용액 등의 분석

구 분	사용액	최저사용액	공제대상 사용액	공제율	공제대상금액
전통시장 사용분	₩3,000,000	–	₩3,000,000	40%	₩1,200,000
대중교통비 사용분	3,000,000	–	3,000,000	40%	1,200,000
문화체육 사용분(주3)	–	–	–	30%	–
직불카드 등 사용분	–	–	–	30%	–
신용카드 사용분	40,000,000	₩20,500,000	19,500,000	15%	2,925,000
계	₩46,000,000	₩20,500,000*	₩25,500,000		₩5,325,000

   * ₩82,000,000 × 25% = ₩20,500,000

   (2) 신용카드소득공제액 : Min[①, ②] = ₩4,500,000

   ① 공제대상금액 : ₩5,325,000

   ② 한도 : a + b = ₩4,500,000

   a. 일반한도 : ₩2,500,000(주4)

   b. 추가한도 : Min[(₩3,000,000 + ₩3,000,000) × 40%, ₩2,000,000] = ₩2,000,000

〈주1〉 ① 본인 : 종합소득금액(근로소득금액 + 기타소득금액)이 3천만원을 초과하므로 부녀자공제대상에 해당하지 않는다. 배우자가 없고 기본공제대상자인 직계비속(또는 입양자)이 있으므로 한부모공제대상이다.

② 모친 : 60세 이상이며, 2천만원 이하의 금융소득은 분리과세되므로 종합소득금액이 100만원 이하이다. 그러므로 기본공제대상자에 해당한다.

③ 배우자 : 연도 중 이혼하여 과세기간종료일 현재 배우자가 아니므로 기본공제대상자에 해당하지 않는다.

④ 딸 : 장애인이므로 나이와 무관하게 기본공제대상자이며, 장애인공제(200만원) 대상에 해당한다.

〈주2〉 근로소득자이므로 보험료공제대상에 해당한다.

〈주3〉 문화체육 사용분은 총급여액이 7천만원 이하인 경우에 한하여 구분하여 적용한다.

〈주4〉 총급여액이 7천만원을 초과하므로 기본한도는 연 250만원으로 한다.

〈요구사항 3〉

보험료 세액공제액	₩270,000
의료비 세액공제액	2,200,000

1. 보험료 세액공제 : ① × 15% + ② × 12% = ₩270,000
   ① 장애인전용보장성보험료 : Min[₩1,800,000, 연 ₩1,000,000] = ₩1,000,000
   ② 일반보장성보험료 : Min[₩1,200,000, 연 ₩1,000,000] = ₩1,000,000

2. 의료비 세액공제 : ① × 20% + (② + ③) × 15% = ₩2,200,000
   ① 선천성이상아 치료비 : ₩5,000,000
   ② 특정 : ₩1,000,000(본인)
   ③ 일반 : Min[₩7,540,000*, ₩7,000,000] = ₩7,000,000
      * ₩10,000,000 − ₩82,000,000 × 3% = ₩7,540,000

[문제 2]
〈요구사항 1〉

양도가액(주1)	₩2,500,000,000
취득가액	1,340,000,000*1
기타의 필요경비	8,000,000*2
양도차익	599,040,000*3
장기보유특별공제	335,462,400*4
양도소득금액	₩263,577,600*5

*1. 취득가액 : ₩1,300,000,000 + ₩40,000,000(소송비용)(주2) = ₩1,340,000,000
 2. 기타의 필요경비 : ₩8,000,000(부동산중개수수료)
 3. 양도차익 : ₩1,152,000,000* × $\frac{₩2,500,000,000 - ₩1,200,000,000^{(주3)}}{₩2,500,000,000}$ = ₩599,040,000

   * ₩2,500,000,000 − ₩1,340,000,000 − ₩8,000,000 = ₩1,152,000,000

 4. 장기보유특별공제 : ₩599,040,000 × (28% + 28%) = ₩335,462,400
 5. 양도소득금액 : ₩599,040,000 − ₩335,462,400 = ₩263,577,600

〈요구사항 2〉

양도소득 산출세액	₩55,110,000

1. 양도소득과세표준 : ₩200,000,000(가정치) − ₩2,500,000(양도소득기본공제) = ₩197,500,000
2. 양도소득 산출세액 : ₩197,500,000 × 기본세율(주4) = ₩55,110,000

〈주1〉 ① 유사재산의 매매사례가액은 시가로 본다.
    ② 특수관계인에게 저가양도한 경우로 시가와 거래가액의 차액이 3억원 이상 또는 시가의 5% 이상인 경우에 해당하므로 양도가액은 시가(매매사례가액)로 한다.
〈주2〉 **취득에 관한 쟁송**이 있는 자산에 대하여 그 소유권 등을 확보하기 위하여 직접 소요된 소송비용·화해비용 등의 금액(그 지출한 연도의 각 소득금액의 계산에 있어서 필요경비에 산입된 것을 제외한 금액)은 **취득가액**에 포함한다.
    cf) 양도자산을 **취득한 후 쟁송**이 있는 경우에 그 소유권을 확보하기 위하여 직접 소요된 소송비용·화해비용 등의 금액(그 지출한 연도의 각 소득금액의 계산에 있어서 필요경비에 산입된 것을 제외한 금액)은 **자본적지출 등**에 해당한다.
〈주3〉 1세대 1주택이므로 양도차익 중 12억원까지 비과세한다.
〈주4〉 2년 이상 보유한 주택을 양도하였으므로 기본세율을 적용한다.

[문제 3]
(물음 1)

자료번호	과세표준	
	과세	영세율
1⁽주1⁾	₩400,000	–
2⁽주2⁾	3,000,000*1	–
3⁽주3⁾	–	–
4⁽주4⁾	48,300,000*2	–
5⁽주5⁾	–	₩59,800,000*3
6⁽주6⁾	–	–
7⁽주7⁾	20,000,000*4	–

*1. ₩2,650,000 + ₩200,000(판매장려금) + ₩150,000(하자보증금) = ₩3,000,000
 2. ₩45,000,000 + ₩3,000,000(개별소비세) + ₩300,000(교육세) = ₩48,300,000
 3. ₩11,800,000 + $40,000 × ₩1,200 = ₩59,800,000
           2025. 6. 7.
 4. ₩5,000,000(계약금) + ₩15,000,000(중도금) = ₩20,000,000
    2025. 4. 10.(변경계약일) 2025. 6. 30.(받기로 한 때)

〈주1〉 국내사업장이 없는 외국법인 또는 비거주자에게 국내에서 공급하는 재화는 다음의 요건을 모두 충족해야 영세율을 적용한다.
 ① 지정사업자 & 과세사업 요건 : 비거주자 등이 **지정하는 국내사업자**에게 재화를 공급하고, 그 국내사업자가 그 재화를 **과세사업**에 사용할 것.
 ② 대금결제요건 : 비거주자 등으로부터 **외국환은행에서 원화로 수령할 것**.
〈주2〉 ① 대가의 일부로 받는 운송비는 과세표준에 포함한다. → 운송비 ₩50,000이 판매대금 ₩3,000,000에 이미 포함되어 있으므로 별도의 조정은 없다.
 ② 판매장려금과 하자보증금은 과세표준에서 공제하지 않는다.
〈주3〉 특정상품을 교환할 수 있는 모바일쿠폰을 발행하여 판매한 후 당해 모바일쿠폰을 가진 자에 대하여 특정상품을 제공하는 경우, 당해 모바일쿠폰은 상품권에 해당되며 부가가치세 과세대상에 해당하지 않는다.[부가, 부가가치세과-1392, 2010.10.19.]
〈주4〉 ① 사업자단위과세사업자와 주사업장 총괄납부 사업자가 아니므로 재화를 판매목적으로 타사업장에 반출한 경우 매입세액공제여부와 관계 없이 공급으로 의제된다.
 ② 개별소비세, 주세 및 교통·에너지·환경세가 부과되는 재화에 대해서는 개별소비세, 주세 및 교통·에너지·환경세의 과세표준에 해당 개별소비세, 주세, 교육세, 농어촌특별세 및 교통·에너지·환경세 상당액을 합계한 금액을 공급가액으로 한다.
〈주5〉 ① 수출하는 재화의 공급시기는 수출재화의 선적일이나, 해당 문제에서 선적일이 제시되지 않았으므로 출제의도상 제품의 인도일을 선적일로 볼 수 있다.
 ② 외화대가 수령시 과세표준은 다음의 금액의 합계액으로 한다.
  a. 공급시기 전 환가한 금액
  b. 위 a. 외의 금액을 공급시기의 환율로 환산한 금액
〈주6〉 계약상 또는 법률상 원인 외에 수재·화재·도난·파손·재고감모손 등으로 인하여 재화가 망실·멸실된 경우 재화의 공급이 아니므로 화재보험에 가입되어 있어 지급받은 보상금은 재화의 공급에 대한 대가에 해당하지 않는다.
〈주7〉 당초 재화의 공급계약이 중간지급조건부에 해당하지 아니하였으나, 당사자간에 계약조건을 변경하여 중간지급조건부계약으로 변경된 경우 계약변경 이전에 지급한 계약금은 **변경계약일**을, 변경계약일 이후에는 변경된 계약에 의하여 **대가의 각 부분을 받기로 한 때**를 각각 공급시기로 본다.[부가법 집행기준 15-28-5 ④]

(물음 2)

구 분	과세표준
건 물	₩0
토 지	₩4,505,000

1. 과세와 면세 구분⁽주¹⁾

구 분	면세	과세
건 물	200㎡	0㎡
토 지	1,000㎡*	500㎡

   * 주택부수토지 : Min[1,500㎡, Max(200㎡ × 5배, 200㎡)] = 1,000㎡

2. 총임대료 : ① + ② = ₩22,525,000

   ① 임대료 : ₩3,000,000 × 6개월(1월~6월)⁽주²⁾ = ₩18,000,000

   ② 간주임대료⁽주³⁾ : ₩500,000,000 × 181일(1.1.~6.30.) × 1.825% × $\frac{1}{365}$ = ₩4,525,000

3. 과세표준⁽주⁴⁾ : ₩22,525,000 × $\frac{₩192,000,000}{₩320,000,000}$ × $\frac{500㎡}{1,500㎡}$ = ₩4,505,000

⟨주1⟩ 주택면적이 상가면적보다 크므로 건물 전체를 주택으로 본다.
⟨주2⟩ 임대료는 받기로 한 금액(약정액)을 공급가액으로 하므로 미수취한 6월분 임대료도 포함하여 계산한다.
⟨주3⟩ 부가가치세법상 간주임대료 계산시 이자수익은 차감하지 않는다.
⟨주4⟩ 겸용주택임대의 경우 기준시가비율로 토지분과 건물분을 안분한 후 과세면적비율로 공급가액을 계산한다. 문제에 제시된 감정가액은 관련 자료가 아니다.

[문제 4]
(물음 1)

자료번호	부가가치세 추가납부세액	가산세 종류	계산식	가산세액
1⁽주1⁾	₩5,000,000*1	세금계산서 지연발급/지연수취	₩130,000,000 × 1% + ₩80,000,000 × 0.5%	₩1,700,000
2⁽주2⁾	300,000*2	–	–	–
3⁽주3⁾	0	–	–	–
	과소신고·초과환급신고 가산세		(① + ②) × (1 − 75%)⁽주4⁾ = ₩167,500 ① 일반 : ₩5,300,000 × 10% = ₩530,000 ② 영세율 과표누락 : ₩28,000,000 × 0.5% = ₩140,000	167,500

*1. ₩130,000,000 × 10% − ₩80,000,000 × 10% = ₩5,000,000
 2. ₩3,000,000(시가) × 10% = ₩300,000

※ 참고 : 과소신고가산세 감면율

구 분	일반적인 수정신고시	예정신고분을 확정신고기한까지 수정신고시
법정신고기한이 지난 후 1개월 이내	90%	90%
법정신고기한이 지난 후 1개월 초과 3개월 이내	75%	75%
법정신고기한이 지난 후 3개월 초과 6개월 이내	50%	50%
법정신고기한이 지난 후 6개월 초과 1년 이내	30%	50%
법정신고기한이 지난 후 1년 초과 1년 6개월 이내	20%	50%
법정신고기한이 지난 후 1년 6개월 초과 2년 이내	10%	50%

〈주1〉 ① 공급시기가 속하는 과세기간의 확정신고기한 이내에 전자세금계산서를 발급하였으므로 지연발급에 대한 가산세를 적용한다.
 ② 공급시기가 속하는 과세기간의 확정신고기한 이내에 전자세금계산서를 수취하였으므로 매입세액을 공제하되, 지연수취에 대한 가산세를 적용한다.
〈주2〉 ① 거래처에 판매장려금으로 상품을 지급한 경우 사업상증여로서 시가를 과세표준으로 한다.
 ② 원가로 회계처리한 것과는 무관하게 예정신고시 과세표준에 포함하지 않았으므로 시가에 세율(10%)을 곱한 금액을 추가로 납부한다.
 ③ 사업상증여는 세금계산서 발급거래가 아니므로 세금계산서 관련 가산세는 적용되지 않는다.
〈주3〉 수출은 세금계산서 발급거래가 아니므로 세금계산서 관련 가산세는 적용되지 않는다.
〈주4〉 감면율에 대해서는 아래와 같이 견해가 나뉘나, 현행 법규정에 비추어 봤을 때 [견해2]가 타당하다고 해석되므로 [견해2]로 해설을 작성하였다.
 [견해1] 종전 행정해석에 따른 견해(2003년 행정해석상 법정신고기한은 확정신고기한을 의미함) → 확정신고기한으로부터 1개월 이내 수정신고하였으므로 90%의 감면율을 적용한다.
 [견해2] 현행 국세기본법 규정에 따른 견해(2012년부터 법개정으로 법정신고기한에 예정신고기한이 포함됨) → 예정신고기한으로부터 1개월 초과 3개월 이내에 수정신고하였으므로 75%의 감면율을 적용한다.

(물음 2)

구 분		금 액
매출세액		₩15,400,000
매입세액	세금계산서수취분	4,200,000
	의제매입세액	1,509,803
	공통매입세액재계산	1,500,000
	차가감 계	7,209,803
납부서액		8,190,197

1. 매출세액 : ₩154,000,000 × 10% = ₩15,400,000

2. 매입세액 : ① + ② + ③ = ₩7,209,803

   ① 세금계산서수취분 : ₩42,000,000 × 10% = ₩4,200,000

   ② 의제매입세액 : Min[a, b] = ₩1,509,803

   a. $[₩150,000,000 + ₩30,000,000 × 70\%^{*(주1)}] × \frac{2}{102} = ₩3,352,941$

   * 해당과세기간의 과세공급가액비율 : $\frac{₩154,000,000}{₩66,000,000 + ₩154,000,000} = 70\%$

   b. 한도 : $₩154,000,000 × 50\% × \frac{2}{102} = ₩1,509,803$

   ③ 공통매입세액재계산 : ₩100,000,000 × 10% × (1 − 25% × 1) × (70% − 50%)* = ₩1,500,000

   * 공급가액비율

구분	2024년 제2기	2025년 제1기
과세비율	50%	70%

3. 납부세액 : ₩15,400,000 − ₩7,209,803 = ₩8,190,197

〈주1〉 ① 의제매입세액공제대상인 수입분 면세농산물 등 매입가액은 관세의 과세가격으로 한다. 즉, 관세를 포함하지 않는다.

② 당기 매입액 중 기말재고분은 해당과세기간의 과세공급가액비율로 안분계산한다.

[문제 5]
(물음 1)

익금산입 및 손금불산입(주6)			손금산입 및 익금불산입		
과목	금액	소득처분	과목	금액	소득처분
미수이자 유보추인(주1)	₩8,000,000	유보	전기 대손충당금	₩7,000,000	△유보
잉여금(주2)	10,000,000	기타	토지 유보추인(주2)	10,000,000	△유보
건설자금이자	9,000,000	유보	매도가능증권(주3)	6,300,000*2	△유보
지급이자 손금불산입	600,000*1	기타사외유출			
임원상여금한도초과액(주4)	3,000,000*3	상여			
임원퇴직금한도초과액(주4)	550,000*4	상여			

*1. 업무무관자산관련 지급이자 손금불산입액 : $₩10,000,000 \times \dfrac{₩15,000,000 \times 365}{₩10,000,000 \div 4\% \times 365} = ₩600,000$

2. 무상주 의제배당 : ₩9,000,000 − ₩9,000,000 × 30% = ₩6,300,000
3. 임원상여금한도초과액 : ① − ② = ₩3,000,000
   ① 임원상여금(상무이사) : ₩30,000,000
   ② 한도 : ₩90,000,000 × 30% = ₩27,000,000
4. 임원퇴직금한도초과액 : ① − ② = ₩550,000
   ① 임원퇴직금 : ₩100,000,000
   ② 한도 : $(₩90,000,000 + ₩30,000,000 - ₩3,000,000)^{(주5)} \times 10\% \times 8\dfrac{6}{12} = ₩99,450,000$

〈주1〉

구 분	차 변		대 변	
B	현금	11,000,000	미수수익	8,000,000
			이자수익	3,000,000
T	현금	11,000,000	이자수익	11,000,000
D	〈익금산입〉 미수수익 ₩8,000,000 (유보)			

* 국내 정기적금의 손익귀속시기는 그 지급일이 속하는 사업연도이다.

〈주2〉

구 분	차 변		대 변	
B	토지	10,000,000	전기오류수정이익(잉여금)	10,000,000
T	−		−	
D	〈익금산입〉 잉여금 ₩10,000,000 (기타), 〈익금불산입〉 토지 ₩10,000,000 (△유보)			

* 개발부담금은 토지의 취득부대비용이므로 전기 비용계상시에는 손금불산입(유보)한 후 당기 오류수정시에 해당 유보를 추인한다.

〈주3〉 ① 100주를 액면가액으로 평가한 금액이 ₩9,000,000이므로 1주당 액면가액은 ₩90,000이다.
→ 무상주 의제배당 : 100주 × 30%(자기주식처분이익비율) × ₩90,000 = ₩2,700,000(= ₩9,000,000 × 30%)
② 2025년 11월 11일에 취득하여 배당기준일 현재 3개월 이상 보유한 주식에서 발생한 배당이라 할 수 없으므로 수입배당금 익금불산입 대상이 아니다.

〈주4〉 이익처분에 의한 상여금 및 퇴직금은 손금에 산입하지 않으며, 회사가 비용으로 계상하지 않았으므로 별도의 세무조정은 없다.

〈주5〉 임원퇴직금에 대한 세법상 한도 계산시 총급여액에는 손금에 산입하지 아니하는 금액(임원상여금한도초과액, 이익처분에 의한 상여)은 제외한다.

〈주6〉 특허권(무형자산)은 유가증권이 아니므로 저가매입가를 취득원가로 하며, 별도의 세무조정은 필요하지 않다. cf) 특수관계에 있는 개인으로부터 유가증권을 저가매입한 경우에는 시가와 매입가액의 차액을 익금산입한다.

(물음 2)

익금산입 및 손금불산입			손금산입 및 익금불산입		
과목	금액	소득처분	과목	금액	소득처분
건당 3만원 초과 영수증수취	₩2,500,000	기타사외유출	건설중인자산	₩4,500,000	△유보
기업업무추진비 한도초과액	86,600,000	기타사외유출	건물	59,100,000	△유보
건물감액분 상각비	2,955,000	유보			

1. 기업업무추진비 세무조정

구 분	B	T	D	비 고
① 비용	₩23,000,000*1	–	₩23,000,000	–
② 건설중인자산	4,500,000	–	4,500,000	손入(△유보)
③ 건물	100,000,000	₩40,900,000	59,100,000	손入(△유보)
합 계	₩127,500,000	₩40,900,000*2	₩86,600,000	손不(기타사외유출)

*1. 비용계상분

I/S상 기업업무추진비	₩23,500,000	
건당 3만원 초과 영수증수취	(2,500,000)	손不(기타사외유출)
현물기업업무추진비(평가차액)	2,000,000	₩11,000,000 – ₩9,000,000
계	₩23,000,000	

2. 기업업무추진비 한도액 : ① + ② + ③ = ₩40,900,000

① 기초금액 : $₩12,000,000 \times \frac{12}{12} = ₩12,000,000$

② 수입금액 기준 : $₩7,000,000,000 \times \frac{3}{1,000} + (₩3,000,000,000 \times \frac{3}{1,000} + ₩5,000,000,000 \times \frac{2}{1,000}) \times 10\% = ₩22,900,000$

③ 문화기업업무추진비 한도 : Min[₩6,000,000, (① + ②) × 20%] = ₩6,000,000

2. 건물감액분 상각비 : $₩59,100,000 \times \frac{₩15,000,000}{₩300,000,000} = ₩2,955,000$ → 손不(유보)

[문제 6]
(물음 1)

익금산입 및 손금불산입			손금산입 및 익금불산입		
과목	금액	소득처분	과목	금액	소득처분
재고자산평가충당금(주1)	₩10,000,000	유보	재공품	₩3,000,000	△유보
원재료	6,000,000	유보	저장품	2,000,000	△유보

구 분	장부상 평가액 (평가충당금 차감후)	세법상 평가액	평가차액
제 품	₩76,000,000*1	₩86,000,000	₩10,000,000(유보)
재 공 품	64,000,000	61,000,000*2	3,000,000(△유보)
원 재 료	50,000,000	56,000,000*3	6,000,000(유보)
저 장 품	15,000,000	13,000,000*4	2,000,000(△유보)

*1. ₩86,000,000(장부금액)(주1) – ₩10,000,000 = ₩76,000,000
2. 재공품 : 무신고 → 선입선출법
3. 원재료 : 임의변경(주2) → Max[총평균법, 선입선출법]
4. 저장품 : 계산착오(임의변경×) → 총평균법

〈주1〉 ① 문제 자료에서 제품에 대해 회사가 총평균법으로 신고하여 적용하였다고 했으므로 출제의도상 문제에 제시된 제품의 장부금액은 **재고자산평가충당금 차감전** 금액을 의미한다고 볼 수 있다.
② 원가법으로 신고하였으므로 재고자산평가손실충당금에 대해 손금불산입(유보) 세무조정을 한다.
〈주2〉 변경신고기한(변경할 평가방법을 적용하고자 하는 사업연도의 종료일 이전 3개월)인 2025년 9월 30일 이후에 변경신고를 한 후 평가방법을 변경하였으므로 임의변경에 해당한다.

(물음 2)
〈요구사항 1〉

익금산입 및 손금불산입			손금산입 및 익금불산입		
과목	금액	소득처분	과목	금액	소득처분
인정이자	₩5,344,000	기타사외유출	토지B	₩50,000,000	△유보
부당행위계산부인	50,000,000	상여			
사택 C 임대료	3,000,000	상여			
부당행위계산부인	150,000,000	배당			

1. ㈜A 인정이자 익금산입액
   - B 약정이자[주1] : ₩2,000,000
   - T 인정이자 : ₩200,000,000 × 306일 × 4.38%[주2] × $\frac{1}{365}$ = ₩7,344,000
   - D 차액 : ₩5,344,000(T - B) ≥ ₩367,200(= ₩7,344,000 × 5%) → 익入(기타사외유출)

2. 토지B 고가매입(대표이사)
   ₩150,000,000 - ₩100,000,000(감정가액)[주3] = ₩50,000,000 ≥ ₩5,000,000(= ₩100,000,000 × 5%)
   → 손入(△유보) + 손不(상여)

3. 사택C(출자임원)
   - B 임대료수익 : ₩500,000 × 12개월 = ₩6,000,000
   - T 시가임대료 : (₩800,000,000 × 50% - ₩100,000,000) × 3% = ₩9,000,000
   - D 차액 : ₩3,000,000(T - B) ≥ ₩450,000(= ₩9,000,000 × 5%) → 익금산입(상여)

4. 비사업용토지D 저가양도(대주주)[주4]
   ₩500,000,000 - ₩350,000,000 = ₩150,000,000 ≥ ₩25,000,000(= ₩500,000,000 × 5%) → 익금산입(배당)

〈주1〉 ① 자회사 대여금은 업무무관가지급금에 해당한다.
② 제시된 약정이자 ₩2,000,000은 10개월치 이자로서 월이자율 0.1%(= 12개월 1.2%)로 약정했음을 추정할 수 있다. 약정이자의 월할계산 여부와는 관계없이 세법상 인정이자는 일할계산이 원칙이므로 일할계산한 인정이자와 회사계상 약정이자와의 차액을 세무조정하면 된다.
③ 비영업대금의 이익은 약정일을 귀속시기로 하므로 약정이자에 대한 세무조정이 필요하지 않다.
④ 지급이자에 대한 자료가 제시되지 않았으므로 업무무관가지급금 관련 지급이자 손금불산입 세무조정은 고려하지 않는다.
〈주2〉 당좌대출이자율을 시가로 선택한 경우 선택한 사업연도와 이후 2개 사업연도는 모든 대여금(또는 차입금)에 대하여 당좌대출이자율을 시가로 한다. 그러므로 세부담 최소화가정이 있더라도 가중평균차입이자율과 당좌대출이자율 중 낮은 이자율을 선택해서는 안된다.
〈주3〉 특수관계인(대표이사)으로부터 토지B를 고가로 매입한 경우로 현저한 이익분여요건을 충족하였으므로 부당행위계산부인규정을 적용한다. 시가가 불분명한 경우이므로 감정가액을 시가로 본다.
[관련규정] 시가가 불분명한 경우 → 다음의 가액을 순차로 적용한다.
① 감정평가업자가 감정한 가액(감정한 가액이 2 이상인 경우에는 그 감정한 가액의 평균액) 단, 주식 또는 출자지분은 감정가액을 적용하지 않는다.
② 상속세 및 증여세법상의 보충적 평가방법
〈주4〉 특수관계인에게 저가양도한 경우로 현저한 이익분여요건을 충족하였으므로 부당행위계산부인규정을 적용한다.

〈요구사항 2〉 토지 등 양도소득에 대한 법인세

[견해1]
1. 토지 등 양도소득 : ₩500,000,000(시가)^(주1) − ₩50,000,000(세무상 장부가액) = ₩450,000,000
2. 토지 등 양도소득에 대한 법인세 : ₩450,000,000 × 40%^(주2) = ₩180,000,000

[견해2]
1. 토지 등 양도소득 : ₩350,000,000(실지양도가액)^(주1) − ₩50,000,000(세무상 장부가액) = ₩300,000,000
2. 토지 등 양도소득에 대한 법인세 : ₩300,000,000 × 40%^(주2) = ₩120,000,000

〈주1〉 토지 등 양도소득 계산시 양도금액에 대해서는 아래와 같이 견해가 나뉘므로 [견해1]과 [견해2]로 나누어 해설을 작성하였다.

[견해1] 부당행위계산부인규정에 의하면 시가를 양도가액으로 보므로 각 사업연도소득금액 계산과 동일하게 토지 등 양도소득 계산시에도 **시가**를 양도가액으로 보아 토지 등 양도소득을 계산한다.

[견해2] 부당행위계산부인규정은 법인의 **각 사업연도의 소득금액** 계산시에 적용하는 것이며, 청산소득 계산시에도 해당 규정을 준용하나, 토지등 양도소득은 해당 규정을 준용한다는 규정이 없다. 그러므로 양도 당시 시가와 무관하게 **실지양도가액**으로 토지 등 양도소득을 계산한다.

[관련규정]
① 부당행위계산 부인이란 내국법인의 행위 또는 소득금액의 계산이 특수관계인과의 거래로 인하여 그 법인의 소득에 대한 조세의 부담을 부당히 감소시킨 것으로 인정되는 경우에 납세지 관할세무서장 또는 관할지방국세청장이 그 법인의 행위 또는 소득금액의 계산에 관계없이 그 법인의 **각 사업연도의 소득금액**을 계산하는 것을 말한다.(법인세법 제52조)
② 토지등 양도소득은 토지등의 양도금액에서 양도 당시의 장부가액*을 뺀 금액으로 한다.(법인세법 제55조의2 ⑥)
  * 양도자산의 장부가액은 세법상 장부가액을 말한다.(법인, 법인세과−278 , 2009.03.16.)

〈주2〉 미등기자산이므로 40%세율을 적용한다.

[관련규정]
토지 등 양도소득에 대한 법인세 과세대상과 세율(하나의 자산이 다음 중 둘 이상에 해당할 때에는 그 중 가장 높은 세액을 적용한다.)

과세대상	세 율
① 법 소정 주택(부수토지포함), 별장(농어촌 주택 제외)	20%(미등기 40%)
② 주택을 취득하기 위한 권리(조합원입주권, 분양권)	20%
③ 비사업용 토지	10%(**미등기 40%**)

(물음 3)
〈요구사항 1〉

당기 대손금	₩149,999,000
전기말 대손충당금 설정대상 채권잔액	9,545,000,000
당기 대손실적률	1.6%

1. 당기 대손금(간접법)(주1)

구 분	금 액	비 고
대손충당금 당기 상계액(장부상 대손금)	₩120,000,000	
당기 소멸시효 완성된 외상매출금	40,000,000	손입(△유보)
부도발생일로부터 6개월 이상 지난 외상매출금의 비망계정	(1,000)	손불(유보)
업무무관가지급금	(10,000,000)	손불(기타사외유출)
합 계	₩149,999,000	

해당 사업연도에 발생한 세법상 대손금은 다음과 같이 계산한다.

```
      Book 대손금
 (−)  대손금 관련
      손금불산입액
 (+)  대손금 관련 손금산입액
 (±)  타계정 대체
  =   Tax 대손금
```

※ 별해(직접법)

구 분	금 액
당기 소멸시효 완성된 외상매출금	₩40,000,000
당기에 소멸시효가 완성된 대여금	45,000,000
부도발생일로부터 6개월 이상 지난 외상매출금	24,999,000
법원의 면책결정에 따라 회수불능으로 확정된 채권	10,000,000
한국무역보험공사로부터 회수불능으로 확인된 채권	30,000,000
합 계	₩149,999,000

2. 전기말 채권잔액

   전기말 재무상태표상 채권잔액 − 전기말 대손충당금 설정 제외 채권 ± 전기말 채권관련 유보잔액
   ₩9,500,000,000 − ₩0(주2) + ₩45,000,000* = ₩9,545,000,000
   * 전기말 채권관련 유보잔액 : ₩65,000,000 − ₩20,000,000 = ₩45,000,000

3. 대손실적률 : $\frac{₩149,999,000}{₩9,545,000,000}$ = 1.57% → 1.6%(단서에 따라 소수점 둘째 자리에서 반올림함)

〈주1〉 ① 전기 대손부인된 외상매출금 중 제25기에 소멸시효가 완성된 ₩40,000,000은 손금산입하고 장부상 당기 대손금에 더한다.
② 당기 대손충당금 상계액
   a. 부도발생일로부터 6개월 이상 지난 외상매출금(중소기업의 외상매출금으로서 부도발생일 이전의 것에 한함)은 대손사유충족이나, 비망계정 ₩1,000은 손금불산입하고 장부상 당기 대손금에서 뺀다.
   b. 업무무관가지급금은 대손불능채권이므로 대손사유가 충족하더라도 손금불산입해야 한다. 장부상 업무무관가지급금을 대손처리한 경우 세무조정과 소득처분은 다음과 같다.
      ㉠ 법정대손사유 충족하여 대손금으로 계상시 : 손금불산입(사외유출)
      ㉡ 법정대손사유없이 임의로 대손금으로 계상한 경우 : 손금불산입(유보)
〈주2〉 업무무관가지급금은 대손충당금 설정제외채권이다. 다만, 당기 상계 내역 중 특수관계법인에 대한 업무무관가지급금은 대여시점이 별도로 제시되지 않았으므로 당기에 대여한 금액으로 보아(즉, 전기말 재무상태표상 채권에는 포함되어 있지 않은 것으로 봄) 문제를 풀이하였다.

〈요구사항 2〉

익금산입 및 손금불산입			손금산입 및 익금불산입		
과목	금액	소득처분	과목	금액	소득처분
외상매출금 비망계정	₩1,000	유보	전기 대손충당금	₩30,000,000	△유보
업무무관가지급금	10,000,000	기타사외유출	외상매출금	40,000,000	△유보
당기 대손충당금	72,124,985	유보			

1. 당기말 채권잔액

    당기말 재무상태표상 채권잔액 - 당기말 대손충당금 설정 제외 채권 ± 당기말 채권관련 유보잔액

    ₩12,520,000,000 - ₩2,000,000,000(채무보증으로 인한 구상채권) + ₩5,001,000* = ₩10,525,001,000

    * 당기말 채권관련 유보잔액

기초유보	₩45,000,000	₩65,000,000 + △₩20,000,000
대손부인된 외상매출금	(40,000,000)	손입(△유보)
외상매출금 비망계정	1,000	손부(유보)
기말유보	₩5,001,000	

2. 당기 대손충당금 한도액 : ₩10,525,001,000 × 1.5%(가정치) = ₩157,875,015

3. 당기 대손충당금 한도초과액 : ₩230,000,000 - ₩157,875,015 = ₩72,124,985

구분	전기말 설정대상채권	당기대손금	당기말 설정대상채권
⑧	9,500,000,000	120,000,000	10,520,000,000*1
조정	65,000,000	40,000,000	5,001,000*2
	(20,000,000)	(1,000)	
		(10,000,000)	
ⓣ	9,545,000,000	149,999,000	10,525,001,000

*1. ₩12,520,000,000 - ₩2,000,000,000(제외채권) = ₩10,520,000,000
 2. 당기말 채권관련 유보 : ₩45,000,000(당기초 유보) - ₩40,000,000 + ₩1,000 = ₩5,001,000

(물음 4)

구 분	금 액
재해상실비율	76%
공제대상 법인세액	₩32,200,000
재해손실세액공제액	24,472,000 or 8,360,000

1. 재해상실비율^(주1) : $\dfrac{₩250,000,000 + ₩92,000,000 = ₩342,000,000}{₩300,000,000(건물) + ₩150,000,000(재고자산) = ₩450,000,000} = 76\% \geq 20\%$

2. 공제대상법인세 : ① + ② = ₩32,200,000
   ① 재해발생일 현재 미납법인세 : ₩21,200,000^(주2)
   ② 해당 사업연도 법인세 : ₩12,000,000 − ₩1,000,000(투자세액공제액)^(주3) = ₩11,000,000

3. 재해손실세액공제액^(주4) : Min[①, ②] = ₩24,472,000
   ① 공제대상법인세 × 재해상실비율 : a + b = ₩24,472,000
      a. 전기이전분 : ₩21,200,000 × 76% = ₩16,112,000
      b. 당기분 : ₩11,000,000 × 76% = ₩8,360,000
   ② 상실된 재산가액 : ₩342,000,000

〈주1〉 ① 사업용자산가액 계산시 토지는 제외한다.
② 법인이 재해로 인하여 수탁받은 자산을 상실하고 그 자산가액의 상당액을 보상하여 주는 경우에는 이를 재해로 인하여 상실된 자산의 가액 및 상실전의 자산총액에 포함하나 변상책임이 없는 타인소유 자산은 포함하지 않는다.
③ 재해자산이 보험에 가입되어 보험금을 수령한 경우에도 상실된 자산가액에서 보험금을 차감하지 아니한다.
〈주2〉 공제대상 법인세에는 가산세 중 장부의 기록·보관 불성실 가산세, 신고불성실가산세, 납부지연가산세 및 원천징수 등 납부지연가산세가 포함된다.
〈주3〉 해당 사업연도 법인세 계산시에는 법인세 산출세액에서 법인세법 이외의 다른 법률에 의한 공제·감면세액을 차감한다. 그러므로 법인세법상 세액공제액인 외국납부세액공제액은 차감해서는 안되며, 조세특례제한법에 의한 투자세액공제액을 차감한다.
〈주4〉 재해손실세액공제액 총액(₩24,472,000)을 묻는 것인지 제25기 사업연도 법인세에서 공제하는 재해손실세액공제액(₩8,360,000)만을 묻는 것인지가 명확하지 않다. 그러므로 둘 중 하나로 답을 기재한 경우 점수가 주어질 것으로 예상된다.
• 재해손실세액공제액 총액 : ① + ② = ₩24,472,000
  ① 전기 이전 사업연도 법인세에서 공제하는 재해손실세액공제액 : ₩16,112,000
  ② 당기 법인세에서 공제하는 재해손실세액공제액 : ₩8,360,000

(물음 5)

익금산입 및 손금불산입			손금산입 및 익금불산입		
과목	금액	소득처분	과목	금액	소득처분
비지정기부금	₩60,000,000*1	기타사외유출	기계장치A	₩60,000,000*1	△유보
자산감액분 상각비	3,666,666	유보			
상각부인액	22,895,834	유보			

1. 기계장치A 고가매입 : ₩450,000,000 − ₩300,000,000 × 130% = ₩60,000,000 → 손입(△유보) + 손불(기타사외유출)

2. 자산감액분 상각비 : ₩60,000,000(△유보) × $\dfrac{₩22,500,000 + ₩5,000,000^{(주1)}}{₩450,000,000}$ = ₩3,666,666 → 손불(유보)

3. 감가상각 시부인

   ① 감가상각비 해당액 : ₩22,500,000 + ₩5,000,000(손상차손) − ₩3,666,666 + ₩25,000,000* = ₩48,833,334

   * ₩25,000,000(주2) ≥ ₩6,000,000 → 즉시상각의제에 해당한다.

   ② 상각범위액 : (₩450,000,000 − ₩60,000,000 + ₩25,000,000) × 0.125 × $\dfrac{6}{12}$ = ₩25,937,500

   ③ 상각부인액 : ₩22,895,834 → 손불(유보)

〈주1〉 ① 감가상각자산이 진부화, 물리적 손상 등에 따라 시장가치가 급격히 하락하여 법인이 기업회계기준에 따라 손상차손을 계상한 경우에는 해당 금액을 감가상각비로써 손비로 계상한 것으로 본다.

② 자산감액분(₩60,000,000)은 취득당시 장부가액(₩450,000,000)과 취득당시 세무상 금액(₩390,000,000)의 차이로서 장부가액(₩450,000,000)을 회사가 비용으로 계상할 때 차이가 소멸되므로 해당 유보를 추인해야 한다. 손상차손(₩5,000,000)은 감가상각비(₩22,500,000)와 동일하게 회사가 장부가액(₩450,000,000) 중 일부를 비용으로 계상한 것이므로 추인비율 산정시 포함되어야 한다.

〈주2〉 ① 600만원에 미달하지 않으므로 소액수선비에 해당하지 않는다. 참고로 신규취득자산은 전기말 재무상태표상의 장부가액이 ₩0이다. 그러므로 600만원을 기준으로 소액수선비여부를 판단한다.

② 자본적 지출액에 해당하는 수선비는 장부상 자산계상 없이 비용처리한 부분으로 자산감액분(취득당시 장부상 자산계상한 가액과 취득당시 세법상 자산가액의 차이) 추인시에는 고려하지 않고 감가상각 시부인시에 감가상각비로 계상한 것으로 보아 상각범위액을 계산한다.

[문제 7]
(물음 1)

구 분	금 액
총상속재산가액	₩1,340,000,000
과세가액 공제액	330,000,000
상속세 과세가액	1,010,000,000
상속세 과세표준	10,000,000

1. 총상속재산가액

    토지　　　　　　₩1,100,000,000
    생명보험금(주1)　　　－
    퇴직금(주2)　　　　　－
    추정상속재산(주3)　　240,000,000*　　추정상속재산
    합 계　　　　　　₩1,340,000,000

    * 채무 : 3억원(주3) － Min[3억원 × 20%, 2억원] = ₩240,000,000

2. 과세가액 공제액 : ① + ② + ③ = ₩330,000,000

    ① 공과금 : ₩20,000,000(소득세 미납액)
    ② 장례비용 : a + b = ₩10,000,000
        a. 기타 장례비용 : ₩5,000,000(최소 5백만원 ~ 최대 1천만원)
        b. 봉안시설 비용 : Min[₩7,000,000, ₩5,000,000] = ₩5,000,000
    ③ 채무 : ₩300,000,000

3. 상속세 과세가액 : ₩1,340,000,000 － ₩330,000,000 = ₩1,010,000,000

〈주1〉 상속인이 납입보험료를 전부 부담하였으므로 의제상속재산가액에 해당하지 않는다.
〈주2〉 국민연금법에 따라 지급되는 유족연금 또는 사망으로 인하여 지급되는 반환일시금은 상속재산으로 보지 아니한다.
〈주3〉 채무합계액이 상속개시전 1년 이내 2억원 이상이므로 추정상속재산에 해당하며, 해당 채무는 과세가액공제액에 포함된다.

4. 상속공제액(인적공제) : (1) + (2) = ₩1,000,000,000
   (1) 기초공제·기타인적공제 또는 일괄공제[주1] : Max[①, ②] = ₩500,000,000
       ① ₩200,000,000(기초공제) + ₩50,000,000 × 3명(기타인적공제, 자녀공제) = ₩350,000,000
       ② 일괄공제 : ₩500,000,000
   (2) 배우자상속공제[주2] : Max[Min(①, ②), 5억원] = ₩500,000,000
       ① 배우자가 실제 상속받은 금액 : ₩1,100,000,000(토지) − ₩320,000,000(공과금 및 채무액) = ₩780,000,000
       ② 한도 : Min[a, b] = ₩340,000,000
           a. ₩1,020,000,000^{*1} × $\frac{1.5}{4.5^{*2}}$ = ₩340,000,000
              *1. ₩1,340,000,000 − ₩320,000,000(공과금 및 채무액) = ₩1,020,000,000
              *2. 1.5(배우자) + 1 × 3명(자녀) = 4.5
           b. 30억원

5. 상속세 과세표준 : ₩1,010,000,000 − ₩1,000,000,000 = ₩10,000,000

〈주1〉 ① 거주자의 사망으로 상속이 개시되고 상속개시 당시 피상속인에게 배우자 및 자녀가 있는 때에는 그 배우자나 자녀가 상속의 포기 등으로 상속을 받지 아니한 경우에도 인적공제를 적용한다.(상증, 재삼46014-2622, 1997.11.06.)
② 거주자의 사망으로 상속이 개시되고 상속세를 무신고하거나 기초공제액과 기타인적공제액이 5억원에 미달한 경우 기초공제액과 기타인적공제액을 일괄하여 5억원을 공제할 수 있다.

구분		일괄공제액
상속세 신고기한 내 신고 또는 기한 후 신고가 없는 경우		5억원
배우자만 상속재산을 받은 경우	① 공동상속인의 상속포기 또는 협의분할에 따라 배우자 혼자 상속받은 경우	**5억원**
	② 위 ①외의 단독상속	일괄공제 불가

〈주2〉 배우자상속공제는 다음의 금액으로 한다. 다만, 배우자가 실제 상속받은 금액이 없거나 상속받은 금액이 5억원 미만이면 5억원을 공제한다.

> 배우자상속공제 : Min[①, ②]
> ① 배우자가 실제 상속받은 금액^{*1}
> ② 한도 : Min[(a − b), 30억원]
>   a. 상속재산의 가액^{*2} × 배우자의 법정상속분^{*3}
>   b. 상속재산에 가산한 증여재산 중 배우자에게 증여한 재산에 대한 증여세 과세표준

*1. 배우자가 실제 상속받은 금액은 다음과 같이 계산한다.(상증세법 집행기준 19-17-1)

```
  배우자가 상속받은 상속재산가액    사전증여재산가액 및 추정상속재산가액 제외
− 배우자가 승계하기로 한 공과금 및 채무액
− 배우자 상속재산 중 비과세 재산가액
− 배우자 상속재산 중 과세가액불산입액
─────────────────────────
  배우자가 실제 상속받은 금액
```

2. 상속재산의 가액

```
  총 상 속 재 산 가 액    상속인 이외의 자가 유증 등을 받은 재산가액은 제외
− 비 과 세 재 산 가 액
− 과 세 가 액 불 산 입 액
− 과 세 가 액 공 제 액    공과금·채무 → 장례비용은 차감하지 아니함
+ 증 여 재 산 가 액    상속개시일 전 10년 이내에 상속인에게 증여한 재산가액만 합산
─────────────────
  상 속 세 과 세 가 액
```

3. 공동상속인 중 상속을 포기한 사람이 있는 경우에는 그 사람이 포기하지 아니한 경우의 법정상속분을 말한다.

법정상속순위		법정상속분
1순위	직계비속, 배우자	① 동순위 상속인이 수인인 경우 각 상속인에게 균등하게 배분한다.
2순위	직계존속, 배우자	② 배우자 상속분은 다른 상속인의 상속분의 1.5배로 한다.
3순위	형제자매	
4순위	4촌 이내 방계혈족	

(물음 2)

구 분	금 액
증여재산가액	₩440,000,000
증여세 과세표준	275,000,000

1. 증여재산가액 : ① + ② + ③ = ₩440,000,000

    ① 토지 : ₩200,000,000(시가)

    ② 부동산 : ₩0^(주1) → ₩0[주1]

    ③ 비상장주식 : (₩400,000,000 − ₩40,000,000) − Min[₩400,000,000 × 30%, ₩300,000,000] = ₩240,000,000

2. 증여세 과세표준

증여재산가액	₩440,000,000	
부담부증여시 채무인수액	(150,000,000)	
증여세 과세가액	₩290,000,000	
증여재산공제[주2]	(10,000,000)	
감정평가수수료공제	(5,000,000)	Min[₩6,000,000, ₩5,000,000(한도)]
증여세 과세표준	₩275,000,000	

〈주1〉 증여세 신고기한(증여받은 날이 속하는 달의 말일부터 3개월 이내)인 2025년 10월 31일 내에 반환하였으므로 당초 증여와 반환 모두 증여로 보지 않는다.

〈주2〉 거주자(수증자)가 다음의 어느 하나에 해당하는 사람으로부터 증여를 받은 경우에는 다음의 구분에 따른 금액을 증여세 과세가액에서 공제한다.

증여자	공제액
(1) 배우자	6억원
(2) 직계존속[수증자의 직계존속과 혼인(사실혼 제외) 중인 배우자 포함]	5,000만원(미성년자가 증여를 받는 경우에는 2,000만원)
(3) 직계비속(수증자와 혼인 중인 배우자의 직계비속을 포함)	5,000만원
(4) 이외의 친족	1,000만원

MEMO

2021년 회계사 기출문제 해설

[문제 1]
(물음 1)
〈요구사항 1〉

근로소득 총급여액	₩37,600,000
기타소득 총수입금액	13,000,000

1. 근로소득 총급여액

기본급	₩30,000,000	
장기재직 공로금	5,000,000	
직무발명보상금	1,000,000	₩8,000,000 − ₩7,000,000(비과세 근로소득)
사내특강료	1,000,000	
사내소식지 원고료	600,000	
외부거래처 특강료	−	기타소득
총급여액	₩37,600,000	

2. 기타소득 총수입금액

퇴직금	−	퇴직소득
외부거래처 특강료	₩2,500,000	
직무발명보상금	7,000,000	₩7,000,000 − ₩0*(비과세 기타소득)
직원재교육 강연료	2,000,000	
출제 수당	1,000,000	
계약금이 대체된 위약금	500,000	
슬롯머신 당첨금품	−	건당 200만원 이하 → 과세최저한
총수입금액	₩13,000,000	

* ₩7,000,000 − ₩7,000,000 = ₩0^(주1)

〈요구사항 2〉

기타소득 원천징수세액	₩1,840,000
종합소득금액	36,410,000

1. 기타소득 원천징수세액 : ① + ② = ₩1,840,000
    ① 종합과세대상 기타소득의 원천징수세액 : (₩9,700,000^(주2) − ₩500,000^(주3)) × 20% = ₩1,840,000
    ② 분리과세대상 기타소득의 원천징수세액 : ₩0

〈주1〉 해당 과세기간에 직무발명보상금으로 근로소득에서 비과세되는 금액이 있는 경우에는 700만원에서 해당 금액을 차감한 금액을 비과세 기타소득으로 한다.
〈주2〉 종합과세대상 기타소득금액(필요경비 차감후)
〈주3〉 계약금이 대체된 위약금은 원천징수대상이 아니다.

2. 종합소득금액 : (1) + (2) = ₩36,410,000

   (1) 근로소득금액 : ① - ② = ₩26,710,000

      ① 총급여액 : ₩37,600,000

      ② 근로소득공제 : ₩7,500,000 + (₩37,600,000 - ₩15,000,000) × 15% = ₩10,890,000

   (2) 기타소득금액

외부거래처 특강료	₩1,000,000	₩2,500,000 × (1 - 60%)
직무발명보상금	7,000,000	
직원재교육 강연료	800,000	₩2,000,000 × (1 - 60%)
출제 수당	400,000	₩1,000,000 × (1 - 60%)
계약금이 대체된 위약금	500,000	원천징수×
기타소득금액	₩9,700,000	300만원 초과 → 종합과세

(물음 2)

〈요구사항 1〉

인적	기본공제액	₩7,500,000
공제액	추가공제액	4,000,000
연금보험료·건강보험료·주택청약저축 소득공제액		9,000,000
신용카드 등 사용 소득공제액		2,770,000

1. 인적공제액(주1)

구 분	기본공제액	추가공제액
본인	○	-
부친	○	₩3,000,000(경로우대자 & 장애인공제)
모친	○	1,000,000(경로우대자)
배우자	○	-
딸	×	-
아들	○	-
	₩1,500,000 × 5명 = ₩7,500,000	₩4,000,000

2. 연금보험료·건강보험료·주택청약저축 소득공제액 : ① + ② + ③ = ₩9,000,000

   ① 연금보험료(주2) : ₩5,000,000

   ② 건강보험료(주3) : ₩4,000,000

   ③ 주택청약저축 소득공제액(주4) : ₩0

〈주1〉 ① 본인 : 본인의 성별이 제시되지 않았으나, 여성이더라도 종합소득금액(₩66,250,000)이 3천만원 이하가 아니므로 부녀자공제대상에 해당하지 않는다.

② 모친 : 작물생산에 이용되는 논·밭 임대소득은 비과세 사업소득이므로 소득요건을 충족하였다.

③ 딸 : 20세를 초과하므로 기본공제대상자에 해당하지 않는다.

〈주2〉 사용자가 건강보험료·고용보험료·연금보험료 중 근로자부담분을 대신 부담한 금액은 근로소득에 포함하며, 소득공제 대상에 포함한다.

〈주3〉 근로소득자이므로 보험료공제대상에 해당한다.

〈주4〉 해당 과세기간의 총급여액이 7천만원 이하가 아니므로 주택청약저축 소득공제대상에 해당하지 않는다.

3. 신용카드 등 사용소득공제액

   (1) 신용카드사용액 등의 분석(주1)

구 분	사용액	최저사용액	공제대상 사용액	공제율	공제대상금액
전통시장 사용분	₩4,000,000	-	₩4,000,000	40%	₩1,600,000
대중교통비 사용분	300,000	-	300,000	40%	120,000
문화체육 사용분	-	-	-	30%	-
직불카드 등 사용분	-	-	-	30%	-
신용카드 사용분	27,000,000*1	₩20,000,000	7,000,000	15%	1,050,000
계	₩31,300,000	₩20,000,000*2	₩11,300,000		₩2,770,000

*1. 신용카드 사용금액

① 부친의 신용카드　₩5,000,000
② 모친의 신용카드　4,000,000
③ 본인의 신용카드　12,000,000　₩15,300,000 − ₩3,000,000(국외사용분) − ₩300,000(대중교통비)
④ 배우자의 신용카드　6,000,000　₩10,000,000 − ₩4,000,000(전통시장 사용분)
　　　합 계　₩27,000,000

2. ₩80,000,000 × 25% = ₩20,000,000

(2) 신용카드소득공제액 : Min[①, ②] = ₩2,770,000

① 공제대상금액 : ₩2,770,000
② 한도 : a + b = ₩4,220,000
　a. 일반한도 : ₩2,500,000(주2)
　b. 추가한도 : Min[(₩4,000,000 + ₩300,000) × 40%, ₩2,000,000] = ₩1,720,000

〈주1〉 문화체육 사용분은 총급여액이 7천만원 이하인 경우에 한하여 구분하여 적용한다.
〈주2〉 총급여액이 7천만원을 초과하므로 기본한도는 연 250만원으로 한다.

〈요구사항 2〉

교육비 세액공제	₩2,700,000
기부금 세액공제	210,000

1. 교육비 세액공제액 : (① + ② + ③) × 15% = ₩2,700,000
   ① 장애인 특수교육비(주1) : ₩2,000,000
   ② 본인 교육비(주2) : ₩1,500,000 + ₩4,000,000 = ₩5,500,000
   ③ 일반 교육비 : a + b + c = ₩10,500,000
      a. 배우자(주3) : ₩0
      b. 딸(주4) : Min[₩10,000,000, ₩9,000,000] = ₩9,000,000
      c. 아들(주5) : Min[₩1,500,000*, ₩3,000,000] = ₩1,500,000
         * ₩500,000 + ₩1,000,000 = ₩1,500,000

2. 기부금 세액공제액
   ① 기부금의 분류

구 분	특례기부금	일반기부금
종교단체 기부금	-	₩500,000(주6)
수해 이재민구호금품	₩600,000	-
노동조합 회비	-	300,000
계	₩600,000	₩800,000

   ② 일반기부금 한도액 : a + b = ₩6,865,000
      a. [₩66,250,000(종합소득금액)(주7) - ₩600,000(특례기부금)] × 10% = ₩6,565,000
         = ₩65,650,000
      b. Min[₩300,000(종교 외), ₩65,650,000 × 20%] = ₩300,000

   ③ 기부금 세액공제액
      a. 세액공제대상 기부금 : ₩600,000(특례) + ₩800,000(일반) = ₩1,400,000
      b. 기부금 세액공제액 : ₩1,400,000 × 15% = ₩210,000

〈주1〉 장애인 특수교육비에는 직계존속에 대한 교육비를 포함한다.
〈주2〉 본인 교육비에는 직업능력개발훈련시설 수강료 및 대학원 등록금을 포함한다.
〈주3〉 배우자의 직업능력개발훈련시설 수강료는 교육비세액공제대상이 아니다.
〈주4〉 국외교육기관에 대한 교육비는 교육비세액공제대상에 포함된다.
〈주5〉 중·고등학교 학생의 교복비는 학생 1명당 연 50만원을 한도로 하며, 취학전 아동이 아니므로 학원비는 교육비세액공제대상에 해당하지 않는다.
〈주6〉 배우자 및 부양가족(나이의 제한을 받지 아니하며, 다른 거주자의 기본공제를 적용받은 사람은 제외함)이 지출한 기부금도 세액공제대상 기부금에 포함한다.
〈주7〉 이자소득은 2천만원 이하이므로 분리과세된다.

(물음 3)

⟨요구사항 1⟩

이자소득 총수입금액	₩29,000,000
배당소득 총수입금액	52,000,000
배당가산액(Gross-up 금액)	3,600,000

1. 금융소득의 구분

항목	이자소득	배당소득	비고
① 투자신탁으로부터의 이익*²	–	₩10,000,000	
② 환매조건부 채권의 매매차익	₩20,000,000	–	
③ 보유기간 이자상당액⁽주2⁾	1,000,000	–	
④ 무상주 의제배당(지분율상승분)	–	2,000,000	
⑤ 무상주 의제배당(이익준비금)	–	30,000,000*¹	
⑥ 직장공제회 초과반환금	–	–	무조건 분리과세
⑦ 외국법인 배당	–	4,000,000	무조건 종합과세
⑧ 정기예금이자	8,000,000	–	
⑨ 인정배당⁽주3⁾	–	6,000,000*¹	
계	₩29,000,000 +	₩52,000,000 =	₩81,000,000(2천만원 초과)

*1. Gross-up 가능 배당소득
 2. ₩12,000,000 - ₩2,000,000(채권 매매차손) = ₩10,000,000⁽주1⁾

2. 배당가산액(Gross-up금액) : Min[①, ②] × 10% = ₩3,600,000
   ① Gross-up 가능 배당소득 : ₩30,000,000 + ₩6,000,000 = ₩36,000,000
   ② 금융소득 총수입금액 - 2,000만원 : ₩81,000,000* - ₩20,000,000 = ₩61,000,000
      * ₩29,000,000 + ₩52,000,000 = ₩81,000,000
        이자소득   배당소득

⟨주1⟩ 집합투자기구로부터의 이익(투자신탁·투자조합·투자회사 등으로부터의 이익)에는 상장주식 매매차손익은 포함하지 않으나, 채권의 매매차손익은 포함한다. 그러므로 채권 매매차익이 발생한 경우 해당 금액을 더하고, 해당 문제와 같이 채권 매매차손이 발생한 경우 해당 금액을 차감하여 계산한다.
⟨주2⟩ 채권의 매매차익은 과세하지 않으나, 채권 등의 중도매도시 보유기간에 대한 이자상당액은 이자소득으로 과세한다.
⟨주3⟩ 인정배당의 수입시기는 결산확정일이 속한 과세기간으로 한다.

⟨요구사항 2⟩

종합소득금액	₩104,600,000
종합소득산출세액	12,544,000
배당세액공제액	1,204,000

1. 종합소득금액과 과세표준

금융소득금액	₩84,600,000	₩81,000,000 + ₩3,600,000
사업소득금액	20,000,000	
종합소득금액	₩104,600,000	
종합소득공제	(20,000,000)	가정치
과세표준	₩84,600,000	

2. 종합소득산출세액 : Max[①, ②] = ₩12,544,000
   ① 일반 : ₩20,000,000 × 14% + (₩84,600,000 − ₩20,000,000) × 기본세율 = ₩12,544,000
   ② 비교 : ₩81,000,000 × 14% + (₩84,600,000 − ₩84,600,000) × 기본세율 = ₩11,340,000

3. 배당세액공제액 : Min[①, ②] = ₩1,204,000
   ① ₩3,600,000(Gross-up)
   ② ₩12,544,000 − ₩11,340,000 = ₩1,204,000

[문제 2]

⟨요구사항 1⟩

양도가액	₩390,000,000⁽주1⁾
취득가액	100,000,000*1
기타의 필요경비	40,000,000*2
양도차익	250,000,000⁽주4⁾

*1. 취득가액 : ₩200,000,000 − ₩120,000,000(필요경비에 산입된 감가상각비) + ₩20,000,000(인정배당) = ₩100,000,000⁽주2⁾
 2. 기타의 필요경비 : ₩15,000,000(자본적 지출) + ₩25,000,000(양도비용) = ₩40,000,000⁽주3⁾

⟨요구사항 2⟩

양도가액⁽주5⁾	₩300,000,000

⟨주1⟩ 특수관계인에게 저가양도하였으나 시가와 거래가액의 차액이 3억원 이상 또는 시가의 5% 이상인 경우가 아니므로 양도가액은 실지거래가액으로 한다.
⟨주2⟩ 양도자산의 보유기간 중에 필요경비에 산입한 감가상각비는 취득가액에서 공제하며, 법인세법상 부당행위계산부인규정이 적용됨에 따라 시가에 미달하게 매입한 경우로서 배당·상여 등으로 처분된 금액이 있는 경우에는 그 배당·상여 등으로 처분된 금액을 취득가액에 포함한다.
⟨주3⟩ 취득가액이 실지거래가액으로 결정된 경우에는 자본적 지출액과 양도비용을 필요경비로 하여 양도차익을 계산한다. 양도비용에는 지출증빙이 확인되는 중개수수료와 매매계약에 따른 인도의무를 이행하기 위하여 양도자가 지출하는 명도비용이 포함된다.
⟨주4⟩ 오피스텔을 주거용이 아닌 사무실로 사용하였으므로 주택이 아닌 일반건물로 과세된다.
⟨주5⟩ 특수관계법인에게 고가양도한 경우로서 법인세법상 부당행위계산부인규정이 적용됨에 따라 시가초과액에 대하여 배당·상여·기타소득으로 처분된 경우에는 시가를 실지거래가액으로 한다.

[문제 3]
(물음 1)

자료번호	과세표준	
	과세	영세율
1⁽주1⁾	₩3,000,000	–
2⁽주2⁾	40,000,000	–
3	1,000,000*1	₩9,000,000*1
4	2,400,000*2	–
5 – ①	–	17,700,000*3
5 – ②	3,000,000*4	18,000,000*4

*1. ① 10% : ₩10,000,000 × 10% = ₩1,000,000
    ② 0% : ₩10,000,000 × 90% = ₩9,000,000⁽주3⁾

2. ① + ② = ₩2,400,000
    ① 제품(비상각자산) : ₩900,000(시가)⁽주4⁾
    ② 비품(상각자산) : ₩2,000,000 × (1– 25% × 1) = ₩1,500,000

3. $10,000 × ₩1,000 + ($2,000 + $5,000) × ₩1,100 = ₩17,700,000⁽주5⁾
         2025. 4. 20   2025. 5. 1

4. ① 10% : ₩3,000,000⁽주6⁾
    ② 0% : ₩18,000,000⁽주6⁾

〈주1〉 공급시기전에 대가를 수령하고 세금계산서를 발급하였으므로 선발급특례에 해당한다.
〈주2〉 지정사업자가 재화를 면세사업에 사용하였으므로 10%로 과세된다. 국내사업장이 없는 외국법인 또는 비거주자에게 국내에서 공급하는 재화는 다음의 요건을 모두 충족해야 영세율을 적용한다.
    ① 지정사업자 & 과세사업 요건 : 비거주자 등이 지정하는 국내사업자에게 재화를 공급하고, 그 국내사업자가 그 재화를 **과세사업**에 사용할 것.
    ② 대금결제요건 : 비거주자 등으로부터 외국환은행에서 원화로 수령할 것.
〈주3〉 한국국제협력단 · 한국국제보건의료재단 · 대한적십자사에 공급하는 재화는 한국국제협력단 등이 사업을 위하여 외국에 무상으로 반출하는 재화에 한하여 영세율을 적용한다.
〈주4〉 직매장에 광고목적의 전시를 위하여 반출하는 것은 공급으로 의제되지 않는다.
〈주5〉 수출하는 재화의 공급시기는 수출재화의 선적일이며, 외화대가 수령시 과세표준은 다음의 금액의 합계액으로 한다.
    ① 공급시기 전 환가한 금액
    ② ①외의 금액을 공급시기의 환율로 환산한 금액
〈주6〉 공급받는 자의 검수를 필수적인 인도조건으로 하는 재화 또는 용역의 공급시기는 당해 재화 또는 용역의 검수가 완료되는 때이며, 내국신용장(구매확인서)에 의한 공급의 경우 공급한 과세기간의 종료후 25일 이내에 개설한 공급에 대하여는 영세율을 적용하며 과세기간 종료후 25일 이후에 개설한 공급에 대하여는 10%로 과세한다.

(물음 2)
〈요구사항 1〉

매입세액공제액	₩5,800,000
재계산으로 가산 또는 공제되는 세액	(+)450,000

1. 2025년 제1기 부가가치세 확정신고시 매입세액공제액 : ① + ② = ₩5,800,000

   ① ₩4,000,000 × 55%* = ₩2,200,000

   * 직전과세기간의 과세공급가액비율 : $\dfrac{₩110,000,000}{₩90,000,000 + ₩110,000,000}$ = 55%

   ② ₩6,000,000 × 60%* = ₩3,600,000

   * 해당과세기간의 과세공급가액비율 : $\dfrac{₩120,000,000}{₩80,000,000 + ₩120,000,000}$ = 60%

2. 2025년 제2기 부가가치세 확정신고시 재계산액

   ① 면세공급가액비율

2025년 제1기	2025년 제2기
40%	50%

   ② 재계산액 : ₩6,000,000 × (1 − 25% × 1) × (50% − 40%) = ₩450,000(면세비율 증가 → 납부세액 증가)

〈요구사항 2〉

의제매입세액 공제액(추징액 차감 전)	₩800,000
전기 의제매입세액 공제분 중 추징액	50,000

1. 의제매입세액 공제액(추징액 차감 전) : Min[①, ②] = ₩800,000

   ① [₩14,400,000 + (₩40,000,000 + ₩4,000,000) × 60%(당기과세비율)$^{(주1)}$] × $\dfrac{2}{102}$ = ₩800,000

   ② 한도$^{(주2)}$: ₩120,000,000 × 50% × $\dfrac{2}{102}$ = ₩1,176,470

2. 전기 의제매입세액 공제분 중 추징액 : (₩8,000,000 × 55%(직전과세비율)$^{(주3)}$ − ₩1,850,000) × $\dfrac{2}{102}$ = ₩50,000

〈주1〉 당기 매입액 중 과세사업과 면세사업 공통사용분과 기말재고분은 해당과세기간의 과세공급가액비율로 안분계산한다.
〈주2〉 전기재고분 추징액 반영 후 금액과 한도를 비교해야 하는지, 아니면 전기재고분 추징액 반영 전 금액과 한도를 비교해야 하는지에 대한 명확한 법규정은 없으므로 다음과 같이 두가지 견해가 있을 수 있다.
   ① 견해1. 전기재고분 추징액 반영 후 금액과 한도를 비교해야 한다는 견해
   ② 견해2. 전기재고분 추징액 반영 전 금액과 한도를 비교해야 한다는 견해

   해당 문제는 의제매입세액공제액과 전기 의제매입세액 공제분 추징액을 각각 작성하도록 요구하였으므로 출제의도상 견해2로 답안을 작성하라는 것으로 단정되므로 견해2로 해설을 작성하였다.
〈주3〉 기초재고액에 직전과세기간의 과세공급가액비율을 적용한 금액과 기초재고액 중 과세사업 사용분의 차이를 추징한다.

(물음 3)

구 분	공급가액(주1)	과세표준
건 물	₩200,000,000	₩120,000,000
부속토지	268,000,000	0

1. 건물
   ① 공급가액(과세공급가액 + 면세공급가액)

   $$₩480,000,000 × \frac{₩100,000,000}{₩134,000,000 + ₩100,000,000 × 40\% + ₩100,000,000 × 60\% × 1.1} = ₩200,000,000$$

   ② 과세표준(= 과세공급가액) : ₩200,000,000 × 60%(직전 과세기간의 과세공급가액비율) = ₩120,000,000

2. 토지
   ① 공급가액(= 면세공급가액)

   $$₩480,000,000 × \frac{₩134,000,000}{₩134,000,000 + ₩100,000,000 × 40\% + ₩100,000,000 × 60\% × 1.1} = ₩268,000,000$$

   ② 과세표준(= 과세공급가액) : ₩0

(물음 4)

세금계산서 불성실가산세	₩80,000
매출처별세금계산서합계표 불성실가산세	없음
매입처별세금계산서합계표 불성실가산세	없음
과소신고·초과환급신고가산세	12,000

1. 세금계산서 불성실가산세 : ₩4,000,000 × 2%(미발급) = ₩80,000
2. 매출처별세금계산서합계표 불성실가산세 : 없음(주2)
3. 매입처별세금계산서합계표 불성실가산세 : 없음(주3)
4. 과소신고·초과환급신고가산세
   ① 과소신고납부세액

구 분	부정	일반	계
매출세액	₩400,000*1	–	₩400,000
매입세액	–	–	(100,000)*2
계			₩300,000

   *1. ₩4,000,000 × 10% = ₩400,000
   *2. ₩1,000,000 × 10% = ₩100,000

   ② 과소신고가산세 : ₩300,000* × 40% × (1 - 90%(주5)) = ₩12,000

   * $₩300,000 × \frac{₩4,000,000}{₩4,000,000} = ₩300,000$ (주4)

〈주1〉 해당 문제에서는 공급가액과 과세표준을 각각 작성하도록 요구하였으므로 출제의도상 공급가액은 부가가치세가 제외된 과세공급가액과 면세공급가액의 합계액을 의미하는 것으로 볼 수 있다.
〈주2〉 중복적용의 배제 : 세금계산서 미발급가산세를 적용받는 부분은 매출처별세금계산서합계표 미제출 가산세를 적용하지 않는다.
〈주3〉 매입처별세금계산서합계표를 제출기한 경과 후 수정신고시 제출하는 경우 매입세액을 공제하고 매입처별세금계산서합계표 불성실가산세를 적용하지 않는다.
〈주4〉 과소신고납부세액 중 부정과소신고납부세액과 일반과소신고납부세액이 있는 경우로서 구분하기 곤란한 경우 부정과소신고납부세액과 일반과소신고납부세액은 다음과 같이 계산한 금액으로 한다.

> ① 부정과소신고납부세액 = 과소신고납부세액 × $\frac{부정행위로 인해 과소신고한 과세표준}{과소신고한 과세표준}$
> ② 일반과소신고납부세액 = 과소신고납부세액 - ①

〈주5〉 법정신고기한이 지난 후 1개월 이내 수정신고시 과소신고가산세를 90% 감면한다.

[문제 4]
(물음 1)
〈요구사항 1〉

익금산입 및 손금불산입			손금산입 및 익금불산입		
과목	금액	소득처분	과목	금액	소득처분
미수임대료(상가)	₩27,000,000	유보	선수임대료(주택)	₩75,000,000	△유보
간주임대료	890,410	기타사외유출			

1. 미수임대료(상가) : ₩3,000,000 × 9개월(주1) = ₩27,000,000
2. 선수임대료(주택) : ① − ② = ₩75,000,000
   ① 장부상 임대료 수익 : ₩120,000,000
   ② 세법상 임대료 수익 : ₩5,000,000 × 9개월(주2) = ₩45,000,000
3. 간주임대료 : (① − ②) × 1.2% × $\frac{1}{365}$ − ③ = ₩890,410
   ① 임대보증금의 적수 : ₩600,000,000 × 275일 = ₩165,000,000,000
   ② 건설비상당액의 적수 : (₩250,000,000 + ₩50,000,000) × $\frac{750㎡}{1,000㎡}$ × 275일 = ₩61,875,000,000
   ③ 금융수익 : ₩2,000,000 + ₩500,000 = ₩2,500,000

〈요구사항 2〉

간주임대료	₩9,041,095

- 간주임대료 : ₩275,000,000,000* × 1.2% × $\frac{1}{365}$ = ₩9,041,095

  * (₩600,000,000 + ₩400,000,000) × 275일 = ₩275,000,000,000

(물음 2)
〈요구사항 1〉

시부인대상 기업업무추진비 해당액	₩198,000,000

- 시부인대상 기업업무추진비 해당액

손익계산서상 기업업무추진비	₩189,000,000	
증빙이 없는 기업업무추진비	(2,500,000)	손불(상여)
건당 3만원 초과 영수증 수취건	(12,000,000)	손불(기타사외유출)
임원 개인명의 신용카드	(5,000,000)	손불(기타사외유출)
광고선전비계상분(주3)	8,000,000	
현물기업업무추진비	5,500,000	
대손상각비계상분(주4)	15,000,000	
합 계	₩198,000,000	

〈주1〉 임대료의 지급기간이 1년 이하이고 계약 등에 의하여 임대료의 지급일이 정하여져 있으므로 약정에 의한 지급일을 임대료수익의 귀속시기로 한다. 따라서 4월부터 12월까지의 9개월분 임대료를 익금에 산입하여야 한다.
〈주2〉 임대료의 지급기간이 1년 이하이고 계약 등에 의하여 임대료의 지급일이 정하여져 있으므로 약정에 의한 지급일을 임대료수익의 귀속시기로 한다.
〈주3〉 광고선전품은 거래처별 연간 합계액이 5만원 이하가 아니므로 기업업무추진비에 해당하며, 기업업무추진비 관련 매입세액불공제액도 기업업무추진비로 보므로 부가가치세가 포함된 8백만원이 기업업무추진비가 된다.
〈주4〉 거래관계 개선을 위해 약정에 따라 포기한 채권의 가액은 기업업무추진비에 해당한다.

〈요구사항 2〉

기업업무추진비 한도액 계산	수입금액	₩46,500,000,000
	기업업무추진비 한도액	121,000,000
기업업무추진비 한도초과액		79,000,000

1. 수입금액

구 분	일반수입금액	특정수입금액	합 계
(1) I/S상 매출액	₩25,000,000,000	₩10,000,000,000	₩35,000,000,000
(2) 부산물 판매액	1,500,000,000	–	1,500,000,000
(3) 당기말 수탁자 판매액	10,000,000,000	–	10,000,000,000
계	₩36,500,000,000	₩10,000,000,000	₩46,500,000,000

2. 기업업무추진비 한도액 : ① + ② = ₩121,000,000

   ① 기초금액 : $₩36,000,000 \times \frac{12}{12} = ₩36,000,000$

   ② 수입금액 기준 : $₩10,000,000,000 \times \frac{3}{1,000} + ₩26,500,000,000 \times \frac{2}{1,000} + ₩10,000,000,000 \times \frac{2}{1,000} \times 10\%$
   $= ₩85,000,000$

3. 기업업무추진비 한도초과(미달)액 : ₩200,000,000(가정치) − ₩121,000,000 = ₩79,000,000

(물음 3)
〈요구사항 1〉

익금산입 및 손금불산입			손금산입 및 익금불산입		
과목	금액	소득처분	과목	금액	소득처분
미지급기부금⁽주1⁾	₩100,000,000	유보	비품	₩2,000,000*¹	△유보
비지정기부금⁽주2⁾	4,000,000	기타사외유출			

* 의제기부금(비품) : ₩15,000,000 − ₩10,000,000 × 130% = ₩2,000,000

〈주1〉 미지급기부금 : A사립대학 장학금은 어음 결제일이 속하는 2026년을 귀속시기로 한다.
〈주2〉 비지정기부금 : 새마을금고에 지출한 기부금은 비지정기부금에 해당한다. 다만, 새마을금고에 사랑의 좀도리운동을 위하여 지출하는 기부금은 일반기부금에 해당한다.

〈요구사항 2〉

특례기부금 해당액	₩25,000,000
일반기부금 해당액	58,000,000
특례기부금 한도초과(미달)액	(156,500,000)
일반기부금 한도초과(미달)액	34,200,000

1. 기부금 해당액

구 분	특례기부금	일반기부금
아동복지시설	–	₩50,000,000
사회복지법인	–	6,000,000(주1)
이재민구호금품	₩25,000,000	–
의료법인(의제기부금)	–	2,000,000
계	₩25,000,000	₩58,000,000

2. 기준소득

① 기준소득금액 : ₩400,000,000(차가감소득금액) + ₩83,000,000(기부금해당액) = ₩483,000,000

② 기준소득 : ₩483,000,000 − ₩120,000,000* = ₩363,000,000

  * Min[₩120,000,000(이월결손금), ₩483,000,000 × 80%] = ₩120,000,000

3. 기부금한도시부인

	B	T	D	T/A
① 특례 — 당기분	₩25,000,000	₩181,500,000*1	△₩156,500,000	세무조정 없음
② 일반 ┌ 당기이전분	10,000,000	33,800,000*2	–	손입 ₩10,000,000 (기타)
└ 당기분	58,000,000	23,800,000*3	₩34,200,000	손불 ₩34,200,000 (기타사외유출)

  *1. ₩363,000,000 × 50% = ₩181,500,000
   2. (₩363,000,000 − ₩25,000,000) × 10% = ₩33,800,000
   3. ₩33,800,000 − ₩10,000,000 = ₩23,800,000

〈주1〉 특수관계가 없는 일반기부금 단체에 현물로 제공된 기부금은 장부가액으로 평가한다.

(물음 4)

〈요구사항 1〉

익금산입 및 손금불산입			손금산입 및 익금불산입		
과목	금액	소득처분	과목	금액	소득처분
퇴직연금충당금(주1)	₩30,000,000	유보	퇴직급여충당금(주1)	₩30,000,000	△유보
			퇴직연금충당금	140,000,000	△유보

B − T = (+) → 손금산입(△유보)
B − T = (−) → 손금불산입(유보)

(단위: 백만원)

B.연충		T.연충		D.유보	
200	450	230	400	△30	50
570	320	630*1	460*2	△60	△140
770	770	860	860	△90	△90

B − T = (+) → 손금불산입(유보)
B − T = (−) → 손금산입(△유보)

*1. Min[①, ②] = ₩630
　① 퇴직연금운용자산 기말잔액: ₩630
　② 퇴직금 추계액(Max[₩910, ₩900]) − Tax상 퇴직급여충당금 기말잔액(₩80) = ₩830
　2. 끼워넣기 금액: ₩230 + ₩630 − ₩400 = ₩460

〈요구사항 2〉

익금산입 및 손금불산입			손금산입 및 익금불산입		
과목	금액	소득처분	과목	금액	소득처분
퇴직연금충당금	₩230,000,000	유보	퇴직급여충당금	₩30,000,000	△유보
			퇴직연금충당금	460,000,000	△유보

B − T = (+) → 손금산입(△유보)
B − T = (−) → 손금불산입(유보)

(단위: 백만원)

B.연충		T.연충		D.유보	
−	−	230	400	△230	△400
−	−	630*1	460*2	△630	△460
−	−	860	860	△860	△860

B − T = (+) → 손금불산입(유보)
B − T = (−) → 손금산입(△유보)

*1. Min[①, ②] = ₩630
　① 퇴직연금운용자산 기말잔액: ₩630
　② 퇴직금 추계액(Max[₩910, ₩900]) − Tax상 퇴직급여충당금 기말잔액(₩80) = ₩830
　2. 끼워넣기 금액: ₩230 + ₩630 − ₩400 = ₩460

〈주1〉 퇴직연금운용자산의 감소액은 퇴직연금충당금과 상계하여야 한다.

구 분	차 변		대 변	
B	퇴직연금충당금	200,000,000	퇴직연금운용자산	230,000,000
	퇴직급여충당금	30,000,000		
T	퇴직연금충당금	230,000,000	퇴직연금운용자산	230,000,000
D	〈손금산입〉 퇴직급여충당금 ₩30,000,000 (△유보)			
	〈손금불산입〉 퇴직연금충당금 ₩30,000,000 (유보)			

[문제 5]
(물음 1)

익금산입 및 손금불산입			손금산입 및 익금불산입		
과목	금액	소득처분	과목	금액	소득처분
전기 반환제품회수권	₩7,500,000	유보	전기 환불충당부채	₩30,000,000	△유보
제품평가손실	6,300,000	유보	반환제품회수권	8,750,000	△유보
제품평가손실	42,000,000	유보			
환불충당부채	35,000,000	유보			

1. 전기말 반품추정액의 반품기간 종료
   ① 환불충당부채^(주1)

구분	차변		대변	
B	환불충당부채	30,000,000	매출채권	18,000,000
			매출	12,000,000
T	매출(환입)	18,000,000	매출채권	18,000,000
D	〈손금산입〉 환불충당부채 ₩30,000,000 (△유보)			

   ② 반품제품회수권

구분	차변		대변	
B	제품	4,500,000	반품제품회수권	7,500,000
	매출원가	3,000,000		
T	제품	10,800,000*	매출원가	10,800,000*¹
D	〈익금산입〉 반품제품회수권 ₩7,500,000 (유보)			
	〈손금불산입〉 제품(평가손실)^(주2) ₩6,300,000 (유보)			

   * ₩18,000,000 × 60%(원가율) = ₩10,800,000

2. 당기 매출 중 당기 반품액
   ① 반품의 매출 및 매출원가 회계처리

구분	차변		대변	
B	매출	120,000,000	매출채권	120,000,000
	제품	72,000,000	매출원가	72,000,000
T	매출	120,000,000	매출채권	120,000,000
	제품	72,000,000*	매출원가	72,000,000*
D	세무조정 없음			

   * ₩120,000,000 × 60%(원가율) = ₩72,000,000

   ② 반품된 제품의 평가손실

구분	차변		대변	
B	제품평가손실	42,000,000	제품	42,000,000
T	−		−	
D	〈손금불산입〉 제품(평가손실) ₩42,000,000 (유보)			

〈주1〉 상품·제품 또는 기타의 생산품 손익의 귀속시기는 인도한 날이 속하는 사업연도로 하는 것이며, 반품된 경우에는 반품일이 속하는 사업연도에 매출의 취소로 보아 매출액에서 차감한다.[법인, 법인세과-1434, 2009.12.28.]

〈주2〉 재고자산의 평가방법을 원가법으로 신고하였으므로 파손·부패 사유 없이 계상한 평가손실은 손금으로 인정되지 않는다.

3. 당기말 반품추정액^(주1)

구분	차변		대변	
B	매출 반환제품회수권	35,000,000 8,750,000	환불충당부채 매출원가	35,000,000 8,750,000
T	—		—	
D	〈익금산입〉 환불충당부채　₩35,000,000 (유보) 〈손금산입〉 반환제품회수권　₩8,750,000 (△유보)			

(물음 2)

〈요구사항 1〉

간접외국납부세액	₩20,000,000
외국납부세액공제 한도액	8,300,000
외국납부세액공제액	8,300,000

1. 간접외국납부세액^(주2) : $₩100,000,000 \times \dfrac{₩50,000,000}{₩350,000,000 - ₩100,000,000} = ₩20,000,000 \rightarrow$ 익입(기타사외유출)

2. 과세표준

각사업연도소득금액	₩330,000,000
이월결손금^(주3)	(25,000,000)
비과세소득	(45,000,000)
과세표준	₩260,000,000

3. 감면후세액
   ① 산출세액 : ₩260,000,000 × 법인세율(9%, 19%) = ₩29,400,000
   ② 감면후세액^(주4) : ₩29,400,000 − ₩18,000,000(통합투자세액공제) = ₩11,400,000

4. 최저한세 : (₩260,000,000 + ₩20,000,000) × 7% = ₩19,600,000

5. 조세감면배제내역
   ① 감면배제세액 : ₩19,600,000 − ₩11,400,000 = ₩8,200,000
   ② 감면배제내역^(주5)
      a. 최저한세 대상 손금산입·익금불산입액 : ₩20,000,000
      b. 통합투자세액공제액 : ₩8,200,000 − ₩3,800,000* = ₩4,400,000
         * ₩20,000,000 × 19% = ₩3,800,000

〈주1〉 내국법인이 제품을 판매하고 반품이 예상되는 금액에 대하여 환불충당부채와 환불예상자산을 계상하여 해당 사업연도의 매출액 및 매출원가를 차감하는 경우에 동 환불충당부채와 환불예상자산은 해당 법인의 각 사업연도 소득금액 계산 시 각각 익금 또는 손금에 산입한다.[서면-2020-법인-0762, 2021.08.24.]
〈주2〉 의결권 있는 발행주식총수 또는 출자총액의 10% 이상을 배당기준일 현재 6개월 이상 투자하고 있었으므로 A사는 간접외국납부세액의 계산 대상이다.
〈주3〉 제14기(2014년) 발생 이월결손금은 공제기간이 지났으므로 공제할 수 없다.
〈주4〉 중소기업의 연구 및 인력개발비 세액공제는 최저한세 적용대상에 해당하지 않는다.
〈주5〉 경정시 배제순서 : ① 익금불산입·손금산입 → ② 세액공제 → ③ 세액감면 → ④ 소득공제·비과세

6. 외국납부세액공제액 : Min[①, ②] = ₩8,300,000

　① 외국납부세액 : ₩5,000,000(직접) + ₩20,000,000(간접) = ₩25,000,000

　② 한도 : $₩33,200,000^{*2} \times \dfrac{₩50,000,000 + ₩20,000,000(간접)}{₩280,000,000^{*1}} = ₩8,300,000$

　　*1. 수정된 과세표준 : ₩260,000,000(수정전) + ₩20,000,000 = ₩280,000,000
　　 2. 수정된 산출세액 : ₩29,400,000(수정전) + ₩20,000,000 × 19% = ₩33,200,000

〈요구사항 2〉

감면후 세액	₩11,400,000
최저한세	19,600,000
총부담세액	11,000,000

1. 감면후 세액 : ₩29,400,000 − ₩18,000,000(통합투자세액공제) = ₩11,400,000

2. 최저한세 : (₩260,000,000 + ₩20,000,000) × 7% = ₩19,600,000

3. 총부담세액

Max[감면후세액, 최저한세]	₩19,600,000
연구·인력개발비 세액공제	(3,600,000)
외국납부세액공제	(5,000,000)　가정치
총부담세액	₩11,000,000

[문제 6]
(물음 1)

1주당 순자산가치	₩60,000
1주당 순손익가치	19,200
1주당 평가액	48,000
비상장주식 평가액	2,880,000,000

1. 1주당 순자산가치

$$\frac{70억원 - 1억원^{(주1)} + 6억원^{(주2)} + 12억원^{(주2)} - 12억원^{(주3)}}{125,000주} = ₩60,000$$

2. 1주당 순손익가치

   (1) 1주당 순손익액 : (① × 3 + ② × 2 + ③ × 1) ÷ 6 = ₩1,920

   ① 2024년 1주당 순손익액 : $\frac{₩300,000,000}{125,000주}$ = ₩2,400

   ② 2023년 1주당 순손익액 : $\frac{₩200,000,000}{125,000주}$ = ₩1,600

   ③ 2022년 1주당 순손익액 : $\frac{₩140,000,000}{125,000주}$ = ₩1,120

   (2) 1주당 순손익가치 : $\frac{₩1,920}{10\%}$ = ₩19,200

3. 1주당 평가액$^{(주4)}$: Max[①, ②] = ₩48,000
   ① (₩19,200 × 3 + ₩60,000 × 2) ÷ 5 = ₩35,520
   ② ₩60,000 × 80% = ₩48,000

4. 비상장주식평가액 : ₩48,000 × (1 + 20%$^{(주5)}$) × 50,000주 = ₩2,880,000,000

⟨주1⟩ 선급비용(평가기준일 현재 비용으로 확정된 것에 한한다)은 자산에서 제외하며, 영업권 평가액은 자산가액에 포함한다. 문제에서 제시된 선급비용이 비용으로 확정된 것인지 여부는 불명확하나 출제의도상 비용으로 확정된 것을 의미하는 것으로 판단되어 차감하여 계산하였다.
⟨주2⟩ 충당금 및 준비금은 부채에서 제외하므로 순자산가액에 다시 가산한다.
⟨주3⟩ 평가기준일 현재 퇴직금추계액은 부채로 차감한다.
⟨주4⟩ 해당 문제에서 1주당 평가액은 할증평가 전의 금액을 의미하는지 할증평가 후의 금액을 의미하는지 여부가 불명확하나 비상장주식평가액이 답안양식상 별도로 제시되어 있으므로 할증평가 전의 금액으로 답안을 작성하였다. 할증평가 후의 금액으로 답안을 작성하더라도 점수에는 영향이 없을 것으로 생각된다.
⟨주5⟩ 최대주주이므로 20% 할증평가한다.

(물음 2)

증여세 과세여부 판단 기준금액	₩54,000,000
증여재산가액	270,000,000

1. 증여세 과세여부 판단 기준금액 : Min[₩54,000,000*, ₩300,000,000] = ₩54,000,000

   * (₩100,000,000 + ₩80,000,000 + ₩0) × 30% = ₩54,000,000

2. 증여재산가액

해당 재산가액	₩450,000,000(주1)	양도한 날의 재산가액
해당 재산의 취득가액	(100,000,000)	
통상적인 가치상승분	(80,000,000)	
가치상승기여분	(0)	
재산가치상승금액	₩270,000,000	

〈주1〉 해당 재산가액은 재산가치증가사유가 발생한 날 현재의 가액(상증세 및 증여세법에 따라 평가한 가액)으로 한다. 다만, 재산가치증가사유 발생일 전에 그 재산을 양도한 경우에는 **그 양도한 날**을 재산가치증가사유 발생일로 본다.

[참고규정] 재산 취득 후 재산가치 증가에 따른 이익의 증여

직업, 연령, 소득 및 재산상태로 보아 자력으로 해당 행위를 할 수 없다고 인정되는 자가 법소정 사유로 재산을 취득하고 그 재산을 취득한 날부터 **5년 이내**에 재산가치증가사유로 인하여 이익을 얻은 경우에는 그 이익에 상당하는 금액을 그 이익을 얻은 자의 증여재산가액으로 한다. 다만, 그 이익에 상당하는 금액이 기준금액(법소정금액*의 **30% 또는 3억원 중 적은 금액**)미만인 경우는 제외한다.

* 법소정금액 : ① 해당 재산의 취득가액 + ② 통상적인 가치상승분 + ③ 가치상승기여분

2020년 회계사 기출문제 해설

[문제 1]
(물음 1)

갑의 총급여액	₩99,460,000
을의 총급여액	53,600,000

1. 갑의 총급여액

기본급	₩70,000,000	
성과급	20,000,000	
식사대	360,000	₩2,760,000 − ₩200,000 × 12개월
판공비^(주1)	2,000,000	
자가운전보조금	600,000	₩3,000,000 − ₩200,000 × 12개월
건강보험료 회사대납액	4,500,000	
직무발명보상금	1,000,000	₩8,000,000 − ₩7,000,000
주택자금대여이익^(주2)	1,000,000	임원이므로 과세된다.
총급여액	₩99,460,000	

2. 을의 총급여액

기본급	₩48,000,000	
성과급	1,800,000	
식사대	1,560,000	현물식사를 제공받으므로 식사대는 전액 과세된다.
자격증수당	240,000	근로소득으로 과세된다.
자가운전보조금	–	월 20만원 이하로 비과세된다.
건강보험료 회사대납액	2,000,000	
직무발명보상금	–	연 700만원 이하로 비과세된다.
주택자금대여이익^(주2)	–	중소기업의 종업원이므로 비과세된다.
총급여액	₩53,600,000	

〈주1〉 기밀비(판공비 포함)·교제비 기타 이와 유사한 명목으로 받는 것으로서 업무를 위하여 사용된 것이 분명하지 아니한 급여는 근로소득에 포함된다.

〈주2〉 중소기업 종업원이 주택자금을 대여 받음으로써 얻는 이익은 비과세 근로소득이다. 종업원에 임원이 포함되는 지 여부는 조문마다 그 적용이 다르나, 법인세법상으로도 중소기업에 근무하는 직원에 대한 주택구입·전세자금 대여금은 업무무관가지급금으로 보지 않으므로 소득세법 규정을 적용함에 있어서 종업원의 범위에는 임원이 제외되는 것으로 해석된다. 반면, 자가운전보조금 비과세규정 적용시 종업원의 범위에는 임원을 포함하므로 소득세법 조문상 표현 정비가 필요한 부분이다.

(물음 2)
〈요구사항 1〉

이자소득 총수입금액	₩30,000,000
이자소득 원천징수세액	5,660,000

1. 금융소득의 구분

내 역	무조건 분리과세	조건부 종합과세	비 고
비영업대금 이익	–	₩10,000,000	25%(주1)
외상매출금 연체이자	–	–	사업소득
국내은행 정기예금이자	–	20,000,000	14%
공익신탁의 이익	–	–	비과세
비실명 이자소득	₩800,000	–	45%
계	₩800,000	₩30,000,000	

2. 종합과세되는 이자소득 총수입금액 : ₩30,000,000(2천만원 초과 종합과세)

3. 이자소득 원천징수세액(분리과세대상 포함) : ₩800,000 × 45% + ₩10,000,000 × 25% + ₩20,000,000 × 14% = ₩5,660,000

〈요구사항 2〉

손익계산서상 당기순이익		₩100,000,000
가산조정	총수입금액산입·필요경비불산입	50,000,000
차감조정	총수입금액불산입·필요경비산입	35,300,000
사업소득금액		₩114,700,000

1. 총수입금액산입·필요경비불산입 : ₩50,000,000(대표자 급여)

2. 총수입금액불산입·필요경비산입(주2) : ① + ② = ₩35,300,000

   ① 이자수익 : ₩32,300,000*

    * ₩32,800,000(이자수익 합계) − ₩500,000(외상매출금 연체이자) = ₩32,300,000

   ② 산업재산권 양도이익 : ₩3,000,000(기타소득의 총수입금액)

〈주1〉 14% 원천징수세율을 적용하는 온라인투자연계금융업자을 통해 받은 이자(적격 P2P 금융)가 아니므로 25% 원천징수세율을 적용한다.

 [참고] 적격 P2P 금융 : 자금을 대출받으려는 차입자와 자금을 제공하려는 투자자를 온라인을 통하여 중개하는 자로서 관련 법률에 따라 금융위원회에 등록하거나 금융위원회로부터 인가·허가를 받는 등 이용자 보호를 위한 일정한 요건을 갖춘 자를 통하여 지급받는 이자소득에 대해서는 14%로 한다.

〈주2〉 복식부기의무자가 양도하는 건설기계는 2018. 1. 1. 이후 취득하여 양도한 경우에 한하여 사업소득에 포함한다. 그러므로 장부상 수익으로 계상한 사업용 건설기계(굴삭기) 처분이익(2021. 12. 31. 취득)은 별도의 세무조정이 필요하지 않다.

(물음 3)

〈요구사항 1〉

인적 공제액	기본공제액	₩10,500,000
	추가공제액	5,000,000
자녀세액공제액		1,050,000

1. 인적공제(주1)

구 분	기본공제액	추가공제액
본인	○	–
배우자	○	–
부친	×	–
장인	○	₩3,000,000(경로우대자 & 장애인공제)
딸	○	–
아들	○	–
위탁아동	○	–
동생	○	2,000,000(장애인공제)
	₩1,500,000 × 7명 = ₩10,500,000	₩5,000,000

2. 자녀세액공제액 : ① + ② = ₩1,050,000
   ① 기본공제 : ₩250,000 + ₩300,000 = ₩550,000(2명, 딸과 위탁아동)(주2)
   ② 출산·입양공제 : ₩500,000(둘째)(주3)

〈요구사항 2〉

신용카드 등 사용금액	40%공제율 적용대상	₩1,700,000
	30%공제율 적용대상	–
	15%공제율 적용대상	19,900,000
신용카드 등 사용 소득공제액		640,000

〈주1〉 ① 본인 : 부양가족에 장인이 있으므로 남성에 해당한다. 그러므로 부녀자공제대상에 해당하지 않는다.
② 배우자 : 소득이 없으므로 기본공제대상자에 해당한다.
③ 부친 : 60세 이상이나, 소득금액이 100만원을 초과한다.
④ 장인 : 70세 이상이며, 장애인이므로 경로우대자공제(100만원) 및 장애인공제(200만원) 대상이다.
⑤ 딸 : 20세 이하이며, 소득이 없으므로 기본공제대상자에 해당한다.
⑥ 아들 : 20세 이하이며, 소득이 없으므로 기본공제대상자에 해당한다.
⑦ 위탁아동 : 2025년도에 6개월 이상 양육하였으며, 소득이 없으므로 기본공제대상자에 해당한다.
⑧ 동생 : 20세를 초과하나, 장애인이므로 나이와 무관하게 기본공제대상자이며, 장애인공제(200만원) 대상에 해당한다.

〈주2〉 기본공제대상자에 해당하는 자녀(입양자 및 위탁아동 포함)로서 8세 이상의 사람이 2명이다. 해당연도에 출생한 아들은 8세 미만이므로 공제대상 자녀수에 포함되지 않으나 출산·입양공제 대상에 해당한다.

〈주3〉 출산·입양 신고한 공제대상자녀에 대하여 세액공제를 적용하는 경우 나이 순서와 관계없이 사망한 자녀를 포함하여 출산·입양신고한 순서를 기준으로 적용하는 것이며, 세액공제 대상 자녀의 범위는 가족관계등록부상의 자녀를 기준으로 판단한다(소득, 기획재정부 소득세제과-523). 위탁아동은 가족관계등록부상의 자녀가 아니므로 해당연도 출생한 아들은 둘째 자녀에 해당한다.

1. 신용카드사용액 등의 분석[주1]

구 분	본인	장인	배우자	합계[주2]	최저사용액	공제대상 사용액	공제율	공제대상 금액
전통시장 사용분	–	–	₩1,500,000	₩1,500,000	–	₩1,500,000	40%	₩600,000
대중교통비 사용분	–	₩200,000	–	200,000	₩100,000	100,000	40%	40,000
문화체육 사용분	–	–	–	–	–	–	30%	–
직불카드 등 사용분	–	–	–	–	–	–	30%	–
신용카드 사용분	₩19,900,000	–	–	19,900,000	19,900,000	–	15%	–
계	₩19,900,000	₩200,000	₩1,500,000	₩21,600,000	₩20,000,000*	₩1,600,000		₩640,000

* 최저사용액 : ₩80,000,000 × 25% = ₩20,000,000

2. 신용카드소득공제액 : Min[①, ②] = ₩640,000

　① 공제대상금액 : ₩640,000
　② 한도 : a + b = ₩3,180,000
　　a. 일반한도 : ₩2,500,000[주3]
　　b. 추가한도 : Min[(₩1,500,000 + ₩200,000) × 40%, ₩2,000,000] = ₩680,000

〈요구사항 3〉

의료비 세액공제액	₩2,040,000

1. 특정의료비

　① 본인의 건강진단비　　　　　　　₩1,200,000
　② 본인의 안경구입비　　　　　　　　 400,000
　③ 장인(65세 이상자)의 보청기 구입비　2,000,000
　④ 동생(장애인)의 장애인 보장구 구입비　3,000,000
　　　　　합계　　　　　　　　　　　₩6,600,000

2. 일반의료비[주4] : Min[₩11,400,000 – ₩80,000,000 × 3%, ₩7,000,000] = ₩7,000,000

　① 배우자의 안경구입비　　　　　　₩400,000
　② 배우자의 출산 병원비　　　　　　1,000,000
　③ 배우자의 산후조리원 비용　　　　2,000,000　Min[₩3,000,000, ₩2,000,000]
　④ 딸의 허리디스크 수술비　　　　　8,000,000
　　　　　합계　　　　　　　　　　₩11,400,000

3. 의료비세액공제 : (₩6,600,000 + ₩7,000,000) × 15% = ₩2,040,000

〈주1〉　① 정치자금세액공제 또는 기부금세액공제를 적용받은 정당 등에 대한 기부금, 정부 또는 지방자치단체에 납부하는 국세·지방세(취득세 등), 국외에서 사용한 금액은 신용카드 등 사용액에서 제외된다.
　　　　② 형제자매 사용분은 소득공제대상이 아니다.
　　　　③ 부친은 소득금액이 100만원을 초과하므로 부친의 사용액은 소득공제대상이 아니다.
　　　　④ 문화체육 사용분은 총급여액이 7천만원 이하인 경우에 한하여 구분하여 적용한다.
〈주2〉　조문상 아래의 ①에서 ②를 빼서 공제대상금액을 계산하도록 표현되어 있으므로 답안양식의 신용카드 등 사용금액은 출제의도상 최저사용액 차감전 사용액을 의미하는 것으로 판단된다.
　　　　① 사용액 × 공제율(40%, 30%, 15%)
　　　　② 최저사용액 × 공제율(40%, 30%, 15%)
〈주3〉　총급여액이 7천만원을 초과하므로 기본한도는 연 250만원으로 한다.
〈주4〉　① 안경·콘택트렌즈 구입비는 1인당 50만원을 한도로 한다.
　　　　② 건강증진을 위한 의약품 구입비용, 미용·성형수술을 위한 비용은 공제대상 의료비에서 제외된다.
　　　　③ 산후조리원 비용은 출산 1회당 200만원을 한도로 한다.

[문제 2]

〈요구사항 1〉

양도가액	₩100,000,000
취득가액	50,000,000
기타의 필요경비	1,200,000
양도차익	48,800,000

(1) 양도가액   ₩100,000,000 $₩500,000,000 \times \dfrac{1억원}{5억원}$

(2) 취득가액   (50,000,000) $₩250,000,000^{*1} \times \dfrac{1억원}{5억원}$

(3) 기타의 필요경비   (1,200,000) $₩6,000,000^{*2} \times \dfrac{1억원}{5억원}$

(4) 양도차익   ₩48,800,000

*1. 환산취득가액(주1) : $₩500,000,000 \times \dfrac{₩200,000,000}{₩400,000,000} = ₩250,000,000$

 2. 필요경비개산공제(주1) : $₩200,000,000 \times 3\% = ₩6,000,000$

〈요구사항 2〉

증여세 과세가액	₩480,000,000

증여재산가액	₩500,000,000
− 비과세재산가액	−
− 과세가액불산입재산가액	−
− 부담부증여시 채무인수액	(100,000,000)
+ 합산대상증여재산가액(주2)	80,000,000
증여세 과세가액	₩480,000,000

〈주1〉 취득가액을 환산취득가액으로 하는 경우 세부담 최소화를 위해 Max[①, ②]를 필요경비로 할 수 있다. 해당 문제에서는 자본적지출액과 양도비용이 확인되지 않는다고 했으므로 ①을 적용한다.
  ① 환산취득가액 + 필요경비개산공제액
  ② 자본적지출액 + 양도비용

〈주2〉 해당 증여일 전 10년 이내에 동일인(증여자가 직계존속인 경우에는 그 직계존속의 배우자 포함)으로부터 받은 증여재산가액을 합친 금액이 1,000만원 이상인 경우에는 그 가액을 증여세과세가액에 가산한다. 다만, 합산배제증여재산의 경우에는 그러하지 아니하다.

[문제 3]
(물음 1)

구 분	과세표준	
	과세	영세율
㈜A	₩8,000,000	–
㈜B	20,000,000	–
㈜C	6,000,000	–
㈜D	3,604,900	–
㈜E	6,000,000	₩24,000,000

1. ㈜A : ① + ② = ₩8,000,000
   ① 기계장치A(단기할부판매) : ₩0^(주1)
   ② 기계장치B(중간지급조건부) : ₩8,000,000(계약금)^(주2)
2. ㈜B : ₩20,000,000(기계장치A의 시가)^(주3)
3. ㈜C : ① + ② = ₩6,000,000
   ① 제품A : ₩10,000,000 − ₩7,000,000* = ₩3,000,000
   　* 세관장의 과세표준 : ₩5,000,000 + ₩500,000 + ₩1,500,000 = ₩7,000,000
   ② 제품B : ₩20,000,000 − ₩17,000,000* = ₩3,000,000
   　* 세관장의 과세표준 : ₩1,700,000 ÷ 10% = ₩17,000,000
4. ㈜D
   (1) 과세와 면세 구분^(주4)

구 분	면세	과세
건물	500㎡	500㎡
토지	1,250㎡*	1,750㎡

   　* 주택부수토지 : Min[3,000㎡ × $\frac{500㎡}{1,000㎡}$, Max(500㎡ × $\frac{500㎡}{1,000㎡}$ × 5배, 500㎡)] = 1,250㎡

   (2) 총임대료 : ① + ② = ₩6,655,200
   ① 임대료 : ₩2,000,000 × 3개월(4월~6월) = ₩6,000,000
   ② 간주임대료^(주5) : ₩146,000,000 × 91일(4.1.~6.30) × 1.8% × $\frac{1}{365}$ = ₩655,200

   (3) 과세표준^(주6) : ① + ② = ₩3,604,900
   ① 건물분 : ₩6,655,200 × $\frac{₩160,000,000}{₩320,000,000}$ × $\frac{500㎡}{1,000㎡}$ = ₩1,663,800
   ② 토지분 : ₩6,655,200 × $\frac{₩160,000,000}{₩320,000,000}$ × $\frac{1,750㎡}{3,000㎡}$ = ₩1,941,100

〈주1〉 단기할부판매에 해당하므로 공급시기는 2025. 3. 20. 이다. 그러므로 예정신고기간의 과세표준에 포함되며, 확정신고시 과세표준에 포함되지 않는다.
〈주2〉 ① 계약금을 받기로 한 날의 다음날부터 재화를 인도하는 날까지의 기간(5월 21일~11월 20일)이 6개월 이상이고, 그 기간 이내에 계약금 외의 대가를 분할하여 받았으므로 중간지급조건부에 해당한다.(초일불산입·말일산입) → 참고로 1월 1일부터 6월 30일까지의 기간이 6개월이며, 같은 논리로 5월 21일부터 11월 20일까지의 기간은 6개월이다.
　② 중간지급조건부의 공급시기는 대가의 각 부분을 받기로 한 때이므로 계약금은 제1기 확정신고시 과세표준에 포함되며, 중도금과 잔금은 제2기 과세표준에 포함된다. 또한 중도금, 잔금은 동일 과세기간에 원칙적인 공급시기가 도래하는 경우가 아니므로 선발급특례에 해당하지 않는다.
〈주3〉 금전 외의 대가를 받는 경우 자기가 **공급한** 재화 또는 용역의 시가를 공급가액으로 한다.
〈주4〉 주택면적이 상가면적보다 작거나 같은 경우 주택면적만 주택으로 본다.
〈주5〉 부가가치세법상 간주임대료 계산시 이자수익은 차감하지 않는다.
〈주6〉 겸용주택임대의 경우 기준시가비율로 토지분과 건물분을 안분한 후 과세면적비율로 공급가액을 계산한다. 문제에 제시된 감정가액은 관련 자료가 아니다.

5. ㈜E

구 분	과세	영세율
제품A⁽주1⁾	-	₩10,000,000
제품B⁽주2⁾	₩6,000,000*1	14,000,000*2
합계	₩6,000,000	₩24,000,000

*1. ₩20,000,000 × 30%(면세사업 사용분) = ₩6,000,000
 2. ₩20,000,000 × 70%(과세사업 사용분) = ₩14,000,000

(물음 2)

구 분	과세표준
원재료	₩7,000,000
건 물	48,000,000
토 지	-
차 량	-
기계장치	15,000,000
비 품	-
제 품	12,000,000
합 계	₩82,000,000

구 분	과세표준	계산내역
원재료	₩7,000,000	시가
건물	48,000,000	₩80,000,000 × (1 - 5% × 5) × 80%⁽주3⁾
토지	-	면세
차량	-	매입세액불공제분
기계장치	15,000,000	₩20,000,000 × (1 - 25% × 1)
비품	-	₩5,000,000 × (1 - 25% × 4⁽주4⁾)
제품	12,000,000	₩1,000,000 × 12회⁽주5⁾
합 계	₩82,000,000	

〈주1〉 수탁가공무역으로 외국으로 반출하였으므로 영세율을 적용한다.
〈주2〉 비거주자·외국법인이 지정하는 국내사업자에게 인도되는 재화로서 해당 사업자의 과세사업에 사용되는 재화는 영세율을 적용하며, 면세사업에 사용하는 재화는 10%를 적용한다.
〈주3〉 직전과세기간의 과세공급가액비율 : 과세사업과 면세사업을 겸영하는 일반사업자가 사업을 폐지하는 때에 잔존하는 감가상각자산에 대한 자가공급의 부가가치세 과세표준은 간주시가를 산정한 후 해당 금액을 과세사업과 면세사업등에 공통으로 사용된 재화의 공급가액 계산규정에 의해 안분 계산한 가액으로 한다(서면부가-21635, 2015.2.17.).
〈주4〉 경과된 과세기간의 수가 4를 초과할 때에는 4로 한다.
〈주5〉 인도일의 다음날부터 최종 할부금 지급기일까지의 기간(1월 11일 ~ 12월 31일)이 1년 이상이 아니므로 단기할부판매에 해당한다. 그러므로 공급시기는 인도일(1월 10일)이며, 해당 과세기간의 과세표준에 인도한 재화의 총가액이 포함된다. → 참고로 만약 장기할부판매로 자료가 제시된 경우라도 폐업 전에 공급한 재화 또는 용역의 공급시기가 폐업일 이후에 도래하는 경우에는 그 폐업일을 공급시기로 하므로 해당 문제의 답은 변동이 없다.

[문제 4]
〈요구사항 1〉

매출세액	₩50,000,000
매입세액	27,200,000
납부세액	22,800,000

(1) 매출세액 : ₩500,000,000 × 10% = ₩50,000,000
(2) 매입세액 : ① + ② = ₩27,200,000
　　① 과세사업 관련 매입세액 : ₩240,000,000 × 10% = ₩24,000,000
　　② 공통매입세액 : ₩40,000,000 × 10% × 80%* = ₩3,200,000

　　　* 과세매입가액의 비율(주1) : $\frac{₩240,000,000}{₩300,000,000}$ = 80%

(3) 납부세액 : (1) - (2) = ₩22,800,000

〈요구사항 2〉

공통매입세액 정산액	(+)₩200,000

(1) 면세비율

2024년 제1기 면세매입가액비율	2024년 제2기 면세공급가액비율
20%	25%*

　* 2024년 제2기 과세기간의 면세공급가액비율 : $\frac{₩200,000,000}{₩800,000,000}$ = 25%

(2) 공통매입세액 정산액(주2) : ₩4,000,000 × (25% - 20%) = ₩200,000(납부세액 증가)

〈요구사항 3〉

2025년 제1기	(+)₩100,000
2025년 제2기	없음

(1) 면세비율

2024년 제2기	2025년 제1기
25%	30%

(2) 2025년 제1기 납부(환급)세액 재계산액(주3) : ₩4,000,000 × (1 - 25% × 2) × (30% - 25%) = ₩100,000(납부세액 증가)
(3) 2025년 제2기 납부(환급)세액 재계산액(주4) : 없음

〈요구사항 4〉

과세표준	₩14,000,000

₩20,000,000 × 70%(직전 과세기간의 과세공급가액비율) = ₩14,000,000

〈주1〉 해당 과세기간 중 과세사업과 면세사업의 공급가액이 없거나 그 어느 한 사업의 공급가액이 없는 경우에는 다음의 대체비율의 순서에 따라 안분계산한다.
　　　① 매입가액의 비율 → ② 예정공급가액의 비율 → ③ 예정사용면적의 비율
〈주2〉 대체비율과 확정비율의 정산시에는 기간경과를 고려하지 않으며, 대체비율과 확정비율의 차이가 5% 미만이어도 확정비율로 정산한다.
〈주3〉 납부(환급)세액 재계산시에는 기간경과를 고려하여야 하며, 면세비율이 5% 이상 증감된 경우에 한하여 재계산한다.
〈주4〉 2025년 제2기에는 공통사용재화를 매각하였으므로 재계산을 하지 않는다.

[문제 5]
(물음 1)

자료번호	익금산입 및 손금불산입			손금산입 및 익금불산입		
	과목	금액	소득처분	과목	금액	소득처분
1(주1)	부당행위계산부인	₩30,000,000*1	상여	토지A	₩30,000,000*1	△유보
2(주2)	비상장주식B	2,000,000*2	유보			
3(주3)	토지C 전기유보추인	30,000,000	유보			
4(주4)	기타포괄손익	5,000,000	기타	비상장주식D	5,000,000	△유보

*1. ₩100,000,000 − ₩70,000,000(감정가액) = ₩30,000,000 ≥ ₩70,000,000 × 5%.
 2. [₩7,000(상증세법상 평가가액) − ₩5,000) × 1,000주 = ₩2,000,000

(물음 2)

구 분	의제배당액
㈜A	₩16,720,000
㈜B	3,800,000

1. ㈜A
   (1) 주식의 변동내역

일자	내역	감자전	감자	감자순서
2019. 6. 5	유상취득(@₩10,000)	3,000주	200주	②
2021. 9. 8	무상증자(@₩1,000)	2,000주		
2023. 5. 22	무상증자(단기소각주식(주5))	1,000주	1,000주	①
계		6,000주	1,200주	

   (2) 감자시 의제배당 : ① − ② = ₩16,720,000
      ① 감자대가 : 1,200주* × ₩15,000 = ₩18,000,000
         * 6,000주 × 20% = 1,200주
      ② 소멸주식의 세무상 취득가액 : 1,000주 × ₩0 + 200주 × ₩6,400* = ₩1,280,000

         * $\dfrac{3,000주 × ₩10,000 + 2,000주 × ₩1,000}{3,000주 + 2,000주}$ = ₩6,400

〈주1〉 특수관계인(대표이사)으로부터 토지A를 고가로 매입한 경우로 현저한 이익분여요건을 충족하였으므로 부당행위계산부인규정을 적용한다. 시가가 불분명한 경우이므로 감정가액을 시가로 본다.

[관련규정] 시가가 불분명한 경우 → 다음의 가액을 순차로 적용한다.
① 감정평가업자가 감정한 가액(감정한 가액이 2 이상인 경우에는 그 감정한 가액의 평균액) 단, 주식 또는 출자지분은 감정가액을 적용하지 않는다.
② 상속세 및 증여세법상의 보충적 평가방법

〈주2〉 특수관계에 있는 개인(최대주주인 갑)으로부터 유가증권을 저가매입한 경우이므로 시가와 매입가액의 차액을 익금산입한다. 시가가 불분명한 경우 주식은 감정가액을 적용할 수 없으므로 상속세 및 증여세법상의 보충적 평가방법에 따른 평가가액을 시가로 본다.
〈주3〉 전기에 특수관계인(전무이사)로부터 토지C를 고가매입하여 손금산입한 유보잔액(△₩30,000,000)을 당기 처분시 익금산입(유보)으로 추인한다.
〈주4〉 투자회사가 아닌 일반법인의 주식평가이익은 세법상 인정하지 않으므로 기타포괄손익으로 회계처리한 평가이익을 ① 익금산입(기타)과 ② 익금불산입(△유보)으로 양쪽으로 세무조정한다.
〈주5〉 단기소각주식(감자 전 2년 이내에 의제배당으로 과세되지 않은 무상주)이 있는 경우 감자 등으로 인한 의제배당금액을 계산할 때 그 주식을 먼저 소각한 것으로 보며 그 주식의 취득가액은 0(영)으로 한다.

2. ㈜B

(1) 재원분석

구성내역	금액	의제배당 해당여부
주식발행초과금	₩6,000,000	×
자기주식처분이익	2,000,000	○
자기주식소각이익⁽주¹⁾	4,000,000	○
이익준비금	8,000,000	○
합 계	₩20,000,000	

(2) 의제배당금액 : ① + ② = ₩3,800,000

① 본래의 의제배당소득 : 1,000주 × 70%* × ₩5,000 = ₩3,500,000

$$* \quad \frac{₩14,000,000}{₩20,000,000} = 70\%$$

② 지분율증가에 의한 의제배당소득 : 200주*¹ × 30%*² × ₩5,000 = ₩300,000

*1. 1,000주 - 4,000주(= ₩20,000,000 ÷ ₩5,000) × 20% = 200주

$$2. \quad \frac{₩6,000,000}{₩20,000,000} = 30\%$$

→ 1,000주 × 70% × ₩5,000 = ₩3,500,000
→ 200주 × 30% × ₩5,000 = ₩300,000

※ 별해

1차분 : 800주 × 70% × ₩5,000 = ₩2,800,000
2차분 : 200주 × 100% × ₩5,000 = ₩1,000,000

〈주1〉 소각일부터 2년 내에 자본전입하였으므로 의제배당에 해당한다.

(물음 3)
〈요구사항 1〉

익금산입 및 손금불산입			손금산입 및 익금불산입		
과목	금액	소득처분	과목	금액	소득처분
임원상여금한도초과액(주1)	₩20,000,000*1	상여			
임원퇴직금한도초과액(주2)	54,500,000*2	상여			
근로시간면제자 급여(주3)	40,000,000	기타소득			

*1. 임원상여금한도초과액 : ① - ② = ₩20,000,000
　① 임원상여금(상무이사) : ₩50,000,000
　② 한도 : ₩100,000,000 × 30% = ₩30,000,000

*2. 임원퇴직금한도초과액 : ① - ② = ₩54,500,000
　① 임원퇴직금 : ₩100,000,000
　② 한도 : (₩100,000,000 + ₩50,000,000 - ₩20,000,000) × 10% × $3\frac{6}{12}$ = ₩45,500,000

〈요구사항 2〉(주4)

익금산입 및 손금불산입			손금산입 및 익금불산입		
과목	금액	소득처분	과목	금액	소득처분
지배주주 갑	₩5,000,000	배당			
공동경비	10,000,000*	기타사외유출			
사택유지비	9,000,000	상여			

* ₩20,000,000 - ₩20,000,000 × 50% = ₩10,000,000

〈주1〉 대표이사 상여금은 한도미달이므로 별도의 세무조정이 없다.
〈주2〉 임원퇴직금 세법상의 한도 계산시 근속연수는 월수로 계산하되, 1개월 미만의 기간은 절사한다. 또한 근로자퇴직급여보장법의 규정에 따라 직원에게 퇴직금을 중간정산하여 지급한 경우는 현실적인 퇴직에 포함되므로 직원의 퇴직급여는 전액 손금으로 인정된다.
〈주3〉 노동조합 및 노동관계조정법을 위반하여 지급하는 급여는 손금에 산입하지 않는다. 이 경우 소득처분이 기타소득임에 주의해야 한다.
〈주4〉 ① 임직원이 아닌 지배주주 등에게 지급한 여비와 교육훈련비는 손금에 산입하지 않는다.
　② 비출자공동사업으로 특수관계인이 아닌 경우 약정비율을 법정비율로 하며, 법정비율을 초과하여 지급한 공동경비는 손금에 산입하지 않는다.
　③ 장식·환경미화 목적으로 항상 전시하는 미술품(건별 1천만원 이하인 것)의 취득가액을 취득시 손비로 계상한 경우에는 손금으로 인정한다.
　④ 출자임원(소액주주인 임원 제외)이 사용하고 있는 사택의 유지비는 손금에 산입하지 않는다.

(물음 4)

시부인대상 기업업무추진비 해당액		₩105,100,000
기업업무추진비 한도액	일반기업업무추진비 한도액	46,600,000
	문화기업업무추진비 한도액	5,000,000
	전통시장기업업무추진비 한도액	4,660,000
기업업무추진비 한도초과액		48,840,000

(1) 기업업무추진비 해당액

손익계산서상 기업업무추진비	₩105,300,000	
건당 3만원 초과 영수증수취	(12,800,000)	손不(기타사외유출)
잡손실계상분^(주1)	6,000,000	국외지역 지출분
현물기업업무추진비 평가차액^(주2)	6,600,000	₩6,600,000 − ₩0
합 계	₩105,100,000	

(2) 기업업무추진비 한도액 : ① + ② + ③ + ④ = ₩56,260,000

① 기초한도 : ₩12,000,000 × $\frac{12}{12}$ = ₩12,000,000

② 수입금액 한도 : 100억원 × $\frac{3}{1,000}$ + 20억원 × $\frac{2}{1,000}$ + 30억원 × $\frac{2}{1,000}$ × 10% = ₩34,600,000

③ 문화기업업무추진비 한도^(주3) : Min[₩5,000,000(음반 및 음악영상물), (① + ②) × 20%] = ₩5,000,000

④ 전통시장기업업무추진비 한도 : Min[₩7,000,000, (① + ②) × 10%] = ₩4,660,000

(3) 한도초과액 : ₩105,100,000 − ₩56,260,000 = ₩48,840,000 → 손不(기타사외유출)

〈주1〉 국외지역에서 지출한 것으로서 지출사실이 객관적으로 명백한 경우 적격증명서류가 없더라도 직부인하지 않고 한도시부인 대상이 되므로 기업업무추진비계정이 아닌 잡손실계정으로 계상한 ₩6,000,000을 손익계산서상 기업업무추진비에 가산한다. 나머지 잡손실 계상분 (₩9,000,000)의 경우 손금불산입되어야 한다.

〈주2〉 현물기업업무추진비는 Max[시가, 원가]로 평가하고 부가가치세 매출세액을 더한 금액으로 한다. 장부상 광고선전비와 세금과공과로 회계처리하여 기업업무추진비로 계상한 금액이 없으므로 현물기업업무추진비 금액 전액을 기업업무추진비 해당액에 가산하며, 손익계정간의 분류차이이므로 직접적인 세무조정은 없다.

〈주3〉 미술품은 취득가액이 거래단위별로 100만원 이하인 것으로 한정하여 문화기업업무추진비로 보므로, 거래단위별 취득가액이 100만원을 초과하는 미술품 구입액은 문화기업업무추진비가 아닌 일반기업업무추진비에 해당한다.

(물음 5)
〈요구사항 1〉

구분	금액
당기 대손금	₩215,000,000
전기말 대손충당금 설정대상 채권잔액	12,500,000,000
당기 대손실적률	1.72%

1. 당기 대손금

구 분	금 액	
대손충당금 당기 상계액	₩200,000,000	
전기 매출채권 대손부인액 당기 소멸시효 완성분	48,000,000	손금산입(△유보)
전기 소멸시효 완성채권	(8,000,000)	손금불산입(유보)
부도발생한 외상매출금^(주1)	(25,000,000)	손금불산입(유보)
합 계	₩215,000,000	

> 해당 사업연도에 발생한 세법상 대손금은 다음과 같이 계산한다.
> Book 대손금
> (−) 대손금 관련 손금불산입액
> (+) 대손금 관련 손금산입액
> (±) 타계정 대체
> = Tax 대손금

2. 전기말 채권잔액 : ₩12,460,000,000 + ₩48,000,000 − ₩8,000,000 = ₩12,500,000,000

〈요구사항 2〉

당기말 대손충당금 설정대상 채권잔액	₩14,225,000,000
당기 대손충당금 한도액	227,600,000
당기 대손충당금 한도초과액	52,400,000

1. 당기말 채권잔액

 당기말 재무상태표상 채권잔액 − 대손충당금 설정 제외 채권 ± 채권관련 유보잔액
 = ₩15,000,000,000 − ₩800,000,000^{*1} + ₩25,000,000^{*2} = ₩14,225,000,000

 *1. ₩500,000,000(수탁판매한 물품의 판매대금 미수금)^(주2) + ₩200,000,000(시가초과액)^(주3) + ₩100,000,000(비중소기업의 주택자금대여금)^(주4)
    = ₩800,000,000

 2. 당기말 채권관련 유보잔액 : ₩48,000,000 − ₩8,000,000 − ₩48,000,000 + ₩8,000,000 + ₩25,000,000 = ₩25,000,000
    기초유보잔액

2. 당기 대손충당금 한도액 : ₩14,225,000,000 × 1.6%(가정치) = ₩227,600,000

3. 당기 대손충당금 한도초과액 : ₩280,000,000 − ₩227,600,000 = ₩52,400,000

〈주1〉 외상매출금은 ㈜설악이 중소기업에 해당하지 않으므로 대손금으로 인정되지 않는다.
〈주2〉 다음에 규정하는 금액에 대하여는 대손충당금을 설정할 수 없는 것으로 한다(소기통 28−56…1).
   ① 지급보증금
   ② 대여금. 다만, 금융업은 예외로 한다.
   ③ 수익에 직접적인 관련이 없는 선급금 및 미수금
   ④ 할인어음 및 배서어음
   ⑤ 수수료를 수입하는 **수탁판매업의 수탁물 판매대금 미수금** → 위탁자의 채권에 해당함
〈주3〉 특수관계인에게 고가양도하여 발생한 미수금 중 시가초과액 상당채권은 대손충당금 설정제외채권이다.
   ₩600,000,000 − ₩400,000,000(시가) = ₩200,000,000(시가초과액 상당채권)
〈주4〉 중소기업이 아닌 법인이므로 무주택 종업원에 대한 주택자금대여금은 업무무관가지급금에 해당하여 대손충당금 설정제외채권이다.

[문제 6]
(물음 1)

구 분	익금산입 및 손금불산입			손금산입 및 익금불산입		
	과목	금액	소득처분	과목	금액	소득처분
제24기	감액분상각비	₩1,000,000	유보	기계장치B	₩5,000,000	△유보
	상각부인액	2,549,000	유보			
제25기	감액분상각비	1,600,000	유보			
	상각부인액	594,163	유보			

1. 제24기

   (1) 자산감액분 추인(상각비) : ₩5,000,000*(△유보) × $\frac{₩5,000,000}{₩25,000,000}$ = ₩1,000,000 → 손부(유보)

   * ₩25,000,000(기계장치B 장부계상액) − ₩20,000,000(기계장치B의 시가)$^{(주1)}$ = ₩5,000,000

   (2) 감가상각 시부인

   ① 감가상각비 해당액 : ₩5,000,000 − ₩1,000,000 + ₩7,000,000* = ₩11,000,000

   * ₩7,000,000$^{(주2)}$ ≥ ₩6,000,000 → 즉시상각의제에 해당한다.

   ② 상각범위액 : ₩27,000,000* × 0.313$^{(주3)}$ × $\frac{12}{12}$ = ₩8,451,000

   * ₩25,000,000 − ₩5,000,000 + ₩7,000,000 = ₩27,000,000

   ③ 상각부인액 : ₩2,549,000 → 손부(유보)

2. 제25기

   (1) 자산감액분 추인(상각비) : ₩5,000,000(△유보) × $\frac{₩5,000,000 + ₩3,000,000^{(주4)}}{₩25,000,000}$ = ₩1,600,000 → 손부(유보)

   ※ 별해$^{(주5)}$: ₩4,000,000(△유보) × $\frac{₩5,000,000 + ₩3,000,000}{₩25,000,000 − ₩5,000,000}$ = ₩1,600,000

   (2) 감가상각 시부인

   ① 감가상각비 해당액 : ₩5,000,000 + ₩3,000,000(손상차손) − ₩1,600,000 = ₩6,400,000

   * ₩5,000,000 < ₩6,000,000 → 즉시상각의제의 특례규정에 따라 전액 손금으로 인정한다.

   ② 상각범위액(직접법) : (₩27,000,000 − ₩8,451,000) × 0.313 = ₩5,805,837

   ③ 상각부인액 : ₩594,163 → 손부(유보)

⟨주1⟩ 교환으로 인해 추득한 자산의 취득가액은 취득한 자산의 시가로 한다.

⟨주2⟩ 자본적 지출액에 해당하는 수선비는 장부상 자산계상 없이 비용처리한 부분으로 자산감액분(취득당시 장부상 자산계상한 가액과 취득당시 세법상 자산가액의 차이) 추인시에는 고려하지 않고 감가상각 시부인시 감가상각비로 계상한 것으로 보아 상각범위액을 계산한다.

⟨주3⟩ 감가상각방법 및 내용연수를 신고하지 않았으므로 기준내용연수 & 정률법 상각률을 적용한다.

⟨주4⟩ ① 감가상각자산이 진부화, 물리적 손상 등에 따라 시장가치가 급격히 하락하여 법인이 기업회계기준에 따라 손상차손을 계상한 경우에는 해당 금액을 감가상각비로서 손비로 계상한 것으로 본다.
② 자산감액분(₩5,000,000)은 취득당시 장부가액(₩25,000,000)과 취득당시 세무상 금액(₩20,000,000)의 차이로서 장부가액(₩25,000,000)을 회사가 비용으로 계상할 때 차이가 소멸되므로 해당 유보를 추인해야 한다. 손상차손(₩3,000,000)은 감가상각비(₩5,000,000)와 동일하게 회사가 장부가액(₩25,000,000) 중 일부를 비용으로 계상한 것이므로 추인비율 산정시 포함되어야 한다.

⟨주5⟩ 추인후 남은 유보잔액 △₩4,000,000(=△₩5,000,000 + ₩1,000,000)으로 자산감액분 추인액을 계산할 때에는 상각후 남은 장부가액비율을 적용해야한다.

※ 참고

세법상 미상각잔액을 구하는 방법은 다음과 같이 두가지 방법이 있으며, 해당 문제는 직접법으로 문제를 풀이하는 것이 보다 간편하다.

① 직접법 : 당기말 세무상 취득가액*1 - 당기초 세무상 감가상각누계액*2

    1. 당기말 세무상 취득가액 : 당기말 B/S상 취득가액 + 즉시상각의제누계액

       * 다만, 자산감액 등의 세무조정으로 세무상의 취득가액과 장부상 취득가액이 다른 경우에는 취득가액 관련 유보를 가감해야 한다.

    2. 당기초 세무상 감가상각누계액은 세무상 손금인정된 감가상각비의 누계액을 말한다.

② 간접법 : (당기말 B/S상 취득가액 - 당기초 B/S상 감가상각누계액) + 당기즉시상각의제액 ± 전기이월유보잔액

cf) 간접법으로 상각범위액을 계산하면 다음과 같다.

   [(₩25,000,000 - ₩5,000,000) - ₩1,451,000*] × 0.313 = ₩5,805,837

   * 전기이월유보잔액 : △₩5,000,000 + ₩1,000,000 + ₩2,549,000 = △₩1,451,000

(물음 2)

구 분	금 액
잔여재산가액	₩240,000,000
자기자본	175,000,000
청산소득금액	65,000,000

1. 잔여재산가액 : ① - ② = ₩240,000,000

  ① 자산총액 : ₩805,000,000(환가액 합계)

  ② 부채총액 : ₩565,000,000

2. 자기자본 : ① + ② - ③ = ₩175,000,000

  ① 자본금 : ₩180,000,000 - ₩30,000,000⁽주¹⁾ = ₩150,000,000

  ② 세무상 잉여금 : ₩20,000,000 + ₩30,000,000⁽주¹⁾ + ₩25,000,000* = ₩75,000,000

    * 유보잔액 : ₩5,000,000(건물) + ₩20,000,000(토지) = ₩25,000,000

  ③ 이월결손금 : Min[₩50,000,000(이월결손금)⁽주²⁾, ₩75,000,000(세무상 잉여금)] = ₩50,000,000

3. 청산소득금액 : ₩240,000,000 - ₩175,000,000 = ₩65,000,000

⟨주1⟩ 해산등기일 전 2년 이내에 자본금에 전입한 잉여금(₩30,000,000)이 있는 경우에는 해당 금액을 자본금에 전입하지 않은 것으로 보아(즉, 세무상 잉여금으로 보아) 자기자본 총액을 계산한다.

⟨주2⟩ 청산소득금액 계산시 이월결손금은 발생연도 제한이 없으며, 세무상 잉여금 범위내에서 차감한다.

[문제 7]
(물음 1)

구 분	금 액
총상속재산가액	₩1,780,000,000
과세가액공제액	15,000,000
합산되는 증여재산가액	100,000,000
상속세과세가액	1,865,000,000
상속공제액	1,500,000,000
상속세과세표준	365,000,000

1. 총상속재산가액

주택	₩300,000,000	
생명보험금	400,000,000	₩600,000,000 × $\frac{₩80,000,000}{₩120,000,000}$
예금	800,000,000	
토지·건물(부동산)	100,000,000*1	추정상속재산
주식	180,000,000*2	추정상속재산
합 계	₩1,780,000,000	

*1. 토지·건물(부동산) : 7억원(처분금액 합계)(주1) − (₩210,000,000 + ₩250,000,000) − Min[7억원 × 20%, 2억원] = ₩100,000,000
 2. 주식 : 3억원(주2) − ₩60,000,000 − Min[3억원 × 20%, 2억원] = ₩180,000,000

2. 과세가액공제액(장례비용) : ① + ② = ₩15,000,000
   ① 봉안시설 비용 : Min[₩7,000,000, ₩5,000,000] = ₩5,000,000
   ② 기타 장례비용 : ₩10,000,000(최소 5백만원 ~ 최대 1천만원)

3. 합산되는 증여재산가액(주3) : ₩70,000,000(딸, 10년 이내) + ₩30,000,000(친구, 5년 이내) = ₩100,000,000

4. 상속세 과세가액 : ₩1,780,000,000 − ₩15,000,000 + ₩100,000,000 = ₩1,865,000,000

⟨주1⟩ 재산종류별 2년 이내 5억원 이상이므로 추정상속재산에 해당한다.
⟨주2⟩ 재산종류별 1년 이내 2억원 이상이므로 추정상속재산에 해당한다.
⟨주3⟩ ① 상속세 과세가액에 합산하는 증여재산가액은 **증여일 현재의 시가**에 의하여 평가한다.
    ② 아들에게 증여한 재산은 10년 이내 증여한 것이 아니므로 합산대상에 해당하지 않는다.

5. 상속공제액
   (1) 인적공제 : ① + ② = ₩1,000,000,000
       ① 기초공제·기타인적공제 또는 일괄공제 : Max[a, b] = ₩500,000,000
          a. ₩200,000,000(기초공제) + ₩50,000,000 × 2명(기타인적공제, 자녀공제) = ₩300,000,000
          b. 일괄공제 : ₩500,000,000
       ② 배우자상속공제 : ₩500,000,000(주1)
   (2) 금융재산상속공제 : Min[①, ②] = ₩200,000,000
       ① [₩400,000,000(보험금) + ₩800,000,000(예금)](주2) × 20% = ₩240,000,000
       ② 2억원
   (3) 동거주택상속공제 : Min[①, ②] = ₩300,000,000
       ① ₩300,000,000 × 100% = ₩300,000,000
       ② ₩600,000,000
   (4) 상속공제 : Min[①, ②] = ₩1,500,000,000
       ① 상속공제 합계액 : ₩1,000,000,000 + ₩200,000,000 + ₩300,000,000 = ₩1,500,000,000
       ② 상속공제 한도액 : ₩1,865,000,000 − (₩70,000,000 − ₩50,000,000(주3) + ₩30,000,000) = ₩1,815,000,000

6. 상속세 과세표준 : ₩1,865,000,000 − ₩1,500,000,000 = ₩365,000,000

(물음 2)

증여재산가액	₩140,000,000

- 증여재산가액(주4) : [₩25,000*1 − (₩5,000 + ₩6,000)] × 10,000주 = ₩140,000,000
  *1. 증여이익은 해당 주식등의 상장일부터 3개월이 되는 날을 기준으로 계산한다.
   2. 현저한 이익요건 충족여부 : ₩140,000,000 ≥ Min[①, ②] → 충족
      ① (₩5,000 + ₩6,000) × 10,000주 × 30% = ₩33,000,000
      ② 3억원

⟨주1⟩ 실제 상속받은 금액이 없으므로 최소금액(5억원)을 공제한다.
⟨주2⟩ 금융재산상속공제에서 금융재산은 금융회사등이 취급하는 예금·적금, 주식 등을 의미하는 것이므로 추정상속재산금액은 포함하지 않는다.
⟨주3⟩ 직계존속으로부터 증여받은 경우의 증여재산공제는 5천만원으로 한다.
⟨주4⟩ [관련 규정] 기업의 경영 등에 관하여 공개되지 아니한 정보를 이용할 수 있는 지위에 있다고 인정되는 최대주주 등의 특수관계인이 해당 법인의 주식 등을 증여받거나 취득한 경우 그 주식 등을 증여받거나 취득한 날부터 5년 이내에 그 주식 등이 증권시장(유가증권시장 및 코스닥시장)에 상장됨에 따라 그 가액이 증가한 경우로서 그 주식 등을 증여받거나 취득한 자가 당초 증여세 과세가액(증여받은 재산으로 주식 등을 취득한 경우 제외) 또는 취득가액을 초과하여 이익을 얻은 경우에는 그 이익에 상당하는 금액*1을 그 이익을 얻은 자의 증여재산가액으로 한다. 다만, 그 이익에 상당하는 금액이 기준금액(법소정금액*2의 30%와 3억원 중 적은 금액) 미만인 경우는 제외한다.
  *1. 증여재산가액 : [① − (② + ③)] × 주식수
     ① 정산기준일(해당 주식등의 상장일부터 3개월이 되는 날) 현재 1주당 평가가액
     ② 주식등을 증여받은 날 현재의 1주당 증여세 과세가액(취득의 경우에는 취득일 현재의 1주당 취득가액)
     ③ 1주당 기업가치의 실질적인 증가로 인한 이익
   2. 기준금액계산시 30%를 적용하는 법소정금액 : 위 (② + ③) × 주식수

MEMO

2019년 회계사 기출문제 해설

[문제 1]
(물음 1)

자료번호	과세표준	세율	매출세액
1⁽주1⁾	₩1,500,000*1	10%	₩150,000
2⁽주2⁾	10,000,000	10%	1,000,000
3⁽주3⁾	20,000,000	0%	–
4⁽주4⁾	11,500,000*2	0%	–
5⁽주5⁾	35,000,000*3	10%	3,500,000
6⁽주6⁾	20,000,000*4	10%	2,000,000
7⁽주7⁾	–	–	(500,000)*5

*1. ₩1,000,000(종업원 무상 제공) + ₩500,000(비특수관계인 판매분) = ₩1,500,000
2. $5,000 × ₩1,100(5. 8) + $5,000 × ₩1,200(5. 10) = ₩11,500,000
3. ₩15,000,000(중도금, 공급시기 : 4. 1) + ₩20,000,000(잔금, 공급시기 : 6. 30) = ₩35,000,000⁽주3⁾
4. ₩40,000,000 × (1 − 25% × 2) = ₩20,000,000
5. (₩2,200,000 + ₩3,300,000) × $\frac{10}{110}$ = ₩500,000

〈주1〉 ① 자기적립마일리지로만 전부 결제받는 경우 사업상증여로 보지 않는다.
② 직원에게 개인적인 목적으로 무상 제공한 상품은 개인적공급이므로 시가로 과세된다.
③ 특수관계인이 아닌 자에게 저가로 공급한 경우 저가공급가를 공급가액으로 한다.
〈주2〉 임치물의 반환이 수반되는 창고증권의 양도는 재화의 공급으로 과세된다.
〈주3〉 ① 공급한 과세기간의 종료후 25일 이내에 내국신용장(또는 구매확인서)이 개설된 경우 영세율을 적용한다.
② 내국신용장 또는 구매확인서에 의하여 정당하게 공급된 경우에는 해당 재화를 수출용도에 사용하였는지의 여부에 관계없이 영세율이 적용된다.(집행기준 21-31-8 ⑧)
〈주4〉 수출의 공급시기는 선적일이며, 외화대가 수령시 과세표준은 다음의 금액의 합계액으로 한다.
① 공급시기 전 환가한 금액
② ①외의 금액을 공급시기의 환율로 환산한 금액
〈주5〉 중간지급조건부로 재화를 공급하기로 하였으나 지급기간 중에 거래상대방에게 재화를 인도하는 경우 나머지 대금의 공급시기는 해당 재화를 인도한 때로 한다.(부기통 15-28-4)

당초 계약	계약 변경
중간지급조건부○	중간지급조건부×*

* 변경된 계약에 따르면 계약금을 받기로 한 날의 다음날부터 재화를 인도하는 날 또는 재화를 이용하게 되는 날까지의 기간 이내에 중도금만을 1회 받기로 하여 계약금 외의 대가를 분할하여 받는 경우에 해당하지 않으므로 중간지급조건부에 해당하지 않는다. 다만, 당초 계약은 중간지급조건부였으므로 인도 전 받기로 한 부분의 공급시기는 당초 계약에 따라 대가의 각 부분을 받기로 한 때로 한다.
〈주6〉 매입세액공제를 받은 차량운반구를 거래처에 무상으로 제공한 경우 사업상증여에 해당하며, 감가상각자산이므로 간주시가를 과세표준으로 한다.
〈주7〉 외상매출금A와 외상매출금B는 해당 과세기간에 법정대손사유를 충족하였으므로 대손세액공제를 적용하나, 받을어음은 2025년 6월 30일 현재 부도발생일로부터 6개월 이상 지나지 않았으므로 제1기가 아닌 제2기에 대손세액공제를 적용한다.

(물음 2)
〈요구사항 1〉

(1) 세금계산서 수취분 매입세액	₩45,000,000
(2) 그 밖의 공제매입세액	—
(3) 공제받지 못할 매입세액	18,000,000*
차가감 계 : (1) + (2) − (3)	₩27,000,000

* ① + ② + ③ = ₩18,000,000

① 면세사업 매입세액 : ₩15,000,000

② 기업업무추진비 지출 관련 매입세액 : ₩1,000,000

③ 공통매입세액 중 면세사업분 : ₩5,000,000 × $\frac{4억원}{10억원}$ = ₩2,000,000

〈요구사항 2〉

(1) 세금계산서 수취분 매입세액	₩34,000,000
(2) 그 밖의 공제매입세액^(주1)	2,000,000*1
(3) 공제받지 못할 매입세액	2,740,000*2
차가감 계 : (1) + (2) − (3)	₩33,260,000

*1. ① + ② = ₩2,000,000

① 과세전환매입세액(트럭) : ₩40,000,000 × 10% × (1 − 25% × 2) × $\frac{13억원}{20억원}$ = ₩1,300,000

② 변제대손세액 : ₩700,000

2. 공통매입세액 중 면세사업분 : ① + ② = ₩2,740,000

① ₩4,000,000 × 31%(직전과세기간 면세공급가액비율) = ₩1,240,000

② (₩5,000,000 + ₩5,000,000) × $\frac{7억원}{20억원}$ − $\underbrace{₩5,000,000 × \frac{4억원}{10억원}}_{예정신고시 불공제매입세액}$ = ₩1,500,000

[문제 2]
(물음 1)

납부세액	₩848,000

- 납부세액 : ① + ② + ③ = ₩848,000

① 숙박업 : ₩30,000,000 × 20% × 10% = ₩600,000

② 음식점업 : ₩20,000,000 × 10% × 10% = ₩200,000

③ 공통사용재화 : ₩3,000,000 × 16%* × 10% = ₩48,000

* 가중평균부가가치율^(주2) : 20% × $\frac{₩30,000,000}{₩50,000,000}$ + 10% × $\frac{₩20,000,000}{₩50,000,000}$ = 16%

〈주1〉 과세전환매입세액과 변제대손세액은 예정신고시 공제하지 않고 확정신고시에만 공제한다.

〈주2〉 공통사용재화를 공급하여 업종별 실지귀속을 구분할 수 없는 경우 **해당과세기간**의 업종별 공급대가로 가중평균한 부가가치율을 적용한다.

(물음 2)

구 분	공제세액
세금계산서 등 수취세액공제	₩44,000
의제매입세액공제	_(주1)
신용카드매출전표 등 발행세액공제	650,000

(1) 세금계산서 등 수취세액공제 : (① + ② + ③) × 0.5% = ₩44,000
   ① 숙박업 : (₩5,500,000 - ₩1,100,000) = ₩4,400,000
   ② 음식점업 : ₩3,300,000
   ③ 공통매입세액 : ₩1,100,000

(2) 신용카드매출전표 등 발행세액공제
   (₩30,000,000 + ₩20,000,000) × 1.3% = ₩650,000(한도 연 1,000만원 이내)

[문제 3]

구분	익금산입 및 손금불산입			손금산입 및 익금불산입		
	과목	금액	소득처분	과목	금액	소득처분
A법인	미지급기부금	₩5,000,000	유보	특례기부금 이월손금산입(주2)	₩10,000,000	기타
	일반기부금한도초과액(주2)	6,000,000	기타사외유출			
B법인	일시상각충당금	4,000,000	유보	국고보조금(기계장치)	4,000,000	△유보
C법인	감액분 상각비	1,000,000	유보	사용수익기부자산	40,000,000	△유보
D법인	간접외국납부세액	5,000,000	기타사외유출			
	직접외국납부세액	2,000,000	기타사외유출			

1. A법인
   (1) 기준소득 : ₩100,000,000(차가감소득금액) + ₩20,000,000(특례) + ₩30,000,000(일반) = ₩150,000,000

   (2) 기부금 세무조정

구 분		B	T	D	세무조정
특례	당기이전분	₩10,000,000	₩75,000,000*1	-	손入 ₩10,000,000 (기타)
	당기분	20,000,000	65,000,000*2	△₩45,000,000	세무조정 없음
일반	당기분	30,000,000	24,000,000*3	6,000,000	손不 ₩6,000,000 (기타사외유출)

   *1. ₩150,000,000 × 50% = ₩75,000,000
    2. ₩75,000,000 - ₩10,000,000 = ₩65,000,000
    3. (₩150,000,000 - ₩10,000,000 - ₩20,000,000) × 20%(주3) = ₩24,000,000

⟨주1⟩ 간이과세자는 의제매입세액공제를 적용하지 않는다.
⟨주2⟩ 소득금액조정합계표에는 기부금에 대한 한도시부인과 관련된 세무조정사항은 포함되지 않으나, 해당 문제의 요구사항에 따라 기부금에 대한 한도시부인과 관련된 세무조정사항까지도 답안 양식에 포함하였다.
⟨주3⟩ 사회적기업이 지출한 일반기부금의 경우 20%를 적용한다.

2. B법인
   (1) 감가상각시의 세무조정$^{(주1)}$: 〈손금산입〉 국고보조금(기계장치) ₩4,000,000* (△유보)

   * ₩50,000,000 × $\frac{1}{5}$ × $\frac{₩20,000,000}{₩50,000,000}$ = ₩4,000,000 (= ₩20,000,000 × $\frac{1}{5}$)

   (2) 일시상각충당금 환입 관련 세무조정$^{(주1)}$: 〈익금산입〉 일시상각충당금 ₩4,000,000* (유보)

   * ₩20,000,000 × $\frac{₩10,000,000}{₩50,000,000}$ = ₩4,000,000

3. C법인
   (1) 사용수익기부자산 감액 : ₩100,000,000 − (₩200,000,000 − ₩140,000,000) = ₩40,000,000
                                            = ₩60,000,000(건물 장부가액)$^{(주2)}$

   (2) 사용수익기부자산 감액분 상각비 : ₩40,000,000 × $\frac{₩2,500,000}{₩100,000,000}$ = ₩1,000,000 → 손不(유보)

   (3) 사용수익기부자산 상각시부인
       a. 감가상각비 해당액 : ₩2,500,000 − ₩1,000,000 = ₩1,500,000
       b. 상각범위액 : ₩60,000,000 × 0.05(20년, 정액법) × $\frac{6}{12}$ = ₩1,500,000
       c. 상각부인액 : ₩0

4. D법인
   (1) 간접외국납부세액$^{(주3)}$: ₩10,000,000 × $\frac{₩20,000,000*}{₩50,000,000 - ₩10,000,000}$ = ₩5,000,000 → 익入(기타사외유출)$^{(주4)}$

   * ₩18,000,000 + ₩2,000,000(직접외국납부세액) = ₩20,000,000$^{(주4)}$

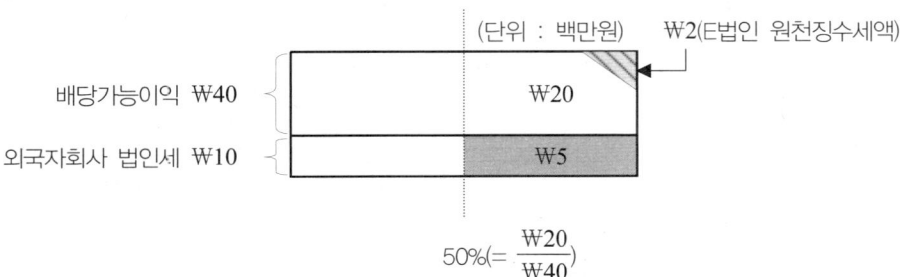

   (2) 직접외국납부세액 : ₩2,000,000 → 손不(기타사외유출)$^{(주5)}$

〈주1〉 세법상 국고보조금 수령시 익금산입하므로 감가상각비와 국고보조금을 상계할 수 없다.

구분	전기 국고보조금 수령시 세무조정				당기 감가상각비와 상계시 세무조정			
	차 변		대 변		차 변		대 변	
B	현금	20,000,000	국고보조금(기계장치)	20,000,000	감가상각비	10,000,000	감가상각누계액	10,000,000
					국고보조금(기계장치)	4,000,000	감가상각비	4,000,000
T	현금	20,000,000	수익	20,000,000	감가상각비	10,000,000	감가상각누계액	10,000,000
	비용	20,000,000	일시상각충당금	20,000,000	일시상각충당금	4,000,000	수익	4,000,000
D	〈익금산입〉 국고보조금(기계장치) ₩20,000,000 (유보)				〈손금산입〉 국고보조금(기계장치) ₩4,000,000 (△유보)			
	〈손금산입〉 일시상각충당금 설정 ₩20,000,000 (△유보)				〈익금산입〉 일시상각충당금 환입 ₩4,000,000 (유보)			

〈주2〉 금전 이외의 자산을 특례기부금·일반기부금단체에 기부한 후 그 자산을 사용하거나 그 자산으로부터 수익을 얻는 경우에 해당 자산의 장부가액을 사용수익기부자산으로 하여 사용수익기간동안 정액법으로 상각한다.

〈주3〉 다음의 요건을 모두 갖춘 외국자회사의 수입배당금이 있는 경우 간접외국납부세액공제를 적용한다.
  ① 지분율요건 : 내국법인이 의결권 있는 발행주식 총수 또는 출자총액이 10%(해외자원개발사업을 경영하는 외국법인의 경우는 5%) 이상을 출자하고 있는 외국법인일 것
  ② 보유요건 : 내국법인이 외국법인의 지분을 배당기준일 현재 6개월 이상 계속하여 보유하고 있는 외국법인일 것

〈주4〉 원천징수세액(직접외국납부세액) 차감전 수입배당금이 외국자회사 법인세 차감후 소득금액(배당가능이익)에서 차지하는 비율을 적용하여 간접외국납부세액을 계산한다.

〈주5〉 외국납부세액공제를 적용하는 경우 비용으로 계상한 직접외국납부세액(소재지국 원천징수세액)은 손금불산입(기타사외유출)하고 간접외국납부세액은 익금산입(기타사외유출)한다.

[문제 4]
(물음 1)
〈요구사항 1〉

익금산입 및 손금불산입			손금산입 및 익금불산입		
과목	금액	소득처분	과목	금액	소득처분
퇴직연금충당금 한도초과액	₩30,000,000	유보			

(단위: 백만원)

B.연충		T.연충		D.유보	
160	800	160	700	–	100
1,090	450	960*1	420*2	130	30
1,250	1,250	1,120	1,120	130	130

B - T = (+) → 손금산입(△유보)
B - T = (-) → 손금불산입(유보)

B - T = (+) → 손금불산입(유보)
B - T = (-) → 손금산입(△유보)

*1. Min[①, ②] = ₩960
  ① 퇴직연금운용자산 기말잔액 : ₩1,090
  ② 퇴직금 추계액(Max[₩960, ₩880]) − Tax상 퇴직급여충당금 기말잔액(₩0) = ₩960
 2. 끼워넣기 금액 : ₩960 + ₩160 − ₩700 = ₩420

〈요구사항 2〉

익금산입 및 손금불산입			손금산입 및 익금불산입		
과목	금액	소득처분	과목	금액	소득처분
퇴직연금충당금 (퇴직급여)(주1)	₩160,000,000	유보	퇴직연금충당금 한도미달액	₩320,000,000	△유보

(단위: 백만원)

B.연충		T.연충		D.유보	
–	–	160	800	△160	△800
–	–	960*1	320*2	△960	△320
–	–	1,120	1,120	△1,120	△1,120

B - T = (+) → 손금산입(△유보)
B - T = (-) → 손금불산입(유보)

B - T = (+) → 손금불산입(유보)
B - T = (-) → 손금산입(△유보)

*1. Min[①, ②] = ₩960
  ① 퇴직연금운용자산 기말잔액 : ₩1,090
  ② 퇴직금 추계액(Max[₩960, ₩880]) − Tax상 퇴직급여충당금 기말잔액(₩0) = ₩960
 2. 끼워넣기 금액 : ₩960 + ₩160 − ₩800 = ₩320

〈요구사항 3〉

과목	기초	당기 중 증감		기말
		감소	증가	
퇴직연금충당금	△₩800,000,000	△₩160,000,000	△₩320,000,000	△₩960,000,000

〈주1〉

구분	차 변		대 변	
B	퇴직급여	160,000,000	퇴직연금운용자산	160,000,000
T	퇴직연금충당금	160,000,000	퇴직연금운용자산	160,000,000
D	〈손금불산입〉 퇴직연금충당금 ₩160,000,000 (유보)			

(물음 2)
〈요구사항 1〉

피출자법인	의제배당액
㈜A	₩7,450,000
㈜B	46,000,000

1. ㈜A

   (1) 주식의 변동내역

일자	내역	감자전	감자	감자순서
2020. 5. 1	유상취득(@₩10,000)	1,800주	100주	②
2024. 9. 1	무상증자(@₩5,000)	200주		
2024. 7. 1	무상증자(단기소각주식⁽주¹⁾)	300주	300주	①
계		2,300주	400주	

   (2) 감자시 의제배당 : ① - ② = ₩7,450,000 → 수입배당금 익금×

   ① 감자대가 : ₩8,400,000

   ② 소멸주식의 세무상 취득가액 : 300주 × ₩0 + 100주 × ₩9,500* = ₩950,000

   $$* \frac{1,800주 \times ₩10,000 + 200주 \times ₩5,000}{1,800주 + 200주} = ₩9,500$$

2. ㈜B

   (1) 재원분석

구성내역	금액	의제배당 해당여부
주식발행초과금	₩40,000,000	×
자기주식소각이익⁽주²⁾	20,000,000	○
자기주식처분이익	60,000,000	○
이익잉여금	280,000,000	○
합 계	₩400,000,000	

   (2) 의제배당금액(지분율 방식) : ① + ② = ₩46,000,000

   ① 본래의 의제배당소득 : ₩360,000,000 × (10% + 2.5%*) = ₩45,000,000

   ② 지분율증가에 의한 의제배당소득 : ₩40,000,000 × 2.5%* = ₩1,000,000

   $$* 20\%^{(주3)} \times \frac{10\%}{(1-20\%^{(주3)})} = 2.5\%$$ 산식 : 자기주식 지분율 × $\frac{해당\ 법인의\ 지분율}{1-자기주식\ 지분율}$

   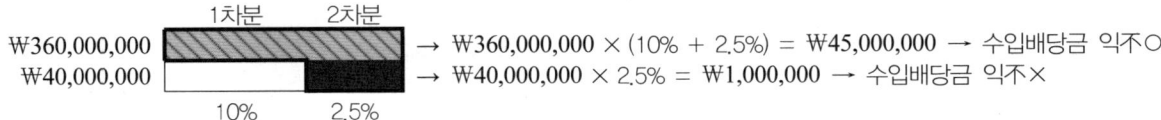
   → ₩360,000,000 × (10% + 2.5%) = ₩45,000,000 → 수입배당금 익금○
   → ₩40,000,000 × 2.5% = ₩1,000,000 → 수입배당금 익금×

   ※ 별해

   1차분 : ₩360,000,000 × 10% = ₩36,000,000
   2차분 : ₩400,000,000 × 2.5% = ₩10,000,000

〈주1〉 단기소각주식(감자 전 2년 이내에 의제배당으로 과세되지 않은 무상주)이 있는 경우 감자 등으로 인한 의제배당금액을 계산할 때 그 주식을 먼저 소각한 것으로 보며 그 주식의 취득가액은 0(영)으로 한다.

〈주2〉 소각일부터 2년 내에 자본전입하였으므로 의제배당에 해당한다.

〈주3〉 발행주식총수가 200,000주이며, 자기주식주식수가 40,000주이므로 자기주식의 지분율이 20%임을 알수 있다.

· 자기주식지분율 : $\frac{40,000주}{200,000주} = 20\%$

〈요구사항 2〉

익금산입 및 손금불산입			손금산입 및 익금불산입		
과목	금액	소득처분	과목	금액	소득처분
㈜A주식	₩7,450,000	유보	수입배당금	₩13,500,000	기타
㈜B주식	46,000,000	유보			

- 수입배당금 익금불산입 : ① + ② = ₩13,500,000
  ① ㈜A : ₩0(감자시 의제배당 → 수입배당금 익불배제)
  ② ㈜B : ₩45,000,000(본래의 의제배당) × 30%⟨주1⟩ = ₩13,500,000

(물음 3)

〈요구사항 1〉

익금산입 및 손금불산입			손금산입 및 익금불산입		
과목	금액	소득처분	과목	금액	소득처분
미수이자⟨주2⟩	₩7,000,000	유보	미수이자⟨주3⟩	₩6,000,000	△유보

〈요구사항 2〉

익금산입 및 손금불산입			손금산입 및 익금불산입		
과목	금액	소득처분	과목	금액	소득처분
주식배당⟨주4⟩	₩1,800,000*1	유보	수입배당금⟨주5⟩	₩1,440,000*2	기타

*1. 200주 × ₩9,000(발행가액) = ₩1,800,000
 2. (₩3,000,000 + ₩1,800,000) × 30% = ₩1,440,000
      현금배당   주식배당

〈주1〉 자기주식을 제외한 유효지분율이 12.5%(= 10% ÷ 80%)이므로 30% 익금불산입률을 적용한다. → 수입배당금 익금불산입 규정 적용 시, 출자비율을 산정함에 있어 피출자법인이 보유한 자기주식은 제외하고 계산함(사전-2023-법규법인-0747, 2023.11.23.).

구분	명목지분율 (자기주식 포함)	유효지분율 (자기주식 제외)	비고
㈜투자	10%	12.5%	10% ÷ 80%
기타주주	70%	87.5%	70% ÷ 80%
자기주식	20%	—	
합계	100%	100%	

〈주2〉 전기 미수이자 수령분 : 당기에 이자가 지급되어 손익귀속시기가 도래하므로 전기 미수이자에 대한 △유보금액(₩7,000,000)을 추인해야 한다.

구 분	차 변		대 변	
B	현금 선급법인세	6,020,000 980,000	미수이자	7,000,000
T	현금 선급법인세	6,020,000 980,000	이자수익	7,000,000
D	〈익금산입〉 미수이자 ₩7,000,000 (유보)			

〈주3〉 당기 미수이자 계상액 : 귀속미도래 기간경과분 미수이자를 계상한 것으로서 원천징수대상 이자이므로 익금불산입(△유보)해야 한다.
〈주4〉 주식배당은 익금항목을 재원으로 한 경우이므로 항상 배당으로 의제되며, 발행가액으로 평가한다. 또한 배당결의일이 속한 제25기 귀속 배당소득이다.
  ① 무상증자(법정적립금 또는 자본잉여금을 재원으로 한 경우) : 액면가액
  ② 주식배당(임의적립금 또는 미처분이익잉여금을 재원으로 한 경우) : 발행가액
〈주5〉 배당기준일 현재 3개월 이상 보유한 주식에서 발생한 배당이므로 수입배당금 익금불산입대상이다.

(물음 4)
〈요구사항 1〉

익금산입 및 손금불산입			손금산입 및 익금불산입		
과목	금액	소득처분	과목	금액	소득처분
사적사용금액	₩800,000	상여	감가상각비	₩2,000,000	△유보
800만원 초과분	1,500,000	유보			

1. 감가상각시부인
   ① 회사계상 감가상각비 : ₩8,000,000
   ② 상각범위액 : ₩50,000,000 × 0.2 × 12/12 = ₩10,000,000
   ③ 상각부인액(시인부족액) : △₩2,000,000 → 손입(△유보)

2. 사적사용비용 및 업무사용금액 중 감가상각비 조정

구 분	금 액 (A)	업무사용금액(95%*) (B)	사적사용금액 (A − B)	감가상각비 (B − 800만원)
감가상각비(주1)	₩10,000,000	₩9,500,000	₩500,000	₩1,500,000
수선비	6,000,000	5,700,000	300,000	−
합 계	₩16,000,000	₩15,200,000	₩800,000	₩1,500,000

* 업무사용비율 : $\frac{19,000km}{20,000km}$ = 95%

〈요구사항 2〉

익금산입 및 손금불산입			손금산입 및 익금불산입		
과목	금액	소득처분	과목	금액	소득처분
사적사용금액	₩1,000,000	상여	감가상각비	₩2,000,000	△유보
800만원 초과분	1,375,000	유보			

1. 감가상각시부인
   ① 회사계상 감가상각비 : ₩8,000,000
   ② 상각범위액 : ₩50,000,000 × 0.2 × 12/12 = ₩10,000,000
   ③ 상각부인액(시인부족액) : △₩2,000,000 → 손입(△유보)

2. 사적사용비용 및 업무사용금액 중 감가상각비 조정

구 분	금 액 (A)	업무사용금액(93.75%*) (B)	사적사용금액 (A − B)	감가상각비 (B − 800만원)
감가상각비(주1)	₩10,000,000	₩9,375,000	₩625,000	₩1,375,000
수선비	6,000,000	5,625,000	375,000	−
합 계	₩16,000,000	₩15,000,000	₩1,000,000	₩1,375,000

* 업무사용비율 : $\frac{₩15,000,000}{₩16,000,000}$ = 93.75%

〈주1〉 감가상각시부인 후의 세법상 감가상각비(= 상각범위액)를 말한다.

(물음 5)
〈요구사항 1〉

적격증명서류 미수취 손금불산입 기업업무추진비	₩2,500,000*1
시부인대상 기업업무추진비	53,200,000
기업업무추진비 한도액	43,470,000

1. 기업업무추진비 해당액

I/S상 기업업무추진비	₩49,700,000	
건당 3만원 초과 영수증 수취	(2,500,000)	손금불산입(기타사외유출)
현물기업업무추진비(평가차액)(주1)	1,000,000	₩5,500,000 − ₩4,500,000
기업업무추진비 관련 매입세액불공제 금액(주2)	5,000,000	
계	₩53,200,000	

2. 기업업무추진비 한도 : ① + ② = ₩43,470,000

   ① 기초금액 : ₩12,000,000 × $\frac{12}{12}$ = ₩12,000,000

   ② 수입금액 기준 : ₩10,000,000,000 × $\frac{3}{1,000}$ + ₩735,000,000 × $\frac{2}{1,000}$ = ₩31,470,000

   * 일반매출액(주3) : ₩10,780,000,000 + ₩15,000,000 − ₩20,000,000 − ₩10,000,000 − ₩30,000,000 = ₩10,735,000,000
     (제품A) (매출할인) (매출환입) (선발급 세금계산서)

〈요구사항 2〉

익금산입 및 손금불산입			손금산입 및 익금불산입		
과목	금액	소득처분	과목	금액	소득처분
기업업무추진비 한도초과액	₩27,000,000	기타사외유출	건물	₩6,000,000	△유보
자산감액분 상각비	400,000	유보			

1. 기업업무추진비 한도초과액 : ₩39,000,000 − ₩12,000,000 = ₩27,000,000
2. 건물감액분 : ₩27,000,000 − ₩21,000,000 = ₩6,000,000
3. 건물감액분 상각비 : ₩6,000,000 × $\frac{₩20,000,000}{₩300,000,000}$ = ₩400,000

〈주1〉 현물기업업무추진비는 Max[시가, 원가]로 평가하고 부가가치세 매출세액을 더한 금액으로 한다. 기업업무추진비와 제품처분이익에 대한 양쪽 세무조정은 손익에 영향이 없으므로 생략한다.

구분	차변		대변	
B	기업업무추진비	4,500,000	제품	4,000,000
			부가세예수금	500,000
T	기업업무추진비	5,500,000	제품	4,000,000
			부가세예수금	500,000
			제품처분이익	1,000,000
D	〈손금산입〉 기업업무추진비 ₩1,000,000 (기타), 〈익금산입〉 제품처분이익 ₩1,000,000 (기타)			

〈주2〉 기업업무추진비와 관련하여 매입세액불공제된 금액은 기업업무추진비에 해당한다. 세금과공과(비용)로 회계처리한 금액은 손익계정간의 분류 차이이므로 직접적인 세무조정 없이 기업업무추진비 해당액에 가산한다.

〈주3〉 ① 제품A : 기업회계기준상 인도일이 수익인식시점이므로 해당 금액을 매출액에 가산한다.
　　　② 매출할인·매출환입 : 영업외비용으로 회계처리하여 매출액에 차감되어 있지 않으므로 해당 금액을 매출액에서 차감한다. 손익에 영향이 없으므로 별도의 세무조정은 없다.
　　　③ 선발급 세금계산서 : 기업회계기준상 선발급 세금계산서를 인정하지 않으므로 해당 금액을 매출액에서 차감한다. 참고로 법인세법상으로도 선수금에 해당하므로 해당 금액을 익금불산입(△유보)해야 한다.

[문제 5]
(물음 1)
〈요구사항 1〉 무조건 분리과세되는 금융소득에 대한 소득세 원천징수세액

원천징수세액	₩2,868,000

- 원천징수세액 합계액 : (1) + (2) = ₩2,868,000
  (1) 비실명금융자산 이자 : ₩3,000,000 × 90% = ₩2,700,000
  (2) 법원보증금 이자 : ₩1,200,000 × 14% = ₩168,000

〈요구사항 2〉 종합과세 금융소득

이자소득 총수입금액	₩21,000,000
배당소득 총수입금액	7,000,000
배당가산액(Gross-up금액)	500,000

1. 금융소득의 구분

구 분	이자소득	배당소득	비 고
비실명금융자산 이자	–	–	무조건 분리과세
신용부금으로 인한 이익	₩10,000,000	–	
법원보증금 이자	–	–	무조건 분리과세
소비대차전환 외상매출금 이자(주1)	4,000,000	–	비영업대금의 이익, 25%
법인으로 보는 단체로부터 현금배당	–	₩5,000,000*	
국외은행 예금이자	7,000,000	–	무조건 종합과세
무상주 의제배당	–	2,000,000	
합 계	21,000,000 +	₩7,000,000	= ₩28,000,000(2천만원 초과)

  * Gross-up 가능 배당소득

2. 배당가산액(Gross-up금액) : Min[①, ②] × 10% = ₩500,000
  ① Gross-up 가능 배당소득 : ₩5,000,000
  ② 금융소득 총수입금액 – 2,000만원 : ₩28,000,000 – ₩20,000,000 = ₩8,000,000

〈요구사항 3〉 종합소득 산출세액

일반산출세액	₩6,040,000
비교산출세액	6,355,000

1. 일반 : ₩20,000,000 × 14% + (₩50,000,000 – ₩20,000,000) × 기본세율 = ₩6,040,000

2. 비교 : ₩4,000,000 × 25% + ₩21,000,000*1 × 14% + (₩50,000,000 – ₩25,500,000*2) × 기본세율 = ₩6,355,000
   *1. ₩15,000,000 + ₩10,000,000 – ₩4,000,000(비영업대금의 이익) = ₩21,000,000
   *2. ₩25,000,000 + Min[₩10,000,000, ₩5,000,000] × 10% = ₩25,500,000

〈주1〉 외상매출금의 지급기일 연장이자

구 분	내 용
① 소비대차로 전환된 외상매출금에서 발생한 이자	비영업대금의 이익(원천징수세율 25%)
② 그 외 이자	사업소득

(물음 2)
〈요구사항 1〉

연금수령한도	₩36,000,000

- 연금수령한도 : $\dfrac{₩300,000,000}{11 - 1^{(주1)}} \times 120\% = ₩36,000,000$

〈요구사항 2〉

총연금액(연금계좌)	₩30,000,000
사적연금소득 원천징수세액	1,350,000

1. 총연금액(연금계좌)
   (1) 연금계좌의 구성 및 평가액

구 분	평가액	연금수령	연금외수령
A 세액공제×	₩20,000,000	₩20,000,000	-
B 이연퇴직소득	10,000,000	10,000,000	-
C 세액공제○ + 운용수익	270,000,000	20,000,000	₩15,000,000
합 계	₩300,000,000	₩50,000,000*1	₩15,000,000*2

   *1. 연간연금수령한도 : ₩50,000,000(가정치)
   2. ₩65,000,000 - ₩50,000,000 = ₩15,000,000

   (2) 소득구분

구 분	연금수령	소득구분	연금외수령	소득구분
A	₩20,000,000	과세×	-	
B	10,000,000	연금소득(분리과세)	-	
C	20,000,000	연금소득(종합과세)(주2)	₩15,000,000	기타소득(분리과세)
합 계	₩50,000,000		₩15,000,000	

   (3) 총연금액(분리과세 포함) : ₩10,000,000 + ₩20,000,000 = ₩30,000,000

〈주1〉 2013. 3. 1. 이후에 가입한 연금계좌이고 이연퇴직소득이 연금계좌에 있으므로 나이요건(55세)이 충족되는 2025년도가 기산연차(1연차)이다.
[참고] 연금수령한도 계산시 기산연차
소득세법 시행령 제40조의2 제4항의 기산연차(최초로 연금수령할 수 있는 날이 속하는 과세기간)는 연금수령 개시 신청과 관계없이 연령 요건 및 가입기간 요건을 충족하는 과세기간에 해당한다.(소득, 기획재정부 소득세제과-431,2017.11.01.)
① 연령 요건 : 가입자가 55세 이후 연금계좌취급자에게 연금수령 개시를 신청한 후 인출할 것
② 가입기간 요건 : 연금계좌의 가입일부터 5년이 경과된 후에 인출할 것. 다만, 이연퇴직소득이 연금계좌에 있는 경우에는 그러하지 아니한다.
〈주2〉 사적연금의 총연금액이 1,500만원을 초과하므로 종합과세된다.

2. 사적연금소득 원천징수세액 : ① + ② = ₩1,350,000

① 이연퇴직소득 : ₩500,000 × $\frac{₩10,000,000}{₩10,000,000}$ × 70%^(주1) = ₩350,000

② 연금수령한 연금소득 : ₩20,000,000 × 5%(70세 미만)^(주2) = ₩1,000,000

〈요구사항 3〉

손익계산서상 당기순이익	₩15,000,000
총수입금액산입·필요경비불산입	6,146,000
총수입금액불산입·필요경비산입	3,000,000
사업소득금액	₩18,146,000

1. 총수입금액산입·필요경비불산입 : ① + ② + ③ + ④ + ⑤ = ₩6,146,000

① 대표자 급여 : ₩2,000,000

② 채권자불분명사채이자 : ₩2,000,000

③ 증빙불비 기업업무추진비 : ₩500,000

④ 업무용승용차 처분손실 중 800만원 초과분^(주3) : ₩1,500,000

⑤ 초과인출금에 대한 지급이자 : ₩146,000*

* ₩7,300,000 × $\frac{₩532,900,000}{(₩7,300,000 \div 10\%) \times 365}$ = ₩146,000

2. 총수입금액불산입·필요경비산입^(주4) : ₩3,000,000(외환차손)

〈주1〉 이연퇴직소득 원천징수세액

구 분	원천징수세액
연금 실제 수령연차 10년 이하	연금외수령할 때 이연퇴직소득세 원천징수세액 × 70%
연금 실제 수령연차 10년 초과	연금외수령할 때 이연퇴직소득세 원천징수세액 × 60%

〈주2〉 이연퇴직소득 이외 사적연금소득 (①, ② 중복시 낮은 세율 적용)

① 연금소득자의 나이에 따른 다음의 세율

나이(연금수령일 현재)	세 율
70세 미만	5%
70세 이상 80세 미만	4%
80세 이상	3%

② 사망할 때까지 연금수령하면서 중도해지할 수 없는 종신계약에 따라 받는 연금소득 : 4%

〈주3〉 복식부기의무자이므로 업무용승용차(사업용 유형자산)의 처분손실은 필요경비에 산입되나 800만원 초과분은 필요경비불산입한다.

〈주4〉 ① 재해손실은 결산조정사항이므로 필요경비산입을 할 수 없다.

② 외화매출채권에 대한 외환차손은 실현손실로 필요경비에 산입한다.(강제신고조정사항)

[관련규정] 사업자가 상환받거나 상환하는 외화자산·부채의 취득 또는 차입 당시의 원화기장액과 상환받거나 상환하는 원화금액과의 차익 또는 차손은 상환받거나 상환한 날이 속하는 과세기간의 총수입금액 또는 필요경비에 산입한다.

(물음 3)
〈요구사항 1〉

인적공제액	기본공제액	₩7,500,000
	추가공제액	3,500,000
특별소득공제액		2,600,000

1. 인적공제액(주1)

구 분	기본공제액	추가공제액
본인	○	₩500,000(부녀자공제)
부친	○	-
모친	○	₩1,000,000(경로우대자공제) + ₩2,000,000(장애인)
배우자*	×	-
장남	○	-
차남	○	-
	₩1,500,000 × 5명 = ₩7,500,000	₩3,500,000

* 소득금액 : ① + ② = 200만원 > 100만원
  ① 퇴직소득금액 : 80만원
  ② 근로소득금액 : 400만원 - 400만원 × 70% = 120만원
                              근로소득공제(주2)

2. 특별소득공제액 : (1) + (2) = ₩2,600,000
   (1) 보험료공제(건강보험료) : ₩1,000,000
   (2) 주택자금공제(주택임차자금의 원리금 상환액 소득공제액) : ₩1,600,000(주3)

① 주택임차자금의 원리금 상환액 소득공제액	₩1,600,000	₩4,000,000 × 40%
② 주택청약종합저축 소득공제액	800,000	Min[₩2,000,000, ₩3,000,000] × 40%
합 계	₩2,400,000	→ 4백만원 한도내

〈주1〉 ① 본인 : 배우자가 있는 여성으로서 종합소득금액이 3천만원 이하이므로 부녀자공제대상이다.
② 부친 : 60세 이상이며, 소득이 없으므로 기본공제대상자에 해당한다.
③ 모친 : 사망일 전일의 상황에 따라 기본공제대상자에 해당하며, 70세 이상자로서 장애인이므로 경로우대자공제와 장애인공제 적용대상이다.
④ 배우자 : 근로소득만 있는 경우가 아니므로 종합소득·퇴직소득·양도소득금액 합계액기준을 적용한다. 소득금액이 100만원을 초과하므로 기본공제대상자가 아니다.
⑤ 장남 : 20세 이하이며, 일용근로자의 근로소득은 분리과세되므로 종합소득금액은 없다. 그러므로 기본공제대상자에 해당한다.
⑥ 차남 : 20세 이하이며, 소득이 없으므로 기본공제대상자에 해당한다.

〈주2〉 총급여액이 500만원 이하인 경우 근로소득공제율은 70%이다.

〈주3〉 ① 주택청약저축 납입액에 대한 소득공제는 조세특례제한법상 소득공제로서 소득세법상 특별소득공제에 해당하지 않으므로 제외한다. 다만, 소득세법상 주택임차자금의 원리금 상환액에 대한 소득공제액과 조세특례제한법상 주택청약종합저축 등에 대한 소득공제액을 합산하여 연 400만원 한도를 적용한다. 연 400만원을 초과하는 경우 그 초과하는 금액은 없는 것으로 한다.

② 소득공제의 적용순서가 법에 규정되어 있지 않으므로 400만원 한도를 초과하는 경우로 출제되는 경우 방법1과 방법2 중 하나의 방법으로 소득공제액을 산출한 후 해당 내용을 답안지에 기재할 것을 권장한다.

• 방법1 : 주택임차자금의 원리금 상환액에 대한 소득공제액을 먼저 적용하는 방법
• 방법2 : 주택청약저축 소득공제액을 먼저 적용하는 방법

ex) 400만원 한도적용전 주택임차자금 원리금 상환액 소득공제액이 ₩3,500,000이고, 주택청약저축소득공제액이 ₩1,000,000인 경우

구 분	방법1	방법2
① 주택임차자금의 원리금 상환액 소득공제액	₩3,500,000	₩3,000,000
② 주택청약종합저축 소득공제액	500,000	1,000,000
합 계	₩4,000,000	₩4,000,000

〈요구사항 2〉

일반산출세액	₩2,790,000
비교산출세액	10,580,000

1. 과세표준 : ₩30,000,000 − ₩3,000,000(가정치) = ₩27,000,000

2. 일반(주1) : ₩27,000,000 × 기본세율 = ₩2,790,000

3. 비교(주1) : (₩27,000,000 − ₩14,000,000*) × 기본세율 + ₩14,000,000* × 70%(양도소득세율) = ₩10,580,000
   * ₩200,000,000 − ₩180,000,000 − ₩6,000,000 = ₩14,000,000(주2)

〈요구사항 3〉

교육비세액공제액	₩1,620,000
기장세액공제액	840,000

1. 교육비세액공제액(주3) : (① + ②) × 15% = ₩1,620,000
   ① 본인교육비 : ₩8,000,000
   ② 부양가족 교육비(주4) : Min[a, b] = ₩2,800,000
      a. ₩2,000,000(수업료) + ₩500,000(교복비)(주5) + ₩300,000(체험학습비)(주5) = ₩2,800,000
      b. ₩3,000,000

2. 기장세액공제액 : Min[①, ②] = ₩840,000
   ① ₩9,000,000(가정치) × $\frac{₩14,000,000}{₩30,000,000}$ × 20% = ₩840,000
   ② 한도 : ₩1,000,000

〈주1〉 [관련규정]
부동산매매업자의 종합소득금액에 다음의 부동산 등에 대한 매매차익이 있는 경우 세액계산 특례를 적용하여 종합소득산출세액을 계산하도록 규정하고 있다.
① 비사업용토지
② 미등기자산
③ 분양권
④ 조정대상지역의 1세대 2주택(조합원입주권, 분양권의 수 포함) 이상에 해당하는 주택

> 종합소득산출세액 : Max[①, ②]
> ① 과세표준 × 기본세율
> ② (과세표준 − 토지 등 매매로 인한 사업소득금액) × 기본세율 + 토지 등 매매차익* × 양도소득세율

* 토지 등 매매차익

구 분	계 산
(1) 비사업용토지	매매가액 − 필요경비 − 장기보유특별공제 − 양도소득기본공제
(2) 미등기자산	매매가액 − 필요경비 → 양도소득기본공제×, 장기보유특별공제×
(3) 분양권/주택	매매가액 − 필요경비 − 양도소득기본공제 → 장기보유특별공제× 단, 보유기간 3년 이상인 조정대상지역 내 주택을 2026. 5. 9. 까지 양도하는 경우 그 해당 주택은 장기보유특별공제를 적용한다.

여기서 필요경비는 취득가액·자본적 지출·양도비용을 말한다.

〈주2〉 미등기자산이므로 장기보유특별공제 및 양도소득기본공제를 적용하지 않는다.
〈주3〉 교육비세액공제액이 근로소득에 대한 종합소득산출세액(₩4,800,000) 이내에 해당한다.

* 근로소득에 대한 종합소득산출세액 : ₩9,000,000(가정치) × $\frac{₩16,000,000}{₩30,000,000}$ = ₩4,800,000

〈주4〉 직업능력개발훈련시설에서 실시하는 직업능력개발훈련과정의 경우 본인분만 세액공제 대상이므로 배우자 또는 부양가족분은 공제대상에서 제외된다.
〈주5〉 교복비는 1명당 50만원을 한도로 하며, 체험학습비는 1명당 30만원을 한도로 한다.

[문제 6]
(물음 1)
〈요구사항 1〉

양도가액	₩220,000,000
취득가액	79,400,000
기타의 필요경비	2,000,000
장기보유특별공제	27,720,000
양도소득금액	₩110,880,000

① 양도가액(주1)   ₩220,000,000
② 취득가액   (79,400,000)*1
③ 필요경비   (2,000,000)*2
④ 양도차익   ₩138,600,000
⑤ 장기보유특별공제   (27,720,000)*3
⑥ 양도소득금액   ₩110,880,000

*1. ₩80,000,000 − ₩600,000(취득세 감면액)(주2) = ₩79,400,000
 2. ₩500,000(공증비용) + ₩1,500,000(부동산중개수수료) = ₩2,000,000(주3)
 3. ₩138,600,000 × 20%(10년 이상 11년 미만) = ₩27,720,000

〈요구사항 2〉

양도소득과세표준	₩97,500,000
양도소득산출세액	38,185,000

1. 양도소득과세표준 : ₩100,000,000(가정치) − ₩2,500,000 = ₩97,500,000

2. 양도소득산출세액 : ₩97,500,000 × 특례세율(주4) = ₩38,185,000*
   * ₩15,360,000 + (₩97,500,000 − ₩88,000,000) × 35% + ₩97,500,000 × 20% = ₩38,185,000

〈주1〉 ① 특수관계인에게 저가양도한 경우로서 시가와 거래가액의 차액이 3억원 이상 또는 시가의 5% 이상인 경우 양도가액은 시가로 한다.(부당행위계산부인)
       ② 양도가액의 현재가치평가는 인정하지 않는다.
〈주2〉 취득세는 납부영수증이 없는 경우에도 양도소득금액계산시 취득가액에 포함하여 필요경비로 공제한다. 다만, 지방세법 등에 의하여 취득세가 감면된 경우의 해당 세액은 공제하지 아니한다.(소득세법 기본통칙 97-0…3)
〈주3〉 공증비용과 부동산중개수수료는 양도비용으로 공제하며, 부동산매매계약의 해약으로 인하여 지급하는 위약금 등은 양도차익 계산시 필요경비로 공제하지 아니한다.(소득세법 기본통칙 97-0…6)
〈주4〉 지정지역에 있는 등기된 비사업용 토지로서 2년 이상 보유한 경우 특례세율[(기본세율 + 10%) + 10%]을 적용한다.

[문제 7]
(물음 1)
1. 저가양수·고가양도에 따른 이익의 증여
   특수관계인 간에 재산을 시가보다 낮은 가액으로 양수하거나 시가보다 높은 가액으로 양도한 경우로서 현저한 이익분여요건을 충족한 경우에는 해당 재산의 양수일 또는 양도일을 증여일로 하여 법소정의 금액을 그 이익을 얻은 자의 증여재산가액으로 한다.

구 분	특수관계인간 양수도
(1) 현저한 이익분여요건	│시가 - 거래가│ ≥ Min[①*1, ②*2]
(2) 증여재산가액	│시가 - 거래가│ - Min[①*1, ②*2]

*1. 시가 × 30%
 2. 3억원

2. 주식의 상장 등에 따른 이익의 증여
   기업의 경영 등에 관하여 공개되지 아니한 정보를 이용할 수 있는 지위에 있다고 인정되는 최대주주 등의 특수관계인이 해당 법인의 주식 등을 증여받거나 취득한 경우 그 주식 등을 증여받거나 취득한 날부터 5년 이내에 그 주식 등이 증권시장(유가증권시장 및 코스닥시장)에 상장됨에 따라 그 가액이 증가한 경우로서 그 주식 등을 증여받거나 취득한 자가 당초 증여세 과세가액(증여받은 재산으로 주식 등을 취득한 경우 제외) 또는 취득가액을 초과하여 이익을 얻은 경우에는 그 이익에 상당하는 금액을 그 이익을 얻은 자의 증여재산가액으로 한다. 다만, 그 이익에 상당하는 금액이 기준금액(법소정금액의 30%와 3억원 중 적은 금액) 미만인 경우는 제외한다.

3. 특수관계법인으로부터 제공받은 사업기회로 발생한 이익의 증여의제
   지배주주와 그 친족의 직접 또는 간접 주식보유비율이 30% 이상인 법인(수혜법인)이 지배주주와 특수관계에 있는 법인(조세특례제한법에 따른 중소기업과 수혜법인이 본인의 주식보유비율이 50% 이상인 법인은 제외)으로부터 법소정의 방법으로 사업기회를 제공받는 경우에는 그 사업기회를 제공받은 날(사업기회제공일)이 속하는 사업연도(개시사업연도)의 종료일에 그 수혜법인의 지배주주 등이 증여의제이익을 증여받은 것으로 본다.

(물음 2)

증여자	증여세 과세표준	증여세 산출세액
외조모	−	−
조부	₩0	₩0
부친	₩0	₩0
모친	₩32,500,000	₩3,250,000
조모	₩17,500,000	₩2,275,000

구 분	외조모	조부	부친	모친	조모
과 세 가 액	−(주1)	₩10,000,000(주2)	₩15,000,000	₩65,000,000*1	₩35,000,000*1
증여재산공제	−	(10,000,000)	(15,000,000)	(32,500,000)*2	(17,500,000)*2
과 세 표 준	−	−	−	32,500,000	17,500,000
산 출 세 액	−	−	−	3,250,000	2,275,000*3

*1. 모친과 조모의 과세가액(주3)

　① 모친 : ₩50,000,000(모친) + ₩15,000,000(부친) = ₩65,000,000

　② 조모 : ₩25,000,000(조모) + ₩10,000,000(조부) = ₩35,000,000

2. 모친과 조모의 증여재산공제(주4)

　① 모친 : $₩50,000,000 \times \dfrac{₩65,000,000}{₩100,000,000} = ₩32,500,000$

　② 조모 : $₩50,000,000 \times \dfrac{₩35,000,000}{₩100,000,000} = ₩17,500,000$

3. ₩17,500,000 × 10%(세율) × (1 + 30%(주5)) = ₩2,275,000

〈주1〉 외조모 : 증여세 신고기한(증여받은 날이 속하는 달의 말일부터 3개월 이내) 내에 반환하였으므로 당초 증여와 반환 모두 증여로 보지 않는다.

〈주2〉 조부 : 금전의 경우 증여세 신고기한이내에 반환하더라도 증여로 본다.

〈주3〉 합산대상증여재산가액 산정시 증여자가 직계존속인 경우에는 그 직계존속의 배우자도 동일인으로 간주한다. 따라서 모친의 과세가액에는 부친의 증여분도 합산하여야 하며, 조모의 과세가액에는 조부의 증여분도 합산하여야 한다.

　[관련규정] 해당 증여일 전 10년 이내에 동일인(증여자가 직계존속인 경우에는 그 직계존속의 배우자 포함)으로부터 받은 증여재산가액을 합친 금액이 1,000만원 이상인 경우에는 그 가액을 증여세과세가액에 가산한다. 다만, 합산배제 증여재산은 그러하지 아니하다.

〈주4〉 증여재산가액을 합산하였으므로 증여재산공제도 합산하며, 2 이상의 증여가 동시에 있는 경우에는 각각의 증여세과세가액에 대하여 안분하여 공제한다.

〈주5〉 수증자가 증여자의 자녀가 아닌 직계비속이므로 30% 할증과세한다. 만약 수증자가 증여자의 자녀가 아닌 직계비속이면서 미성년자인 경우로서 증여재산가액이 20억원을 초과하는 경우에는 40%로 한다.

MEMO

2018년 회계사 기출문제 해설

[문제 1]
(물음 1)

이자소득 총수입금액	₩10,000,000
배당소득 총수입금액	18,100,000
배당가산액(Gross-up 금액)	160,000

1. 금융소득의 구분

구 분	이자소득	배당소득	비 고
집합투자기구 이익⁽주1⁾	–	₩3,500,000*2	
환매조건부채권의 매매차익	₩5,000,000	–	
외국법인으로부터 받은 현금배당금	–	3,000,000	무조건 종합과세
인정배당⁽주2⁾	–	1,600,000*1	
무상주(액면가액)⁽주3⁾	–	10,000,000	
비영업대금의 이익⁽주4⁾	2,000,000	–	무조건 종합과세
손해배상금에 대한 법정이자	–	–	기타소득
단기저축성보험의 보험차익	3,000,000*3	–	
합 계	₩10,000,000	+ ₩18,100,000	= ₩28,100,000(2천만원 초과)

*1. Gross-up 가능 배당소득
 2. ₩4,500,000 − ₩1,000,000(상장주식 처분이익) = ₩3,500,000
 3. ₩15,000,000 − ₩12,000,000 = ₩3,000,000

2. 배당가산액 : Min[₩1,600,000, ₩8,100,000] × 10% = ₩160,000

⟨주1⟩ 집합투자기구로부터 지급받은 이익 중 상장주식 처분이익은 과세되지 않는다.
⟨주2⟩ 인정배당의 수입시기는 결산확정일이며, Gross-up 가능 배당소득이다.
⟨주3⟩ 소각당시 시가가 취득가액을 초과하였으므로 의제배당으로 과세되며, 익금불산입항목(자기주식소각이익)을 재원으로 하였으므로 Gross-up 불가 배당소득이다.
⟨주4⟩ 사업목적이 아닌 일시적인 금전대여로 인해 수령한 원금초과액 및 수수료는 비영업대금의 이익(이자소득)이며, 원천징수되지 않았으므로 무조건 종합과세대상이다.

(물음 2)

㈜A 총급여액	₩15,100,000
㈜B 총급여액	13,180,000

1. ㈜A 총급여액

급여	₩9,000,000	
자격수당	600,000	
상여금	1,000,000	
식사대	300,000	(₩250,000 − ₩200,000) × 6개월
잉여금처분 상여[주1]	800,000	
연장근로수당[주2]	400,000	₩2,800,000 − ₩2,400,000
회사부담 자녀보험료[주3]	3,000,000	
총급여액	₩15,100,000	

2. ㈜B 총급여액

급여	₩6,000,000	
영업수당	5,000,000	
식사대	600,000	(₩300,000 − ₩200,000) × 6개월
자가운전보조금	300,000	(₩250,000 − ₩200,000) × 6개월
연장근로수당[주4]	800,000	
사택제공이익[주5]	−	비과세 근로소득
건강보험료 등 회사대납액[주6]	480,000	
직무발명보상금[주7]	−	비과세 근로소득
총급여액	₩13,180,000	

〈주1〉 잉여금처분 상여의 수입시기는 잉여금처분결의일이다.
〈주2〉 생산직근로자로서 월정액급여[₩1,500,000(급여) + ₩100,000(자격수당) + ₩250,000(식사대) = ₩1,850,000]가 210만원 이하이고, 직전연도 총급여액이 3,000만원 이하이므로 연장근로수당 중 240만원(월할계산 하지 않음)에 대하여 비과세 규정을 적용한다.
〈주3〉 자녀를 수익자로 하는 교육보험의 보험료를 회사가 부담한 금액은 근로소득으로 과세된다.
〈주4〉 ㈜B의 영업직사원으로 생산직근로자가 아니므로 연장근로수당은 전액 근로소득으로 과세된다.
〈주5〉 비출자임원, 소액주주인 임원과 임원이 아닌 종업원이 사택을 무상으로 제공받음으로 인해 얻은 이익은 비과세된다.
〈주6〉 건강보험료 및 고용보험료의 본인 부담분을 회사가 대납한 금액은 근로소득으로 과세된다.
〈주7〉 발명진흥법에 따라 받은 직무발명보상금으로서 700만원(월할계산하지 않음) 이하의 금액은 비과세된다.

(물음 3)

종합과세되는 기타소득금액	₩12,000,000
기타소득 원천징수세액	3,000,000

1. 종합과세되는 기타소득금액

구 분	금 액	비 고
골동품 양도소득	–	무조건 분리과세
공익사업과 관련없는 지역권 대여소득	–	사업소득
인정기타소득(주1)	₩6,000,000	
원고료	1,000,000	₩2,500,000 × (1 – 60%)
계약금이 위약금으로 대체된 금액	5,000,000	원천징수×
이연퇴직소득의 연금외수령금액(주2)	–	이연퇴직소득세 원천징수
계	₩12,000,000	300만원 초과 → 종합과세

2. 기타소득 원천징수세액(분리과세대상 포함) : ① + ② = ₩3,000,000
    ① 종합과세대상 기타소득의 원천징수세액 : (₩6,000,000 + ₩1,000,000) × 20% = ₩1,400,000
    ② 분리과세대상 기타소득의 원천징수세액 : ₩8,000,000* × 20% = ₩1,600,000
        * 골동품 양도소득(주3) : ₩80,000,000 × (1 – 90%) = ₩8,000,000

〈주1〉 인정기타소득의 수입시기는 결산확정일이다.

〈주2〉 이연퇴직소득의 연금외수령금액은 이연퇴직소득세를 원천징수하며, 기타소득에 해당하지 않는다.

[참고] 사적연금의 과세체계

	구 분	연금수령	연금외수령
사적연금	자기불입분 중 세액공제×	과세×	과세×
	이연퇴직소득	연금소득	이연퇴직소득세 원천징수
	자기불입분 중 세액공제○ 운용수익		기타소득

〈주3〉 고려시대 골동품이므로 제작후 100년이 넘은 것이며, 양도가액이 6천만원 이상이므로 기타소득으로 과세된다. 보유기간이 10년 미만이나 총수입금액이 1억원 이하이므로 최소 총수입금액의 90%를 필요경비로 한다.

[참고] 서화·골동품의 양도로 발생하는 소득의 필요경비의제액

거주자가 받은 금액	필요경비의제액
1억원 이하	총수입금액 × 90%
1억원 초과	9천만원 + (총수입금액 – 1억원) × 80%*

* 서화·골동품의 보유기간이 10년 이상인 경우 90%로 한다.

(물음 4)

〈요구사항 1〉

기본공제액	₩9,000,000
추가공제액	4,000,000

구 분	기본공제액(주1)	추가공제액(주1)
본인	○	₩1,000,000(한부모공제)
부친	○	1,000,000(경로우대자공제)
모친	○	–
누나	○	2,000,000(장애인)
장녀	○	–
차녀	○	–
	₩1,500,000 × 6명 = ₩9,000,000	₩4,000,000

〈요구사항 2〉

특별소득공제액	₩1,800,000
연금보험료공제액	4,000,000

1. 특별소득공제 : ₩1,500,000(건강보험료) + ₩300,000(고용보험료) = ₩1,800,000

2. 연금보험료 공제 : ₩4,000,000(국민연금보험료)(주2)

〈요구사항 3〉

일반산출세액	₩10,240,000
비교산출세액	9,965,000
배당세액공제액	275,000

1. 일반산출세액

   ₩20,000,000 × 14% + (₩75,000,000* − ₩20,000,000) × 기본세율 = ₩10,240,000

   * 종합소득과세표준 : ₩85,000,000 (종합소득금액) − ₩10,000,000(종합소득공제, 가정치) = ₩75,000,000

2. 비교산출세액

   ₩5,000,000 × 25% + ₩30,000,000 × 14% + (₩75,000,000 − ₩36,500,000) × 기본세율 = ₩9,965,000

3. 배당세액공제액 : Min[①, ②] = ₩275,000

   ① Gross-up : ₩1,500,000

   ② 종합소득산출세액 − 비교산출세액 : ₩10,240,000 − ₩9,965,000 = ₩275,000

〈주1〉 ① 본인 : 배우자가 없고 기본공제대상자인 직계비속(또는 입양자)이 있으므로 한부모공제대상이다.
② 부친 : 곡물 및 기타식량작물재배업 소득은 과세되지 않으므로 소득요건을 충족하였으며, 70세 이상이므로 경로우대자공제대상이다.
③ 모친 : 해당연도에 사망한 경우 사망일 전일의 상황에 따라 기본공제 및 추가공제여부를 판단한다. 60세 이상이며 소득이 없으므로 기본공제대상자에 해당한다.
④ 누나 : 장애인의 경우에는 나이의 제한을 받지 않는다. 근로소득만 있는 자로서 총급여액이 500만원 이하이므로 기본공제 및 장애인공제대상이다.
⑤ 장녀 : 20세 이하이며 소득이 없으므로 기본공제대상자에 해당한다.
⑥ 차녀 : 20세 이하이며 소득이 없으므로 기본공제대상자에 해당한다.
〈주2〉 연금저축계좌 납입액이 있는 경우 연금계좌세액공제대상이다. 그러므로 문제에서 제시한 연금저축계좌 납입액은 관련 자료가 아니다.

〈요구사항 4〉

보험료 세액공제액	₩258,000
의료비 세액공제액	1,515,000

1. 보험료세액공제 : (① × 15%) + (② × 12%) = ₩258,000
   ① 장애인전용보장성보험료 : Min[₩1,300,000, 연 ₩1,000,000] = ₩1,000,000
   ② 일반보장성보험료 : Min[₩900,000, 연 ₩1,000,000] = ₩900,000

2. 의료비세액공제 : (① + ②) × 15% = ₩1,515,000
   ① 특정 : ₩2,000,000(본인) + ₩5,000,000(65세 이상자) + ₩3,500,000(6세 이하자) = ₩10,500,000
   ② 일반 : Min[(₩800,000(장녀) − ₩40,000,000 × 3%), ₩7,000,000] = △₩400,000

[문제 2]

양도가액	₩1,500,000,000
취득가액	1,000,000,000
기타의 필요경비	24,000,000
양도차익	95,200,000
양도소득금액	57,120,000

1. 양도가액 : ₩1,500,000,000(시가)$^{\langle주1\rangle}$

2. 취득가액$^{\langle주2\rangle}$: ₩1,500,000,000 × $\frac{₩800,000,000}{₩1,200,000,000}$ = ₩1,000,000,000(환산취득가액)

3. 기타의 필요경비$^{\langle주2\rangle}$: ₩800,000,000(기준시가) × 3% = ₩24,000,000(필요경비개산공제)

4. 양도차익 : ₩476,000,000* × $\frac{15억원 - 12억원}{15억원}$ = ₩95,200,000
   * ₩1,500,000,000 − ₩1,000,000,000 − ₩24,000,000 = ₩476,000,000

5. 양도소득금액 : ₩95,200,000 − ₩38,080,000* = ₩57,120,000
   * 장기보유특별공제 : ₩95,200,000 × 40%** = ₩38,080,000
   ** 24%(보유기간 6년 이상 7년 미만) + 16%(거주기간 4년 이상 5년 미만) = 40%

〈주1〉 특수관계인에게 저가양도한 경우로서 시가와 양도가액의 차액이 3억원 이상이거나 시가의 5% 이상인 경우에는 시가를 실지거래가액으로 한다.(부당행위계산부인)

〈주2〉 환산취득가액과 필요경비개산공제액의 합계액이 자본적지출액과 양도비용의 합계액보다 금액이 크기 때문에 취득가액과 필요경비는 환산취득가액과 필요경비개산공제액으로 한다.

[문제 3]
(물음 1)
〈요구사항 1〉

익금산입 및 손금불산입			손금산입 및 익금불산입		
과목	금액	소득처분	과목	금액	소득처분
채무면제이익	₩40,000,000	기타	이월결손금 보전에 충당한 금액	₩30,000,000	기타
			결손금 보전에 충당할 금액	10,000,000	기타

1. 주식발행초과금 중 채무면제이익 : (₩10,000* − ₩6,000) × 10,000주 = ₩40,000,000

    * 발행가액 : $\frac{₩100,000,000}{10,000주} = ₩10,000$

2. 이월결손금 보전에 충당한 금액(주1) : ₩10,000,000(9기) + ₩20,000,000(24기) = ₩30,000,000

3. 결손금 보전에 충당할 금액 : ₩40,000,000(채무면제이익) − ₩30,000,000(이월결손금) = ₩10,000,000

〈요구사항 2〉

익금산입 및 손금불산입			손금산입 및 익금불산입		
과목	금액	소득처분	과목	금액	소득처분
무상주 의제배당	₩4,000,000	유보			
감자시 의제배당	540,741	유보			

1. 무상주 의제배당 : $\underbrace{1,000주^{*1} \times 80\%^{*2}}_{= 800주} \times ₩5,000 = ₩4,000,000$

    *1. ₩50,000,000 ÷ ₩5,000(액면가액) × 10%(지분율, $\frac{10,000주}{100,000주} = 10\%$) = 1,000주

    2. $\frac{₩40,000,000(채무면제이익)}{₩50,000,000} = 80\%^{(주2)}$

〈주1〉 충당대상 이월결손금은 세무상 결손금으로서 그 발생시점에는 제한이 없다. 다만, 합병·분할시 승계받은 결손금은 충당대상 이월결손금에서 제외된다.

〈주2〉 회사가 주식발행초과금으로 계상한 금액 ₩50,000,000 중 채무면제이익(익금항목)에 해당하는 ₩40,000,000을 재원으로 수령한 무상주는 의제배당에 해당하나, 나머지 주식발행초과금(익금불산입항목) ₩10,000,000을 재원으로 수령한 무상주는 의제배당에 해당하지 않는다.

2. 감자시 의제배당

(1) 주식의 변동내역

일자	내역	감자전	감자	감자순서
2025. 4. 6	유상취득(@₩10,000(주1))	10,000주	2,000주	②
2025. 5. 6	무상증자(@₩5,000)	800주		
2025. 5. 6	무상증자(단기소각주식(주2))	200주	200주	①
	계	11,000주	2,200주	

(2) 감자시 의제배당 : ① - ② = ₩540,741

① 감자대가 : 2,200주 × ₩9,000 = ₩19,800,000

② 소멸주식의 세무상 취득가액 : 200주 × ₩0 + ₩19,259,259* = ₩19,259,259

$$* \frac{10,000주 \times ₩10,000 + 800주 \times ₩5,000}{10,000주 + 800주} \times 2,000주 = ₩19,259,259$$

(3) 익금산입액 : ₩540,741(의제배당액) - ₩0(회사의 수익계상액) = ₩540,741

⟨주1⟩ 1주당 취득가액 : ₩100,000,000(채권의 장부가액) ÷ 10,000주 = ₩10,000 → 법 소정의 출자전환이므로 주식의 취득가액은 출자전환된 채권의 장부가액(₩100,000,000)으로 한다. 은행의 주식 취득시의 회계처리는 다음과 같다.

차 변		대 변	
단기매매금융자산	100,000,000	채권	100,000,000

[참고] 채무의 출자전환으로 취득한 주식의 취득가액

구 분	취득가액
① 일반적인 경우	취득 당시 주식의 시가
② 법 소정의 출자전환의 경우*(대손불능채권은 제외)	출자전환된 채권의 장부가액

* 채무자가 회생계획인가의 결정을 받은 법인 등에 해당하여 출자전환으로 인한 채무면제이익을 향후 결손금 보전에 충당할 수 있는 경우를 말한다.

⟨주2⟩ 단기소각주식(감자 전 2년 이내에 의제배당으로 과세되지 않은 무상주)이 있는 경우 감자 등으로 인한 의제배당금액을 계산할 때 그 주식을 먼저 소각한 것으로 보며 그 주식의 취득가액은 0(영)으로 한다.

(물음 2)

익금산입 및 손금불산입			손금산입 및 익금불산입		
과목	금액	소득처분	과목	금액	소득처분
업무무관자산 감가상각비(주1)	20,000,000	유보			
지급이자 손금불산입	9,292,602	기타사외유출			
가지급금 인정이자(대표이사)	2,720,000	상여			
가지급금 인정이자(직원)	160,000	상여			

1. 업무무관자산관련 지급이자 손금불산입액 : ① × $\frac{②}{③}$ = ₩9,292,602

   ① 지급이자(주2) : ₩16,000,000 + ₩8,926,027 + ₩6,049,315 = ₩30,975,342
   ② 업무무관자산 등 적수 : a + b = 547.5억원
      a. 업무무관자산적수 : ₩100,000,000(주3) × 365일 = 365억원
      b. 업무무관가지급금 적수(주4) : (300억원 - 154억원(주5)) + 36.5억원 = 182.5억원
   ③ 차입금 적수 : 730억원 + 543억원 + 552억원 = 1,825억원

2. 가지급금 인정이자
   (1) 자금대여시 가중평균차입이자율(주6)

   ① 대표이사 대여금 : $\frac{2억원 \times 8\% + 3억원 \times 6\%}{2억원 + 3억원}$ = 6.8%

   ② 직원에 대한 주택자금 대여금 : $\frac{2억원 \times 8\% + 3억원 \times 4\%}{2억원 + 3억원}$ = 5.6%

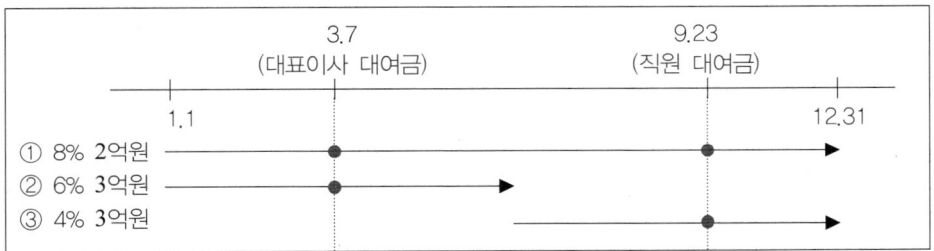

   (2) 가지급금 인정이자

   ① 대표이사 대여금 : (300억원 - 154억원) × 6.8% × $\frac{1}{365}$ = ₩2,720,000

   ② 직원에 대한 주택자금 대여금 : 36.5억원 × 5.6% × $\frac{1}{365}$ = ₩560,000

   (3) 차액
   ① 대표이사 대여금 : ₩2,720,000 - ₩0 = ₩2,720,000
   ② 직원에 대한 주택자금 대여금 : ₩560,000 - ₩400,000 = ₩160,000 ≥ ₩28,000(= ₩560,000 × 5%)

〈주1〉 업무무관자산은 감가상각대상자산에 해당하지 않으므로 회사의 감가상각비 계상액(₩20,000,000)은 전액 손금불산입한다. 전기에 특수관계인으로부터 고가매입하였으므로 고가매입관련 세무조정은 전기의 세무조정에 해당한다.
〈주2〉 ① 사채할인발행차금 상각액은 지급이자에 포함한다.
② 특수관계가 없는 자에 대한 차입금의 기간경과분 미지급이자를 비용으로 계상시 인정하며, 지급이자에 포함한다.
〈주3〉 업무무관자산은 부당행위계산의 부인규정에 의한 시가초과액을 포함한 금액으로 한다.
〈주4〉 직원에 대한 학자금 대여액은 업무무관가지급금으로 보지 않으나, 중소기업이 아닌 법인의 직원에 대한 주택구입·전세자금 대여금은 업무무관가지급금에 해당한다.
〈주5〉 동일인에 대한 가지급금과 가수금이 함께 있는 경우에는 이를 상계하는 것이 원칙이다.
〈주6〉 가중평균차입이자율은 **대여시점** 현재 차입금으로 가중평균한다.

(물음 3)
〈요구사항 1〉

당기순이익	₩450,000,000
익금산입 및 손금불산입	₩580,000,000
1) 미지급기부금(사립대학교)(주1)	15,000,000
2) 특별회비(주2)	3,000,000
3) 비지정기부금(주3)	500,000,000
4) 자산감액분 상각비(주4)	10,000,000
5) 법인세비용(주5)	52,000,000
손금산입 및 익금불산입	₩600,000,000
1) 사용수익기부자산(주3)	500,000,000
2) 건물유보추인(주3)	100,000,000
차가감소득금액	₩430,000,000

〈주1〉 사립대학교 기부금은 어음결제일이 속하는 2026년도 기부금에 해당한다.
〈손금불산입〉 미지급기부금 ₩15,000,000 (유보)

〈주2〉 영업자가 조직한 단체로서 법인이거나 주무관청에 등록된 조합 또는 협회에 지급한 회비로서 손금으로 인정되는 회비는 해당 조합 또는 협회가 법령 또는 정관이 정하는 바에 따른 정상적인 회비징수 방식에 의하여 경상경비 충당 등을 목적으로 조합원 또는 회원에게 부과하는 회비를 말하며, 그 외 회비는 손금으로 인정되지 않는다. 다만, 행정해석상 법정단체가 법령 또는 정관이 정하는 바에 따라 정상적인 회비징수방식에 의하여 경상경비 충당 등을 목적으로 회원에게 부과하는 특별회비를 손금으로 보고 있으므로 회비의 명칭(일반회비, 특별회비)과는 관계없이 징수방식과 목적에 따라 손금으로 인정되는 회비인지 파악해야 한다.
〈손금불산입〉 특별회비 ₩3,000,000 (기타사외유출)

〈주3〉 특례기부금·일반기부금단체가 아닌 자에게 자산을 기부한 경우에는 사용수익기부자산(무형자산)으로 대체하지 않고 시가와 장부가액 중 큰 금액을 비지정기부금으로 보아 손금불산입한다.

구 분	차 변		대 변	
B	무형자산	500,000,000	건물	400,000,000
	감가상각누계액	200,000,000	건물처분이익	300,000,000
T	비지정기부금(유출)	500,000,000	건물	400,000,000
	감가상각누계액	100,000,000	건물처분이익	200,000,000
D	〈손금산입〉 건물유보추인 ₩100,000,000 (△유보)			
	〈손금산입〉 사용수익기부자산(무형자산) ₩500,000,000 (△유보)			
	〈손금불산입〉 비지정기부금 ₩500,000,000* (기타사외유출)			

* Max[₩500,000,000(시가), ₩300,000,000(세무상 장부가)] = ₩500,000,000

〈주4〉 세법상 사용수익기부자산(무형자산)이 없으므로 회사 계상 상각비를 전액 부인한다.
〈손금불산입〉 자산감액분 상각비 ₩10,000,000 (유보)

〈주5〉 법인세 비용은 손금불산입항목에 해당한다.
〈손금불산입〉 법인세비용 ₩52,000,000 (기타사외유출)

〈요구사항 2〉

특례기부금 해당액	₩20,000,000
일반기부금 해당액	30,000,000
특례기부금 한도초과(미달)액	△130,000,000
일반기부금 한도초과(미달)액	2,000,000

1. 기준소득 : ₩250,000,000 + ₩20,000,000(주1)(특례기부금) + ₩30,000,000(일반기부금) − ₩0(이월결손금) = ₩300,000,000

2. 기부금시부인

	B	T	D
① 특례기부금(이재민 구호금품)	₩20,000,000	₩150,000,000*1	△₩130,000,000
② 일반기부금(사회복지법인)	30,000,000	28,000,000*2	2,000,000

　*1. ₩300,000,000 × 50% = ₩150,000,000

　 2. (₩300,000,000 − ₩20,000,000) × 10% = ₩28,000,000

〈주1〉 특례기부금 단체에 대한 현물기부금은 장부가액으로 평가한다.

(물음 4)
〈요구사항 1〉

익금산입 및 손금불산입			손금산입 및 익금불산입		
과목	금액	소득처분	과목	금액	소득처분
			전기건설자금이자	₩687,500	△유보

1. 제24기 건설자금이자 : ① - ② = ₩17,500,000

    ① 특정차입금이자 : ₩500,000,000 × 6% × $\frac{9}{12}$ (주1) = ₩22,500,000

    ② 일시예치로 인한 수입이자 : ₩5,000,000

2. 제25기 건설자금이자 : ① - ② - ③ = ₩10,000,000

    ① 특정차입금이자 : ₩500,000,000 × 6% × $\frac{6}{12}$ (주2) = ₩15,000,000

    ② 운영자금전용이자 : ₩100,000,000 × 6% × $\frac{3}{12}$ = ₩1,500,000

    ③ 일시예치로 인한 수입이자 : ₩3,500,000

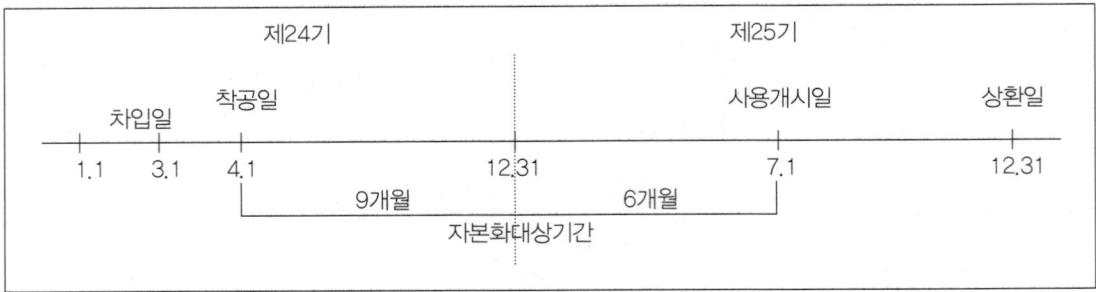

3. 감가상각시부인

    ① 감가상각비 해당액 : ₩15,000,000 + ₩10,000,000(제25기 건설자금이자) = ₩25,000,000

    ② 상각범위액

    [₩1,000,000,000 + ₩17,500,000(제24기 건설자금이자) + ₩10,000,000(제25기 건설자금이자)] × 0.05(20년, 정액법) × $\frac{6}{12}$ (주3)

    = ₩25,687,500

    ③ 상각부인액(시인부족액) : △₩687,500 → Min[₩17,500,000, ₩687,500] = ₩687,500 손입(△유보)

〈주1〉 자본화개시일 : 차입일(3.1)과 착공일(4.1) 중 늦은날부터 자본화한다. 건설자금이자는 일할계산하는 것이 원칙이나 물음에서 편의상 월할계산하는 것으로 가정하였으므로 월할계산한다.

〈주2〉 자본화종료일 : 건축물의 경우 양도소득세 규정에 의한 취득일 또는 사용개시일(해당 건설의 목적물이 그 목적에 실제로 사용되기 시작한 날을 말한다) 중 빠른날(7.1)로 한다. 양도소득세 규정에 의하면 취득일은 자기가 건설한 건축물에 있어서는 건축법에 따른 사용승인서 교부일로 한다. 다만, 사용승인서 교부일 전에 사실상 사용하거나 임시사용승인을 받은 경우에는 그 사실상의 사용일 또는 임시사용승인을 받은 날 중 빠른 날로 하고 건축허가를 받지 아니하고 건축하는 건축물에 있어서는 그 사실상의 사용일로 한다.

〈주3〉 사업연도 중에 취득하여 사업에 사용한 감가상각자산에 대한 상각범위액은 사업에 사용한 날부터 당해 사업연도종료일까지의 월수에 따라 계산한다. 이 경우 월수는 역에 따라 계산하되 1월 미만의 일수는 1월로 한다.

〈요구사항 2〉

익금산입 및 손금불산입			손금산입 및 익금불산입		
과목	금액	소득처분	과목	금액	소득처분
징벌적 손해배상금	₩24,000,000	기타사외유출	개발비 감액	₩35,000,000	△유보
자산감액분 상각비	980,000	유보			
개발비 상각부인액	5,270,000	유보			

1. 개발비 자산감액 : ₩5,000,000(소모품비) + ₩30,000,000(손해배상액) = ₩35,000,000

2. 징벌적 목적의 손하배상금$^{(주1)}$: ₩30,000,000 × 4/5 = ₩24,000,000

3. 자산감액분 상각비 : ₩35,000,000 × $\frac{₩14,000,000}{₩500,000,000}$ = ₩980,000

4. 개발비 상각시부인
   ① 상각비 해당액 : ₩14,000,000 − ₩980,000(자산감액분 상각비) = ₩13,020,000
   ② 상각범위액 : (₩500,000,000 − ₩35,000,000) × 0.2(5년, 정액법) × $\frac{1}{12}$ $^{(주2)}$ = ₩7,750,000
   ③ 상각부인액(시인부족액) : ₩5,270,000

(물음 5)

잔여재산가액	₩180,000,000
자 기 자 본	80,000,000
청산소득금액	100,000,000

1. 잔여재산가액 : ① − ② = ₩180,000,000
   ① 자산총액 : ₩50,000,000(현금) + ₩250,000,000(재고자산 환가액) + ₩80,000,000(기계장치 환가액) = ₩380,000,000
   ② 부채총액 : ₩200,000,000

2. 자기자본 : ① + ② − ③ = ₩80,000,000
   ① 자본금 : ₩100,000,000 − ₩20,000,000$^{(주3)}$ = ₩80,000,000
   ② 세무상 잉여금 : ₩50,000,000 + ₩20,000,000 + ₩30,000,000* = ₩100,000,000
      * 유보잔액 : ₩10,000,000(재고자산) + ₩20,000,000(기계장치) = ₩30,000,000
   ③ 이월결손금 : Mn[₩120,000,000(이월결손금)$^{(주4)}$, ₩100,000,000(세무상 잉여금)] = ₩100,000,000

3. 청산소득금액 : ₩180,000,000 − ₩80,000,000 = ₩100,000,000

〈주1〉 ① 실제 발생한 손해액이 분명하지 아니한 경우 손금불산입 대상 손해배상금은 다음 계산식에 따라 계산한 금액으로 한다.

지급한 손해배상금 × $\frac{배수 상한^* - 1}{배수 상한^*}$

* 실제 발생한 손해액 대비 손해배상액의 배수 상한

② 육체적·정신적·물질적인 피해와 관련하여 받는 손해배상금과 그 법정이자는 소득세법상 비열거소득이므로 기타사외유출로 소득처분한다.

〈주2〉 개발비는 관련 제품의 **판매·사용가능시점**부터 상각한다.

〈주3〉 해산등기일 전 2년 이내에 자본금에 전입한 잉여금(₩20,000,000)이 있는 경우에는 해당 금액을 자본금에 전입하지 않은 것으로 보아(즉, 세무상 잉여금으로 보아) 자기자본 총액을 계산한다.

〈주4〉 청산소득금액 계산시 이월결손금은 발생연도 제한이 없으며, 세무상 잉여금 범위내에서 차감한다.

[문제 4]
(물음 1)
〈요구사항 1〉
연구 및 인력개발비 세액공제액(당기발생액 기준)(주1) : ₩20,000,000 × 25%(주2) = ₩5,000,000

〈요구사항2〉

조세특례제한법상 익금불산입 적용 배제 금액	₩30,000,000
외국납부세액공제액	11,850,000
총부담세액	9,650,000

1. 조세특례제한법상 익금불산입 적용 배제 금액

(1) 감면후세액과 최저한세액

	감면후		조세특례		감면전
각사업연도소득금액(=과세표준)	₩200,000,000	+	₩100,000,000	=	₩300,000,000
세율	× 9%(기본세율)				×7%(최저한세율)(주4)
산출세액	₩18,000,000		② 최저한세액		₩21,000,000
통합투자세액공제(주3)	(2,700,000)				
① 감면후세액	₩15,300,000				

차액 : ₩5,700,000

(2) 감면배제내역
① 감면배제세액 : ₩21,000,000 − ₩15,300,000 = ₩5,700,000
② 감면배제내역(최저한세 대상 손금산입·익금불산입액)(주5) : ₩30,000,000*
  * Min[₩5,700,000 ÷ 19% = ₩30,000,000, ₩100,000,000] = ₩30,000,000

〈주1〉 전기 발생분이 소급하여 4년간 연평균발생액보다 적으므로 초과발생액 기준을 적용할 수 없다.

〈주2〉 [참고] 일반 연구개발비에 대한 세액공제 적용률

구 분	일반법인	중견기업	중소기업
초과발생액 기준	25%	40%	50%
당기발생액 기준*	0%~2%(15%, 20%)	8%(15%, 20%)	25%

* 당기발생액 기준 적용률
① 중소기업 : 25%
② 중소기업이 최초로 중소기업에 해당하지 아니하게 된 경우
  a. 최초로 중소기업에 해당하지 아니하게 된 과세연도의 개시일부터 3년간 : 20%
  b. 위 a.기간 이후부터 2년간 : 15%
③ 중견기업으로 위 ②에 해당하지 아니하는 경우 : 8%
④ ①~③까지의 어느 하나에 해당하지 아니하는 경우 : Min $\left(\dfrac{당기\ 발생액 \times 50\%}{당기\ 수입금액},\ 2\%\right)$

〈주3〉 중소기업의 연구 및 인력개발비 세액공제는 최저한세 적용대상에 해당하지 않는다.

〈주4〉 중소기업이므로 7%의 최저한세율을 적용한다.

[참고] 최저한세율

감면전 과세표준	일반법인	중소기업	최초로 중소기업에 해당하지 아니하게 된 경우
100억원 이하	10%	7%	• 중소기업에 해당하지 아니하게 된 과세연도의 개시일부터 3년 이내에 끝나는 과세연도 : 8%
100억원 초과 1,000억원 이하	12%		• 그 다음 2년 이내에 끝나는 과세연도 : 9%
1,000억원 초과	17%		

〈주5〉 경정시 배제순서 : ① 익금불산입·손금산입 → ② 세액공제 → ③ 세액감면 → ④ 소득공제·비과세

2. 외국납부세액공제액 : Min[①, ②] = ₩11,850,000

① 외국납부세액 : ₩12,000,000

② 한도액 : ₩23,700,000*¹ × $\frac{₩115,000,000}{₩230,000,000^{*2}}$ = ₩11,850,000

*1. 수정후 산출세액 : ₩18,000,000 + ₩5,700,000 = ₩23,700,000

  2. 수정후 과세표준 : ₩200,000,000 + ₩30,000,000 = ₩230,000,000

3. 총부담세액

Max[감면후세액, 최저한세]	₩21,000,000
(−) 연구및인력개발비세액공제(가정치)	(500,000)
(−) 외국납부세액공제	(11,850,000)
(+) 적격증명서류 미수취가산세	1,000,000
= 총부담세액	₩9,650,000

(물음 2)

〈요구사항 1〉

연구 및 인력개발비 세액공제액(당기발생액 기준)⁽주¹⁾ : ₩20,000,000 × Min[1%(= 2% × 50%), 2%] = ₩200,000

〈요구사항 2〉

조세특례제한법상 익금불산입 적용 배제 금액	₩80,000,000
외국납부세액공제액	12,000,000
총부담세액	19,000,000

1. 조세특례제한법상 익금불산입 적용 배제 금액

(1) 감면후세액과 최저한세액

	감면후	조세특례	감면전
각사업연도소득금액(=과세표준)	₩200,000,000 +	₩100,000,000 =	₩300,000,000
세율	× 9%(기본세율)		×10%(최저한세율)⁽주³⁾
산출세액	₩18,000,000	② 최저한세액	₩30,000,000
세액공제*	(3,200,000)		
① 감면후세액	₩14,800,000		

차액 : ₩15,200,000

* ₩2,700,000(통합투자세액공제) + ₩500,000(연구및인력개발비세액공제, 가정치)⁽주²⁾ = ₩3,200,000

(2) 감면배제내역

① 감면배제세액 ₩30,000,000 − ₩14,800,000 = ₩15,200,000

② 감면배제내역(최저한세 대상 손금산입·익금불산입액)⁽주⁴⁾ : ₩80,000,000*

* Min[₩15,200,000 ÷ 19% = ₩80,000,000, ₩100,000,000] = ₩80,000,000

〈주1〉 전기 발생분이 소급하여 4년간 연평균발생액보다 적으므로 초과발생액 기준을 적용할 수 없다.

〈주2〉 중소기업에 해당하지 않으므로 연구 및 인력개발비 세액공제는 최저한세 적용대상이다.

〈주3〉 중소기업에 해당하지 않으며, 감면전 과세표준이 100억원 이하이므로 최저한세율은 10%이다.

〈주4〉 경정시 배제순서 : ① 익금불산입·손금산입 → ② 세액공제 → ③ 세액감면 → ④ 소득공제·비과세

2. 외국납부세액공제액 : Min[①, ②] = ₩12,000,000
   ① 외국납부세액 : ₩12,000,000
   ② 한도액 : ₩33,200,000*¹ × $\frac{₩115,000,000}{₩280,000,000^{*2}}$ = ₩13,635,714

   *1. 수정후 산출세액 : ₩18,000,000 + ₩15,200,000 = ₩33,200,000
    2. 수정후 과세표준 : ₩200,000,000 + ₩80,000,000 = ₩280,000,000

3. 총부담세액

	Max[감면후세액, 최저한세]	₩30,000,000
(−)	외국납부세액공제	(12,000,000)
(+)	적격증명서류 미수취가산세	1,000,000
=	총부담세액	₩19,000,000

[문제 5]
(물음 1)
〈요구사항 1〉

자료번호	과세표준	세율	매출세액
1⁽주¹⁾	₩22,000,000*¹	10%	₩2,200,000
2⁽주²⁾	10,000,000	10%	1,000,000
3⁽주³⁾	12,000,000	10%	1,200,000
4⁽주⁴⁾	−	−	−
5⁽주⁵⁾	3,361,000*²	10%	336,100

*1. ₩1,000,000 × 2개월(중간지급조건부) + ₩20,000,000(장기할부, 선발급특례) = ₩22,000,000

2. ① + ② = ₩3,361,000
   ① 임대료 : ₩1,000,000 × 3개월 = ₩3,000,000
   ② 간주임대료 : [₩40,000,000 × 61일(4. 1. ~ 5. 31.) + ₩39,000,000 × 30일(6. 1. ~ 6. 30.)] × 3.65% × $\frac{1}{365}$ = ₩361,000

〈주1〉 ① 상품A(중간지급조건부) : 2개월분(5월, 6월)은 원칙적인 재화 또는 용역의 공급시기(대가의 각 부분을 받기로 한 때)가 세금계산서 발급일이 속하는 과세기간 내에 도래하는 경우이므로 선발급 특례대상이나 나머지 8개월분은 선발급 특례대상이 아니다.
   ② 상품B(장기할부) : 장기할부판매의 원칙적인 공급시기는 대가의 각 부분을 받기로 한 때이나 공급시기 전에 세금계산서를 발급한 경우 대가수령여부와 무관하게 선발급특례에 따라 세금계산서 발급일을 공급시기로 본다.

〈주2〉 대물변제는 원칙적으로 재화의 공급으로 과세되며, 공급한 재화의 시가를 공급가액을 한다. 다만, 조세물납은 재화의 공급으로 보지 않는다.
   [관련규정] 사업자가 토지 및 미완성건물을 양수하고 그 대금의 일부를 신축한 상가로 대물변제하는 경우 상가의 공급가액은 해당 상가의 시가로 한다. [사전-2018-법령해석부가-0110]

〈주3〉 공급한 재화의 시가 및 공급받은 재화의 시가가 불분명하므로 공급한 재화의 감정평가액을 적용한다.
   [참고] 부가가치세법상 시가산정방법

구 분	내 용
① 공급한 재화·용역의 시가	사업자가 특수관계인이 아닌 자와 해당 거래와 유사한 상황에서 계속적으로 거래한 가격 또는 제3자 간에 일반적으로 거래된 가격
② 공급받은 재화·용역의 시가	①의 가격이 없는 경우에는 사업자가 그 대가로 받은 재화 또는 용역의 가격(공급받은 사업자가 특수관계인이 아닌 자와 해당 거래와 유사한 상황에서 계속적으로 거래한 해당 재화 및 용역의 가격 또는 제3자 간에 일반적으로 거래된 가격을 말한다)
③ 부당행위계산부인규정에 의한 가액	①, ②의 가격이 없거나 시가가 불분명한 경우에는 법인세법 및 소득세법상 부당행위계산부인 규정에서 적용되는 시가산정기준 적용가액 a. 일반 : 감정평가액 → 상증세법상 평가가액 b. 임대료 : (자산의 시가 × 50% − 전세금 등) × 정기예금이자율 × $\frac{임대일수}{365(366)}$ c. 건설·기타용역 : 원가(직·간접비 포함) × (1 + 원가이익률)

〈주4〉 도시 및 주거환경정비법, 공익사업을 위한 토지 등의 취득 및 보상에 관한 법률 등에 따른 수용절차에서 수용대상 재화의 소유자가 수용된 재화에 대한 대가를 받는 것은 재화의 공급으로 보지 않는다.

〈주5〉 ① 임대료 : 임대료수령여부와 무관하게 받기로 한 대가의 각 부분(4월, 5월, 6월분)을 공급가액으로 한다.
   ② 간주임대료 : 임대료를 지급하지 않아 보증금에서 충당한 경우 해당 금액을 제외한 보증금으로 간주임대료를 계산한다.

〈요구사항 2〉

과세표준	세 율	매출세액
₩24,000,000*	10%	₩2,400,000

* ₩100,000,000 × $\frac{₩18,000,000 + ₩18,000,000}{₩90,000,000}$ × 60%(직전 과세기간의 과세공급가액비율) = ₩24,000,000(주1)

(물음 2)
〈요구사항 1〉

의제매입세액 공제액	₩1,307,692
전기 의제매입세액 공제분 추징액	19,230

1. 의제매입세액 공제액(추징액 미반영) : Min[①, ②] - ₩1,000,000(예정신고시 의제매입세액 공제액) = ₩1,307,692

   ① ₩34,000,000* × $\frac{4}{104}$ + ₩1,000,000(예정신고분, 가정치)(주2) = ₩2,307,692

   * 면세농산물등의 매입가액(4.1.~6.30.)(주3)

돼지고기	₩9,000,000	₩10,000,000 - ₩1,000,000(거래처증정)(주4)
소고기	20,000,000	관세의 과세가격(주5)
채소	4,000,000	
소금	1,000,000	
합계	₩34,000,000	

   ② ₩500,000,000(가정치) × 50% × $\frac{4}{104}$ = ₩9,615,384

2. 전기 의제매입세액 공제분 추징액(주6) : ₩500,000(거래처증정) × $\frac{4}{104}$ = ₩19,230

〈주1〉 ① 토지, 건물 40%, 기계장치 40% : 면세
② 건물 60%, 기계장치 60% : 과세
자산별 양도가액 구분이 불분명하므로 감정가액(직전 과세기간개시일부터 공급시기가 속하는 과세기간의 종료일까지의 감정가액)으로 건물과 기계장치를 먼저 안분계산한 후 공통사용재화이므로 직전 과세기간의 과세공급가액비율(60%)로 다시 안분하여 과세표준을 계산한다.

〈주2〉 예정신고시에는 의제매입세액공제 한도를 적용하지 않는다. 그러므로 확정신고시 예정신고분을 포함하여 의제매입세액공제 한도를 적용한 후 예정신고시 이미 공제받은 의제매입세액을 차감하여 의제매입세액공제액을 계산한다.

〈주3〉 설탕 및 조미료는 부가가치세가 과세되며, 수돗물은 면세되나 의제매입세액공제대상인 면세되는 농·축·수·임산물, 소금에 해당하지 않는다.

〈주4〉 ① 거래처증정분 : 과세사업에 사용된 것이 아니므로 의제매입세액공제대상에 해당하지 않는다.
② 기말재고분 : 과세사업에 사용할 재화로 매입시점에 전액 의제매입세액공제대상에 해당한다. 즉, 겸영사업자가 아니므로 안분계산이 필요하지 않다.

〈주5〉 의제매입세액공제대상인 수입분 면세농산물 등 매입가액은 관세의 과세가격으로 한다. 즉, 관세를 포함하지 않는다.

〈주6〉 전기재고분 추징액 반영 후 금액과 한도를 비교해야 하는지, 아니면 전기재고분 추징액 반영 전 금액과 한도를 비교해야 하는지에 대한 명확한 법규정은 없으므로 다음과 같이 두가지 견해가 있을 수 있다.
① 견해1. 전기재고분 추징액 반영 후 금액과 한도를 비교해야 한다는 견해
② 견해2. 전기재고분 추징액 반영 전 금액과 한도를 비교해야 한다는 견해
해당 문제는 의제매입세액공제액과 전기 의제매입세액 공제분 추징액을 각각 작성하도록 요구하였으므로 출제의도상 견해2로 답안을 작성하라는 것으로 판단되므로 견해2로 해설을 작성하였다.

〈요구사항 2〉

1. 건물A

건물A	금액
2024년 제1기 확정신고시 공통매입세액 정산액	(−)₩100,000⁽주¹⁾
2024년 제2기 납부(환급)세액 재계산액	없음⁽주²⁾
2025년 제1기 납부(환급)세액 재계산액	(−)450,000
2025년 제2기 납부(환급)세액 재계산액	없음⁽주³⁾

(1) 공급가액비율

구분	2024년 제1기	2024년 제2기	2025년 제1기
면세비율	50%	46%	40%

(2) 2024년 제1기 확정신고시 공통매입세액 정산액

$$₩5,000,000 \times (50\%^{*1} - 52\%^{*2}) = \triangle ₩100,000(면세비율\ 감소 \rightarrow 납부세액\ 감소)$$

*1. 2024년 제1기 과세기간의 면세공급가액비율 : $\dfrac{5.2억원 + 4.8억원}{20억원} = 50\%$

 2. 2024년 제1기 예정신고기간의 면세공급가액비율 : $\dfrac{5.2억원}{10억원} = 52\%$

(3) 2025년 제1기 납부(환급)세액 재계산액

$$₩5,000,000 \times (1 - 5\% \times 2) \times (40\% - 50\%) = \triangle ₩450,000(면세비율\ 감소 \rightarrow 납부세액\ 감소)$$

2. 기계장치B

기계장치B	금액
2025년 제2기 예정신고시 공제받지 못할 매입세액	₩600,000
2025년 제2기 확정신고시 공통매입세액 정산액	(+)200,000

(1) 2025년 제2기 예정신고시 공제받지 못할 매입세액

$$₩2,000,000 \times 30\%^* = ₩600,000$$

* 2025년 제2기 예정신고시 면세공급가액비율 : $\dfrac{3억원}{10억원} = 30\%$

(2) 2025년 제2기 확정신고시 공통매입세액 정산액

$$₩2,000,000 \times (40\%^* - 30\%) = ₩200,000(면세비율\ 증가 \rightarrow 납부세액\ 증가)$$

* 직전 과세기간의 면세공급가액비율 : $\dfrac{8억원}{20억원} = 40\%$

〈주1〉 예정신고기간에 공통사용재화를 매입한 경우 예정신고기간(1.1.~3.31.)의 면세공급가액비율로 불공제매입세액을 계산하고, 확정신고시 해당 과세기간(1.1.~6.30.)의 면세공급가액비율로 안분하여 정산한다. 만약 과세기간 최종 3월(4.1.~6.30.)에 해당 공통사용재화를 처분한 경우에는 직전 과세기간의 면세공급가액비율로 안분하여 정산한다.
〈주2〉 2024년 제2기에는 면세비율이 5% 이상 증감하지 않았으므로 납부(환급)세액을 재계산하지 않는다.
〈주3〉 공통사용재화를 공급한 과세기간에는 납부(환급)세액 재계산을 배제한다.

[문제 6]
(물음 1)

세액공제	납부세액(재고납부세액 제외)	₩1,000,000*¹
	매입세금계산서 등 수취세액공제	110,000*²
	의제매입세액공제	—⟨주1⟩
	신용카드매출전표 등 발행세액공제(한도는 고려하지 말 것)	130,000*³

*1. 납부세액 : ₩50,000,000 × 20% × 10% = ₩1,000,000⟨주2⟩
 2. 매입세금계산서 등 수취세액공제 : ₩2,000,000 × 5.5% = ₩110,000
 3. 신용카드매출전표 등 발행세액공제 : ₩10,000,000 × 1.3% = ₩130,000⟨주3⟩

(물음 2)

구 분	재고납부세액
원 재 료	₩103,950*¹
기계장치	472,500*²
건 물	2,286,900*³

*1. 원재료 : $₩1,100,000 \times \frac{10}{100} \times (1 - 5.5\%) = ₩103,950$

 2. 기계장치 : $₩10,000,000 \times \frac{10}{100} \times (1 - 25\% \times 2) \times (1 - 5.5\%) = ₩472,500$

 3. 건물 : $₩44,000,000 \times \frac{10}{100} \times (1 - 5\% \times 9) \times (1 - 5.5\%) = ₩2,286,900$

(물음 3)

구 분	재고매입세액
원 재 료	₩94,500*¹
기계장치	—⟨주4⟩
건 물	1,800,000*²

*1. 원재료 : $₩1,100,000 \times \frac{10}{110} \times (1 - 5.5\%) = ₩94,500$

 2. 건물 : $₩44,000,000 \times \frac{10}{110} \times (1 - 10\% \times 5^{⟨주5⟩}) \times (1 - 10\%^{⟨주6⟩}) = ₩1,800,000$

⟨주1⟩ 간이과세자는 의제매입세액공제를 적용하지 않는다.
⟨주2⟩ 간이과세자는 대손세액공제를 적용하지 않는다.
⟨주3⟩ 과자 제조업은 법령에서 정한 신용카드매출전표 등 발행세액공제 대상 업종은 아니나, 직전연도 공급대가가 4,800만원 미만인 간이과세자이므로 업종을 불문하고 신용카드매출전표 등 발행세액공제를 적용한다.
⟨주4⟩ 재고품 및 감가상각자산의 금액은 장부 또는 세금계산서에 의하여 확인되는 해당 재고품 및 감가상각자산 취득가액(부가가치세 포함)으로 하므로 취득가액이 불분명한 기계장치의 재고매입세액은 없다.
⟨주5⟩ 2025. 7. 1.에 과세유형이 전환되었으므로 경과된 과세기간의 수 계산시 2025. 1. 1.부터 2025. 6. 30.까지도 하나의 과세기간으로 계산한다.
⟨주6⟩ 2021. 6. 30. 이전에 재화를 공급받은 분에 대해서는 개정규정에도 불구하고 종전의 규정에 따라 감가상각자산은 취득당시의 업종별 부가가치율을 적용하여 재고매입세액을 계산한다.

[문제 7]
(물음 1)
〈요구사항 1〉

1주당 순자산가치	₩42,000
1주당 순손익가치	₩46,500
1주당 평가액	₩44,700
비상장주식평가액	₩3,754,800,000

1. 1주당 순자산가치

   $$\frac{(100억원 - 5억원^{(주1)} + 5억원^{(주1)}) - (50억원 - 8억원^{(주2)} + 8억원 \div 50\%^{(주2)})}{100,000주} = ₩42,000$$

2. 1주당 순손익가치

   (1) 1주당 순손익액 : (① × 3 + ② × 2 + ③ × 1) ÷ 6 = ₩4,650

   ① 2024년 1주당 순손익액 : $\frac{₩650,000,000 + ₩5,000,000 - ₩150,000,000}{100,000주} = ₩5,050$

   ② 2023년 1주당 순손익액 : $\frac{₩580,000,000 - ₩20,000,000 - ₩110,000,000}{100,000주} = ₩4,500$

   ③ 2022년 1주당 순손익액 : $\frac{₩470,000,000 - ₩15,000,000 - ₩80,000,000}{100,000주} = ₩3,750$

   (2) 1주당 순손익가치 : $\frac{₩4,650}{10\%} = ₩46,500$

3. 1주당 평가액$^{(주3)}$: Max[①, ②] = ₩44,700

   ① (₩46,500 × 3 + ₩42,000 × 2) ÷ 5 = ₩44,700

   ② ₩42,000 × 80% = ₩33,600

4. 비상장주식평가액 : ₩44,700 × (1 + 20%$^{(주4)}$) × 70,000주 = ₩3,754,800,000

〈요구사항 2〉
1. 순손익가치 계산시 순손익액 : 상속세 및 증여세법에서는 1주당 평가기준일 이전 3년간 가중평균액을 적용하나, 소득세법에서는 양도일 또는 취득일이 속하는 사업연도의 직전사업연도 순손익액을 적용하여 계산한다.
2. 순자산가치 계산시 자산가액 : 상속세 및 증여세법에서는 평가기준일 현재 상속세 및 증여세법상 규정에 의하여 평가한 가액(시가 또는 보충적평가액)$^{(주5)}$으로 하나 소득세법에서는 양도일 또는 취득일이 속하는 사업연도의 직전 사업연도 종료일 현재 해당 법인의 장부가액(토지의 경우는 기준시가)을 적용하여 계산한다.
3. 할증평가 : 최대주주 및 그의 특수관계인에 해당하는 주주의 주식(중소기업 및 법소정 중견기업의 주식은 제외)에 대해 상속세 및 증여세법에서는 할증평가를 하는 반면, 소득세법에서는 할증평가를 하지 않는다.

(물음 2)

납세의무자	증여재산가액	증여세 산출세액
B	₩400,000,000	₩60,000,000
C	2,800,000,000	1,332,800,000

〈주1〉 개발비는 자산에서 제외하고, 영업권평가액은 자산가액에 합산한다.
〈주2〉 충당금 및 준비금은 부채에서 제외하고, 평가기준일 현재 퇴직금추계액은 부채에 포함한다.
〈주3〉 해당 문제에서 1주당 평가액은 할증평가 전의 금액을 의미하는지 할증평가 후의 금액을 의미하는지 여부가 불명확하나 비상장주식평가액이 답안양식상 별도로 제시되어 있으므로 할증평가 전의 금액으로 답안을 작성하였다. 할증평가 후의 금액으로 답안을 작성하더라도 점수에는 영향이 없을 것으로 생각된다.
〈주4〉 최대주주이므로 20% 할증평가한다.
〈주5〉 이 경우 당해 법인의 자산을 상속세 및 증여세법상 보충적평가방법 등에 따라 평가한 가액이 장부가액보다 적은 경우에는 장부가액으로 하되, 장부가액보다 적은 정당한 사유가 있는 경우에는 그러하지 아니하다.

구 분	지분비율	실제배당액(A)	균등배당액(B)	과대(과소)배당액(A-B)
A	40%	20억원	80억원	△60억원
B	10%	30억원	20억원	10억원
C	5%	90억원	10억원	80억원
D	30%	30억원	60억원	△30억원
E	5%	20억원	10억원	10억원
F	10%	10억원	20억원	△10억원
합 계	100%	200억원	200억원	-

1. 납세의무자 B[주1]

   ① 초과배당금액 : $10억원^{*1} \times \dfrac{60억원^{*3}}{100억원^{*2}} = 6억원$

   *1. 30억원 - 200억원 × 10% = 10억원
   2. 과소배당받은 모든 주주의 과소배당금액 : 60억원(A) + 30억원(D) + 10억원(F) = 100억원
   3. 최대주주인 A의 과소배당금액

   ② 증여재산가액 : ₩600,000,000 - ₩200,000,000(6억원에 대한 소득세 상당액) = ₩400,000,000
   ③ 증여세 과세표준 : ₩400,000,000 - ₩50,000,000(증여재산공제)[주2] = ₩350,000,000
   ④ 증여세 산출세액 : ₩10,000,000 + (₩350,000,000 - ₩100,000,000) × 20% = ₩60,000,000

2. 납세의무자 C[주1]

   ① 초과배당금액 : $80억원^{*} \times \dfrac{60억원}{100억원} = 48억원$

   * 90억원 - 200억원 × 5% = 80억원

   ② 증여재산가액 : ₩4,800,000,000 - ₩2,000,000,000(48억원에 대한 소득세 상당액) = ₩2,800,000,000
   ③ 증여세 과세표준 : ₩2,800,000,000 - ₩20,000,000(증여재산공제)[주3] = ₩2,780,000,000
   ④ 증여세산출세액 : ₩240,000,000 + (₩2,780,000,000 - ₩1,000,000,000) × 40% = ₩952,000,000
   ⑤ 할증과세후 증여세산출세액 : ₩952,000,000 × (1 + 40%)[주4] = ₩1,332,800,000

〈주1〉 A와 특수관계인인 B, C의 지분비율 합계 55%(= 40% + 10% + 5%)가 가장 많은 경우이므로 A와 B, C가 최대주주에 해당한다. 그러므로 초과배당을 받은 B와 C가 납세의무자가 된다. E의 경우에도 초과배당을 받았으나, 최대주주인 A의 특수관계자에 해당하지 않으므로 증여세 납세의무자에 해당하지 않는다.

[참고] 초과배당에 따른 이익의 증여(상증세법 제41조의 2)
법인이 이익이나 잉여금을 배당 또는 분배하는 경우로서 그 법인의 최대주주 또는 최대출자자가 본인이 지급받을 배당 등의 금액의 전부 또는 일부를 포기하거나 본인이 보유한 주식 등에 비례하여 균등하지 아니한 조건으로 배당 등을 받음에 따라 그 최대주주 등의 특수관계인이 본인이 보유한 주식 등에 비하여 높은 금액의 배당 등을 받은 경우에는 법인이 배당 등을 한 날을 증여일로 하여 그 최대주주 등의 특수관계인이 본인이 보유한 주식 등에 비례하여 균등하지 아니한 조건으로 배당 등을 받은 금액(초과배당금액)에서 해당 **초과배당금액에 대한 소득세 상당액을 공제한 금액을 그 최대주주 등의 특수관계인의 증여재산가액으로 한다.**

* 최대주주 또는 최대출자자란 주주 등 1인과 그의 특수관계인의 보유주식 등을 합하여 그 보유주식등의 합계가 가장 많은 경우의 해당 주주 등 1인과 그의 특수관계인 모두를 말한다.

증여재산가액 = 초과배당금액 - 초과배당금액에 대한 소득세 상당액	
구 분	소득세 상당액
① 초과배당금액에 대한 증여세 과세표준 신고기한이 해당 초과배당금액이 발생한 연도의 다음 연도 6월 1일(성실신고확인대상사업자에 해당하는 경우에는 7월 1일) 이후인 경우	초과배당금액에 대한 실제 소득세액
② 그 밖의 경우	초과배당금액 × 법소정 소득세율

〈주2〉 직계존속으로부터 증여를 받은 경우이므로 5천만원을 공제한다.
〈주3〉 미성년자가 직계존속으로부터 증여를 받은 경우이므로 2천만원을 공제한다.
〈주4〉 수증자가 증여자의 자녀가 아닌 직계비속이면서 미성년자인 경우로서 증여재산가액이 20억원을 초과하므로 40% 할증과세한다.

2017년 회계사 기출문제 해설

[문제 1]
(물음 1)

구 분	과세표준	세율	매출세액
1. 국내국민주택 공급(주1)	없음	–	없음
2. 상가 공급(주2)	₩700,000,000	10%	₩70,000,000
3. 해외국민주택 건설용역(주3)	891,000,000	0%	없음
4. 레미콘믹서기 매각(주4)	28,571,428*	10%	2,857,142
합 계	₩1,619,571,428		₩72,857,142

* 구 레미콘믹서기 매각 : $₩100,000,000 \times \dfrac{12억원}{30억원 + 12억원} = ₩28,571,428$

(물음 2)
1. 과세사업분 매입세액(주5) : ① + ② = ₩120,000,000
   ① 상가 건물 건설 관련 : ₩50,000,000
   ② 해외국민주택 건설용역 관련 : ₩70,000,000

2. 공통매입세액 : ① + ② = ₩28,568,807
   ① 공통매입세액1(주6) : $(₩10,000,000 + ₩20,000,000) \times 40\%^{*1} - ₩10,000,000 \times 39\%^{*2} = ₩8,100,000$

   *1. 해당 과세기간의 과세사업공급가액 비율 : $\dfrac{4.09억원 + 8억원 + 7억원 + 8.91억원}{31억원 + 39억원} = 40\%$

   2. 예정신고기간의 과세사업공급가액 비율 : $\dfrac{4.09억원 + 8억원}{31억원} = 39\%$

   ② 공통매입세액2(주7) : $₩50,000,000 \times \dfrac{4.09억원 + 7억원}{7억원 + 4.09억원 + 9억원 + 7억원} = ₩20,468,807$

3. 매입세액공제액 : ₩120,000,000 + ₩28,568,807 = ₩148,568,807

〈주1〉 국내국민주택 공급은 면세이며, 토지의 공급도 면세이다.
  * 국민주택 : 주거의 용도로만 쓰이는 면적(주거전용면적)이 1호(戶) 또는 1세대당 85㎡ 이하인 주택(수도권을 제외한 도시지역이 아닌 읍 또는 면 지역은 1호 또는 1세대당 주거전용면적이 100㎡ 이하인 주택을 말한다)을 말한다.
〈주2〉 상가 토지분은 면세이며, 상가 건물분이 과세된다.
〈주3〉 해외국민주택 건설용역은 면세포기신고를 하였으므로 영세율이 적용된다.
〈주4〉 구 레미콘믹서기는 국내국민주택 건물 건설(면세사업)과 상가 건물 건설(과세사업)에 공통으로 사용하던 재화이므로 직전 과세기간(1.1.~6.30.)의 과세공급가액비율을 적용하여 과세표준을 안분계산한다. 직전 과세공급가액비율 계산시 국내건물건설과 관련이 없는 토지와 해외국민주택건설용역 매출액은 제외한다.
〈주5〉 ① 국내국민주택 건물 건설 관련 매입세액 : 면세사업 관련 매입세액으로 불공제한다.
  ② 상가 건물 건설 관련 매입세액 : 과세사업 관련 매입세액으로 공제된다.
  ③ 해외국민주택 건설용역 관련 : 면세포기신고를 하여 영세율이 적용되므로 과세사업 관련 매입세액으로 공제된다.
〈주6〉 공통매입세액1은 회사의 모든 사업과 관련하여 발생한 매입세액이므로 토지와 해외국민주택건설용역 매출액을 포함한 해당 과세기간(7.1.~12.31.)의 공급가액비율을 적용하여 안분계산한다.
〈주7〉 공통매입세액2는 국내국민주택 건물 건설(면세사업)과 상가 건물 건설(과세사업)에 공통으로 사용할 용도이므로 토지와 해외국민주택건설용역 매출액은 제외한 해당 과세기간(7.1.~12.31.)의 공급가액비율을 적용하여 안분계산한다.
  [관련규정] 사업자가 과세되는 주택과 면세되는 주택을 동일 장소에서 동시에 건축함에 있어 주택의 건축과 관련하여 발생하는 공통매입세액을 안분 계산하는 경우 토지의 가액은 총 공급가액 및 면세공급가액에 포함하지 아니한다.(부가46015-1216, 1996.06.22.)

[문제 2]
(물음 1)
1. 과세표준 : (1) + (2) = ₩3,031,000,000

    (1) 임대료$^{(주1)}$: ₩40,000,000(10월분) × $\frac{150m^2}{200m^2}$ = ₩30,000,000

    (2) 폐업시 잔존재화 과세표준 : ① + ② + ③ + ④ = ₩3,001,000,000

    ① 건물 : ₩5,000,000,000 × (1− 5% × 4) × $\frac{150m^2}{200m^2}$$^{(주2)}$ = ₩3,000,000,000
    ② 토지 : 면세
    ③ 승용차 : 매입세액불공제분
    ④ 비품$^{(주3)}$: ₩2,000,000 × (1 − 25% × 2) = ₩1,000,000

2. 매출세액 : ₩3,031,000,000 × 10% = ₩303,100,000

(물음 2)
〈요구사항 1〉
납부세액 : (₩45,600,000$^{(주4)}$ − ₩4,000,000$^{(주5)}$) × 10% × 10% = ₩416,000
           음식점 공급대가   자기적립마일리지

〈주1〉 임대용건물의 소재지에 대한 자료가 제시되어 있지 않으나, 도시지역인 경우와 도시지역외인 경우 모두 주택분 토지가 부수토지 한도를 초과하지 않으며, 이 경우 건물과 토지의 면적비율이 동일하므로 기준시가에 따른 안분을 생략하고 건물면적비율을 적용하면 공급가액을 계산할 수 있다.

구 분	면세	과세
건물	50m²(25%)	150m²(75%)
토지	250m²*(25%)	750m²(75%)

* 주택부수토지 : Min[1,000m² × $\frac{50m^2}{200m^2}$, Max(50m² × 5배(또는 10배), 50m²)] = 250m²

〈주2〉 건물은 공통사용재화로 면적이 구분되므로 직전과세기간의 사용면적비율을 적용하여 공급가액을 안분한다.
    [관련규정] 과세사업과 면세사업을 겸영하는 일반사업자가 사업을 폐지하는 때에 잔존하는 감가상각자산에 대한 자가공급의 부가가치세 과세표준은 간주시가를 산정한 후 해당 금액을 과세사업과 면세사업등에 공통으로 사용된 재화의 공급가액 계산규정에 의해 안분계산한 가액으로 한다.(서면부가-21635, 2016.02.17.)
〈주3〉 비품은 취득시 전액 매입세액공제를 받았으므로 과세사업분에 해당한다.
〈주4〉 생닭을 판매하는 식료품점은 면세사업에 해당하므로 음식점 공급대가를 기준으로 계산한다.
〈주5〉 ① 자기적립마일리지 결제액은 매출에누리성격이므로 과세표준에 포함되지 않는다.
    ② 통신사 마일리지 결제분은 통신사(특수관계인이 아님)로부터 현금으로 보전받은 금액을 과세표준에 포함하며, 이미 음식점 공급대가 합계금액에 현금으로 보전받은 금액이 포함되어 있으므로 별도의 조정은 필요하지 않다.

〈요구사항 2〉

구 분	공제세액
1. 세금계산서 등 수취세액공제[주1]	₩22,916
2. 의제매입세액공제[주2]	–
3. 신용카드매출전표 등 발행세액공제[주3]	234,000

1. 세금계산서 등 수취세액공제 : ① + ② = ₩22,916

   ① 음식점업 : (₩3,300,000 − ₩1,100,000) × 0.5% = ₩11,000

   ② 공통매입세액 : ₩4,400,000 × $\dfrac{₩41,600,000}{₩35,200,000 + ₩41,600,000}$ × 0.5% = ₩11,916

   *1. 면세사업공급대가 : ₩38,200,000 − ₩3,000,000(자기적립마일리지 결제분) = ₩35,200,000
   2. 과세사업공급대가 : ₩45,600,000 − ₩4,000,000(자기적립마일리지 결제분) = ₩41,600,000

2. 신용카드매출전표 등 발행세액공제 : (₩10,000,000 + ₩8,000,000) × 1.3% = ₩234,000(한도내)

〈주1〉 ① 식료품점(면세사업) 세금계산서 수취분 매입세액과 음식점 세금계산서 수취분 중 기업업무추진비 관련 매입세액은 불공제한다.
② 공통매입세액은 해당과세기간의 과세공급대가비율로 안분계산하며, 공급대가비율 계산시 자기적립마일리지 결제분은 제외한다.
〈주2〉 간이과세자는 의제매입세액공제를 적용하지 않는다.
〈주3〉 음식점의 현금영수증 발행분 및 신용카드매출전표 발행분 공급대가에 1.3%를 적용하여 신용카드매출전표 등 발행세액공제액을 계산한다.

[문제 3]
(물음 1)
〈요구사항 1〉

이자소득 총수입금액	₩8,000,000
배당소득 총수입금액	42,000,000

금융소득내역	이자소득	배당소득
물가연동국고채의 원금증가분^(주1)	₩5,000,000	–
신용부금으로 인한 이익^(주2)	3,000,000	–
법인으로 보는 단체 현금배당	–	₩7,000,000*
파생결합사채	–	4,000,000
의제배당(자기주식소각이익)^(주3)	–	20,000,000
집합투자기구 이익	–	2,000,000
㈜B의 현금배당	–	8,000,000*
유동화전문회사의 현금배당	–	1,000,000
합 계	₩8,000,000 +	₩42,000,000 = ₩50,000,000(2천만원 초과)

* Gross-up 가능 배당소득

〈요구사항 2〉

배당가산액(Gross-up금액)	₩1,500,000
종합과세대상 금융소득금액	51,500,000

1. 배당가산액(Gross-up금액) : Min[₩15,000,000, ₩30,000,000] × 10% = ₩1,500,000
2. 종합과세대상 금융소득금액 : ₩50,000,000 + ₩1,500,000 = ₩51,500,000

〈주1〉 국가가 발행한 채권으로서 그 원금이 물가에 연동되는 채권(물가연동국고채)의 경우 해당 채권의 원금증가분은 채권·증권의 이자와 할인액에 포함된다.(2015. 1. 1. 이후 발행되는 채권으로부터 지급받는 원금증가분부터 이자소득으로 과세한다.)
〈주2〉 상호저축은행법에 따른 신용계 또는 신용부금으로 인한 이익은 이자소득에 해당한다.
〈주3〉 소각당시 자기주식의 시가가 취득가액을 초과하므로 의제배당에 해당하며, 익금불산입항목(자기주식소각이익)을 재원으로 하였으므로 Gross-up 불가 배당소득이다.

(물음 2)

〈요구사항 1〉

월정액급여	₩1,300,000
과세대상 초과근로수당금액	1,600,000

1. 월정액급여(주1) : ₩900,000(급여) + ₩300,000(식사대) + ₩100,000(건강보험료 대납액) = ₩1,300,000(210만원 이하)

2. 과세대상 초과근로수당금액 : ₩3,000,000(연장근무수당) + ₩1,000,000(휴일근무수당) − ₩2,400,000(주2) = ₩1,600,000

〈요구사항 2〉

근로소득 총수입금액	₩16,200,000
근로소득금액	8,520,000

1. 총급여액

급여	₩5,400,000	
상여금	2,000,000	
식사대	600,000	(₩300,000 − ₩200,000) × 6개월
산불재해급여	−	비과세 실비변상적 성질의 급여
건강보험료대납액	600,000	
초과근무수당	1,600,000	(₩3,000,000 + ₩1,000,000) − ₩2,400,000
전세권대여대가	−	사업소득
라디오출연료	−	기타소득
개업축하금(주3)	5,000,000	
사내장기자랑 상금	−	기타소득
직무발명보상금	1,000,000	₩8,000,000 − ₩7,000,000
총급여액	₩16,200,000	

2. 근로소득공제액 : ₩7,500,000 + (₩16,200,000 − ₩15,000,000) × 15% = ₩7,680,000

3. 근로소득금액 : ₩16,200,000 − ₩7,680,000 = ₩8,520,000

〈주1〉 부정기적 상여금, 산불재해로 인한 급여(비과세 실비변상적 성질의 급여), 연장근로수당 및 휴일근로수당은 월정액급여 계산시 제외된다.

〈주2〉 직전 연도의 총급여액이 3,000만원 이하이며, 월정액급여 210만원 이하인 생산직 근로자의 초과근로수당은 연간 240만원까지 비과세된다. 이 경우 근무기간이 1년 미만이더라도 240만원은 월할계산하지 않는다.

〈주3〉 종업원이 받는 공로금·위로금·개업축하금·학자금·장학금(종업원의 수학중인 자녀가 사업자로부터 받는 학자금·장학금을 포함한다) 기타 이와 유사한 성질의 급여는 근로소득에 포함한다.(소득세법 시행령 제38조 ①)

〈요구사항 3〉

기타소득금액	₩12,800,000
기타소득 원천징수세액	4,160,000

1. 종합과세되는 기타소득금액

구 분	금 액	비 고
라디오출연료	₩2,800,000	₩7,000,000 − ₩7,000,000 × 60%
사내장기자랑대회 상금(주1)	2,000,000	
유가증권을 대여하고 받은 금품	6,000,000	
직무발명보상금(주2)	2,000,000	
골동품 양도소득	−	무조건 분리과세
계	₩12,800,000	→ 3백만원 초과 종합과세

2. 기타소득 원천징수세액(분리과세대상 포함) : ① + ② = ₩4,160,000
   ① 종합과세대상의 원천징수세액 : ₩12,800,000 × 20% = ₩2,560,000
   ② 분리과세대상의 원천징수세액 : ₩8,000,000* × 20% = ₩1,600,000
      * 10년 이상 보유한 골동품 양도소득(주3) : ₩90,000,000 − Max[₩82,000,000, ₩90,000,000 × 90%] = ₩8,000,000

〈주1〉 다수가 순위 경쟁하는 대회에서 입상자가 받는 상금 및 부상은 80% 필요경비의제규정이 적용된다. 다만, 이 규정상의 "다수"는 불특정다수를 의미하는 것으로 직원들의 경우는 특정한 다수에 해당하므로 사내장기자랑대회의 상금은 80% 필요경비의제규정이 적용되지 않는다.

[관련예규]
① 사내체육대회를 개최하여 입상한 종업원에게 상금을 지급하는 경우 80% 필요경비 공제대상에 해당되지 않는 것임.(소득, 소득세과-4233, 2008.11.17.)
② 불특정 다수를 대상으로 하는 "시민노래자랑"의 수상자가 받는 상금은 필요경비의 의제를 적용할 수 있으나, 내국법인의 직원 및 직원가족을 참가대상으로 하는 "직원가족의 밤"수상자가 받는 상금은 필요경비의 의제를 적용할 수 없음.(원천, 법규소득-317 생산일자 2009.9.14.)

〈주2〉 퇴사 후 수령한 직무발명보상금은 기타소득으로 과세되며, 해당 연도에 이미 근로소득에서 700만원까지 비과세되었으므로 기타소득에서 비과세되는 금액은 없다.

〈주3〉 제작후 100년이 넘은 것이며, 양도가액이 6천만원 이상이므로 기타소득으로 과세된다. 필요경비의제액보다 실제필요경비가 크므로 실제필요경비를 공제한다.

[참고] 서화·골등품의 양도로 발생하는 소득의 필요경비의제액

거주자가 받은 금액	필요경비의제액
1억원 이하	총수입금액 × 90%
1억원 초과	9천만원 + (총수입금액 − 1억원) × 80%*

* 서화·골동품의 보유기간이 10년 이상인 경우 90%로 한다.

[문제 4]
(물음 1)

기본공제액	₩9,000,000
추가공제액	5,000,000

구 분	기본공제액(주1)	추가공제액(주1)
본인	○	₩1,000,000(한부모공제)
부친	○	1,000,000(경로우대자공제)
모친	○	1,000,000(경로우대자공제)
동생	○	2,000,000(장애인)
장남	○	–
장녀	○	–
	₩1,500,000 × 6명 = ₩9,000,000	₩5,000,000

(물음 2)

일반산출세액	₩4,540,000
비교산출세액	5,888,000

1. 일반산출세액 : ₩20,000,000 × 14% + (₩40,000,000* − ₩20,000,000) × 기본세율 = ₩4,540,000
   * 과세표준 : ₩50,000,000(종합소득금액) − ₩10,000,000(종합소득공제, 가정치) = ₩40,000,000

2. 비교산출세액 : ₩10,000,000 × 25% + ₩20,000,000 × 14% + (₩40,000,000 − ₩30,200,000) × 기본세율 = ₩5,888,000
   * 배당소득 총수입금액 × 1.1 = ₩2,200,000 → 배당소득 총수입금액 : ₩2,000,000, Gross-up 금액 : ₩200,000(주2)

〈주1〉 ① 본인 : 배우자가 없고 기본공제대상자인 직계비속(또는 입양자)이 있으므로 한부모공제대상이다.
   ② 부친 : 건당 슬롯머신 당첨금액이 과세최저한(₩2,000,000) 이하이므로 소득요건을 충족하였으며, 70세 이상이므로 경로우대자공제대상이다.
   ③ 모친 : 법원보증금으로 인한 이자소득은 무조건 분리과세되므로 소득요건을 충족하였으며, 70세 이상이므로 경로우대자공제대상이다.
   ④ 동생 : 장애인의 경우에는 나이의 제한을 받지 않으며, 소득이 없으므로 기본공제 및 장애인공제대상이다.
   ⑤ 장남 : 20세 이하이며 소득이 없으므로 기본공제대상자에 해당한다.
   ⑥ 장녀 : 20세 이하이며 소득이 없으므로 기본공제대상자에 해당한다.
〈주2〉 이자소득금액이 ₩28,000,000으로 ₩20,000,000을 초과하므로 배당소득 총수입금액의 10%가 Gross-up 금액이 된다.

(물음 3)

자녀세액공제액	₩750,000
의료비세액공제액	1,050,000
교육비세액공제액	420,000
재해손실세액공제액	300,000

1. 자녀세액공제액 : ₩250,000(장남)[주1] + ₩500,000(출산·입양공제, 둘째) = ₩750,000

2. 의료비세액공제액 : (① + ②) × 15% = ₩1,050,000
   ① 특정의료비 : ₩5,860,000(모친, 65세 이상자) + ₩1,009,000(동생, 장애인) = ₩6,869,000
   ② 일반의료비 : ₩500,000(안경구입비)[주2] − ₩12,300,000 × 3% = ₩131,000

3. 교육비세액공제액 : (① + ②) × 15% = ₩420,000
   ① 장남 : Min[₩1,300,000*, ₩3,000,000] = ₩1,300,000
      * ₩1,000,000 + ₩300,000(체험학습비)[주3] = ₩1,300,000
   ② 장녀 : Min[₩1,500,000*, ₩3,000,000] = ₩1,500,000

4. 재해손실세액공제액[주4] : Min[①, ②] = ₩300,000

   ① ₩6,000,000(가정치) × $\dfrac{₩10,000,000}{₩50,000,000}$ × 25%* = ₩300,000

   * 재해상실비율 $\dfrac{₩50,000,000}{₩200,000,000}$ = 25% ≥ 20%

   ② 한도 : ₩50,000,000(상실된 자산가액)

〈주1〉 기본공제대상자에 해당하는 자녀(입양자 및 위탁아동 포함)로서 8세 이상의 사람이 1명이다
〈주2〉 안경구입비는 1인당 50만원을 한도로 한다.
〈주3〉 초·중·고등학교에서 교육과정으로 실시하는 체험학습비는 학생 1명당 연 30만원을 한도로 한다.
〈주4〉
  재해손실세액공제액 : Min[①, ②]
  ① (종합소득산출세액 − 배당·기장·외국납부세액공제) × $\dfrac{사업소득금액}{종합소득금액}$ × 재해상실비율
  ② 한도액 : 상실된 자산가액

[문제 5]
(물음 1)

국내건물	₩55,000,000
국외건물	266,000,000

1. 국내건물

구 분	금 액
1. 양도가액	₩500,000,000
2. 취득가액	(400,000,000)
3. 기타 필요경비	(45,000,000)*
4. 양도차익	₩55,000,000
5. 장기보유특별공제(주1)	–
6. 양도소득금액	₩55,000,000

* 기타 필요경비 : ₩30,000,000 + ₩10,000,000 + ₩5,000,000 = ₩45,000,000

2. 국외건물

구 분	금 액
1. 양도가액(주2)	₩400,000,000*1
2. 취득가액(주2)	(130,000,000)*2
3. 기타 필요경비(주2)	(4,000,000)*3
4. 양도차익	₩266,000,000
5. 장기보유특별공제(주3)	–
6. 양도소득금액	₩266,000,000

*1. $400,000 × ₩1,000(양도일) = ₩400,000,000
 2. $100,000 × ₩1,300(취득일) = ₩130,000,000
 3. $4,000 × ₩1,000(양도일) = ₩4,000,000

(물음 2)

구분	과세표준
국내건물	₩5,500,000
국외건물	6,500,000

1. 국내건물 : ₩8,000,000(가정치) − ₩2,500,000(양도소득기본공제) = ₩5,500,000

2. 국외건물 : ₩9,000,000(가정치) − ₩2,500,000(양도소득기본공제)(주4) = ₩6,500,000

〈주1〉 국내건물을 3년 미만 보유하였으므로 장기보유특별공제를 적용하지 않는다.
〈주2〉 양도가액 및 필요경비를 수령하거나 지출한 날 현재 외국환거래법에 의한 기준환율 또는 재정환율에 의하여 계산한다. 즉, 다음의 환율을 적용한다.
  ① 양도가액과 기타필요경비 : 양도일의 기준환율
  ② 취득가액 : 취득일의 기준환율
〈주3〉 장기보유특별공제는 국외자산에 대한 양도소득세에는 준용하지 아니한다.
〈주4〉 국내자산과는 별도로 국외자산 그룹별로 양도소득기본공제를 적용하며, 국외자산은 등기여부를 불문하고 양도소득기본공제를 적용한다.

[문제 6]
(물음 1)
〈요구사항 1〉
₩250,000,000 × (1 + 40%*) = ₩350,000,000

* 유사용역의 원가이익률 : $\frac{₩280,000,000 - ₩200,000,000}{₩200,000,000}$ = 40%

〈요구사항 2〉

시부인대상 기업업무추진비	₩50,250,000
기업업무추진비 한도액	47,686,000
기업업무추진비 한도초과(미달)액	2,564,000

1. 시부인대상 기업업무추진비(주1)

   I/S상 기업업무추진비   ₩50,000,000
   현물기업업무추진비(평가차액)   250,000   ₩1,650,000 − ₩1,400,000
                    계   ₩50,250,000

2. 기업업무추진비 한도액 : ① + ② + ③ = ₩47,686,000

   ① 기초금액 : ₩12,000,000 × $\frac{12}{12}$ = ₩12,000,000

   ② 수입금액 기준 : ₩10,000,000,000 × $\frac{3}{1,000}$ + ₩315,000,000 × $\frac{2}{1,000}$ + ₩280,000,000 × $\frac{2}{1,000}$ × 10% = ₩30,686,000

   * 수입금액(주2)

구 분	일반수입금액	특정수입금액	합 계
(1) I/S상 매출액			
① 제품매출	₩10,000,000,000	−	₩10,000,000,000
② 용역매출	280,000,000	₩280,000,000	560,000,000
(2) 매출누락 익금산입액	12,000,000	−	12,000,000
(3) 중단사업부문 제품매출	23,000,000	−	23,000,000
합 계	₩10,315,000,000	₩280,000,000	₩10,595,000,000

   ③ 문화기업업무추진비 한도 : Min[₩5,000,000, (① + ②) × 20%] = ₩5,000,000

3. 기업업무추진비 한도초과(미달)액 : ₩50,250,000 − ₩47,686,000 = ₩2,564,000

〈주1〉 판촉을 위하여 임의단체(우수고객이 조직한 법인 아닌 단체)에 지출한 금액은 기업업무추진비에 해당하며, 손익계산서상 기업업무추진비에 포함되어 있으므로 별도의 조정은 없다.
즉, 고객이 조직한 단체는 법인여부와 무관하게 기업업무추진비로 본다. 반면 직원이 조직한 조합 또는 단체에 지출한 복리시설비는 해당 조합이나 단체가 법인인 경우에는 이를 기업업무추진비로 보며, 법인이 아닌 경우에는 해당 법인의 경리의 일부로 본다.
[관련규정] 골프장을 경영하는 법인이 그 고객이 조직한 임의단체(골프클럽)에 지급하는 금품은 기업업무추진비로 본다.(법기통 25-0…5)

〈주2〉 기업업무추진비한도 계산시 수입금액은 기업회계기준에 의한 매출액을 의미한다.
① BOOK(장부상 매출액) ≠ GAAP(기업회계기준상 매출액) : 제품을 인도하였으나 당기에 제품매출로 계상하지 않아 익금산입한 금액은 기업회계기준상 매출액이므로 손익계산서상 매출액에 가산한다. 또한 중단사업부문의 제품매출도 기업회계기준상 매출액이므로 손익계산서상 매출액에 가산한다.
② BOOK(장부상 매출액) = GAAP(기업회계기준상 매출액) : 기업회계기준과 법인세법과의 손익귀속시기 차이로 인한 익금산입액과 부당행위계산부인규정에 의한 익금산입액(용역매출)은 기업회계기준과 세법상의 차이이며, 장부상 매출액과 기업회계기준상 매출액의 차이가 아니므로 수입금액 조정이 필요하지 않다.

(물음 2)

〈요구사항 1〉

당기 대손금(Ⓐ)	₩16,998,000
전기말 채권잔액(Ⓑ)	1,416,500,000
당기 대손실적률(= Ⓐ ÷ Ⓑ)	1.2%

1. 당기 대손금(간접법)[주1]

구 분	금 액	비 고
대손충당금 당기 상계액(장부상 대손금)	₩22,000,000	
경매가 취소된 압류채권	7,000,000	손입(△유보)
전기 소멸시효 완성분	(12,000,000)	손불(유보)
부도발생일로부터 6개월 이상 지난 받을어음 2매의 비망계정	(2,000)	손불(유보)
합 계	₩16,998,000	

> 해당 사업연도에 발생한 세법상 대손금은 다음과 같이 계산한다.
> Book 대손금
> (−) 대손금 관련 손금불산입액
> (+) 대손금 관련 손금산입액
> (±) ___타계정 대체___
> = ___Tax 대손금___

※ 별해(직접법)

구 분	금 액
부도발생일로부터 6개월 이상 지난 받을어음 2매	₩7,698,000
사업폐지로 회수할 수 없는 외상매출금	2,300,000
경매가 취소된 압류채권	7,000,000
합 계	₩16,998,000

〈주1〉 ① 당기말 매출채권에 포함된 채권
  a. 파산으로 회수할 수 없는 채권은 결산조정사항이므로 손금산입할 수 없으며, 당기 대손금에 해당하지 않는다.
  b. 경매가 취소된 압류채권은 신고조정사항이므로 손금산입하고 장부상 당기 대손금에 더한다.
② 당기 대손충당금 상계액
  a. 전기 소멸시효가 완성된 외상매출금은 전기 손금이므로 손금불산입하고 장부상 당기 대손금에서 뺀다.
  b. 부도발생일로부터 6개월 이상 지난 받을 어음 2매는 결산조정사항으로 비망계정 ₩2,000(1매당 ₩1,000)을 손금불산입하고 장부상 당기 대손금에서 뺀다.
  c. 채무자의 사업폐지로 회수할 수 없는 외상매출금은 결산조정사항으로 별도의 세무조정은 없으며 당기 대손금에 해당한다.

2. 전기말 채권잔액

전기말 재무상태표상 채권잔액 - 전기말 대손충당금 설정 제외 채권 ± 전기말 채권관련 유보잔액

₩1,438,500,000(주1) - ₩9,000,000(주2) - ₩13,000,000* = ₩1,416,500,000(주3)

* 전기말 채권관련 유보잔액 : △₩12,000,000 + ₩9,000,000(주2) + △₩10,000,000(정기예금 미수이자 익금불산입액) = △₩13,000,000

〈요구사항 2〉

1. 당기말 채권잔액

당기말 재무상태표상 채권잔액 - 당기말 대손충당금 설정 제외 채권 ± 당기말 채권관련 유보잔액

₩1,412,000,000 - ₩9,000,000 - ₩9,998,000* = ₩1,393,002,000(주4)

* 당기말 채권관련 유보잔액

기초유보	△₩13,000,000	△₩12,000,000 + ₩9,000,000 + △₩10,000,000
경매가 취소된 압류채권	(7,000,000)	손입(△유보)
전기 정기예금미수이자 추인	10,000,000	익입(유보)(주5)
당기말 정기예금미수이자	(12,000,000)	익불(△유보)(주5)
전기 소멸시효 완성분	12,000,000	손불 (유보)
받을어음 2매의 비망계정	2,000	손불 (유보)
기말유보	△₩9,998,000	

〈주1〉 ① 미수금 : 대손가능성이 없다고 판단되더라도 세법상 대손충당금 설정대상 채권에 해당한다.
② 장기대여금 : 내국법인이 해외현지법인의 시설 및 운영자금을 대여한 경우에 그 자금의 대여가 사실상 내국법인의 영업활동과 관련된 것인 때에는 이를 업무무관 가지급금 등으로 보지 아니한다.(법인세법 집행기준 28-53-2) 그러므로 세법상 대손충당금 설정대상 채권에 해당한다.

〈주2〉 주주(지분율 1%)에 대한 주택자금 대여액은 업무무관가지급금에 해당되므로 대손충당금 설정대상 채권에서 제외된다. 그러므로 다음의 2가지 방법 중 하나의 방법으로 제외한다. 해설은 방법2로 작성하였으며, 어느 방법이든 결과는 같다.
① 방법1 : 처음부터 해당 유보잔액(₩9,000,000)을 전기말 재무상태표상 채권잔액에 가산하지 않는다.
② 방법2 : 해당 유보잔액을 전기말 재무상태표상 채권잔액에 가산한 후 다시 설정 제외 채권으로 차감한다.

[참고]
업무무관가지급금은 대손불능채권이므로 대손사유가 충족되더라도 손금불산입해야한다. 장부상 업무무관가지급금을 대손처리한 경우 세무조정과 소득처분은 다음과 같다.
① 법정대손사유 충족하여 대손금으로 계상시 : 손금불산입(기타사외유출)
② 법정대손사유없이 임의로 대손금으로 계상한 경우 : 손금불산입(유보)

〈주3〉 [별해]
₩978,500,000(매출채권) - ₩12,000,000(전기 소멸시효 완성채권) + ₩150,000,000(미수금) + ₩300,000,000(해외현지법인 대여금)
= ₩1,416,500,000

〈주4〉 [별해]
₩1,000,000,000(매출채권) - ₩7,000,000(경매가 취소된 압류채권) + ₩100,000,000(미수금) + ₩300,000,000(해외현지법인 대여금) + ₩2,000
= ₩1,393,002,000

〈주5〉 특수관계가 없는 자에게 업무와 직접 관련하여 자금을 대여하고 이자를 받는 경우 그 대여금과 당해 대여금의 미수이자는 대손충당금을 설정할 수 있으나, 예금 적금의 미수이자는 대손충당금설정대상에 해당하지 않는다.(법인22601-1723) 또한, 정기예금미수이자는 귀속미도래 기간경과분을 계상한 것으로서 원천징수대상 이자이므로 다음 중 하나의 방법으로 익금불산입(△유보)한다. 해설은 방법2로 작성하였으며 세무조정의 결과는 같다.
① 방법1(I/S계정 접근법) : 〈익금불산입〉 정기예금미수이자 ₩2,000,000* (△유보)
  * ₩12,000,000(당기말 장부가액) - ₩10,000,000(전기말 장부가액) = ₩2,000,000
② 방법2(B/S계정 접근법) : 〈익금산입〉 전기유보추인 ₩10,000,000 (유보), 〈익금불산입〉 당기말 미수이자 ₩12,000,000 (△유보)

[참고] 총액법(B/S계정 접근법) 세무조정은 다음과 같다.
① 기초유보추인 : 자산의 처분비율 및 부채의 상환비율과 무관하게 기초유보를 전액 추인한다.
② 기말유보발생 : 기초유보를 전액 추인하여 유보잔액이 0(영)이므로 기말 B/S상 자산·부채금액과 기말 세무상 자산·부채금액의 차이인 기말유보금액을 총액으로 세무조정한다.

2. 당기 대손충당금 한도액 : ₩1,393,002,000 × Max[1%, 0.7%] = ₩13,930,020

3. 당기 대손충당금 한도초과액 : ₩35,000,000 - ₩13,930,020 = ₩21,069,980

대손충당금			(단위 : 원)
수취채권	22,000,000	기초잔액	27,000,000
		상각채권 추심(주1)	2,500,000
기말잔액	35,000,000	대손상각비	27,500,000
	57,000,000		57,000,000

(물음 3)

구분	익금불산입 대상금액(Ⓐ)	지급이자관련 익금불산입배제금액(Ⓑ)	익금불산입액 (Ⓒ = Ⓐ - Ⓑ)
㈜갑	₩112,500	₩90,000	₩22,500
㈜을	11,200,000	600,000	10,600,000

1. ㈜갑

구 분	취득	처분	배당기준일 보유주식(주2)
1번주식(익금불산입대상)	40% (₩100,000,000)	△30%	10% (₩25,000,000)
2번주식(익금불산입배제)	30%	—	30%
합 계	70%	△30%	40%

(1) 익금불산입 대상금액 : ₩1,500,000 × $\frac{10\%}{40\%}$ × 30% = ₩112,500

(2) 지급이자관련 익금불산입배제금액 : ₩12,000,000*1 × $\frac{₩25,000,000*2}{₩1,000,000,000}$ × 30% = ₩90,000

   *1. ₩14,500,000 - ₩2,500,000(현재가치할인차금 상각액)(주3) = ₩12,000,000

   2. ₩100,000,000 × $\frac{10\%}{40\%}$ = ₩25,000,000

2. ㈜을

(1) 익금불산입 대상금액 : ₩11,200,000* × 100% = ₩11,200,000

   * ₩10,000,000 + 600주 × ₩5,000 × $\frac{₩2,000,000^{(주4)}}{₩5,000,000}$ = ₩11,200,000

(2) 지급이자관련 익금불산입배제금액 : ₩12,000,000 × $\frac{₩50,000,000^{(주5)}}{₩1,000,000,000}$ × 100% = ₩600,000

〈주1〉 전기에 대손금으로 손금 인정된 매출채권을 당기 중 회수하여 대손충당금의 증가로 회계처리(총액법상 수익으로 계상)한 것은 세무상으로 익금이므로 별도의 세무조정은 없다.

〈주2〉 배당금은 배당기준일 현재의 보유주식(40%)에 대하여 지급된다. 이 중 배당기준일 현재 3개월 이상 계속 보유하고 있는 주식을 보유함으로써 발생하는 수입배당금액에 대해서 익금불산입규정이 적용된다. 이 경우 보유주식 등의 수를 계산할 때 동일 종목의 주식 등의 일부를 양도한 경우에는 먼저 취득한 주식 등을 먼저 양도한 것으로 본다.

〈주3〉 수입배당금 익금불산입액 계산시 지급이자에는 현재가치할인차금 상각액은 제외되나, 사채할인발행차금 상각액 및 기업구매자금대출이자는 포함된다.

〈주4〉 건물의 재평가잉여금(재평가세 3% 적용분) ₩3,000,000은 익금불산입항목이며, 이익준비금 ₩2,000,000은 익금항목이므로 익금항목비율을 적용하여 무상주 의제배당을 계산한다.

〈주5〉 유가증권은 원칙적으로 원가법을 적용하므로 취득금액이 세무상 장부가액에 해당한다. 이 때 주의할 점은 종속기업투자에 대한 장부상 회계처리로 인해 결산서상 장부가액과 세무상 장부가액이 일치하지 않고, 전기말 주식에 대한 유보자료가 별도로 제시되지 않으므로 결산서상 장부가액으로 계산해서는 안된다는 것이다.

(물음 4)

익금산입 및 손금불산입			손금산입 및 익금불산입		
과목	금액	소득처분	과목	금액	소득처분
업무용승용차 A	₩34,000,000	기타사외유출	업무용승용차 A	₩12,000,000	△유보
			업무용승용차 B	₩2,000,000	△유보

1. 제24기 세무조정
   (1) 업무용승용차 A
      1) 감가상각시부인
         ① 회사계상 감가상각비 : ₩20,000,000
         ② 상각범위액 : ₩100,000,000 × 0.2 = ₩20,000,000
         ③ 상각부인액(시인부족액) : ₩0 → 세무조정 없음
      2) 사적사용비용 및 업무사용금액 중 감가상각비 조정
         ① 총괄표

구 분	금 액 (A)	업무사용금액(100%) (B)	사적사용금액 (A − B)	감가상각비 (B − 800만원)
감가상각비[주1]	₩20,000,000	₩20,000,000	−	₩12,000,000
기타 관련비용	2,000,000	2,000,000	−	−
합 계	₩22,000,000	₩22,000,000	−	₩12,000,000

         ② 세무조정 : 〈손금불산입〉 800만원 초과분 ₩12,000,000 (유보)

   (2) 업무용승용차 B
      1) 감가상각시부인
         ① 회사계상 감가상각비 : ₩6,000,000
         ② 상각범위액 : ₩20,000,000 × 0.2 = ₩4,000,000
         ③ 상각부인액(시인부족액) : ₩2,000,000 → 손금불산입(유보)
      2) 사적사용비용 및 업무사용금액 중 감가상각비 조정
         ① 총괄표

구 분	금 액 (A)	업무사용금액[주2] (B)	사적사용금액 (C)	감가상각비 (B−800만원)
감가상각비[주1]	₩4,000,000	₩4,000,000	−	−
기타 관련비용	1,000,000	1,000,000	−	−
합 계	₩5,000,000	₩5,000,000	−	−

         ② 세무조정 : 없음

2. 제25기 세무조정
   (1) 전기말 유보 추인
      ① 업무용승용차 A : 〈손금산입〉 전기 800만원 초과분 추인 ₩12,000,000 (△유보)
      ② 업무용승용차 B : 〈손금산입〉 전기 상각부인액 추인 ₩2,000,000 (△유보)

   (2) 처분손실 중 800만원 초과분 손금불산입
      ① 업무용승용차 A : 〈손금불산입〉 처분손실 중 800만원 초과분 ₩34,000,000 (기타사외유출)
         *1. 세무상 처분손실 : ₩30,000,000(장부상 처분손실) + ₩12,000,000(유보추인액) = ₩42,000,000
          2. 처분손실 중 800만원 초과분 : ₩42,000,000 − ₩8,000,000 = ₩34,000,000
      ② 업무용승용차 B : 처분손실 중 800만원 초과분 없음
         *1. 세무상 처분손실 : ₩4,000,000(장부상 처분손실) + ₩2,000,000(유보추인액) = ₩6,000,000
          2. 처분손실 중 800만원 초과분 : 없음

〈주1〉 감가상각시부인 후의 세법상 감가상각비(= 상각범위액)를 말한다.
〈주2〉 업무사용비율 : 100%(업무용승용차 관련비용이 1,500만원 이하이므로 업무사용비율은 100%로 한다.)

〔물음 5〕
〈요구사항 1〉

차가감소득금액	₩420,000,000
각 사업연도 소득금액	400,000,000
과세표준금액	360,000,000

1. 차가감소득금액

당기순이익		₩433,400,000	
법인세비용⁽주1⁾	(+)	10,000,000	손不(기타사외유출)
자산수증이익 중 이월결손금 보전분	(−)	25,000,000	익不(기타)
간접외국납부세액⁽주2⁾	(+)	1,600,000*	익入(기타사외유출)
차가감소득금액		₩420,000,000	

* ₩2,000,000 × $\frac{₩20,000,000}{₩27,000,000 - ₩2,000,000}$ = ₩1,600,000

2. 각 사업연도 소득금액

차가감소득금액		₩420,000,000
일반기부금 한도초과액	(+)	20,000,000
일반기부금 이월액 손금산입	(−)	40,000,000
각 사업연도 소득금액		₩400,000,000

(1) 기준소득 : ₩420,000,000 + ₩20,000,000(일반기부금) − ₩40,000,000*(이월결손금) = ₩400,000,000
   * 공제가능한 이월결손금

사업연도	발생액	기공제액	전기이월액	당기보전액	당기공제가능액
2006년	₩100,000,000	₩85,000,000	₩15,000,000	₩15,000,000	−
2024년	80,000,000	30,000,000	50,000,000	10,000,000	₩40,000,000
계	₩180,000,000	₩115,000,000	₩65,000,000	₩25,000,000	₩40,000,000

(2) 기부금 한도시부인

		B	T	D	T/A
일반기부금	당기이전분	₩50,000,000	₩40,000,000*¹	−	손入 ₩40,000,000 (기타)
	당기분	20,000,000	₩0*²	₩20,000,000	손不 ₩20,000,000 (기타사외유출)

*1. (₩400,000,000 − ₩0) × 10% = ₩40,000,000
 2. ₩40,000,000 − ₩40,000,000 = ₩0

3. 과세표준

각 사업연도 소득금액	₩400,000,000
이월결손금	(40,000,000)
과세표준	₩360,000,000

〈주1〉 손익계산서상 법인세비용 ₩10,000,000에 법인세비용으로 계상한 직접외국납부세액 ₩1,000,000이 이미 포함되어 있다. 그러므로 ₩1,000,000을 이중으로 손금불산입해서는 안된다.
〈주2〉 외국법인세액에 대해 세액공제를 적용하는 경우 간접외국납부세액은 익금산입(기타사외유출)한 후 해당 금액을 법인세 산출세액에서 공제한다.

〈요구사항 2〉

공제·감면세액	₩3,500,000
총부담세액	33,500,000

1. 감면후세액 : (1) - (2) = ₩36,100,000
   (1) 산출세액 : ₩300,000,000(가정치) × 법인세율(9%, 19%) = ₩37,000,000
   (2) 통합투자세액공제 : ₩900,000

2. 최저한세액 : ₩300,000,000 × 7%(최저한세율) = ₩21,000,000

3. 공제·감면세액 : ₩3,500,000
   (1) 통합투자세액공제 : ₩900,000[주1]
   (2) 외국납부세액공제 : Min[①, ②] = ₩2,600,000
      ① ₩1,000,000(직접) + ₩1,600,000(간접) = ₩2,600,000
      ② 한도 : $₩37,000,000 \times \dfrac{₩21,600,000^*}{₩300,000,000} = ₩2,664,000$
      * ₩20,000,000(배당금수익) + ₩1,600,000(간접) = ₩21,600,000

4. 총부담세액 : Max[₩36,100,000, ₩21,000,000] - ₩2,600,000 = ₩33,500,000

[주1] 감면후세액이 최저한세액보다 크므로 감면배제금액은 없다.

[문제 7]
(물음 1)
〈요구사항 1〉

- 80% 이상 여부 판단 : $\frac{②}{①}$ = 76.6% < 80%

  ① 합병대가(합병포합주식에 대한 교부간주금액 포함) : ₩60,000,000* + ₩10,500,000(합병교부금) = ₩70,500,000

  * $\frac{₩42,000,000}{70\%}$ = ₩60,000,000

  ② 주식가액 : ₩60,000,000 × (1 - 10%*) = ₩54,000,000

  * 30% - 20% = 10%^(주1)

※ 참고(합병교부금을 포함하여 기업가치를 계산하는 견해)
합병포합주식에 대한 금전교부 간주액 계산시 피합병법인의 기업가치를 합병교부주식에 합병교부금을 더한 금액을 기준으로 계산한다는 견해도 있으며, 해당 견해에 따라 계산한 ① 합병시 금전교부 간주액과 ② 주식가액이 차지하는 비율은 다음과 같다. 견해가 나뉘는 부분이므로 2가지 견해 중 1가지 방법으로 답안 작성을 한 경우 점수가 주어질 것으로 예상된다.

- 80% 이상 여부 판단 : $\frac{b}{a}$ = 76% < 80%

  a. 합병대가(합병포합주식에 대한 교부간주금액 포함) : $\frac{₩42,000,000 + ₩10,500,000}{70\%}$ = ₩75,000,000

  b. 주식가액 : ₩75,000,000 - ₩10,500,000(합병교부금) - ₩7,500,000^{*1}(금전교부간주액) = ₩57,000,000

  *1. ₩75,000,000 × (30% - 20%) = ₩7,500,000

  2. 합병법인이 합병등기일 현재 피합병법인의 지배주주 등이 아니므로 합병법인이 합병등기일 전 2년 이내에 취득한 합병포합주식 등이 피합병법인의 발행주식총수 또는 출자총액의 20%를 초과하는 경우 그 초과하는 합병포합주식에 대하여 합병법인의 주식 등을 교부하지 아니한 경우에도 지분비율에 따라 합병교부주식 등을 교부한 것으로 간주한 금액을 금전으로 교부한 것으로 본다.

〈요구사항 2〉
㈜병의 의제배당금액 : $\underbrace{(₩42,000,000^{(주2)} + ₩10,500,000)}_{합병대가^{(주3)}}$ - ₩40,000,000(피합병법인 주식의 장부가액) = ₩12,500,000

〈주1〉 합병법인이 합병등기일 현재 피합병법인의 지배주주 등이 아니므로 합병법인이 합병등기일 전 2년 이내에 취득한 합병포합주식 등이 피합병법인의 발행주식총수 또는 출자총액의 20%를 초과하는 경우 그 초과하는 합병포합주식에 대하여 합병법인의 주식 등을 교부하지 아니한 경우에도 지분비율에 따라 합병교부주식 등을 교부한 것으로 간주한 금액을 금전으로 교부한 것으로 본다.
〈주2〉 요구사항 1에 따르면 비적격합병에 해당하므로 합병교부주식가액은 시가로 평가한다.
〈주3〉 의제배당 계산시 합병대가는 합병법인 주식과 금전(합병교부금) 기타 재산가액의 합계액으로 한다. 이 경우 피합병법인의 주주인 ㈜병과 무관한 포합주식 교부간주액은 포함하지 않는다. 참고로 합병법인이 대납하는 법인세비용이 있는 경우 해당 금액도 합병대가에 포함되지 않는다.

(물음 2)
〈요구사항〉

① 합병으로 인한 ㈜을의 양도손익

양도가액	₩170,000,000
순자산장부가액	124,000,000
양도손익	46,000,000

*1. 양도가액 : ₩150,000,000 + ₩20,000,000 = ₩170,000,000
 2. 순자산장부가액 : ₩200,000,000 − ₩80,000,000 + ₩4,000,000(유보) = ₩124,000,000
 3. 양도손익 : ₩170,000,000 − ₩124,000,000 = ₩46,000,000

② 합병과 관련된 ㈜갑의 2025년 사업연도의 세무조정

익금산입 및 손금불산입			손금산입 및 익금불산입		
과목	금액	소득처분	과목	금액	소득처분
합병매수차익의 환입	₩5,000,000	유보	합병매수차익	₩50,000,000	△유보

*1. 합병매수차익 : (₩300,000,000 − ₩80,000,000) − ₩170,000,000 = ₩50,000,000
 2. 합병매수차익의 환입 : $₩50,000,000 \times \frac{6개월}{60개월} = ₩5,000,000$

③ 합병으로 인해 발생하는 ㈜병의 의제배당금액 : ₩170,000,000 − ₩50,000,000 = ₩120,000,000

[문제 8]
(물음 1)
〈요구사항 1〉
1. 과세표준 및 상속세 산출세액

구 분	금 액
1. 총상속재산가액(주식)	₩1,000,000,000*1
2. 과세가액공제액(장례비용)(주1)	(5,000,000)
3. 상속세 과세가액	₩995,000,000
4. 상속공제	—*2
5. 과세표준	₩995,000,000
6. 상속세 산출세액(주2)	₩238,500,000

*1. 총상속재산가액

① 1주당 평가액 : $\dfrac{₩20,000 \times 3 + ₩20,000 \times 2}{5} = ₩20,000$

② 상속재산평가액(주3) : ₩20,000 × 50,000주 = ₩1,000,000,000

2. Min[①, ②] = ₩0

① 상속공제(주4) : ₩500,000,000(일괄공제) + ₩500,000,000(배우자공제) = ₩1,000,000,000

② 한도(주5) : ₩995,000,000 − ₩1,000,000,000 = △₩5,000,000 → ₩0

2. 유증관련 지분상당액의 상속세

을 : [₩238,500,000 − ₩1,000,000,000 × 10%] × 30% = ₩41,550,000

병 : [₩238,500,000 − ₩1,000,000,000 × 10%] × 20% = ₩27,700,000

〈요구사항 2〉
영리법인에게는 상속세가 과세되지 않고 법인세가 과세된다. 이에 따라 영리법인의 주주가 상속인과 그 직계비속인 경우에는 상속세가 과세되지 않고 부가 이전될 수 있다. 그러므로 영리법인을 통한 변칙상속에 대한 상속세를 과세하기 위함이다.

〈주1〉 장례비용은 지출액이 없더라도 최소금액 5백만원을 공제해야 한다.
〈주2〉 과세표준 신고기한 내에 신고하였다는 자료가 제시되지 않았으므로 신고세액공제는 고려하지 않는다.
〈주3〉 중소기업의 최대주주이므로 할증평가하지 않는다.
〈주4〉 최대주주이므로 금융재산상속공제를 적용하지 않는다.
〈주5〉 [관련규정] 상속공제(인적공제+물적공제)는 다음의 금액을 한도로 한다. 단, ③은 상속세 과세가액이 5억원을 초과하는 경우에만 적용한다.
    상속공제 한도 = 상속세 과세가액 − ① − ② − ③
    ① <u>선순위인 상속인이 아닌 자에게 유증 등을 한 재산가액</u>
    ② 선순위인 상속인의 상속포기로 그 다음 순위의 상속인이 상속받은 재산의 가액
    ③ 상속세 과세가액에 가산한 증여재산가액 − 증여재산공제

(물음 2)
〈요구사항 1〉
타인의 부동산(해당 부동산 소유자와 함께 거주하는 주택과 그 부수토지는 제외)을 무상으로 사용함에 따라 이익(증여재산가액이 1억원 이상인 경우에 한하여 적용함)을 얻는 경우에는 부동산무상사용자의 증여재산가액에 대하여 증여세가 과세된다. 다만, 특수관계인이 아닌 자 간의 거래인 경우에는 거래의 관행상 정당한 사유가 없는 경우에 한한다.

〈요구사항 2〉
1. 증여재산가액 : 150억원 × 2% × 3.7907 = ₩1,137,210,000
2. 증여세 산출세액 : ₩1,137,210,000 × 증여세율 = ₩294,884,000

〈요구사항 3〉
다음의 요건을 모두 충족한 경우에는 병에게 증여추정에 따라 증여세가 부과된다.
① 특수관계인(을)에게 양도한 재산을 그 특수관계인(을)이 양수일부터 3년 이내에 당초 양도자(갑)의 배우자 및 직계존비속(병)에게 다시 양도할 것
② 배우자 및 직계존비속(병)의 증여추정으로 인한 증여세액이 당초 양도자(갑)와 양수자(을)의 소득세 결정세액을 합한 금액보다 클 것

[문제 9]
(물음 1)

구분	세무처리 내용
A	과세문제 없음
B	과세문제 없음
X	증여세 과세, 증여재산가액 : ₩60,000,000
Y	증여세 과세, 증여재산가액 : ₩19,360,000
Z	과세문제 없음

1. 현저한 이익분여요건

① 합병후 주가 : $\dfrac{₩500,000 × 2,000주 + ₩100,000 × 1,500주}{2,000주 + 500주} = ₩460,000$

② 1주당 평가차액 : ₩460,000 − ₩100,000 × 3주 = ₩160,000

③ ₩160,000 ≥ ₩138,000(= ₩460,000 × 30%) → 현저한 이익분여요건을 충족함

2. 증여재산가액$^{(주1)}$

① X : (₩500,000 − ₩460,000) × 2,000주 × 75% = ₩60,000,000
② Y : (₩500,000 − ₩460,000) × 2,000주 × 24.2% = ₩19,360,000
③ Z : 상증세법상 대주주에 해당하지 않으므로 증여세가 과세되지 않는다.

(물음 2)

구분	세무처리 내용
A	과세문제 없음
B	〈손금불산입〉 부당행위계산부인 ₩5,808,000* (기타사외유출)
X	과세문제 없음
Y	〈익금산입〉 주식 ₩5,808,000* (유보)
Z	과세문제 없음

* (₩500,000 − ₩460,000) × 2,000주 × 30% × 24.2% = ₩5,808,000

〈주1〉 상증세법상 대주주(발행주식총수의 1% 이상을 소유하거나 소유주식의 액면가액이 3억원 이상인 자)는 상속세 및 증여세법에 따라 불공정합병으로 분여받은 이익에 대하여 증여세를 과세한다. 이 때 주의할 점은 상속세 및 증여세법상 불공정합병으로 분여받은 이익은 특수관계여부를 불문하고 계산한다는 것이다.

MEMO

2016년 회계사 기출문제 해설

[문제 1]
(물음 1)

이자소득 총수입금액	₩1,800,000
배당소득 총수입금액	30,500,000
배당가산액(Gross-up 금액)	230,000

1. 금융소득의 구분

구 분	이자소득	배당소득	비 고
비영업대금의 이익	₩1,800,000	–	
법원 보증금 및 경락대금 이자	–	–	무조건 분리과세
㈜A 무상주[*2]	–	₩12,500,000[*1]	
외국법인 배당	–	5,000,000	무조건 종합과세
공익신탁의 이익	–	–	비과세
동업기업B 배분소득[주1]	–	3,000,000	
합 계	₩1,800,000 +	₩20,500,000 =	₩22,300,000(2천만원 초과)

*1. Gross-up 가능 배당소득
 2. 무상주 의제배당 : 2,500주 × ₩5,000 = ₩12,500,000

2. 이자소득 총수입금액 : ₩1,800,000

3. 배당소득 총수입금액 : ₩20,500,000 + ₩10,000,000(출자공동사업자 배당) = ₩30,500,000

4. 배당가산액(Gross-up금액) : Min[₩12,500,000, ₩2,300,000] × 10% = ₩230,000

(물음 2)
〈요구사항 1〉

연금수령한도		₩14,400,000
총연금액	공적연금(국민연금)	2,200,000
	사적연금(연금계좌)	13,000,000
사적연금소득 원천징수세액		520,000

(1) 총연금액_공적연금(국민연금) : ① − ② = ₩2,200,000

① 과세기준금액 : $₩12,000,000 \times \dfrac{₩480,000,000}{₩800,000,000} = ₩7,200,000$

② 과세제외기여금 : ₩5,000,000

〈주1〉 수동적동업자의 경우 배분받은 소득금액을 전부 배당소득으로 보며, Gross-up 불가 배당소득이다.

(2) 총연금액_사적연금(연금계좌)
   ① 연금계좌의 구성 및 평가액

구 분	평가액	연금수령	연금외수령
A 세액공제×	₩1,400,000	₩1,400,000	-
B 이연퇴직소득	-	-	-
C 세액공제O + 운용수익	118,600,000	13,000,000	₩600,000
합 계	₩120,000,000	₩14,400,000*1	₩600,000*2

*1. 연간연금수령한도 : ₩120,000,000 × 12%(= $\frac{1}{11-1}$ × 120%) = ₩14,400,000

 2. ₩15,000,000 - ₩14,400,000 = ₩600,000

   ② 소득구분

구 분	연금수령	소득구분	연금외수령	소득구분
A	₩1,400,000	과세×	-	
B	-	-	-	
C	13,000,000	연금소득(종합 또는 분리)(주1)	₩600,000	기타소득(분리과세)(주2)
합 계	₩14,400,000		₩600,000	

(3) 사적연금소득 원천징수세액 : ₩13,000,000 × 4%(70세 이상) = ₩520,000

〈요구사항 2〉

기타소득금액	₩3,800,000
기타소득 원천징수세액	2,249,000

(1) 종합과세되는 기타소득금액

구 분	금 액	비 고
강연료	-	₩100,000 × (1-60%) = ₩40,000 과세최저한
복권당첨금	-	무조건 분리과세
지상권 양도대가	-	양도소득(주3)
계약금이 위약금으로 대체된 금액	₩3,000,000	원천징수×
원고료	800,000	₩2,000,000 × (1 - 60%)
연금외수령한 기타소득	-	무조건 분리과세
계	₩3,800,000	

(2) 기타소득 원천징수세액(분리과세대상 포함)

구 분	금 액	비 고
복권당첨금	₩1,999,000	(₩10,000,000(주4) - ₩5,000) × 20%
원고료	160,000	₩800,000 × 20%
연금계좌에서 연금외수령한 기타소득	90,000	₩600,000 × 15%
계	₩2,249,000	

〈주1〉 사적연금의 총연금액이 1,500만원 이하이므로 종합과세 또는 분리과세를 선택할 수 있다. 총연금액은 연금소득에서 제외되는 소득과 비과세소득의 금액을 제외한 소득의 합계액을 의미하며, 종합과세되는 사적연금의 총연금액으로 물음이 제시된 것이 아니라 총연금액으로만 제시되었으므로 종합과세 및 분리과세 여부와는 무관하게 분리과세되는 연금소득까지 포함하여 총연금액을 계산하면 된다.

〈주2〉 연금외수령한 기타소득의 원천징수세율은 15%이며, 무조건 분리과세된다.

〈주3〉 지상권을 양도하고 받은 대가는 공익사업관련여부와 무관하게 양도소득에 해당한다.

구분	지상권 대여	지상권 양도
① 공익사업 관련O	기타소득	양도소득
② 공익사업 관련×	사업소득(부동산임대업)	양도소득

〈주4〉 건별 복권당첨금이 200만원(과세최저한)을 초과하므로 과세된다.

(물음 3)
〈요구사항 1〉

구 분	기본공제액^(주1)	추가공제액^(주1)	인적공제액
본인	○	₩1,000,000(경로우대자)	
배우자	○	1,000,000(경로우대자)	
장남	○	2,000,000(장애인)	
차남	○	–	
장녀	○	–	
	(₩1,500,000 × 5명) +	₩4,000,000 =	₩11,500,000

〈요구사항 2〉
종합소득공제액 : (1) + (2) + (3) = ₩14,800,000
(1) 인적공제액 : ₩10,000,000(가정치)
(2) 특별소득공제액 : ₩600,000(보험료 소득공제)
(3) 연금보험료공제액 : ₩4,200,000

〈요구사항 3〉

자녀세액공제액	₩950,000
보험료세액공제액	198,000
기부금세액공제액	1,852,000

(1) 자녀세액공제액 : ① + ② = ₩950,000
  ① 일반공제액 : ₩550,000 + ₩400,000 × (3명^(주2) - 2명) = ₩950,000
  ② 출산·입양공제액 : ₩0

(2) 보험료세액공제액 : ① × 15% + ② × 12% = ₩198,000
  ① 장애인전용 보장성보험료 : Min[₩1,600,000, ₩1,000,000(한도)] = ₩1,000,000
  ② 일반 보장성보험료 : Min[₩400,000, ₩1,000,000(한도)] = ₩400,000

〈주1〉 ① 본인 : 해당 과세기간에 배우자가 사망하여 배우자에 대해 기본공제를 신청한 경우에는 한부모 추가공제를 적용받을 수 없다. 70세 이상이므로 경로우대자공제대상이다.
② 배우자 : 소득이 없으며, 70세 이상이므로 기본공제 및 경로우대자공제대상이다.
③ 장남 : 장애인의 경우에는 나이의 제한을 받지 않으며, 소득이 없으므로 기본공제 및 장애인공제대상이다.
④ 차남 : 20세 이하이며 총급여액이 500만원 이하이므로 기본공제대상자에 해당한다.
⑤ 장녀 : 20세 이하이며 소득이 없으므로 기본공제대상자에 해당한다. 배우자 및 직계비속·입양자는 항상 생계를 같이하는 자로 보므로 동거하지 않더라도 기본공제대상자가 될 수 있다.
〈주2〉 기본공제대상자로서 8세 이상인 자녀가 3명(장남, 차남, 장녀)이다.

(3) 기부금세액공제액

① 기부금의 분류

구 분	특례기부금	일반기부금
사립학교가 운영하는 병원의 시설비	₩20,000,000	–
학생 장학금	–	₩600,000
고등학교 고유목적사업비	–	1,200,000
종교단체기부금	–	3,600,000
계	₩20,000,000	₩5,400,000

② 일반기부금 한도액^(주1)

[₩50,000,000* − ₩20,000,000(원천징수세율적용 금융소득) − ₩20,000,000(특례기부금)] × 10% + Min[₩1,800,000(종교 외),
= ₩10,000,000

₩10,000,000 × 20%] = ₩2,800,000

* 종합소득금액(가정치)^(주2) : ₩15,000,000(이자소득금액) + ₩5,000,000(배당소득금액) + ₩30,000,000(근로소득금액) = ₩50,000,000

③ 기부금 세액공제액

    a. 기부금세액공제대상 기부금 금액 : ₩20,000,000(특례) + ₩2,800,000(일반) = ₩22,800,000

    b. 기부금세액공제액 : ₩10,000,000 × 15% + (₩22,800,000 − ₩10,000,000) × 30% = ₩5,340,000

∴ 기부금세액공제액 : ₩3,000,000^{*1} − ₩1,148,000^{*2} = ₩1,852,000^(주3)

  *1. 공제기준산출세액 : ₩5,000,000 − ₩5,000,000 × $\frac{₩20,000,000}{₩50,000,000}$ = ₩3,000,000

  2. ₩950,000(자녀세액공제액) + ₩198,000(보험료세액공제액) = ₩1,148,000

〈주1〉	구 분	일반기부금 한도
	① 종교단체기부금만 있는 경우	10%
	② 종교단체기부금과 그 외 기부금이 같이 있는 경우	10% < x ≤ 30%
	③ 종교단체기부금 외의 기부금만 있는 경우	30%

〈주2〉 금융소득금액이 2천만원 이하이나 종합소득금액으로 가정치 금액이 제시되었으므로 무조건 종합과세 금융소득으로 종합과세된다고 보면 된다.

〈주3〉 자녀세액공제액, 보험료세액공제액, 기부금세액공제액의 합계액(₩6,488,000)이 공제기준산출세액(₩3,000,000)을 초과하므로 그 초과하는 금액은 없는 것으로 한다. 다만, 그 초과한 금액에 기부금 세액공제액이 포함되어 있는 경우 해당 기부금과 세액공제 대상 일반기부금 한도액을 초과하여 공제받지 못한 일반기부금은 해당 과세기간의 다음과세기간의 개시일부터 10년 이내에 끝나는 각 과세기간에 이월하여 세액공제율을 적용한 기부금 세액공제액을 계산하여 그 금액을 공제기준산출세액에서 공제한다.

$$\text{공제기준산출세액} = \text{종합소득 산출세액} - \text{종합소득 산출세액} \times \frac{\text{원천징수세율적용 금융소득}}{\text{종합소득금액}}$$

즉, 기부금 세액공제액은 이월공제가 가능하므로 공제기준산출세액을 초과하는 금액은 기부금 세액공제를 받지 않은 것으로 본다.

[문제 2]
(물음 1)

임원 퇴직소득 한도액	₩204,600,000
퇴직소득금액	204,600,000

(1) 2012년 이후 퇴직급여 : ₩250,000,000

(2) 한도 : ① + ② = ₩204,600,000

① 2019년말 이전 : ₩108,000,000* × $\frac{1}{10}$ × $\frac{18개월^{〈주2〉}}{12}$ × 3배 = ₩48,600,000

* $\frac{₩53,000,000 + ₩109,000,000}{1.5년}$ = ₩108,000,000$^{〈주1〉}$

② 2020년 이후 : ₩130,000,000* × $\frac{1}{10}$ × $\frac{72개월^{〈주4〉}}{12}$ × 2배 = ₩156,000,000

* $\frac{₩120,000,000 + ₩130,000,000 + ₩140,000,000}{3년}$ = ₩130,000,000$^{〈주3〉}$

(3) 한도초과액(근로소득) : (1) - (2) = ₩45,400,000

(물음 2)
(1) 퇴직소득 과세표준 : ① - ② = ₩97,975,000

① 환산급여 : [₩150,000,000(가정치) - ₩11,000,000*] × $\frac{12}{8년}$ = ₩208,500,000

* 근속연수공제 : ₩5,000,000 + ₩2,000,000 × (8년 - 5년) = ₩11,000,000

② 환산급여공제 : ₩61,700,000 + (₩208,500,000 - ₩100,000,000) × 45% = ₩110,525,000

(2) 산출세액 : (₩97,975,000 × 기본세율) × $\frac{8년}{12}$ = ₩12,567,500

〈주1〉 2019년말 이전 3년간(3년 미만인 경우 그 근무기간) 연평균 총급여액
〈주2〉 2019년말까지의 근무기간(1개월 미만은 1개월로 본다.)
〈주3〉 퇴직전 3년간의 연평균 총급여액
〈주4〉 2020년 이후의 근무기간(1개월 미만은 1개월로 본다.)

[문제 3]
(물음 1)
〈요구사항 1〉

익금산입 및 손금불산입			손금산입 및 익금불산입		
과목	금액	소득처분	과목	금액	소득처분
A비품(직부인)	₩320,000	유보	사회복지법인 기부금	₩4,000,000	△유보
A비품(시부인)	780,000	유보	문화단체 기부금	2,000,000	△유보
			A비품(의제기부금)	1,200,000	△유보

[계산근거]
1. 의제기부금 : ₩9,000,000 − ₩7,800,000(= ₩6,000,000 × 130%) = ₩1,200,000
2. A비품
   (1) 자산감액분 추인(상각비) : $₩1,200,000 \times \frac{₩2,400,000}{₩9,000,000} = ₩320,000$
   (2) 감가상각 시부인
      ① 회사계상 감가상각비 : ₩2,400,000 − ₩320,000 = ₩2,080,000
      ② 상각범위액 : $₩7,800,000 \times 0.25 \times \frac{8}{12} = ₩1,300,000$
      ③ 상각부인액 : ₩780,000

〈요구사항 2〉

특례기부금 한도초과(미달)액	₩12,400,000
일반기부금 한도초과(미달)액	10,440,000

(1) 기부금의 구분

	특례기부금	일반기부금
환경보호단체 기부금(주1)	−	₩5,000,000
사회복지법인(주2)	−	4,000,000
문화단체(주2)	−	2,000,000
근로복지진흥기금	−	3,000,000
의제기부금	−	1,200,000
수해이재민 구호사업 기부금	₩60,000,000	−
합 계	₩60,000,000	₩15,200,000

(2) 기준소득 : ₩300,000,000(가정치) + (₩60,000,000 + ₩15,200,000) − ₩280,000,000(이월결손금) = ₩95,200,000

(3) 기부금한도시부인

	B	T	D
① 특례기부금	₩60,000,000	₩47,600,000*1	₩12,400,000
② 일반기부금	15,200,000	4,760,000*2	10,440,000

*1. ₩95,200,000 × 50% = ₩47,600,000
 2. (₩95,200,000 − ₩47,600,000) × 10% = ₩4,760,000

〈주1〉 특수관계가 없는 일반기부금 단체에 대한 현물기부금은 **장부가액**으로 평가한다.
〈주2〉 사회복지법인 전기 미지급기부금과 문화단체 전기 어음기부금은 모두 당기에 현금지급 또는 어음만기가 도래하므로 손금산입(△유보)하고 일반기부금에 더한다. 다만, 문제에서 차가감소득금액을 ₩300,000,000으로 가정했으므로 해당 세무조정은 기준소득계산시 영향은 없다.

(물음 2)
〈요구사항〉

익금산입 및 손금불산입			손금산입 및 익금불산입		
과목	금액	소득처분	과목	금액	소득처분
㈜금강 무상주 의제배당(주1)	₩500,000	유보	수입배당금 익금불산입(주1)	₩150,000	기타
㈜설악 무상주 의제배당(주2)	900,000	유보	업무용승용차 감가상각비	8,000,000	△유보
근로시간면제자 급여(주3)	50,000,000	기타소득			
사적사용비용	3,000,000	상여			
800만원 초과분	7,000,000	유보			

[계산근거]
1. ㈜금강
   (1) 무상주 의제배당 : 100주 × ₩5,000 = ₩500,000
   (2) 수입배당금 익금불산입 : ₩500,000 × 30% = ₩150,000

2. ㈜설악
   (1) 무상주 의제배당 : 300주 × 60% × ₩5,000 = ₩900,000
   (2) 수입배당금 익금불산입 : ₩0

3. 업무용승용차
   (1) 감가상각시부인
      ① 회사계상 감가상각비 : ₩10,000,000
      ② 상각범위액 : ₩90,000,000 × 0.2(5년, 정액법) = ₩18,000,000
      ③ 상각부인액(시인부족액) : ① - ② = △₩8,000,000 → 손입(△유보)

   (2) 사적사용비용 및 업무사용금액 중 감가상각비 조정

구 분	금 액 (A)	업무사용금액(주5) (B)	사적사용금액 (A - B)	감가상각비 (B - 800만원)
감가상각비(주4)	₩18,000,000	₩15,000,000	₩3,000,000	₩7,000,000
그 외 비용	-	-	-	-
합 계	₩18,000,000	₩15,000,000	₩3,000,000	₩7,000,000

〈주1〉 ㈜금강 무상주 의제배당 : 재평가세가 1% 과세된 재평가적립금은 익금항목이므로 의제배당의 재원에 해당한다. 배당기준일 현재 3개월 이상 보유한 주식에 대한 배당이므로 수입배당금 익금불산입대상이다.
〈주2〉 ㈜설악 무상주 의제배당 : 자기주식처분이익(60%)은 익금항목으로 의제배당의 재원이나 주식발행초과금(40%)은 익금불산입항목으로 의제배당의 재원에 해당하지 않는다. 배당기준일로부터 3개월 이내 취득한 주식에 대한 배당이므로 수입배당금 익금불산입대상이 아니다.
〈주3〉 근로시간면제자 급여는 위법하게 지급된 금액이므로 손금불산입하고 기타소득으로 처분한다.
〈주4〉 감가상각비 : 감가상각시부인 후의 세법상 감가상각비(= 상각범위액)를 말한다.
〈주5〉 운행기록 미작성시 업무용승용차 관련 비용 중 1,500만원까지 업무사용금액으로 본다.

(물음 3)
〈요구사항 1〉
- B 임원퇴직급여 : ₩38,000,000
- T 임원퇴직금 한도 : $₩40,000,000 \times 10\% \times 5\frac{6}{12}^{(주1)} = ₩22,000,000$
- D 임원퇴직금 한도 초과액 : ₩38,000,000 − ₩22,000,000 = ₩16,000,000

〈요구사항 2〉

누적공사진행률	48%
공사수익	₩103,500,000

1. 당기 누적공사진행률$^{(주2)}$: $\frac{①}{① + ②} = 48\%$

   ① 발생원가누적액 : ₩250,000,000 + ₩9,760,000(기계장치의 유류비) − ₩38,000,000(임원퇴직금) = ₩221,760,000
   ② 추가공사예정원가 : ₩250,000,000 − ₩9,760,000(기계장치의 유류비) = ₩240,240,000

2. 공사수익 : ₩450,000,000 × (48% − 25%*) = ₩103,500,000

   * 전기 누적공사진행률 : $\frac{₩100,000,000}{₩100,000,000 + ₩300,000,000} = 25\%$

(물음 4)

익금산입 및 손금불산입			손금산입 및 익금불산입		
과목	금액	소득처분	과목	금액	소득처분
상가 임대료$^{(주3)}$	₩2,000,000	유보	전기매출$^{(주4)}$	₩60,000,000	△유보
전기오류수정이익$^{(주4)}$	80,000,000	기타			

〈주1〉 근속연수는 역년에 의하여 계산하되, 1년 미만의 기간은 월수로 계산하며 1월 미만의 기간은 포함되지 아니한다.
〈주2〉 ① 공사에 사용한 기계장치의 유류비는 발생원가누적액에 더하고, 추가공사예정원가에서 뺀다.
② 공사손실충당금 전입액은 작업진행률 계산시 총공사예정원가와 발생원가에 포함하지 않으며, 임원은 일반관리직이므로 임원퇴직금 전액을 발생원가에 포함하지 않는다.
〈주3〉 ① 상가 : 임대료의 지급기간이 1년 이하이고 계약 등에 의하여 임대료의 지급일이 정하여져 있으므로 약정에 의한 지급일을 임대료수익의 귀속시기로 한다. 따라서 회수하지 못한 11월과 12월분 임대료(₩2,000,000)도 익금에 산입하여야 한다.
② 사무실A & 사무실B : 임대료의 지급기간이 1년 이하이고 계약 등에 의하여 임대료의 지급일이 정하여져 있으므로 약정에 의한 지급일을 임대료수익의 귀속시기로 한다. 다만, 결산을 확정함에 있어서 이미 경과한 기간에 대한 임대료 상당액을 임대료수익으로 계상한 경우에는 이를 계상한 사업연도의 익금으로 본다. 따라서 별도의 세무조정이 필요하지 않다.
〈주4〉 [1단계] 전기오류수정이익을 이익잉여금으로 계상하였으므로 익금산입(기타)을 한다.
[2단계] ① 해외정기예금이자 : 예금이자의 손익귀속시기는 그 지급일이 속하는 사업연도이다. 따라서 제25기의 익금이므로 [2단계] 세무조정은 없다.
② 전기외상매출 : 전기의 익금이므로 익금불산입한다.
[참고] 전기오류수정손익의 세무조정

구 분		회계처리	[1단계] 세무조정	[2단계] 세무조정
(1) 전기오류수정이익		당기수익	−	① 당기의 익금인 경우 − 세무조정 無
		이익잉여금증가	익금산입(기타)	② 당기의 익금이 아닌 경우 − 익금불산입
(2) 전기오류수정손실		당기비용	−	① 당기의 손금인 경우 − 세무조정 無
		이익잉여금감소	손금산입(기타)	② 당기의 손금이 아닌 경우 − 손금불산입

(물음 5)

익금산입 및 손금불산입			손금산입 및 익금불산입		
과목	금액	소득처분	과목	금액	소득처분
퇴직연금충당금	₩7,000,000	유보	퇴직급여충당금	₩7,000,000	△유보
퇴직급여충당금 한도초과	14,500,000	유보	퇴직연금충당금	14,000,000	△유보

(단위: 백만원)

B.퇴충		T.퇴충		D.유보	
20	841	13<주2>	14.5<주1>	7	826.5
840	19	6	4.5*	834	14.5
860	860	19	19	841	841

B - T = (+) → 손금산입(△유보)
B - T = (-) → 손금불산입(유보)

B - T = (+) → 손금불산입(유보)
B - T = (-) → 세무조정 없음

* 퇴직급여충당금 설정한도 : Min[①, ②] = ₩4.5
  ① 총급여액기준 : ₩500 × 5% = ₩25
  ② 추계액기준 : Max[₩840, ₩820] × 0% + ₩6 - ₩1.5(세무상 퇴직급여충당금 설정전 잔액) = ₩4.5

(단위: 백만원)

B.연충		T.연충		D.유보	
-	-	7<주2>	827	△7	△827
-	-	834*1	14*2	△834	△14
-	-	841	841	△841	△841

B - T = (+) → 손금산입(△유보)
B - T = (-) → 손금불산입(유보)

B - T = (+) → 손금불산입(유보)
B - T = (-) → 손금산입(△유보)

*1. Min[①, ②] = ₩834
  ① 퇴직연금운용자산 기말잔액 : ₩900
  ② 퇴직금 추계액(Max[₩840, ₩820]) - Tax상 퇴직급여충당금 기말잔액(₩6) = ₩834
2. 끼워넣기 금액 : ₩834 + ₩7 - ₩827 = ₩14

<주1> Book상 퇴직급여충당금 기초잔액에서 기초유보잔액(₩826,500,000)을 차감한다.
<주2> 퇴직연금운용자산의 감소액은 퇴직연금충당금과 상계하여야 한다.

구분	차 변		대 변	
B	퇴직급여충당금	20,000,000	현금	13,000,000
			퇴직연금운용자산	7,000,000
T	퇴직급여충당금	13,000,000	현금	13,000,000
	퇴직연금충당금	7,000,000	퇴직연금운용자산	7,000,000
D	<손금산입> 퇴직급여충당금 ₩7,000,000 (△유보)			
	<손금불산입> 퇴직연금충당금 ₩7,000,000 (유보)			

[문제 4]
(물음 1)

$(₩40,000,000 - \underbrace{₩5,000,000}_{\text{토지 등 법인세}} - \underbrace{₩4,000,000}_{\text{공제감면세액}} + \underbrace{₩1,000,000}_{\text{가산세}} - \underbrace{₩2,000,000}_{\text{원천징수세액}}) \times \frac{6}{12} = ₩15,000,000^{(주1)}$

(물음 2)
〈요구사항 1〉
(1) 지급이자 손금불산입액과 인정이자 익금산입액

지급이자 손금불산입액	₩1,314,000
인정이자 익금산입액	1,303,200

1. 지급이자 손금불산입액

$(₩18,000,000 + ₩11,200,000) \times \dfrac{₩8,145,000,000^{*1}}{₩181,000,000,000^{*2}} = ₩1,314,000$

*1. 업무무관가지급금적수 : ₩90,500,000 × 90일(4. 2 ~ 6. 30) = ₩8,145,000,000
 2. 차입금적수$^{(주2)}$: (₩600,000,000 + ₩400,000,000) × 181일(1. 1 ~ 6. 30) = ₩181,000,000,000

2. 인정이자 익금산입액

$₩8,145,000,000 \times 5.84\%^* \times \dfrac{1}{365} = ₩1,303,200$

$^*6\% \times \dfrac{₩600,000,000}{₩1,000,000,000} + 5.6\% \times \dfrac{₩400,000,000}{₩1,000,000,000} = 5.84\%$

〈요구사항 2〉

· Min[Max[①, ②], ③] − ₩8,600,000(외국납부세액공제)$^{(주3)}$ − ₩1,400,000*(원천징수세액)$^{(주4)}$ = ₩20,000,000$^{(주5)}$
  * 원천징수세액 : ₩10,000,000 × 14% = ₩1,400,000

① 감면후세액 : [₩300,000,000(가정치) × $\dfrac{12}{6}$ × 세율(9%, 19%)] × $\dfrac{6}{12}$ − ₩25,000,000$^{(주6)}$ = ₩22,000,000

② 최저한세액 : ₩300,000,000(가정치) × 10% = ₩30,000,000

③ 감면전세액 : ₩22,000,000 + ₩25,000,000(연구 및 인력개발비 세액공제) = ₩47,000,000

〈주1〉 직전실적기준으로 중간예납세액계산시 가산세는 포함하나 토지 등 양도소득에 대한 법인세와 미환류소득에 대한 법인세는 제외한다. 또한 중간예납세액을 차감하지 않는다.
〈주2〉 문제에서 제시한 지급이자가 차입금 보유일수(181일)로 정확하게 계산된 것이 아니라 보유월수(6개월)로 계산된 것이므로 지급이자와 이자율로 역산한 차입금적수와 차입금잔액에 보유일수를 적용한 차입금적수가 약간 차이가 날 수 있다. 그러므로 문제에서 차입금잔액이 주어진 경우에는 차입금잔액을 기준으로 차입금적수를 계산해야 한다.
〈주3〉 법인세법상 세액공제는 다음과 같으며, 이러한 법인세법상 세액공제는 최저한세 적용대상이 아니므로 감면후 세액과 최저한세 중 큰 금액에서 해당 세액공제를 차감한다.
  ① 외국납부세액공제
  ② 재해손실세액공제
  ③ 사실과 다른 회계처리에 기인한 경정에 따른 세액공제
〈주4〉 법인세법상 내국법인의 현금배당은 원천징수대상이 아니다.
〈주5〉 중간예납기간의 실적기준에 의한 중간예납세액 계산시 적격증명서류미수취 등의 가산세는 가산하지 않는다.
〈주6〉 중소기업에 해당하지 않으므로 연구 및 인력개발비 세액공제는 최저한세 적용대상이다.

[문제 5]
(물음 1)
〈요구사항〉

자료번호	과세표준	세율	매출세액
1⁽주1⁾	₩49,000,000	10%	₩4,900,000
2⁽주2⁾	1,600,000*1	10%	160,000
3⁽주3⁾	10,000,000	10%	1,000,000
4⁽주4⁾	60,000,000	10%	6,000,000
5⁽주5⁾	20,000,000	10%	2,000,000
6⁽주6⁾	30,000,000	0%	–
	20,000,000	10%	2,000,000
7⁽주7⁾	2,305,000*2	10%	230,500
합계	₩192,905,000		₩16,290,500

*1. ① + ② + ③ = ₩1,600,000
   ① A(특수관계인) : ₩1,000,000(시가)
   ② B(특수관계인 O님) : ₩600,000(거래가)
   ③ 종업원에게 상품 무상제공 : ₩0(매입세액공제를 받지 못하였으므로 공급으로 의제되지 않는다.)

2. ① + ② = ₩2,305,000
   ① 임대료 : ₩1,000,000 × 2개월 = ₩2,000,000
   ② 간주임대료 : ₩100,000,000 × 61일 × 1.825% × $\frac{1}{365}$ = ₩305,000

〈주1〉 매출에누리와 환입액·매출할인은 과세표준에서 공제하나, 금전으로 지급한 판매장려금은 과세표준에서 공제하지 않는다.
〈주2〉 ① A(실제공급) : 특수관계인에게 저가 공급한 경우 시가를 공급가액으로 한다.(부당행위계산부인)
      ② B(실제공급) : 특수관계인이 아닌 자에게 저가로 공급한 경우 실제 거래가를 공급가액으로 한다.
      ③ 종업원에게 상품 무상제공 : 매입세액공제를 받지 못하였으므로 개인적 공급으로 의제되지 않는다.
〈주3〉 부가가치세를 별도로 적은 세금계산서를 발급하였으므로 10%로 과세된다.
〈주4〉 계약금을 받기로 한 날의 다음 날부터 재화를 인도하는 날 또는 재화를 이용가능하게 되는 날까지의 기간 이내에 중도금만을 1회 받기로 하여 계약금 외의 대가를 분할하여 받는 경우에 해당하지 않으므로 중간지급조건부에 해당하지 않는다. 그러므로 공급시기는 재화가 이용가능하게 되는 날로 재화의 총가액이 과세표준에 포함되어야 한다.
〈주5〉 장기할부판매의 공급시기가 도래하기 전에 세금계산서를 발급하는 경우에는 이를 발급하는 때를 공급시기로 본다. 그러므로 세금계산서에 적힌 금액이 공급가액이다.
〈주6〉 비거주자 등이 지정한 국내사업자가 과세사업에 사용한 부분은 영세율이 적용되며, 면세사업에 사용한 부분은 10%로 과세된다.
〈주7〉 ① 임대료 : 용역의 계속적 공급이므로 대가의 각 부분을 받기로 한 때가 공급시기이며 실제 임대료 수령여부와 무관하게 받기로 한 대가의 각 부분이 공급가액이 된다.
      ② 간주임대료 : 과세기간종료일을 공급시기로 하므로 과세기간종료일까지 발생한 부분을 일할계산한다.

(물음 2)
〈요구사항 1〉
(1) 예정신고시 공통매입세액 중 면세사업분 : ₩8,000,000*1 × 25%*2 = ₩2,000,000

(2) 확정신고시 정산(주1) : (₩8,000,000 + ₩12,000,000) × 30%*2 + ₩3,000,000 × 22%*2 − ₩2,000,000 = ₩4,660,000

*1. ₩10,000,000 − ₩2,000,000(기업업무추진비 관련 매입세액) = ₩8,000,000
2. 공급가액비율

구 분	2024년 제2기 과세기간		2025년 제1기 예정신고기간		2025년 제1기 과세기간	
	공급가액	비율	공급가액	비율	공급가액	비율
과세사업	₩312,000,000	78%	₩150,000,000	75%	₩350,000,000	70%
면세사업	88,000,000	22%	50,000,000	25%	150,000,000	30%
합 계	₩400,000,000	100%	₩200,000,000	100%	₩500,000,000	100%

〈요구사항 2〉
(₩10,000,000 + ₩30,000,000 + ₩25,000,000)(주2) × (40% − 30%) = ₩6,500,000

∴ (+) ₩6,500,000(납부세액에 가산)

〈요구사항 3〉
(1) 면세비율

2024년 제1기	2024년 제2기	2025년 제1기
20%(주3)	22%	30%

(2) 납부세액의 재계산(주4) : ₩4,000,000 × (1 − 25% × 3) × (30% − 20%) = ₩100,000

∴ (+) ₩100,000(납부세액에 가산)

〈요구사항 4〉
(₩91,800,000 + ₩45,900,000 × 70%*) × $\frac{2}{102}$ − ₩1,000,000(예정신고시 의제매입세액공제액, 가정치) = ₩1,430,000

* 해당과세기간의 과세공급가액비율 : $\frac{₩350,000,000}{₩500,000,000}$ = 70%(주5)

〈주1〉 예정신고시에는 예정신고기간(3개월)의 면세공급가액비율로 안분하고, 확정신고시 해당 과세기간(6개월)의 면세공급가액비율을 적용하여 정산한다. 다만, 공통매입세액 중 확정신고시 매각한 기계장치에 대한 매입세액은 직전 과세기간의 공급가액비율로 정산한다.
〈주2〉 냉동창고(건물)를 완공하기 전까지 예정사용면적 비율을 적용하였으므로 실제 사용면적이 확정되는 과세기간에 실제사용면적비율로 정산하며, 문제에서 확정신고시 공통매입세액 **정산**에 따라 납부세액에 가산(또는 차감)할 금액을 요구하고 있으므로 과세기간 최종 3월 공통매입세액(₩15,000,000)은 고려하지 않는다. 과세기간 최종 3월 공통매입세액은 정산대상이 아니라 확정신고시 실제사용면적비율을 적용하여 다음의 금액을 공통매입세액 중 면세사업분으로 불공제한다.
₩15,000,000 × 40% = ₩6,000,000
〈주3〉 2024년 제1기 예정공급가액비율은 25%이나 과세 및 면세공급가액이 확정된 2024년 제1기의 공급가액비율(20%)로 공통매입세액을 정산하였으므로 20% 기준으로 납부·환급세액을 재계산한다.
〈주4〉 2024년 제2기에는 면세비율이 5% 이상 증감하지 않았으므로 납부세액을 재계산하지 않는다.
〈주5〉 기말재고는 귀속이 불분명하므로 해당과세기간의 과세공급가액비율로 안분하여 의제매입세액을 계산한다.

[문제 6]
(물음 1)

구 분	부가가치세 납부세액
제조업	₩540,000
음식점업	330,000
공통사용재화	79,750
합 계	₩949,750

(1) 제조업 : ₩27,000,000* × 20% × 10% = ₩540,000
  * ₩16,000,000 + ₩11,000,000 = ₩27,000,000

(2) 음식점업 : ₩33,000,000* × 10% × 10% = ₩330,000
  * ₩16,000,000 + ₩17,000,000 = ₩33,000,000

(3) 공통사용재화 : ₩5,500,000 × 14.5%* × 10% = ₩79,750

  * 가중평균부가가치율$^{(주1)}$: $20\% \times \dfrac{₩27,000,000}{₩60,000,000} + 10\% \times \dfrac{₩33,000,000}{₩60,000,000} = 14.5\%$

(물음 2)

구 분	공제세액
세금계산서 등 수취세액공제	₩60,500
의제매입세액공제	—⟨주2⟩
신용카드매출전표 등 발행세액공제	364,000

(1) 세금계산서 등 수취세액공제 : (① + ② + ③) × 5.5% = ₩60,500
  ① 제조업 : ₩5,000,000 × 10% = ₩500,000
  ② 음식점업 : ₩4,000,000 × 10% = ₩400,000
  ③ 공통매입세액 : ₩200,000

(2) 신용카드매출전표 등 발행세액공제$^{(주3)}$: (₩11,000,000 + ₩17,000,000) × 1.3% = ₩364,000(한도 1,000만원 이내)

⟨주1⟩ 공통사용재화를 공급하여 업종별 실지귀속을 구분할 수 없는 경우 해당과세기간의 업종별 공급대가로 가중평균한 부가가치율을 적용한다. 그러므로 문제에서 제시된 직전과세기간의 공급대가비율은 관련 자료가 아니다.
⟨주2⟩ 간이과세자는 의제매입세액공제를 적용하지 않는다.
⟨주3⟩ 제조업 중 과자점업은 법령에서 정한 신용카드매출전표 등 발행세액공제 대상 업종이 아니나, 제조업 중 **떡방앗간**, 양복점업 등은 신용카드매출전표 등 발행세액공제 대상 업종에 해당한다.

[문제 7]
(물음 1)

구분	증여재산가액
을	₩37,500,000
병	–
정	–

(1) 분석

주주	증자전	증자	증자후
갑	4,000주	–	4,000주
을	3,000주	3,000주	6,000주
병	2,000주	2,000주	4,000주
정	1,000주	1,000주	2,000주
계	10,000주	6,000주	16,000주
주당 평가액	@₩100,000	@₩50,000	@₩81,250*

주당 ₩50,000 이익
주당 ₩18,750 손실

* 증자후 1주당 평가액 : $\frac{10,000주 \times ₩100,000 + 6,000주 \times ₩50,000}{16,000주} = ₩81,250$

- 손실총액 = 이익총액
① 손실총액
  ₩18,750 × 16,000주 = ₩300,000,000
② 이익총액
  ₩50,000 × 6,000주 = ₩300,000,000

손실총액과 이익총액이 같으므로 아래 ① 또는 ②의 방법으로 이익분여액을 계산할 수 있다.
① 해당 법인의 손실총액 × 이익주주비율
② 해당 법인의 이익총액 × 손실주주비율

(2) 현저한 이익분여요건(불공정증자 – 저가발행 – 재배정×)^(주1)

① 균등증자시 1주당 평가액 : $\frac{10,000주 \times ₩100,000 + 10,000주 \times ₩50,000}{10,000주 + 10,000주} = ₩75,000$

② 1주당 인수가액 : ₩50,000

③ 비율 : $\frac{₩75,000 - ₩50,000}{₩75,000} = 33.33\% \geq 30\%$ ∴ 요건을 충족함

(3) 갑 → 을 : $4,000주 \times ₩18,750 \times \frac{3,000주}{6,000주} = ₩37,500,000$
  갑의 손실총액   이익주주비율(을)

※ 별해 : $3,000주 \times ₩50,000 \times \frac{4,000주}{16,000주} = ₩37,500,000$
  을의 이익총액   손실주주비율(갑)

〈주1〉 ① 불공정증자 – 저가발행 – 재배정× : 현저한 이익요건(30% 이상 또는 3억원 이상)을 충족한 경우 특수관계있는 자로부터 분여받은 이익에 대해서만 증여세 납세의무를 진다. 이 현저한 이익요건은 균등증자시 1주당 평가액 기준으로 30% 이상 여부를 판단한다.
② 불공정증자 – 저가발행 – 재배정○ : 현저한 이익 및 특수관계 여부를 불문하고 분여받은 이익은 증여세 납세의무를 진다.

• 불공정자본거래의 유형

구 분			법인세법(부당행위계산 부인)		상증세법(증여재산가액)	
			특수관계여부	현저한 이익요건	특수관계여부	현저한 이익요건
(1) 불공정 합병			○	○	×	○
(2) 불균등 증자	① 저가발행	재배정	○	×	×	×
		실권	○	○	○	○
	② 고가발행	재배정	○	×	○	×
		실권	○	○	○	○
(3) 불균등 감자			○	○	○	○

(물음 2)

구분	증여재산가액
을	₩112,500,000
정	37,500,000

(1) 분 석

주 주	증자전	증자	재배정	증자후
갑	4,000주	–	–	4,000주
을	3,000주	3,000주	4,500주	10,500주
병	2,000주	–	–	2,000주
정	1,000주	1,000주	1,500주	3,500주
계	10,000주	4,000주	6,000주	20,000주
주당 평가액	@₩100,000	@₩50,000		@₩75,000*

주당 ₩50,000 이익
주당 ₩25,000 손실

* 증자후 1주당 평가액: $\frac{10,000주 \times ₩100,000 + 10,000주 \times ₩50,000}{10,000주 + 10,000주} = ₩75,000$

- 손실총액 = 이익총액
① 손실총액
  ₩25,000 × 20,000주 = ₩500,000,000
② 이익총액
  ₩50,000 × 10,000주 = ₩500,000,000

손실총액과 이익총액이 같으므로 아래 ① 또는 ②의 방법으로 이익분여액을 계산할 수 있다.
① 해당 법인의 손실총액 × 이익주주비율
② 해당 법인의 이익총액 × 손실주주비율

(2) 갑, 병 → 을(불공정증자 – 저가발행 – 재배정○)

$(4,000주 + 2,000주) \times ₩25,000 \times \frac{4,500주}{6,000주} = ₩112,500,000$

※ 별해: $10,000주 \times \frac{4,500주}{6,000주} \times ₩50,000 \times \frac{4,000주 + 2,000주}{20,000주} = ₩112,500,000$

　　　　　　을의 이익총액　　　　　　　　　　손실주주비율(갑, 병)

(3) 갑, 병 → 정

$(4,000주 + 2,000주) \times ₩25,000 \times \frac{1,500주}{6,000주} = ₩37,500,000$

　갑과 병의 손실총액　　이익주주비율(정)

※ 별해: $10,000주 \times \frac{1,500주}{6,000주} \times ₩50,000 \times \frac{4,000주 + 2,000주}{20,000주} = ₩37,500,000$

　　　　　　정의 이익총액　　　　　　　　　　손실주주비율(갑, 병)

(물음 3)
주식을 실제 소유자가 아닌 제3자의 명의로 명의개서(등록)한 경우에는 실제 소유자가 그 명의자에게 증여한 것으로 보아 증여세를 과세하는 것이며, 이 때 유상증자로 인하여 교부받은 신주를 타인 명의로 명의개서(등록)하는 것은 새로운 명의신탁에 해당하여 그 명의자에게 증여한 것으로 보아 증여세를 과세하는 것이다. 단, 조세회피목적이 없는 경우에는 증여세가 과세되지 않는다. 본 문제에서는 본래 의도대로 증여가 모두 갑에게 이루어지면 불균등증자의 저가발행 재배정에 해당되어 증여세가 과세되어야 하는데, 제3자의 명의로 지분비율대로 명의개서(등록)를 하여 불균등증자로 보이지 않게 하려고 하였으므로 조세회피목적이 있는 것으로 볼 수 있다. 따라서 명의신탁주식에 대하여 증여세가 과세된다.

[문제 8]

구분	과세문제
㈜대한	자산수증이익(₩500,000,000)에 대하여 법인세 납세의무가 있으며, 영리법인이므로 상속세 납세의무는 없다.
갑	상속인으로서 영리법인(수유자)의 주주이므로 다음에 따라 계산된 지분상당액에 대한 납세의무가 있다. (영리법인이 받았거나 받을 상속재산에 대한 상속세 상당액 − 영리법인이 받았거나 받을 상속재산(₩500,000,000) × 10%) × 상속인의 지분율(40%)
을	상속인의 직계비속으로서 영리법인(수유자)의 주주이므로 다음에 따라 계산된 지분상당액에 대한 납세의무가 있다. (영리법인이 받았거나 받을 상속재산에 대한 상속세 상당액 − 영리법인이 받았거나 받을 상속재산(₩500,000,000) × 10%) × 직계비속의 지분율(30%)
병	없음

2015년 회계사 기출문제 해설

[문제 1]
(물음 1) 매출세액

구분	과세표준	세율	매출세액
수산물 매출	₩700,000,000	10%	₩70,000,000
	1,100,000,000	0%	0
창고 임대(주1)	50,000,000	10%	5,000,000
창고 매각(주2)	300,399,201	10%	30,039,920
합계	₩2,150,399,201		₩105,039,920

1. 창고임대 : (1) + (2) = ₩50,000,000
   (1) 구창고 : ₩10,000,000 × 1개월(10월분) = ₩10,000,000
   (2) 신창고 : ₩20,000,000 × 2개월(11월, 12월분) = ₩40,000,000

2. 창고매각 : ₩500,000,000 × $\frac{₩6,020^*}{₩10,020}$ = ₩300,399,201

   * 직전과세기간의 과세공급가액(단위 : 백만원)

구 분		1.1.~6.30.
국내 판매	미가공(면세)	4,000
	가공(과세)	3,000
수출	미가공(과세)	2,000
	가공(과세)	1,000
5월, 6월분 냉동창고임대료(과세)		20
합 계		10,020

〈냉동창고〉 (단위 : 백만원)

회사사용부분	임대부분
과세 6,000	과세 20
면세 4,000	

〈주1〉 2 이상의 과세기간에 걸쳐 부동산 임대용역을 공급하고 그 대가를 선불 또는 후불로 받는 경우의 공급시기는 예정신고기간종료일 또는 과세기간종료일이므로 제2기 확정신고시 10월, 11월, 12월분의 임대료만 계산한다.

〈주2〉 ① 계약금을 받기로 한 날의 다음날부터 인도일까지의 기간이 6개월 이상이 아니므로 중간지급조건부에 해당하지 않는다. 그러므로 공급시기는 2025. 10. 31.이다. 토지는 면세이므로 건물의 공급가액 ₩500,000,000을 기준으로 공통사용재화의 공급가액을 안분계산한다.
② 냉동창고는 회사사용부분과 임대부분의 실질구분이 불분명하므로 직전과세기간의 과세공급가액비율로 과세표준을 안분한다. 면세재화의 수출에 대하여 면세포기신고를 하였으므로 미가공수산물의 수출부분도 과세공급가액에 포함된다.

(물음 2) 매입세액

〈요구사항 1〉 공통매입세액 중 면세사업분

$$₩100,000,000 \times \frac{₩1,700^*}{₩5,680} = ₩29,929,577$$

* 해당과세기간의 면세공급가액(단위 : 백만원)

구 분		7.1.~9.30.	10.1.~12.31.	합 계
국내 판매	미가공	900	800	1,700
	가공	800	700	1,500
수출	미가공	700	600	1,300
	가공	600	500	1,100
임대료		30*1	50*2	80
합 계		3,030	2,650	5,680

*1. ₩10,000,000 × 3개월(7월~9월 구 냉동창고 임대료) = ₩30,000,000
 2. ₩10,000,000 × 1개월(10월 구 냉동창고 임대료) + ₩20,000,000 × 2개월(11월, 12월 신 냉동창고 임대료) = ₩50,000,000

〈요구사항 2〉

- 의제매입세액 공제액(주1) : Min[①, ②] - ③ = ₩10,512,821

  ① 의제매입세액 계산 : $(₩2,200,000,000 + ₩2,000,000,000) \times \frac{₩2,600,000,000}{₩5,600,000,000}^{(주2)} \times \frac{4}{104} = ₩75,000,000$

  ② 의제매입세액 한도 : $₩2,600,000,000^{(주3)} \times 50\% \times \frac{4}{104} = ₩50,000,000$

  ③ 2025년 제2기 예정신고시 의제매입세액 : $₩2,200,000,000 \times \frac{₩1,400,000,000}{₩3,000,000,000}^{(주2)} \times \frac{4}{104} = ₩39,487,179$

(단위: 백만원)

구 분		7.1.~9.30.	10.1.~12.31.	합 계
국내 판매	미가공	900	800	1,700
	가공	800	700	1,500
수출	미가공	700	600	1,300
	가공	600	500	1,100
합 계		3,000	2,600	5,600

〈요구사항 3〉 공제되는 매입세액

(1) 세금계산서상 매입세액 : ₩149,000,000

(2) 의제매입세액 : ₩10,512,821(요구사항 2 해답)

(3) 공제받지못할 매입세액 : ① + ② = ₩37,929,577
  ① 면세사업분 매입세액(국내 미가공) : ₩8,000,000
  ② 공통매입세액 중 면세사업분 : ₩29,929,577(요구사항 1 해답)

(4) 공제되는 매입세액 : (1) + (2) - (3) = ₩121,583,244

〈주1〉 제1기 과세기간의 공급받은 면세농산물 등의 비중이 75% 이상 또는 25% 미만이 아니므로 제조업 의제매입세액공제 정산 특례대상에 해당하지 않는다.

* 제1기 과세기간의 공급받은 면세농산물 등의 비중 : $\frac{₩6,000,000,000}{₩10,200,000,000}$ = 약 59%

〈주2〉 면세포기로 영세율이 적용되는 미가공수산물의 수출분은 의제매입세액공제를 적용받을 수 없으므로 과세공급가액에서 제외한다. 의제매입세액공제는 면세농산물등을 원재료로 "제조·가공"한 재화·용역이 과세되어야 공제가능하다. 또한 면세농산물과 관련이 없는 창고임대료는 공급가액비율 산정시 분자·분모에 포함되지 않는다.

〈주3〉 면세농산물 관련 과세표준으로 의제매입세액공제 한도를 계산하므로 면세농산물과 관련이 없는 창고임대료는 포함되지 않는다.

[문제 2]

자료번호	부가가치세 추가납부세액	가산세 종류	계산식	가산세액
1	₩1,000,000	세금계산서불성실가산세(주1)(부실기재)	₩10,000,000 × 1%	₩100,000
2	6,000,000	-(주2)	-	-
3	-	세금계산서불성실가산세 (미발급 - 종이세금계산서)(주3)	50,000,000 × 1%	500,000
4	-	세금계산서불성실가산세(지연발급)(주4)	70,000,000 × 1%	700,000
5	8,000,000	세금계산서불성실가산세(미발급)(주5)	80,000,000 × 2%	1,600,000
합계	₩15,000,000			₩2,900,000
과소신고가산세	₩15,000,000 × 10% × (1 - 75%(주6)) = ₩375,000			
납부지연가산세	₩15,000,000 × $\frac{2.2}{10,000}$ × 91일(4. 26. ~ 7. 25.) = ₩300,300			

※ 참고 : 과소신고가산세 감면율

구 분	일반적인 수정신고시	예정신고분을 확정신고기한까지 수정신고시
법정신고기한이 지난 후 1개월 이내	90%	90%
법정신고기한이 지난 후 1개월 초과 3개월 이내	75%	75%
법정신고기한이 지난 후 3개월 초과 6개월 이내	50%	50%
법정신고기한이 지난 후 6개월 초과 1년 이내	30%	50%
법정신고기한이 지난 후 1년 초과 1년 6개월 이내	20%	50%
법정신고기한이 지난 후 1년 6개월 초과 2년 이내	10%	50%

〈주1〉 개별소비세, 교육세 및 농어촌특별세는 공급가액에 포함해야 하나, 이를 제외하여 공급가액의 일부를 과소기재하였으므로 세금계산서불성실가산세(부실기재)를 적용한다.(행정해석상 공급가액의 일부를 과소기재한 경우 과소기재한 금액에 대해서는 세금계산서 미발급가산세를 적용하지 않고 부실기재가산세를 적용하도록 하고 있다.)

〈주2〉 회사가 지급한 판매장려상품은 사업상 증여이므로 공급으로 의제된다. 회사가 판매장려상품을 공급가액에서 차감하지 않았다라고만 제시되었기 때문에 출제의도상 공급가액에 별도로 포함되어 있지 않다고 볼 수 있으므로 공급가액의 10%를 추가납부세액에 가산한다. 다만, 사업상증여는 세금계산서 발급거래가 아니므로 세금계산서 관련 가산세는 없다.

〈주3〉 ㈜과거전자는 법인사업자이므로 전자세금계산서의무발급대상 사업자이나 종이세금계산서를 발급하였으므로 세금계산서 미발급가산세가 적용된다. 이 경우 미발급가산세율은 1%로 한다.

〈주4〉 공급시기가 속하는 과세기간의 확정신고기한 이내에 발급하였으므로 지연발급에 대한 가산세를 적용한다. 참고로 해당 문제에서는 발급일의 다음날까지 전송하여 지연전송은 아니나, 지연전송이라 하더라도 중복적용배제규정에 의해 지연발급가산세가 우선 적용된다.

〈주5〉 전자세금계산서오· 종이세금계산서 모두 발급하지 않은 경우 공급가액의 2%의 미발급가산세가 적용된다.

〈주6〉 감면율에 대해서는 아래와 같이 견해가 나뉘나, 현행 법규정에 비추어 봤을 때에는 [견해2]가 타당하다고 해석된다.

[견해1] 종전 행정해석에 따른 견해(2003년 행정해석상 법정신고기한은 확정신고기한을 의미함) → 확정신고기한으로부터 1개월 이내 수정신고하였으므로 90%의 감면율을 적용한다.

[견해2] 현행 국세기본법 규정에 따른 견해(2012년부터 법개정으로 법정신고기한에 예정신고기한이 포함됨) → 예정신고기한으로부터 1개월 초과 3개월 이내에 수정신고하였으므로 75%의 감면율을 적용한다.

[문제 3]
(물음 1)

익금산입 및 손금불산입			손금산입 및 익금불산입		
과목	금액	소득처분	과목	금액	소득처분
부당행위계산부인	₩20,000,000	기타사외유출	기계장치A	₩2,000,000	△유보
기계장치B(직부인)	2,500,000	유보	기계장치B(고가매입)	20,000,000	△유보
기계장치B(시부인)	1,590,000	유보	비품B	598,000	△유보
비품A	4,507,500	유보			

[계산근거]
1. 기계장치A
   (1) 제24기
      ① 감가상각비 해당액 : ₩12,843,500 + ₩7,000,000(즉시상각의제)[주1] = ₩19,843,500
      ② 상각범위액 : (₩50,000,000 + ₩7,000,000) × 0.394(신고내용연수 6년, 정률법) × $\frac{9}{12}$ = ₩16,843,500
      ③ 상각부인액 : ₩3,000,000 → 손금불산입(유보)
   (2) 제25기
      ① 감가상각비 해당액 : ₩16,973,661
      ② 상각범위액 : (₩65,000,000*1 - ₩16,843,500*2) × 0.394 = ₩18,973,661
         *1. 세무상 취득가액 : ₩58,000,000 + ₩7,000,000 = ₩65,000,000
          2. 세무상 감가상각누계액 : ₩16,843,500(제24기 상각범위액)
      ③ 시인부족액 : ₩2,000,000 → Min[₩3,000,000, ₩2,000,000] = ₩2,000,000 → 손금산입(△유보)

※ 참고
세법상 미상각잔액을 구하는 방법은 다음과 같이 두가지 방법이 있으며, 감가상각의제 문제풀이시에는 직접법으로 문제를 풀이하는 것이 보다 간편하다.
① 직접법 : 당기말 세무상 취득가액*1 - 당기초 세무상 감가상각누계액*2
   1. 당기말 세무상 취득가액 : 당기말 B/S상 취득가액 + 즉시상각의제누계액
      * 다만, 자산감액 등의 세무조정으로 세무상의 취득가액과 장부상 취득가액이 다른 경우에는 취득가액 관련 유보를 가감해야 한다.
    2. 당기초 세무상 감가상각누계액은 최초사업연도부터 감면받은 경우 상각범위액의 누계액이 된다.
② 간접법 : (당기말 B/S상 취득가액 - 당기초 B/S상 감가상각누계액) + 당기즉시상각의제액 ± 전기이월유보잔액

cf) 간접법으로 제25기의 상각범위액을 계산하면 다음과 같다.
   [(₩58,000,000 - ₩12,843,500) + ₩0 + ₩3,000,000] × 0.394 = ₩18,973,661

2. 기계장치B
   (1) 부당행위계산부인금액 : ₩80,000,000 - ₩60,000,000(시가) = ₩20,000,000(양쪽조정)[주2] ≥ ₩60,000,000 × 5%
   (2) 자산감액분 추인(상각비) : ₩20,000,000[주2] × $\frac{₩10,000,000}{₩80,000,000}$ = ₩2,500,000
   (3) 감가상각 시부인
      ① 감가상각비 해당액 : ₩10,000,000 - ₩2,500,000 = ₩7,500,000
      ② 상각범위액 : ₩60,000,000 × 0.394(신고내용연수 6년, 정률법) × $\frac{3}{12}$ = ₩5,910,000
      ③ 상각부인액 : ₩1,590,000

〈주1〉 600만원에 미달하지 않으므로 소액수선비에 해당하지 않는다. 참고로 신규취득자산은 전기말 재무상태표상의 장부가액이 ₩0이다. 그러므로 600만원을 기준으로 소액수선비여부를 판단한다.
〈주2〉 특수관계인인 법인으로부터 기계장치B를 고가매입하였으며, 현저한 이익분여요건이 충족되었으므로 부당행위계산부인규정이 적용된다. 장부에 고가매입가로 계상하였으므로 시가와 고가매입가의 차액을 손금산입(△유보)으로 자산을 감액한 후 다시 손금불산입(기타사외유출)을 한다.

3. 비품A

   (1) 감가상각비 해당액 : ₩5,000,000

   (2) 상각범위액 : ₩5,000,000 × 0.394(신고내용연수 6년, 정률법) × $\frac{3}{12}$ = ₩492,500

   (3) 상각부인액 : ₩4,507,500 → 손금불산입(유보)

4. 비품B

   (1) 감가상각비 해당액 : ₩584,000

   (2) 상각범위액 : ₩6,000,000 × 0.394(신고내용연수 6년, 정률법) × $\frac{6}{12}$ = ₩1,182,000

   (3) 시인부족액 : ₩598,000 → 손금산입(△유보)[주1]

〈주1〉 감가상각의제가 적용되므로 시인부족액을 전액 손금산입한다.

(물음 2)

〈요구사항 1〉

당기대손금(A)	₩21,998,000
전기말 채권잔액(B)	1,600,000,000
당기 대손실적률(= A ÷ B)	1.37%

(1) 당기대손금(간접법)[주1]

구 분	금 액	비 고
대손충당금 당기 상계액(장부상 대손금)	₩10,000,000	
전기 외상매출금 대손부인액 중 당기 소멸시효 완성분	4,000,000	손입(△유보)
전기 받을어음 대손부인액 중 대손요건 충족분	1,999,000	손입(△유보)
부도거래처A의 외상매출금 비망계정	(1,000)	손불(유보)
거래처B에 대한 채권포기액(기업업무추진비에 해당)	(1,000,000)	타계정
당기말 재무상태표상 외상매출금 중 대손요건 충족분	7,000,000	손입(△유보)
합 계	₩21,998,000	

해당 사업연도에 발생한 세법상 대손금은 다음과 같이 계산한다.

	Book 대손금
(−)	대손금 관련 손금불산입액
(+)	대손금 관련 손금산입액
(±)	타계정 대체
=	Tax 대손금

(2) 전기말 채권잔액 : (₩20,000,000 − ₩4,000,000) ÷ Max[0.6%, 1%] = ₩1,600,000,000

〈주1〉 ① 전기말 대손부인액

a. 외상매출금 대손부인액 중 당기에 소멸시효가 완성된 ₩4,000,000은 당기 대손금이므로 손금산입(△유보)한다.

b. 받을어음 중 당기 중 회수한 어음 1매(₩3,000,000)는 다음과 같이 익금불산입(△유보)으로 세무조정한다. 현금회수를 하였으므로 당기 대손금이 아니며, 채권에 대한 기초유보를 추인한 것이므로 당기말 채권관련 유보잔액 계산시 전기말 채권 유보잔액에서 차감해야 한다. 나머지 어음 1매(₩2,000,000)는 당기말 현재 부도발생일로부터 6개월 이상 지나 당기 대손금에 해당하므로 비망가액(1매당 ₩1,000)을 제외한 ₩1,999,000을 손금산입(△유보)해야 한다.

구 분	차 변		대 변	
B	현금	3,000,000	대손충당금 → 수익	3,000,000
T	현금	3,000,000	받을어음(채권)	3,000,000
D	〈익금불산입〉 받을어음(채권) ₩3,000,000 (△유보)			

② 당기 대손충당금 상계액

a. 거래처A : ㈜남해가 중소기업이므로 부도발생일로부터 6개월 이상 지난 외상매출금(결산조정사항)은 대손금으로 인정된다. 다만, 비망가액 ₩1,000은 손금불산입(유보)해야한다.

b. 거래처B : 거래관계개선을 위하여 채권을 임의로 포기한 금액 ₩1,000,000은 기업업무추진비에 해당하므로 대손금에서 차감한다. 손익계정의 분류차이이므로 별도의 세무조정은 필요하지 않다.

c. 회생계획인가의 결정에 따라 회수불능으로 확정된 외상매출금은 세법상 대손금(신고조정사항)에 해당하며, 장부상 대손금으로 계상하였으므로 별도의 세무조정은 없다.

③ 당기말 재무상태표상 채권

a. 채무자의 파산으로 인하여 회수할 수 없는 외상매출금은 결산조정사항이므로 손금산입할 수 없다.

b. 법원의 면책결정에 따라 회수불능으로 확정된 외상매출금 ₩7,000,000은 신고조정사항이므로 손금산입(△유보)해야 한다.

c. 차입거래로 보는 할인어음은 대손충당금 설정대상 채권에 해당한다. cf) 매각거래로 인한 할인어음, 배서양도한 어음은 대손충당금 설정제외 채권이다.

d. 직원에 대한 학자금 대여액 및 중소기업 종업원에 대한 주택자금 대여액은 업무무관가지급금으로 보지 않는다. 그러므로 대손충당금 설정대상 채권에 해당한다.

〈요구사항 2〉

당기말 채권잔액	₩1,249,002,000
당기 대손충당금 한도액	18,735,030
당기 대손충당금 한도초과액	6,264,970

(1) 당기말 채권잔액

당기말 재무상태표상 채권잔액 − 대손충당금 설정 제외 채권 ± 채권관련 유보잔액
= ₩1,250,000,000 − ₩0 − ₩998,000* = ₩1,249,002,000

* 채권관련 유보잔액 : $\underbrace{₩15,000,000}_{전기말 유보잔액} - \underbrace{₩4,000,000}_{대손} - \underbrace{₩1,999,000}_{대손} - \underbrace{₩3,000,000}_{채권회수} + \underbrace{₩1,000}_{비망계정} - \underbrace{₩7,000,000}_{대손} = △₩998,000$

(2) 당기 대손충당금 한도액 : ₩1,249,002,000 × 1.5%(가정치) = ₩18,735,030

(3) 당기 대손충당금 한도초과액 : ₩25,000,000(대손충당금 기말잔액) − ₩18,735,030 = ₩6,264,970

(물음 3)
〈요구사항 1〉

각사업연도소득금액	₩2,000,000,000
(+) 가산액	135,000,000
(-) 차감액	765,000,000
기업소득	₩1,370,000,000

가산액(주1)

구 분	금 액
국세환급가산금	₩20,000,000
기부금 한도초과 이월 손금산입액	45,000,000
환류액 중 투자액 해당 감가상각비(기계장치)	60,000,000
환류액 중 투자액 해당 감가상각비(비품)	10,000,000
합 계	₩135,000,000

차감액(주1)

구 분	금 액
법인세비용	₩300,000,000
이익준비금	50,000,000*
이월결손금	400,000,000
기부금 한도초과 손금불산입액	15,000,000
합 계	₩765,000,000

* ₩500,000,000(현금배당) × 10% = ₩50,000,000(주2)

〈주1〉 기업소득 = 각 사업연도 소득 + 가산항목 − 차감항목

* 기업소득이 음수인 경우 0(영)으로 보고, 3천억원을 초과하는 경우 3천억원으로 본다.

가산항목	차감항목
① 국세·지방세의 과오납금의 환급금에 대한 이자 ② 기부금 한도초과 이월액의 손금산입액 ③ 해당 사업연도에 투자액 공제를 적용받은 해당 자산에 대한 감가상각비로서 해당 사업연도에 손금에 산입한 금액(투자액공제방법만 해당)	① 해당 사업연도의 기획재정부령으로 정하는 법인세액(외국납부세액, 농어촌특별세액, 기획재정부령으로 정하는 법인지방소득세액 포함)*1 ② 상법상 이익준비금*2 및 법령에 따라 의무적으로 적립하는 적립금으로서 기획재정부령으로 정하는 금액 ③ 과세표준을 계산할 때 해당 사업연도에 공제가능한 이월결손금(60%한도 미적용)*3 ④ 합병·분할시 의제배당금액(주식등으로 받은 부분만 해당)으로서 해당 사업연도에 익금에 산입한 금액(수입배당금 익금불산입을 적용하기 전의 금액) ⑤ 특례·일반기부금 한도초과액 손금불산입액 ⑥ 합병 및 인적분할에 따른 양도손익으로서 해당 사업연도에 익금에 산입한 금액 ⑦ 유동화전문회사, 각종 투자회사, 프로젝트금융투자회사가 배당한 금액으로서 소득공제를 적용받는 금액 ⑧ 공적자금의 상환과 관련하여 지출하는 금액으로서 기획재정부령으로 정하는 금액

*1. 해당 사업연도의 기획재정부령으로 정하는 법인세액은 미환류소득에 대한 법인세의 계산 대상 사업연도에 발생한 소득에 부과되는 법인세액만을 의미하는 것으로, 다른 사업연도에 대한 법인세 환급세액이나 추가납부세액은 가산하거나 차감하지 않는다.
  ① 기획재정부령으로 정하는 법인세액 : 과세표준에 세율을 적용하여 계산한 세액에서 공제·감면세액을 차감하고 가산세를 가산한 금액
  ② 기획재정부령으로 정하는 법인지방소득세액 : 과세표준에 세율을 적용하여 계산한 세액의 10%
  ③ 외국납부세액 : 내국법인이 직접 납부한 외국법인세액으로서 손금불산입한 세액과 익금에 산입한 간접외국납부세액
2. 이익준비금 : 회사가 그 자본금의 2분의 1이 될 때까지 매 결산기 적립하는 이익준비금으로서 이익배당액(주식배당 제외)의 10분의 1에 해당하는 금액을 말한다.
3. 합병법인·분할신설법인 또는 분할합병의 상대방 법인 등의 경우에는 합병·분할시 이월결손금 공제제한 규정은 적용하지 아니한다.

〈주2〉 기업소득에서 차감하는 이익준비금은 회사가 그 자본금의 2분의 1이 될 때까지 매 결산기 적립하는 이익준비금으로서 이익배당액(주식배당 제외)의 10분의 1에 해당하는 금액을 말한다.(서면-2020-법령해석법인-0213) 그러므로 현금배당의 10%를 초과하여 적립한 이익준비금은 차감항목에 해당하지 않는다.

〈요구사항 2〉

투자액	₩850,000,000
임금증가액	355,000,000
상생협력출연금	240,000,000

(1) 투자액^(주1) : ₩800,000,000(기계장치) + ₩50,000,000(비품) = ₩850,000,000

(2) 임금증가액^(주2) : ① × 2 + ② × 1.5 + ③ = ₩355,000,000

   ① 신규상시근로자 임금증가액 : 0.5억원

   ② 기존상시근로자 임금증가액 : 2억원* − 0.5억원(①) = 1.5억원

     * 상시근로자 임금증가액 : (12억원 − 2억원) − (9억원 − 1억원) = 2억원

   ③ 청년정규직 근로자 임금증가액 : ₩30,000,000

(3) 상생협력출연금 : ₩80,000,000 × 3 = ₩240,000,000

〈요구사항 3〉

미환류소득(투자액 차감방식)	₩2,055,000,000
미환류소득(투자액 미차감방식)	₩140,000,000

(1) 미환류소득(투자액 차감방식) : ₩5,000,000,000 × 70% − (₩850,000,000 + ₩355,000,000 + ₩240,000,000) = ₩2,055,000,000

(2) 미환류소득(투자액 미차감방식) : (₩5,000,000,000 − ₩100,000,000)^(주3) × 15% − (₩355,000,000 + ₩240,000,000) = ₩140,000,000

〈주1〉 투자액에는 중고품 및 금융리스 외의 리스자산은 제외한다.

〈주2〉 임금증가액 계산시 임원에 대한 임금은 제외한다.

〈주3〉 투자액 미차감방식의 기업소득 계산시에는 각사업연도소득금액에 투자액으로 차감되는 자산에 대한 감가상각비 손금산입액을 가산하지 않는다. 그러므로 투자액 차감방식의 기업소득이 투자액미차감방식 기업소득보다 해당 감가상각비만큼 금액이 크게 계산된다.

  → 투자액 차감방식 기업소득 = 투자액 미차감방식 기업소득 + 감가상각비 손금산입액

  → 투자액 미차감방식 기업소득 = 투자액 차감방식 기업소득 − 감가상각비 손금산입액

(물음 4)
〈요구사항 1〉

구 분	중소기업	비중소기업
각사업연도소득금액	₩711,200,000	₩742,000,000
(−) 이월결손금	450,000,000	593,600,000
과세표준	261,200,000	148,400,000

(1) 각사업연도소득금액

구 분	중소기업	비중소기업
당기순이익	₩800,000,000	₩800,000,000
할부매출액 익금불산입⁽주1⁾	(34,000,000)	−
할부매출원가 손금불산입⁽주1⁾	27,200,000	−
전기 외상매출 누락액 당기계상분⁽주2⁾	(100,000,000)	(100,000,000)
기업업무추진비 한도초과액⁽주3⁾	18,000,000*¹	42,000,000*²
각사업연도소득금액	₩711,200,000	₩742,000,000

*1. 중소기업의 기업업무추진비 시부인

(1) 기업업무추진비해당액 : ₩66,000,000

(2) 기업업무추진비한도액 : ① + ② = ₩48,000,000

① 기초금액 : ₩36,000,000 × $\frac{12}{12}$ = ₩36,000,000

② 매출액기준 : 39억원 × $\frac{3}{1,000}$ + 10억원 × $\frac{3}{1,000}$ × 10% = ₩12,000,000

(3) 한도초과액 : ₩66,000,000 − ₩48,000,000 = ₩18,000,000

2. 비중소기업의 기업업무추진비 시부인

(1) 기업업무추진비해당액 : ₩66,000,000

(2) 기업업무추진비한도액 : ① + ② = ₩24,000,000

① 기초금액 : ₩12,000,000 × $\frac{12}{12}$ = ₩12,000,000

② 매출액기준 : 39억원 × $\frac{3}{1,000}$ + 10억원 × $\frac{3}{1,000}$ × 10% = ₩12,000,000

(3) 한도초과액 : ₩66,000,000 − ₩24,000,000 = ₩42,000,000

〈주1〉 장기할부판매이므로 세부담최소화 가정하에서 중소기업은 회수기일도래기준으로 신고조정한다. 비중소기업은 결산서상 인도기준으로 회계처리하였으므로 회수기일도래기준으로 신고조정할 수 없다.

구 분	B	T	D	
수익	₩40,000,000	₩6,000,000*¹	〈익금불산입〉 ₩34,000,000	(△유보)
비용	32,000,000	4,800,000	〈손금불산입〉 27,200,000*²	(유보)

*1. ₩2,000,000 × 3개월(10월, 11월, 12월) = ₩6,000,000

 2. ₩34,000,000 × 80%(원가율) = ₩27,200,000

〈주2〉 전기 외상매출 누락액을 당기에 매출액으로 계상한 금액은 중소기업여부와 무관하게 전기 익금이므로 익금불산입(△유보)해야한다. 참고로 기업회계기준상으로도 해당 금액은 전기 매출액에 해당한다.

〈주3〉 기업업무추진비 한도 및 연구및인력개발비 세액공제 계산시 수입금액은 기업회계기준상의 매출액이다. 기업회계기준상 장기할부매매의 수익인식시점은 인도일이므로 중소기업의 회수기일도래기준 신고조정과 무관하게 기업회계기준상 매출액은 다음과 같이 계산한다.

① 일반매출 : 50억원(손익계산서상 매출액) − 10억원(특정매출) − 1억원(전기 외상매출 누락액) = 39억원

② 특정매출 : 10억원

(2) 중소기업의 이월결손금 공제액
  ① 소급공제 결손금(x)

	공제전	소급공제 결손금	공제후
과세표준	₩500,000,000	$-\ x\ =$	₩350,000,000
산출세액(주1)	75,000,000	28,500,000	46,500,000
공제감면세액	(46,500,000)		
환급세액한도	28,500,000		

  ∴ x : ₩150,000,000(=₩28,500,000 ÷ 19%(주2))

  ② 이월결손금 공제액 : ₩600,000,000 − ₩150,000,000(소급공제 결손금) = ₩450,000,000

(3) 비중소기업의 이월결손금 공제액 : Min[①, ②] = ₩593,600,000
  ① 이월결손금 : ₩600,000,000(비중소기업은 결손금 소급공제 대상이 아님)
  ② 한도 : ₩742,000,000(각사업연도소득금액) × 80%(주3) = ₩593,600,000

〈요구사항 2〉 연구 및 인력개발비세액공제액

중소기업	₩50,000,000
비중소기업	12,500,000

(1) 중소기업 : Max[①, ②] = ₩50,000,000
  ① 증가분기준(주4) : (₩200,000,000 − ₩150,000,000) × 50% = ₩25,000,000
  ② 당기분기준 : ₩200,000,000 × 25% = ₩50,000,000

(2) 비중소기업 : Max[①, ②] = ₩12,500,000
  ① 증가분기준 : (₩200,000,000 − ₩150,000,000) × 25% = ₩12,500,000
  ② 당기분기준 : ₩200,000,000 × Min($\frac{2억원}{49억원^{(주5)}}$ × 50%, 2%) = ₩4,000,000

〈주1〉 직전 사업연도 법인세 산출세액에는 토지등 양도소득에 대한 법인세를 제외한다.
〈주2〉 공제후 산출세액은 제23기 세율(9%, 19%, 21%, 24%)을 적용하여 계산하며, 소급공제 결손금 공제후 산출세액(₩46,500,000)이 1,800만원(= 2억원 × 9%)을 초과하므로 19% 세율 구간의 과세표준에서 결손금이 공제된 것이다.
〈주3〉 중소기업 및 회생계획을 이행중인 법인 등 법 소정의 법인이 아닌 경우에는 각사업연도소득의 80%의 범위 내에서 이월결손금을 공제할 수 있다.
〈주4〉 전기발생액(₩150,000,000)이 소급 4년 평균발생액(₩125,000,000)보다 적지 않으므로 증가분 기준을 적용할 수 있다.
〈주5〉 49억원은 기업업무추진비 한도 계산시의 수입금액과 동일한 기업회계기준상의 매출액이다.

[참고] 일반 연구개발비에 대한 세액공제 적용률

구 분	일반법인	중견기업	중소기업
초과발생액 기준	25%	40%	50%
당기발생액 기준*	0%~2%(15%, 20%)	8%(15%, 20%)	25%

* 당기발생액 기준 적용률
  ① 중소기업 : 25%
  ② 중소기업이 최초로 중소기업에 해당하지 아니하게 된 경우
     a. 최초로 중소기업에 해당하지 아니하게 된 과세연도의 개시일부터 3년간 : 20%
     b. 위 a기간 이후부터 2년간 : 15%
  ③ 중견기업으로 위 ②에 해당하지 아니하는 경우 : 8%
  ④ ①~③까지의 어느 하나에 해당하지 아니하는 경우 : Min$\left(\frac{당기\ 발생액 \times 50\%}{당기\ 수입금액},\ 2\%\right)$

[문제 4]

익금산입 및 손금불산입			손금산입 및 익금불산입		
과목	금액	소득처분	과목	금액	소득처분
감자시 의제배당*1	₩500,000	유보	금융자산*2	₩20,000,000	△유보
특례기부금 한도초과액*4	15,300,000	기타사외유출	압축기장충당금*2	10,000,000	△유보
일반기부금 한도초과액*4	13,530,000	기타사외유출	토지(고가매입)*3	20,000,000	△유보

[계산근거]

1. 감자시 의제배당

   (1) 주식의 변동내역

일자	내역	감자전	감자	감자순서
2025. 1. 20.	유상취득(@₩10,000*)	900주	400주	②
2025. 2. 20.	단기소각주식(주1)(@₩0)	100주	100주	①
	계	1,000주	500주	

   * $\frac{₩9,000,000}{900주}$ = ₩10,000

   (2) 감자시 의제배당 : ₩6,000,000 − (100주 × ₩0) − (400주 × ₩10,000*) = ₩2,000,000

   (3) 세무조정금액(주2) : ₩2,000,000 − ₩1,500,000(장부상 금융자산 처분이익) = ₩500,000

2. 현물출자(주3)

구분	차변		대변	
B	금융자산	80,000,000	토지	50,000,000
			토지처분이익	30,000,000
T	금융자산	60,000,000	토지	50,000,000
			토지처분이익	10,000,000
	비용	10,000,000	압축기장충당금	10,000,000
D	〈손금산입〉 금융자산　₩20,000,000 (△유보)			
	〈손금산입〉 압축기장충당금　₩10,000,000 (△유보)			

〈주1〉 단기소각주식(감자 전 2년 이내에 의제배당으로 과세되지 않은 무상주)이 있는 경우 감자 등으로 인한 의제배당금액을 계산할 때 그 주식을 먼저 소각한 것으로 보며 그 주식의 취득가액은 0(영)으로 한다. 주식발행초과금의 자본전입으로 인한 무상주 100주가 단기소각주식에 해당한다.

〈주2〉 감자시 의제배당은 수입배당금 익금불산입은 배제된다.

〈주3〉 기존법인에 현물출자를 통해 취득한 주식은 해당 주식의 시가를 취득가액으로 하며, 적격현물출자이므로 현물출자로 인한 세무상 토지처분이익만큼 주식에 대한 압축기장충당금을 설정할 수 있다.

3. 토지(고가매입)⁽주¹⁾ : ₩150,000,000 - (₩100,000,000 × 130%) = ₩20,000,000

4. 기부금 시부인
   (1) 기부금의 구분
   ① 특례기부금 : ₩20,000,000*
      * 의제기부금 : ₩150,000,000 - ₩100,000,000 × 130% = ₩20,000,000⁽주¹⁾
   ② 일반기부금 : ₩10,000,000* + ₩4,000,000(시가)⁽주³⁾ = ₩14,000,000
      * 의제기부금 : ₩300,000,000 × 70% - ₩200,000,000 = ₩10,000,000⁽주²⁾

   (2) 기준소득
   ① 기준소득금액 : (₩33,000,000 - ₩20,000,000) + (₩20,000,000 + ₩14,000,000) = ₩47,000,000
                              토지(고가매입)   특례기부금   일반기부금
   ② 기준소득 : ₩47,000,000 - ₩37,600,000* = ₩9,400,000
      * Min[₩40,000,000(이월결손금), ₩47,000,000 × 80%] = ₩37,600,000⁽주⁴⁾

   (3) 기부금시부인⁽주⁵⁾
	B	T	D	
① 특례기부금	₩20,000,000	₩4,700,000*¹	₩15,300,000	손不(기타사외유출)
② 일반기부금	14,000,000	470,000*²	13,530,000	손不(기타사외유출)

   *1. ₩9,400,000 × 50% = ₩4,700,000
   2. (₩9,400,000 - ₩4,700,000) × 10% = ₩470,000

⟨주1⟩ 서울시청(지방자치단체)으로부터 고가매입 : 정상가액(시가의 130%)을 초과하여 장부에 계상한 토지가액을 손금산입(△유보)으로 감액하고 해당 금액을 특례기부금에 가산하여 기부금시부인을 한다.

⟨주2⟩ 일반기부금단체에 저가양도 : 정상가액(시가의 70%)과 거래가액의 차이를 일반기부금에 가산하여 기부금시부인을 한다. 손익계정의 분류차이이므로 별도의 세무조정은 필요하지 않다.

구 분	차 변		대 변	
B	현금	200,000,000	토지	230,000,000
	유형자산처분손실	30,000,000		
T	현금	210,000,000	토지	230,000,000
	유형자산처분손실	20,000,000		
	기부금	10,000,000	현금	10,000,000
D	⟨손금불산입⟩ 유형자산처분손실 ₩10,000,000 (기타), ⟨손금산입⟩ 기부금 ₩10,000,000 (기타)			

⟨주3⟩ 특수관계인인 일반기부금 단체에 대한 현물기부금은 Max[시가, 장부가]로 평가한다. 기부금 관련 문제에서 부가가치세에 대한 별도의 언급이 없는 경우 면세로 보아 부가가치세는 고려하지 않는다.

   [관련규정] 국가ㆍ지방자치단체ㆍ지방자치단체조합 또는 일정한 공익단체에 무상으로 공급하는 재화ㆍ용역은 면세한다.

⟨주4⟩ 중소기업이 아니므로 기준소득금액(기부금 차감전 소득금액)의 80%를 한도로 이월결손금(2015. 1. 1. 이후분)을 공제하여 기준소득을 계산한다.

⟨주5⟩ 소득금액조정합계표에는 기부금에 대한 한도시부인과 관련된 세무조정사항은 포함되지 않으나, 해당 문제의 요구사항에 따라 기부금에 대한 한도시부인과 관련된 세무조정사항까지도 답안 양식에 포함하였다.

[문제 5]
(물음 1)

이자소득 총수입금액	₩11,000,000
배당소득 총수입금액	26,500,000
귀속법인세액(Gross-up금액)	600,000
종합과세대상 금융소득금액	38,100,000

1. 금융소득의 구분

구 분	이자소득	배당소득	비 고
인정배당⁽주1⁾	–	₩1,000,000*¹	
환매조건부채권의 매매차익	₩7,000,000	–	
장기채권이자⁽주2⁾	4,000,000	–	
㈜B 잉여금처분결의에 따른 현금배당⁽주3⁾	–	5,000,000*¹	
외국법인 배당	–	3,000,000	무조건 종합과세
감자시 의제배당*²	–	2,000,000	
집합투자기구이익*³	–	5,500,000	
합 계	₩11,000,000 +	₩16,500,000 =	₩27,500,000(2천만원 초과)

*1. Gross-up 가능 배당소득

2. 감자시 의제배당⁽주4⁾ : ₩12,000,000 - 1,000주 × ₩10,000* = ₩2,000,000 → Gross-up 불가배당

$$* \frac{₩25,000,000 + (500주 \times ₩10,000) + ₩0}{2,000주 + 500주 + 500주} = ₩10,000$$

3. 집합투자기구로부터의 이익 : ₩7,000,000 - ₩1,500,000(상장주식처분이익)⁽주5⁾ = ₩5,500,000

2. 이자소득 총수입금액 : ₩11,000,000

3. 배당소득 총수입금액 : ₩16,500,000 + ₩10,000,000(출자공동사업자 배당) = ₩26,500,000

4. 귀속법인세액(Gross-up금액) : Min[①, ②] × 10% = ₩600,000
   ① Gross-up 가능 배당소득 : ₩6,000,000
   ② 금융소득 총수입금액(출자공동사업자 배당 제외) - 2,000만원 = ₩7,500,000

⟨주1⟩ 인정배당의 수입시기는 결산확정일이며, Gross-up 가능 배당소득이다.
⟨주2⟩ 2018. 1. 1. 이후에 발행된 장기채권에 대한 이자는 분리과세를 신청할 수 없다.
⟨주3⟩ 잉여금처분결의에 따른 현금배당의 수입시기는 잉여금처분결의일이며, Gross-up 가능 배당소득이다.
⟨주4⟩ 소득세법상 주식발행초과금으로 인한 무상주는 단기소각주식의 특례를 적용하지 않는다.(법인세법과의 차이점)
⟨주5⟩ 집합투자기구로부터 이익은 재산권에서 발생하는 소득의 내용과는 무관하게 배당소득으로 과세되며, 상장주식처분이익은 제외된다.

(물음 2)

총급여액	₩45,600,000
근로소득공제액	12,030,000
근로소득금액	33,570,000

1. 총급여액

급여합계액	₩36,000,000	
잉여금처분 상여금	–	잉여금처분결의일을 수입시기로 하므로 2026년 귀속 근로소득임
퇴직급여적립급여	2,500,000	퇴직연금적립규칙이 없는 퇴직급여적립급여는 근로소득임
인정상여	3,000,000	수입시기 : 근로를 제공한 날
자가운전보조금	600,000	(₩250,000 – ₩200,000) × 12개월
주택자금이익	1,500,000	중소기업이 아니므로 근로소득임
사내 강사료	2,000,000	신입직원 교육을 위한 사내 강사료는 업무관련성이 있으므로 근로소득임
총급여액	₩45,600,000	

2. 근로소득공제액 : ₩12,000,000 + (₩45,600,000 – ₩45,000,000) × 5% = ₩12,030,000

3. 근로소득금액 : ₩45,600,000 – ₩12,030,000 = ₩33,570,000

(물음 3)

구 분	기타소득금액	원천징수세액
1. 공익사업관련 지상권 대여(조건부 분리과세)	₩600,000[*1]	₩120,000[*2]
2. 연금외수령(무조건 분리과세)	4,000,000	600,000[*3]
3. 계약금의 배상금 대체(조건부 분리과세, 원천징수×)	2,000,000	–
4. 인정기타소득(2026년 귀속)[주1]	–	–
합 계	₩6,600,000	₩720,000

*1. ₩1,500,000 × (1 – 60%) = ₩600,000

*2. ₩600,000 × 20% = ₩120,000

*3. ₩4,000,000 × 15% = ₩600,000

〈주1〉 인정기타소득(법인세법에 의하여 기타소득으로 소득처분된 금액)의 수입시기는 결산확정일이므로 제25기(2025. 1. 1. ~ 2025. 12. 31.) 법인세 신고시 기타소득으로 처분된 금액의 수입시기는 2026년이다.

(물음 4)

일반산출세액	₩4,060,000
비교산출세액	5,250,000
배당세액공제액	0

1. 과세표준

	기타소득금액 분리과세시	기타소득금액 종합과세시
금융소득금액(물음 1)	₩38,100,000	₩38,100,000
근로소득금액(물음 2)	33,570,000	33,570,000
기타소득금액	0	2,600,000
종합소득금액	₩71,670,000	₩74,270,000
종합소득공제(가정치)	(37,470,000)	(37,470,000)
과세표준	₩34,200,000	₩36,800,000

2. 기타소득금액 분리과세시 세부담 : (1) + (2) = ₩5,770,000
   (1) 원천징수세액 : ₩2,600,000 × 20% = ₩520,000
   (2) 종합소득산출세액 : Max[①, ②] = ₩5,250,000
      ① 일반산출세액 : ₩20,000,000 × 14% + ₩14,200,000 × 기본세율 = ₩3,670,000
      ② 비교산출세액 : ₩27,500,000 × 14% + Max[a, b] = ₩5,250,000
         a. (₩34,200,000 − ₩28,100,000) × 기본세율 = ₩366,000
         b. (₩34,200,000 − ₩28,100,000 − ₩10,000,000) × 기본세율 + ₩10,000,000 × 14% = ₩1,400,000
            △₩3,900,000 → ₩0[주1]

3. 기타소득금액 종합과세시 세부담 : Max[①, ②] = ₩5,250,000 → 종합과세 선택[주2]
   ① 일반산출세액 : ₩20,000,000 × 14% + ₩16,800,000 × 기본세율 = ₩4,060,000
   ② 비교산출세액 : ₩27,500,000 × 14% + Max[a, b] = ₩5,250,000
      a. (₩36,800,000 − ₩28,100,000) × 기본세율 = ₩522,000
      b. (₩36,800,000 − ₩28,100,000 − ₩10,000,000) × 기본세율 + ₩10,000,000 × 14% = ₩1,400,000
         △₩1,300,000 → ₩0[주1]

4. 배당세액공제액 : Min[①, ②] = ₩0
   ① 귀속법인세 : ₩600,000
   ② 한도 : ₩5,250,000 − ₩5,250,000 = ₩0

[주1] 금융소득외 종합소득금액에서 종합소득공제액을 차감한 금액이 부(−)의 금액인 경우 0(영)으로 본다.
[주2] 기타소득금액에 대한 원천징수세액은 기납부세액으로 공제하므로 종합과세시 세부담 계산시 원천징수세액은 고려하지 않는다.

[문제 6]
(물음 1)

인적공제액	₩8,500,000
보험료공제액	750,000
주택청약종합저축 소득공제액	1,000,000
주택임차자금 소득공제액	1,200,000
신용카드 등 사용금액에 대한 소득공제	3,560,000

1. 인적공제액^(주1)

구 분	기본공제액	추가공제액	인적공제액
본인	○	–	
배우자	○	–	
장남	×	–	
장녀	○	–	
차남	○	–	
부친	○	₩1,000,000(경로우대자)	
	(₩1,500,000 × 5명) +	₩1,000,000	= ₩8,500,000

2. 보험료공제액 : ₩750,000(건강보험료)

3. 주택자금공제액^(주2) : Min[① + ②, ₩4,000,000] = ₩2,200,000
   ① 주택청약저축 납입액 : Min[₩2,500,000, ₩3,000,000] × 40% = ₩1,000,000
   ② 주택임차차입금 원리금 상환액 : ₩3,000,000 × 40% = ₩1,200,000

〈주1〉 ① 본인 : 남성이며, 배우자가 있으므로 부녀자공제 및 한부모공제 대상이 아니다. 경로우대자 및 장애인에도 해당하지 않는다.
② 배우자 : 총급여액이 500만원 이하이므로 기본공제대상자에 해당한다.
③ 장남 : 총급여액이 500만원을 초과하므로 기본공제대상자에 해당하지 않는다. 그러므로 장애인공제도 적용하지 않는다.
④ 장녀 : 20세 이하이며, 소득이 없으므로 기본공제대상자에 해당한다.
⑤ 차남 : 20세 이하이며, 소득이 없으므로 기본공제대상자에 해당한다.
⑥ 부친 : 사망일 전일에 상황에 따라 기본공제대상자에 해당하며, 70세 이상이므로 경로우대자공제대상이다.
〈주2〉 주택청약종합저축 납입액은 조세특례제한법상 주택청약저축 소득공제에 해당하며, 국민주택임차를 위한 차입금의 원리금 상환액은 소득세법상 주택자금공제에 해당하므로 답안양식에 구분하여 기재하였다. 다만, 연 400만원 한도는 소득공제액을 합산하여 적용한다.

4 신용카드 등 사용금액에 대한 소득공제

(1) 신용카드사용액 등의 분석⁽주¹⁾

구 분	본 인	배우자	합 계
전통시장 사용분	-	₩2,500,000	₩2,500,000
대중교통비 사용분	₩1,000,000	-	1,000,000
문화체육 사용분⁽주²⁾	-	1,000,000	1,000,000
직불카드 등 사용분	-	11,000,000*²	11,000,000
신용카드 사용분	5,200,000*¹	-	5,200,000
계	₩6,200,000	₩14,500,000	₩20,700,000

*1. 본인 신용카드 사용분 : ₩7,000,000 − ₩800,000 − ₩1,000,000 = ₩5,200,000
 2. 배우자 직불카드 등 사용분 : ₩6,000,000 + ₩9,000,000 − ₩500,000 − ₩2,500,000 − ₩1,000,000 = ₩11,000,000

(2) 신용카드사용액 등의 분석

구 분	사용액	최저사용액	공제대상 사용액	공제율	공제액
전통시장 사용분	₩2,500,000	-	₩2,500,000	40%	₩1,000,000
대중교통비 사용분	1,000,000	-	1,000,000	40%	400,000
문화체육 사용분	1,000,000	-	1,000,000	30%	300,000
직불카드 등 사용분	11,000,000	₩4,800,000	6,200,000	30%	1,860,000
신용카드 사용분	5,200,000	5,200,000	-	15%	-
계	₩20,700,000	₩10,000,000*	₩10,700,000		₩3,560,000

* 최저사용액 : ₩40,000,000 × 25% = ₩10,000,000

(3) 신용카드소득공제액 : Min[①, ②] = ₩3,560,000

① 공제대상 금액 : ₩3,560,000
② 한도 : a + b = ₩4,700,000
   a. 일반한도 : ₩3,000,000
   b. 추가한도 : Min[(₩2,500,000 + ₩1,000,000) × 40% + ₩1,000,000 × 30%, ₩3,000,000] = ₩1,700,000

〈주1〉 해외에서 사용한 금액, 지방세납부액은 신용카드 등 사용액에서 제외되며, 장남은 총급여액이 500만원을 초과하므로 장남의 사용액은 소득공제대상이 아니다.

〈주2〉 해당 과세연도의 총급여액이 7천만원 이하이므로 도서·신문·공연·박물관·미술관·영화상영관·수영장·체력단련장 사용분을 구분하여 신용카드사용액 등을 분석한다.(수영장·체력단련장 사용분은 2025. 7. 1. 이후 적용)

〈물음 2〉

자녀세액공제액	₩700,000
연금계좌세액공제액	960,000
보험료 세액공제액	96,000
의료비 세액공제액	920,000
교육비 세액공제액	2,100,000

1. 자녀세액공제액(출산·입양공제)$^{(주1)}$: ₩700,000(셋째)

2. 연금계좌세액공제액$^{(주2)}$: Min[①, ②] × 12% = ₩960,000
   ① 연금계좌납입액 : Min[₩6,800,000, ₩6,000,000] + ₩2,000,000 = ₩8,000,000
   ② 한도 : ₩9,000,000

3. 보험료 세액공제액 : Min[₩800,000, ₩1,000,000] × 12% = ₩96,000

4. 의료비 세액공제액$^{(주3)}$: ① × 30% + ② × 20% + (③ + ④) × 15% = ₩920,000
   ① 난임시술비 : ₩1,000,000
   ② 미숙아·선천성이상아 의료비 : ₩1,000,000
   ③ 특정의료비 : ₩500,000(본인) + ₩3,500,000(장애인) = ₩4,000,000
   ④ 일반의료비 : Min[₩0 − ₩40,000,000 × 3%, ₩7,000,000] = △₩1,200,000

5. 교육비 세액공제액 : ₩14,000,000* × 15% = ₩2,100,000
   * ₩10,000,000 × (1− 50%)$^{(주4)}$ + ₩7,000,000$^{(주5)}$ + Min[₩2,000,000, ₩3,000,000] = ₩14,000,000

6. 월세세액공제액$^{(주6)}$: ₩0

〈주1〉 장남은 8세 이상이나 기본공제대상자에 해당하지 않으므로 자녀세액공제대상 자녀에 해당하지 않는다.
해당연도에 출생한 차남은 셋째자녀이므로 ₩700,000의 출산·입양공제를 적용한다.
〈주2〉 종합소득금액이 4,500만원 초과하므로 연금계좌세액공제의 공제율은 12%이다.
〈주3〉 ① 본인과 장애인인 장남의 의료비는 특정의료비로 구분하며, 안경구입비는 1인당 50만원 한도 내에서 의료비에 포함된다.
② 부친의 건강증진 보약구입비는 공제대상 의료비에 포함되지 않는다.
〈주4〉 본인의 대학원비 중 50%는 비과세 근로소득이므로 공제대상 교육비에 포함하지 않는다. 본인 교육비는 한도 없이 전액 교육비세액공제대상이다.
〈주5〉 장애인 특수교육비는 소득금액의 제한을 받지 않으며, 한도 없이 전액 교육비세액공제대상이다.
〈주6〉 총급여액이 8천만원 이하이나, 종합소득금액이 7천만원을 초과하므로 월세세액공제대상에 해당하지 않는다.

[문제 7]
(물음 1)

양도가액⁽주1⁾	₩800,000,000	
취득가액⁽주2⁾	(502,000,000)	₩500,000,000 + ₩2,000,000(취득세)
기타필요경비⁽주3⁾	(10,250,000)	₩250,000(부동산중개수수료 및 기타 양도비용) + ₩10,000,000(자본적 지출)
양도차익	₩287,750,000	
장기보유특별공제	(34,530,000)	₩287,750,000 × 12%(6년 이상 7년 미만)
양도소득금액	₩253,220,000	
양도소득기본공제⁽주4⁾	(2,500,000)	
양도소득과세표준	₩250,720,000	
세율	× 기본세율	
산출세액	₩75,333,600	

(물음 2)
〈요구사항 1〉 채무부담분에 대해서만 양도소득세가 과세됨⁽주5⁾

양 도 가 액	₩200,000,000	₩800,000,000 × $\frac{2억원}{8억원}$
취 득 가 액	125,500,000	₩502,000,000 × $\frac{2억원}{8억원}$

〈요구사항 2〉 부담부증여시 채무인수액을 차감한 금액에 대해서 증여세가 과세됨

세 목	증여세	
과 세 가 액	₩600,000,000	₩800,000,000(증여재산가액) − ₩200,000,000(부담부증여시 채무인수액)

〈주1〉 배우자 또는 직계존비속에게 양도한 재산은 양도자가 그 재산을 양도한 때에 그 재산의 가액을 배우자 등이 증여받은 것으로 추정하여 이를 배우자 등의 증여재산가액으로 한다. 그러나 매매거래가 진실한 것으로 인정되는 경우 추정을 배제하고 채무인수분(₩200,000,000)과 잔금 지급부분(₩600,000,000)을 합친 총 매매가액이 양도가액이 된다.
〈주2〉 취득세는 취득가액에 포함된다.
〈주3〉 부동산중개수수료 및 기타 양도비용과 자본적지출액은 기타필요경비에 포함하나 도배비용은 수익적지출이므로 기타필요경비에 포함하지 않는다.
〈주4〉 당기 중 다른 자산 양도에 대한 자료가 별도로 제시되지 않았으므로 양도소득 기본공제를 적용한다.
〈주5〉 갑과 을의 매매거래가 금융거래 자료 등에 의하여 입증되지 아니하고, 을의 채무인수(₩200,000,000)만 입증되었다는 것은 잔금(₩600,000,000) 지급이 입증되지 않았다는 것이므로 부담부증여로 보아 채무인수부분에 대해서는 갑에게 양도소득세 납세의무가 있으며, 나머지 부분에 대해서는 을에게 증여세 납세의무가 있다.

[문제 8]
(물음 1)
다음의 어느 하나에 해당하는 사업양수인은 사업이 양도·양수된 경우에 양도일 이전에 양도인의 납세의무가 확정된 그 사업에 관한 국세 및 강제징수비를 양도인의 재산으로 충당하여도 부족한 때 제2차 납세의무를 진다.
① 양도인과 특수관계인
② 양도인의 조세회피를 목적으로 사업을 양수한 자

(물음 2)
부가가치세는 사업의 양수도 전에 양도인의 자진신고에 의하여 이미 확정된 것이어서 사업양수인이 이에 대하여 제2차 납세의무를 지는 것은 타당하지만, 납부지연가산세는 사업의 양수도 후에 비로소 양도인에게 부과·고지된 것이므로 사업양수인이 사업을 양수한 때에는 아직 그에 대한 납세의무가 확정된 것이 아니다. 그러므로 납부지연가산세에 대한 사업양수인의 제2차 납세의무는 타당하지 않다.

[문제 9]
(물음 1)

총상속재산가액	₩1,600,000,000
사전 증여재산가액	200,000,000
상속세 과세가액	1,680,000,000
상속세 과세표준	₩150,000,000

1. 총상속재산가액(주1) : ₩1,000,000,000(동거주택) + ₩500,000,000(상가건물) + ₩100,000,000(은행예금) = ₩1,600,000,000

2. 사전 증여재산가액(주2) : ₩200,000,000(증여당시의 시가)

3. 상속세 과세가액
   (1) 과세가액공제액 : ① + ② = ₩120,000,000
      ① 장례비용 : ₩10,000,000(최소 5백만원 최대 1천만원)
      ② 채무 : ₩50,000,000(전세보증금) + ₩60,000,000(은행차입금) = ₩110,000,000
   (2) 상속세 과세가액 : ₩1,600,000,000 + ₩200,000,000 − ₩120,000,000 = ₩1,680,000,000

〈주1〉 채무부담액의 합계액(저축은행 차입금과 전세보증금)이 1년 이내 2억원 이상 또는 2년 이내 5억원 이상에 해당하지 않으므로 추정상속재산가액에 포함하지 않는다.
〈주2〉 상속개시일 전 10년 이내에 피상속인이 상속인에게 증여한 재산은 합산한다. 다만, 재산을 증여받은 후 5년내 재산가치증가사유로 인한 이익은 합산배제증여재산으로 상속재산가액에 가산하지 않는다.

4. 상속세 과세표준
   (1) 인적공제 : ① + ② = ₩1,000,000,000
       ① 기초공제·기타인적공제 또는 일괄공제 : Max[a, b] = ₩500,000,000
           a. ₩200,000,000(기초공제) + ₩50,000,000(기타인적공제, 자녀공제) = ₩250,000,000
           b. 일괄공제 : ₩500,000,000
       ② 배우자상속공제[주1] : ₩500,000,000
   (2) 금융재산상속공제 : Max[①, ②] = ₩20,000,000(2억원 한도내)
       ① [₩100,000,000(은행예금) − ₩60,000,000(은행차입금)] × 20% = ₩8,000,000
       ② ₩20,000,000
   (3) 동거주택상속공제 : Min[(₩1,000,000,000 − ₩110,000,000) × 100%, 6억원] = ₩600,000,000
       * ₩50,000,000(전세보증금) + ₩60,000,000(주택담보대출) = ₩110,000,000[주2]
   (4) 상속공제 : Min[①, ②] = ₩1,530,000,000
       ① 상속공제 합계액 : ₩1,000,000,000 + ₩20,000,000 + ₩600,000,000 = ₩1,620,000,000
       ② 상속공제 한도액 : ₩1,680,000,000 − [₩200,000,000(사전증여재산) − ₩50,000,000(증여재산공제)][주3] = ₩1,530,000,000
   (5) 상속세 과세표준 : ₩1,680,000,000 − ₩1,530,000,000 = ₩150,000,000

(물음 2)

증여재산가액	₩730,000,000
증여세 과세표준	700,000,000

1. 증여재산가액 : ₩1,000,000,000 − ₩200,000,000 − ₩200,000,000 × 10% − ₩50,000,000 = ₩730,000,000

2. 증여세 과세표준 : ₩730,000,000 − ₩30,000,000(합산배제 증여재산의 증여재산공제) = ₩700,000,000

⟨주1⟩ 실제 상속받은 금액이 없으므로 최소금액(5억원)을 공제한다.
⟨주2⟩ 상속주택가액(주택부수토지의 가액을 포함하되, 상속개시일 현재 해당 주택 및 주택부수토지에 담보된 피상속인의 채무액을 뺀 가액을 말함)의 100%에 상당하는 금액을 상속세 과세가액에서 공제한다. 다만, 그 공제할 금액은 6억원을 한도로 한다.
⟨주3⟩ 사전증여재산가액(증여재산공제 또는 재해손실공제를 차감한 후의 금액)은 상속세 과세가액이 5억원을 초과하는 경우에만 차감하며, 직계존속으로부터 증여받은 경우의 증여재산공제는 5천만원이다.

MEMO

◆ 세법 기출 10개년
◆ 공인회계사 2차 기출문제집

10개년 기출문제
- 실전답안지 -

2024년 실전답안지

(25행)

[문제 1] [계산근거 : 백만단위]

(물음1)

<요구1>	이자소득 원천징수세액	2,180,000
	이자소득 총수입금액	14,000,000

<요구2>	배당소득 총수입금액	12,000,000
	배당가산액	600,000

1. 이자 : 5 + 2 + 7 = 14

2. 배당 : 9^G + 3 = 12

3. G : Min[9, 26 - 20] × 10% = 0.6

<요구3>	사업소득금액	243,000,000

1. 공동사업장 : 500 - 10 - 4 = 486

2. 갑 : 486 × 50% = 243

(물음2)

<요구1>	근로소득 총급여액	45,500,000
	근로소득공제액	14,625,000
	근로소득금액	13,875,000

1. 총급여 : ① + ② = 45.5

   ① 상용 : 20 + 0.5 + 1 + 1 = 22.5

   ② 일용 : 16 + 7 = 23

2. 근로소득공제 : ① + ② = 14.625

   ① 상용 : 7.5 + (22.5 - 15) × 15% = 8.625

   ② 일용 : 0.15 × 40일 = 6

<요구2>	인적	기본공제액	6,000,000
	공제액	추가공제액	3,500,000
	특별소득공제액		4,500,000

1. ① 기본 : 1.5 × 4명 = 6

   ② 추가 : 0.5 + 1 + 2 = 3.5

2. 특별 : 0.5 + Min[15 × 40%, 4] = 4.5

(물음3)

<요구1>	기타소득금액	18,200,000

1. 6 − 4.8 + 10 = 11.2 + 7 = 18.2

<요구2>	일반산출세액	19,560,000
	비교산출세액	34,740,000

① 일반 : 100 × 기본+ = 19.56

② 비교 : (100 − 50) × 기본+ + (50 − 2.5) × 60% = 34.74

<요구3>	의료비세액공제액	3,450,000
	기장세액공제액	1,000,000
	연금계좌세액공제액	960,000

1. 의료비 : 8 × 30% + (6.5 + 0.5*) × 15% = 3.45

   * 1.85 − 45 × 3% = 0.5

2. 기장 : Min[33 × $\frac{50}{100}$ × 20%, 1] = 1

3. 연금 : Min[8, 9] × 12% = 0.96

[문제 2]

<요구1>

구 분	토지A	건물B
양도차익	295,500,000	152,000,000
과세표준	293,000,000	106,400,000

	토지A	건물B
양도	500	250
취득	(200)	(85)
기타	(4.5)	(13)
양도차익	295.5	152
장특공제	–	(45.6)
기본공제	(2.5)	
과세표준	293	106.4

<요구2> 특수관계법인에게 고가양도한 경우로서 법인세법상 양도가액과 시가의 차이에 대하여 상여로 소득처분한 금액이 있는 경우에는 법인세법상 부당행위계산부인 규정에 따른 시가를 해당 자산의 양도 당시의 실지거래가액으로 본다.

이는 근로소득(인정상여)으로 과세된 부분에 대해 또 다시 양도소득으로 과세되는 문제(이중과세문제)를 조정하기 위함이다.

[문제 3] (물음1)

<요구1>

농산물 매출	700,000,000	
저온저장고 무상임대	450,800	$= (71.54 \times 50\% - 0) \times 5\% \times \frac{92일}{365일}$
건물과 부속토지 매각	128,000,000	$= 412.8 \times \frac{2억원 \times 80\%}{3억원 + 2억원 \times 20\% + 2억원 \times 80\% \times 1.1}$

<요구2>

세금계산서 수취분 매입세액		83,000,000	= 60 + 8 + 15
의제매입세액공제액		8,375,000	
공제받지 못할 매입세액	면세사업분	8,000,000 [*1]	
	공통매입세액	8,031,250 [*2]	
공제되는 매입세액		75,343,750	

1. 의제 : Min[①, ②] - ③ = 8.375

   ① $(468 + 884) \times \dfrac{15억}{32억} \times \dfrac{4}{104} = 24.375$

   ② 한도 : $1,500 \times 50\% \times \dfrac{4}{104} = 28.846153$

   ③ 예정 : $884 \times \dfrac{8억}{17억} \times \dfrac{4}{104} = 16$

2. 공통 : ① - ② = 8.03125

   ① $(34 + 15) \times \dfrac{17억}{32억} = 26.03125$

   ② 예정 : $34 \times \dfrac{9억}{17억} = 18$

<요구3>	납부세액(재계산 고려 후)	62,421,875*

* $50 + 50 \times (1 - 25\% \times 1) \times (53.125\% - 20\%) = 62.421875$

(물음2)

<요구1>	납부세액	1,175,000
	차가감납부세액(환급세액)	649,475

*1. 납부세액 ① - ② = 1.175

   ① 매출 : $(27.225 + 13.2) \times \dfrac{10}{110} - 0.1 = 3.575$

   ② 매입 : 2.4

2. 신카 : $(27.225 + 13.2) \times 1.3\% = 0.525525$

<요구2>	납부세액(재고납부세액 포함)	7,977,375
	차가감납부세액(환급세액)	7,319,850

*1. 납부세액 ① + ② = 7.977375

   ① 일반 : $(27.225 + 13.2) \times 15\% \times 10\% = 0.606375$

   ② 재고납부세액 : $0.8 \times 94.5\% + 10 \times (1 - 5\% \times 6) \times 94.5\% = 7.371$

2. 공제세액 : $2.4 \times 5.5\% + 0.525525 = 0.657525$

[문제 4] (물음1)

<요구1>

	익금산입 및 손금불산입			손금산입 및 익금불산입		
과목	금액	소득처분	과목	금액	소득처분
부당행위계산부인	400,000,000	기타사외유출	투자주식	36,000,000	△유보
증빙불비기업업무추진비	8,730,000	상여	건물감액	4,640,000	△유보
전기기업업무추진비	1,000,000	유보	단기투자주식	150,000	△유보
기업업무추진비 한도초과액	93,640,000	기타사외유출	수입배당금	150,000	기타
건물감액분 상각비	116,000	유보			
미수배당금	500,000	유보			
단기투자주식평가손실	1,150,000	유보			

1. 부계부 : 1,200 ÷ 75% - 1,200 = 400

2. 기업업무추진비 T/A

	B	T	D	
① 비용	89 *1	—	89	
③ 건물	81	76.36	4.64	손入(△유보)
합계	170	76.36 *2	93.64	손不(기타사외유출)

*1. 59.73 - 8.73 - 1 + 3 + 36 = 89

2. $12 + 10{,}000 \times \dfrac{3}{1{,}000} + 17{,}060 \times \dfrac{2}{1{,}000} + 1{,}200 \times \dfrac{2}{1{,}000} \times 10\% = 76.36$

3. 직부인 : $4.64 \times \dfrac{1}{20} \times \dfrac{6}{12} = 0.116$

4. 수입배당금 익不 : 0.5 × 30% = 0.15

<요구2>

	익금산입 및 손금불산입			손금산입 및 익금불산입		
과목	금액	소득처분	과목	금액	소득처분
채무면제이익	36,000,000	기타			

(물음2)

익금산입 및 손금불산입			손금산입 및 익금불산입		
과목	금액	소득처분	과목	금액	소득처분
채권자불분명사채이자	2,300,000	상여			
업무무관토지 관련 재산세	3,800,000	기타사외유출			
업무무관자산 등 관련 지급이자	17,700,000[*1]	기타사외유출			
인정이자	2,318,904[*2]	상여			

*1. ① × $\dfrac{\text{Min}[②, ③]}{③}$ = 17.7

　① 9.6 + 8.1 = 17.7

　② 500 × 365 + 100 × 184 = 2,009억

　③ (9.6 ÷ 8% + 8.1 ÷ 9%) × 365 = 766.5억

2. 184억 × 4.6%* × 1/365 = 2.318904

　*Min[8.375%, 4.6%] = 4.6%

(물음3)

익금산입 및 손금불산입			손금산입 및 익금불산입		
과목	금액	소득처분	과목	금액	소득처분
자기주식	12,500,000	기타	자기주식	12,500,000	△유보
임원상여금 한도초과액	50,000,000	상여	주식보상비용	3,000,000	기타
개발비감액분 상각비	2,550,000	유보	자기주식처분손실	2,500,000	기타
상각부인액	2,700,000	유보	개발비	90,000,000	△유보
전기오류수정손실(임의적립금)	87,500,000	기타			

1. 직부인 : 90 × $\dfrac{25.5}{900}$ = 2.55　2. 시부인 B : 25.5 − 2.55 = 22.95

　　　　　　　　　　　　　　T : (900 − 90) × 0.1 × $\dfrac{3}{12}$ = 20.25

　　　　　　　　　　　　　　D : 2.7

[문제 5]

(물음1)

<요구1>

재배정하는 경우	10,500,000
실권시키는 경우	0

1. 재배정 : $4,000주 \times (20,000원 - 16,500원^*) \times \dfrac{4,500주}{6,000주} = 10,500,000원$

    * $\dfrac{10,000주 \times 20,000 + 10,000주 \times 13,000}{10,000주 + 10,000주} = 16,500원$

2. 실권

    (1) 현저한

    ① $16,500원 - 13,000원 = 3,500원 < 16,500원 \times 30\% \rightarrow$ 불충족

    ② $4,000주 \times (20,000원 - 18,000원^*) \times \dfrac{3,000주}{4,000주} = 6,000,000원 < 3억원 \rightarrow$ 불충족

    * $\dfrac{10,000주 \times 20,000 + 4,000주 \times 13,000}{10,000주 + 4,000주} = 18,000원$

    (2) 익금산입금액 : 0원

<요구2>

최대 매입가격	$6,194,999,999 = Min[59억^* \times 105\%, 59억 + 3억] - 1원$
최대 보통주 발행주식수	$154,874주 = 61.95억 \div 40,000원 - 1주$

* 기준금액 : $\dfrac{58억 + 60억}{2} = 59억$

(물음2)

<요구1>

소급공제 결손금 금액	$140,000,000 = 26.6 \div 19\%$

	공제전	소급공제	공제후
과표	350	− x	= 210
세액	46.5	26.6	19.9
공제	(19.9)		
한도	26.6		

<요구2>	환급세액	22,800,000 = Min[22.8, 26.6]
	환급취소세액	$11,400,000 = 22.8 \times \dfrac{90-30}{120}$

	공제전	소급공제	공제후
과표	350	− 120	= 230
세액	46.5	22.8	23.7
공제	(19.9)		
한도	26.6		

[문제 6]

(물음 1)

<요구1>	총상속재산가액	2,644,300,000 = 204.3 + 1,500 + 440* + 500
	과세가액 공제액	414,000,000 = 9 + 5 + 400
	합산되는 증여재산가액	80,000,000 = (3억원 − 1.3억원) − Min[3억원 × 30%, 3억원]
	상속세 과세가액	2,310,300,000

$$* \; Max\left[\dfrac{(20,000원 \times 3) + (25,000원 \times 2)}{5},\; 25,000원 \times 80\%\right] \times 20,000주 = 440,000,000원$$

<요구2> 1. 국내에 있는 상속재산에 대하여만 상속세를 부과하며, 국내에 있는 재산을 증여한 경우에만 사전여재산가액에 해당 재산가액을 가산한다.

2. 장례비용을 차감하지 않는다.

(물음 2)

병의 반환 시기	증여세 납세의무	
	을	병
2025년 4월 30일까지	없음	없음
2025년 7월 31일까지	없음	있음
2025년 8월 1일 이후	있음	있음

2023년 실전답안지

(25행)

[문제 1] [계산근거 : 백만단위]

(물음1)

<요구1>

근로소득 총급여액	18,800,000
연금소득 총연금액	32,000,000
기타소득 총수입금액	28,000,000

1. 총급여액 : 14.4 + 4 + 0.4 = 18.8

2. 총연금액

	평가액	연금	연금외
A 공제×	8	8	-
B 이연퇴직	20	20	-
C 공제○ + 운용	222	32	20
합계	250	60	20

3. 기타소득 총수입금액 : 5 + 20 + 3 = 28

<요구2>

기타소득 원천징수세액	95,037,000
종합과세되는 기타소득금액	10,200,000

1. 기타소득 원천징수세액 : 20 × 15% + 300 × 20% + 99.99 × 30% + 10.2 × 20% = 95.037

2. 종합과세되는 기타소득금액 : 5 + 20 × (1 − 80%) + 3 × (1 − 60%) = 10.2

2차 시험 답안지

(물음2)

<요구1> 임원 퇴직소득 한도초과액(근로소득 해당액) : (1) + (2) = 38,500,000

　　(1) 법법 : 8

　　(2) 소법 : 231 − 200.5* = 30.5

　　　* ① + ② = 200.5

　　　　① $100 \times \frac{1}{10} \times \frac{12}{12} \times 3 = 30$

　　　　② $155 \times \frac{1}{10} \times \frac{66}{12} \times 2 = 170.5$

<요구2> 퇴직소득과세표준 : ① − ② = 171,700,000

　　$336 = (205 - 9) \times \frac{12}{7년}$

　　(164.3) = 151.7 + (336 − 300) × 35%

　　171.7

<요구3> 사업소득 총수입금액 : (1) + (2) = 10,836,000

　　(1) 임대료 : 2 × 5月 = 10

　　(2) 간주임대료 : $(500 - 300) \times 60\% \times 153일 \times 3.65\% \times \frac{1}{365} - 1 = 0.836$

(물음3)

<요구1>

이자소득 총수입금액	13,000,000
배당소득 총수입금액	22,600,000
배당가산액	800,000

1. 이자 : 6 + 2 + 5 = 13

2. 배당 : 5.6 + 7^G + 9 + 1^G = 22.6

3. G : Min[8, 35.6 − 20] × 10% = 0.8

<요구2>	인적	기본공제액	4,500,000
	공제액	추가공제액	2,000,000
	주택담보노후연금 이자비용공제액		2,000,000

1. ① 기본 : 1.5 × 3명 = 4.5
   ② 추가 : 1(경로우대공제) × 2명 = 2
2. 주택담보 : Min[3, 2] = 2

<요구3>	일반산출세액	7,600,000
	비교산출세액	7,984,000

① 일반 : 20 × 14% + (60.4 − 20) × 기본+ = 7.6

② 비교 : 6 × 25% + 29.6 × 14% + (60.4 − 36.4) × 기본+ = 7.984

금융	36.4
연금	30
총공	(6)
과표	60.4

[문제 2]

<요구1> ① 납세의무자 : 해당 자산의 양도일까지 계속 5년 이상 국내에 주소 또는 거소를 둔 거주자

② 양도소득의 범위 : 국외에 있는 토지, 건물, 부동산에 관한 권리 및 기타자산을 양도함으로써 발생하는 소득

③ 양도가액과 취득가액 적용순서 : 실지거래가액으로 한다. 다만, 양도 당시의 실지거래가액을 확인할 수 없는 경우에는 양도자산이 소재하는 국가의 양도 당시 현황을 반영한 시가에 따르되, 시가를 산정하기 어려울 때에는 법령으로 정하는 방법에 따른다.

<요구2>	양도소득금액	437,000,000
	양도소득과세표준	434,500,000

양도	990	$900 × 1.1
취득	(520)	$400 × 1.3
기타	(33)	$30 × 1.1
양도차익(=양도소득금액)	437	
기본공제	(2.5)	
과세표준	434.5	

[문제 3]

(물음1)

구 분	과세표준
㈜A	120,000,000*
㈜B	-
㈜C	45,000,000
㈜D	3,000,000
㈜E	-

* 300 × (10% + 30%) = 120

(물음2)

구 분		과세표준
과 세	세금계산서 발급분	302,000,000
	기 타	78,000,000*
영세율	세금계산서 발급분	80,000,000
	기 타	120,000,000

* ① + ② + ③ = 78

① 제품 : 13

② 기계장치 : 30 × (1 - 25% × 1) = 22.5

③ 건물 : 5 ÷ 10% × (1 - 5% × 3) = 42.5

(물음3)

<요구1>

구 분	금 액
(1) 세금계산서 수취분 매입세액	13,000,000
(2) 그 밖의 공제매입세액	-
(3) 공제받지 못할 매입세액	5,000,000*
차가감 계: (1) + (2) - (3)	8,000,000

* 2 + 6 × 50% = 5

<요구2> 구 분	금 액
(1) 세금계산서 수취분 매입세액	6,000,000
(2) 그 밖의 공제매입세액	680,000[*1]
(3) 공제받지 못할 매입세액	3,290,000[*2]
차가감 계: (1) + (2) − (3)	3,390,000

*1. ① + ② = 0.68

  ① $6 \times 10\% \times (1 - 25\% \times 1) \times 40\% = 0.18$

  ② $5.5 \times \dfrac{10}{110} = 0.5$

2. ① + ② + ③ = 3.29

  ① 1

  ② $100 \times 10\% \times (29\% - 25\%) = 0.4$

  ③ $3 \times 63\% + (6 + 2 - 3) \times 60\% - 3 = 1.89$

[문제 4]

<요구1> 납부세액	1,181,500
차가감납부할세액(지방소비세 포함)	681,500

1. 납부세액 : $50 \times 20\% \times 10\% + 9.9 \times \dfrac{55}{60} \times 20\% \times 10\% = 1.1815$

2. 공제세액 : ① + ② + ③ = 0.5

  ① T/I : $(10 + 10) \times 0.5\% = 0.1$

  ② 신카 : $50 \times 60\% \times 1.3\% = 0.39$

  ③ 전자 : 0.01

<요구2>			
원재료	94,500	=	$1.1 \times \dfrac{10}{110} \times (1 - 5.5\%)$
기계장치	94,500	=	$2.2 \times \dfrac{10}{110} \times (1 - 50\% \times 1) \times (1 - 5.5\%)$
건물	900,000	=	$22 \times \dfrac{10}{110} \times (1 - 10\% \times 5) \times (1 - 10\%)$
재고매입세액	1,089,000		

[문제 5]

(물음1)

<요구1>

구 분	익금불산입액	
A사	3,780,000	$= (45 \times \frac{10\%}{30\%} - 60 \times \frac{2억원}{50억원}) \times 30\%$
B사	0	$= (10 - 60 \times \frac{10억원}{50억원}) \times 80\% = \triangle 1.6 \rightarrow 0$
C사	19,200,000	$= (30 - 60 \times \frac{5억원}{50억원}) \times 80\%$
D사	15,400,000	$= (25 - 60 \times \frac{8억원}{50억원}) \times 100\%$

<요구2>

구 분	익금불산입액	
E사	0	
F사	9,500,000	$= 10 \times 95\%$
G사	42,750,000	$= 45 \times 95\%$

(물음2)

<요구1>

당기순이익		40,000,000
익금산입 및 손금불산입		37,000,000
1) 법인세		6,000,000
2) 비지정기부금		21,000,000
3) 미지급기부금		10,000,000
손금산입 및 익금불산입		65,500,000
1) 재산세환급금이자		500,000
2) 토지		40,000,000*
3) 전기미지급		25,000,000
차가감소득금액		11,500,000

* $300 - 200 \times 130\% = 40$

<요구2>

특례기부금 해당액	55,000,000	$= 30 + 25$
일반기부금 해당액	76,000,000	$= 16 + 20 + 40$
특례기부금 한도초과(미달)액	14,500,000	
일반기부금 한도초과(미달)액	73,950,000	

- 기준소득금액 : 30 + 55 + 76 = 161   - 기준소득 : 161 - Min[80, 161 × 80%] = 81

			B	T	D	
①	특례	당기분	55	40.5*1	14.5	*1. 81 × 50% = 40.5
②	일반	당기이전분	2	4.05*2	—	*2. (81 - 40.5) × 10% = 4.05
		당기분	76	2.05*3	73.95	*3. 4.05 - 2 = 2.05

(물음3)

익금산입 및 손금불산입			손금산입 및 익금불산입		
과목	금액	소득처분	과목	금액	소득처분
채권자불분명	1,485,000	기타사외유출			
채권자불분명	1,515,000	상여			
건설중인자산	4,000,000	유보			
업무무관자산 등 관련	6,400,000*	기타사외유출			

* 업무무관자산 등 관련 : $8 \times \dfrac{100 \times 365 + 7,300}{6 \div 6\% \times 365 + 2 \div 4\% \times 365} = 6.4$

(물음4)

익금산입 및 손금불산입			손금산입 및 익금불산입		
과목	금액	소득처분	과목	금액	소득처분
복구충당부채	6,139,133	유보	구축물	6,139,133	△유보
직부인	613,913	유보			
복구충당부채	306,957	유보			

1. 직부인 : $6.139133 \times \dfrac{5.613913}{56.139133} = 0.613913$ 2. 시부인 B : $5.613913 - 0.613913 = 5$

T : $(56.139133 - 6.139133) \times 0.1 \times \dfrac{12}{12} = 5$

(물음5)   D : 0 → T/A×

<요구1>

익금산입 및 손금불산입			손금산입 및 익금불산입		
과목	금액	소득처분	과목	금액	소득처분
토지	360,000,000	유보	건물	360,000,000	△유보

* 토지 : $600 \times \dfrac{300}{500} = 360$

<요구2>

	익금산입 및 손금불산입			손금산입 및 익금불산입		
	과목	금액	소득처분	과목	금액	소득처분
	금융자산 비망계정	1,000	유보	기타포괄손익	20,000,000	기타

<요구3>

	익금산입 및 손금불산입			손금산입 및 익금불산입		
	과목	금액	소득처분	과목	금액	소득처분
	외화재고자산	1,500,000	유보	외화선급금	120,000	△유보
	외화차입금	6,000,000	유보			

1) 기초유보추인 : 6 → 익금산입(유보)   2) 기말유보발생 ① B/S상 차입금 : 20 - 0.5 = 19.5

② 세무상 차입금 : $15 × 1.3 = 19.5

③ 기말유보 : 0 → T/AX

<요구4>

	익금산입 및 손금불산입			손금산입 및 익금불산입		
	과목	금액	소득처분	과목	금액	소득처분
	미지급이자	9,000,000	유보	미수이자	30,000,000	△유보
				기명사채	7,000,000	△유보

[문제 6]

(물음 1)

<요구1>

	익금산입 및 손금불산입			손금산입 및 익금불산입		
	과목	금액	소득처분	과목	금액	소득처분
	이익잉여금	3,500,000	기타	감가상각누계액	3,500,000	△유보
				감가상각의제	217,500	△유보

1. 제24기 감가상각 시부인

   B : 6

   T : $40 \times 0.313 \times \frac{6}{12} = 6.26$

   D : △0.26

2. 제25기 감가상각 시부인

   B : 4

   T : $(40 - 6.26) \times 0.125 = 4.2175$

   D : △0.2175

<요구2>

	익금산입 및 손금불산입			손금산입 및 익금불산입		
과목	금액	소득처분	과목	금액	소득처분	
부당행위계산부인	20,000,000	기타사외유출	기계B	20,000,000	△유보	
직부인	1,000,000	유보				
시부인	1,250,000	유보				

1. 직부인 : $20 \times \dfrac{6}{120} = 1$ 2. 시부인 B : $6 - 1 + 10 = 15$

T : $(120 - 20 + 10) \times 0.25 \times \dfrac{6}{12} = 13.75$

D : 1.25

<요구3>

	익금산입 및 손금불산입			손금산입 및 익금불산입		
과목	금액	소득처분	과목	금액	소득처분	
상각부인액	23,937,500	유보				

- 제24기 건설자금이자 : $600 \times 5\% \times \dfrac{11}{12} = 27.5$ · 제25기 건설자금이자 : $600 \times 5\% \times \dfrac{6}{12} = 15$
- 감가상각시부인 B : $60 + 15 = 75$

T : $(2,000 + 15 + 27.5) \times 0.05 \times \dfrac{6}{12} = 51.0625$

D : 23.9375

(물음2)

<요구1>

A법인	<손금불산입> 부당행위계산부인 5,000,000 (기타사외유출)
B법인	세무조정 없음
C법인	<익금산입> 주식 5,500,000 (유보)
D법인	<손금불산입> 부당행위계산부인 500,000 (기타사외유출)

1. 2,000원 ≥ 6,000원 × 30% = 1,800원 → 충족

2. ① A → C : (10,000주 × 2,000원) × $\dfrac{20,000주}{80,000주}$ = 5,000,000

   ② D → C : (1,000주 × 2,000원) × $\dfrac{20,000주}{80,000주}$ = 500,000

<요구2>

- 감자시 의제배당 : ① − ② = 12,000,000

   ① 감자대가 : 9,000주 × 4,000원 = 36,000,000

   ② 소멸주식 : 6,000주 × 0원 + 3,000주 × 8,000원 = 24,000,000

[문제 7]

<요구1>

구 분	금 액
총상속재산가액	2,400,000,000 = 1,800 + 100 + 500
과세가액 공제액	415,000,000 = 10 + 5 + 400
합산되는 증여재산가액	200,000,000
상속세 과세가액	2,185,000,000

<요구2> 인적공제 중 일괄공제(5억원)와 배우자상속공제(최소 5억원 ~ 최대 30억원)를 적용받을 수 있다. 동거주택상속공제 요건을 충족하는 경우 동거주택상속공제의 적용이 가능하며, 순금융재산에 대해 금융재산상속공제를 적용받을 수 있다. 증여재산공제 및 신고세액공제가 적용가능하며, 분납/연부연납/물납 규정을 적용받을 수 있다.

<요구3> ① 증여추정 : 과세관청이 증여사실을 입증하기 어려운 일정한 요건을 충족한 거래를 증여로 추정하여 증여세를 부과하는 것이다.

다만, 재산취득자가 증여받지 않았다는 사실을 입증하는 경우 등은 증여로 보지 않는다.

② 증여의제 : 본래는 증여에 해당하지 않는 일정한 사실을 증여로 의제하여 증여세를 부과하는 것이다.

이러한 증여의제는 증여추정과는 달리 납세의무자의 반증과는 무관하게 증여세가 부과된다.

재산 취득자금의 증여추정	재산취득자의 직업·연령·소득 및 재산상태 등으로 볼 때 재산을 자력으로 취득하였다고 인정하기 어려운 경우로서 자금출처로 입증된 금액의 합계액이 취득재산가액에 미달하는 경우에는 그 재산을 취득한 때에 그 재산의 취득자금을 그 재산의 취득자가 증여받은 것으로 추정하여 이를 그 재산취득자의 증여재산가액으로 한다.
명의신탁재산의 증여의제	권리의 이전이나 그 행사에 등기 등이 필요한 재산(토지·건물은 제외)에 있어서 실제소유자와 명의자가 다른 경우에는 국세기본법상의 실질과세원칙에 불구하고 그 재산의 가액을 실제소유자가 명의자에게 증여한 것으로 본다.

2022년 실전답안지

[문제 1] [계산근거 : 백만단위]

(물음1)

<요구>

총급여액	47,850,000
근로소득공제	12,142,500
근로소득금액	35,707,500

1. 총급여 : 47.85

   (주)A : 15 + 1.5 + 0.25 + 1 = 17.75

   (주)B : 24 + 4.5 + 1.5 + 0.1 = 30.1

2. 공제 : 12 + (47.85 − 45) × 5% = 12.1425

(물음2)

<요구>

	손익계산서상 당기순이익	534,000,000
구 분	과 목	금 액
가산조정	대표자 급여	90,000,000
	배우자 급여	60,000,000
	기업업무추진비*	4,400,000
	감가상각비	3,000,000
	채권자불분명사채이자	5,000,000
차감조정	이자	14,000,000
	배당	5,000,000
	유형자산처분이익	20,000,000
사업소득금액		657,400,000

* B : 50

  T : 36 × 12/12 + 3,200 × 3/1,000 = 45.6

  D : 4.4

(물음3)

<요구1>

종합소득에 포함될 기타소득금액	22,800,000
종합소득에 포함될 이자소득금액	–
소득세 원천징수세액	5,870,000

1. 기타 : 50 × (1-60%) + 2 × (1-60%) + 10 × (1-80%) = 22.8

2. 이자 : 4 + 3 = 7

3. 원천징수 : 22.8 × 20% + 4 × 14% + 3 × 25% = 5.87

<요구2>

인적공제액	기본공제액	4,500,000
	추가공제액	3,000,000
연금보험료·국민건강보험료 소득공제액		8,000,000
신용카드 등 사용 소득공제액		4,500,000

1. 기본 : 1.5 × 3명 = 4.5

2. 추가 : 1 + 2 = 3

3. 연금·건강 : 4.5 + 3.5 = 8

4. 신용 : Min[①, ②] = 4.5

① 5.325

② 2.5 + 2 = 4.5

전통	3	–	3	40%	1.2
대중	3	–	3	40%	1.2
문화	–	–	–	30%	–
직불	–	–	–	30%	–
신용카드	40	△20.5	19.5	15%	2.925
계	46	△20.5*	25.5		5.325

* 82 × 25% = 20.5

<요구3>

보험료 세액공제액	270,000
의료비 세액공제액	2,200,000

1. 보험료 : 1 × 15% + 1 × 12% = 0.27

2. 의료비 : 5 × 20% + (1 + 7*) × 15% = 2.2

* 10 – 82 × 3% = 7.54 → 7

[문제 2] [계산근거 : 백만단위]

(물음1)

<요구1>

양도가액		2,500,000,000
취득가액		1,340,000,000
기타의 필요경비		8,000,000
양도차익		599,040,000 *1
장기보유특별공제		335,462,400 *2
양도소득금액		263,577,600 *3

*1. $1,152 \times \dfrac{2,500 - 1,200}{2,500} = 599.04$

2. $599.04 \times (28\% + 28\%) = 335.4624$

3. $599.04 - 335.4624 = 263.5776$

<요구2>

양도소득산출세액	55,110,000

1. 과세표준 : 200 − 2.5 = 197.5

2. 산출세액 : 197.5 × 기본+ = 55.11

[문제 3] [계산근거 : 백만단위]

(물음1)

자료번호	과세표준	
	과 세	영세율
1	400,000	−
2	3,000,000 *1	−
3	−	−
4	48,300,000 *2	−
5	−	59,800,000 *3
6	−	−
7	20,000,000 *4	−

*1. 2.65 + 0.2 + 0.15 = 3

2. 45 + 3 + 0.3 = 48.3

3. 11.8 + $40 × 1.2 = 59.8

4. 5 + 15 = 20

(물음2)

<요구>

구 분	과세표준
건 물	0
토 지	4,505,000

1. 총임대료 : 3 × 6月 + 500 × 181 × 1.825% × $\frac{1}{365}$ = 22.525

2. 과세표준 : 22.525 × $\frac{192}{320}$ × $\frac{500m^2}{1,500m^2}$ = 4.505

[문제 4]

(물음1)

<요구>

자료 번호	부가가치세 추가납부세액	가산세 종류	계산식	가산 세액
1	5,000,000 *1	세금계산서 지연발급/지연수취	130,000,000 × 1% + 80,000,000 × 0.5%	1,700,000
2	300,000 *2	-	-	-
3	0	-	-	-
		과소신고·초과환급신고 가산세	(①+②) × (1-75%) ① 5,300,000 × 10% ② 28,000,000 × 0.5%	167,500

*1. 130 × 10% - 80 × 10% = 5

2. 3 × 10% = 0.3

(물음2) [계산근거 : 백만단위]

<요구>	구 분		금 액
	매출세액		15,400,000
매입세액	세금계산서수취분		4,200,000
	의제매입세액		1,509,803 *1
	공통매입세액재계산		1,500,000 *2
	차가감 계		7,209,803
납부세액			8,190,197

*1. 의제 : Min[①, ②] = 1.509803

① $(150 + 30 \times 70\%) \times \dfrac{2}{102} = 3.352941$

② $154 \times 50\% \times \dfrac{2}{102} = 1.509803$

*2. $100 \times 10\% \times (1-25\% \times 1) \times (70\%-50\%) = 1.5$

[문제 5] [계산근거 : 백만단위]

(물음1)

<요구>	익금산입 및 손금불산입			손금산입 및 익금불산입		
	과목	금액	소득처분	과목	금액	소득처분
	미수이자	8,000,000	유보	전기대손충당금	7,000,000	△유보
	잉여금	10,000,000	기타	토지	10,000,000	△유보
	건설자금이자	9,000,000	유보	매도가능증권	6,300,000 *2	△유보
	지급이자	600,000 *1	기타사외유출			
	임원상여금	3,000,000 *3	상여			
	임원퇴직금	550,000 *4	상여			

*1. $10 \times \dfrac{15 \times 365}{10 \div 4\% \times 365} = 0.6$

2. $9 - 9 \times 30\% = 6.3$

3. $30 - 90 \times 30\% = 3$

4. ① - ② = 0.55

　① 100

　② $(90 + 30 - 3) \times 10\% \times 8\dfrac{6}{12} = 99.45$

(물음2)

<요구>	익금산입 및 손금불산입			손금산입 및 익금불산입		
	과목	금액	소득처분	과목	금액	소득처분
	영수증수취	2,500,000	기타사외유출	건설중인자산	4,500,000	△유보
	기업업무추진비	86,600,000	기타사외유출	건물	59,100,000	△유보
	직부인	2,955,000	유보			

1. 기업업무추진비 T/A

	B	T	D	
① 비용	23 *1	-	23	
② 건설중인자산	4.5	-	4.5	손入(△유보)
③ 건물	100	40.9	59.1	손入(△유보)
합계	127.5	40.9 *2	86.6	손不(기타사외유출)

*1. 비용계상 : 23.5 - 2.5 + 2 = 23

2. 한도 : ① + ② + ③ = 40.9

　① $12 \times \dfrac{12}{12} = 12$

　② $7,000 \times \dfrac{3}{1,000} + (3,000 \times \dfrac{3}{1,000} + 5,000 \times \dfrac{2}{1,000}) \times 10\% = 22.9$

　③ Min[6, (①+②) × 20%] = 6

2. 직부인

　$59.1 \times \dfrac{15}{300} = 2.955$

[문제 6] [계산근거 : 백만단위]

(물음1)

<요구>

익금산입 및 손금불산입			손금산입 및 익금불산입		
과목	금액	소득처분	과목	금액	소득처분
재고자산평가충당금	10,000,000	유보	재공품	3,000,000	△유보
원재료	6,000,000	유보	저장품	2,000,000	△유보

	B	T	D
제 품	76	86	10(유보)
재공품	64	61	3(△유보)
원재료	50	56	6(유보)
저장품	15	13	2(△유보)

(물음2)

<요구1>

익금산입 및 손금불산입			손금산입 및 익금불산입		
과목	금액	소득처분	과목	금액	소득처분
인정이자	5,344,000	기타사외유출	토지B	50,000,000	△유보
부당행위계산부인	50,000,000	상여			
사택C 임대료	3,000,000	상여			
부당행위계산부인	150,000,000	배당			

1. 인정이자

   B : 2

   T : $200 \times 306일 \times 4.38\% \times \dfrac{1}{365} = 7.344$

   D : $5.344 \geq 7.344 \times 5\%$

2. 토지B

   $150 - 100 = 50 \geq 100 \times 5\%$

3. 사택C

　　B : 0.5 × 12月 = 6

　　T : (800 × 50% - 100) × 3% = 9

　　D : 3 ≥ 9 × 5%

4. 비사업용토지D

　　500 - 350 = 150 ≥ 500 × 5%

<요구2> ・토지 등 양도소득에 대한 법인세 : 180,000,000 or 120,000,000

1. 양도소득 : 500 - 50 = 450 or 350 - 50 = 300

2. 법인세 : 450 × 40% = 180 or 300 × 40% = 120

(물음3)

<요구1>

당기 대손금	149,999,000
전기말 대손충당금 설정대상 채권잔액	9,545,000,000
당기 대손실적률	1.6%

1. 당기 대손금 : 120 + 40 - 0.001 - 10 = 149.999

2. 전기말 채권잔액 : 9,500 - 0 + 65 - 20 = 9,545

3. 실적률 : $\frac{149.999}{9,545}$ = 1.57% → 1.6%

<요구2>

익금산입 및 손금불산입			손금산입 및 익금불산입		
과목	금액	소득처분	과목	금액	소득처분
비망계정	1,000	유보	전기 대손충당금	30,000,000	△유보
업무무관가지급금	10,000,000	기타사외유출	외상매출금	40,000,000	△유보
당기 대손충당금	72,124,985	유보			

1. 당기말 채권잔액 : 12,520 - 2,000 + (45-40+0.001) = 10,525.001

2. 당기 한도 : 10,525.001 × 1.5% = 157.875015

3. 한도초과 : 230 - 157.875015 = 72.124985

(물음4)

<요구>	구 분	금 액
	재해상실비율	76%
	공제대상 법인세액	32,200,000
	재해손실세액공제액	24,472,000(or 8,360,000)

1. 재해상실비율 : $\dfrac{250 + 92 = 342}{300 + 150 = 450}$ = 76% ≥ 20%

2. 공제대상 : ① + ② = 32.2

   ① 미납 : 21.2

   ② 당기 : 12 - 1 = 11

3. 세액공제 : Min[①, ②] = 24.472

   ① 21.2 × 76% + 11 × 76% = 24.472

   ② 342

(물음5)

<요구>	익금산입 및 손금불산입			손금산입 및 익금불산입		
	과목	금액	소득처분	과목	금액	소득처분
	비지정기부금	60,000,000	기타사외유출	기계장치A	60,000,000	△유보
	직부인	3,666,666	유보			
	시부인	22,895,834	유보			

1. 기계A : 450 - 300 × 130% = 60

2. 자산감액분 : 60(△유보) × $\dfrac{22.5 + 5}{450}$ = 3.666666

3. 감가상각

   B : 22.5 + 5 - 3.666666 + 25 = 48.833334

   T : (450 - 60 + 25) × 0.125 × $\dfrac{6}{12}$ = 25.9375

   D : 22.895834

[문제 7] [계산근거 : 백만단위]

(물음1)

<요구>	구 분	금 액
	총상속재산가액	1,340,000,000 = 1,100 + 300 − Min[300 × 20%, 200]
	과세가액 공제액	330,000,000 = 20 + 5 + Min[7, 5] + 300
	상속세 과세가액	1,010,000,000
	상속세 과세표준	10,000,000 = 1,010 − 1,000

- 상속공제 : (1) + (2) = 1,000

    (1) Max[①, ②] = 500

      ① 200 + 50 × 3명 = 350

      ② 500

    (2) Min[①, ②] = 340 → 500

      ① 1,100 − 320 = 780

      ② Min[a, b] = 340

        a. $1,020 \times \dfrac{1.5}{4.5} = 340$

        b. 3,000

(물음2)

<요구>	구 분	금 액
	증여재산가액	440,000,000[*1]
	증여세 과세표준	275,000,000[*2]

*1. 200 + 0 + (400−40) − Min[400 × 30%, 300] = 440

2. 440 − 150 = 290 − 10 − 5 = 275

2021년 실전답안지

[문제 1] [계산근거 : 백만단위]

(물음1)

<요구1>	근로소득 총급여액	37,600,000
	기타소득 총수입금액	13,000,000
<요구2>	기타소득 원천징수세액	1,840,000
	종합소득금액	36,410,000

1. 근로 : ① − ② = 26.71

   ① 총급여액 : 30 + 5 + 1 + 1 + 0.6 = 37.6

   ② 근로소득공제 : 7.5 + (37.6 − 15) × 15% = 10.89

2. 기타

2.5	× (1 − 60%) =	1	20%	0.2
7	0 =	7	20%	1.4
2	× (1 − 60%) =	0.8	20%	0.16
1	× (1 − 60%) =	0.4	20%	0.08
0.5	0 =	0.5	원천×	−
13		9.7		1.84

3. 종합 : 26.71 + 9.7 = 36.41

(물음2)

<요구1>	인적	기본공제액	7,500,000
	공제액	추가공제액	4,000,000
	연금보험료·건강보험료·주택청약저축 소득공제액		9,000,000
	신용카드 등 사용 소득공제액		2,770,000

1. ① 기본 : 1.5 × 5명 = 7.5		전통	4	–	4	40%	1.6
② 추가 : 3 + 1 = 4		대중	0.3	–	0.3	40%	0.12
2. 연금·건강·주택 : 5 + 4 + 0 = 9		문화	–	–	–	30%	–
3. 신용카드 : Min[①, ②] = 2.77		직불	–	–	–	30%	–
① 2.77		신용카드	27[*1]	△20	7	15%	1.05
② 2.5 + 1.72 = 4.22		계	31.3	△20[*2]			2.77

*1. 5 + 4 + 12 + 6 = 27
2. 80 × 25% = 20

<요구2>

교육비 세액공제		2,700,000
기부금 세액공제		210,000

1. 교육비 : (2 + 5.5 + 9 + 1.5) × 15% = 2.7

2. 기부금 : (① + ②) × 15% = 0.21

   ① 0.6

   ② Min[a, b] = 0.8

      a. 0.5 + 0.3 = 0.8

      b. 65.65* × 10% + Min[0.3, 65.65 × 20%] = 6.865

      * 66.25 – 0.6 = 65.65

(물음3)

<요구1>

이자소득 총수입금액		29,000,000
배당소득 총수입금액		52,000,000
배당가산액(Gross-up 금액)		3,600,000

1. 이자 : 20 + 1 + 8 = 29

2. 배당 : 10 + 2 + 30^G + 4 + 6^G = 52

3. G : Min[36, 81−20] × 10% = 3.6

<요구2>	종합소득금액		104,600,000
	종합소득산출세액		12,544,000
	배당세액공제액		1,204,000

1. 금융　　　84.6
   사업　　　20
   ───────────
   종합　　　104.6
   소득공제　(20)
   ───────────
   과표　　　84.6

2. Max[①, ②] = 12.544

   ① 일반 : 20 × 14% + (84.6 − 20) × 기본+ = 12.544

   ② 비교 : 81 × 14% + (84.6 − 84.6) × 기본+ = 11.34

3. Min[①, ②] = 1.204

   ① 3.6

   ② 12.544 − 11.34 = 1.204

[문제 2] [계산근거 : 백만단위]

<요구1>	양도가액		390,000,000
	취득가액		100,000,000 [*1]
	기타의 필요경비		40,000,000 [*2]
	양도차익		250,000,000

*1. 200 − 120 + 20 = 100

2. 15 + 25 = 40

<요구2>	양도가액		300,000,000

[문제 3] [계산근거 : 백만단위]

(물음1)

자료 번호	과세표준	
	과세(10%)	영세율(0%)
1	3,000,000	-
2	40,000,000	
3	1,000,000	9,000,000
4	2,400,000*1	-
5 - ①	-	17,700,000*2
5 - ②	3,000,000	18,000,000

*1. $0.9 + 2 \times (1 - 25\% \times 1) = 2.4$

*2. $\$10 \times 1 + (\$2 + \$5) \times 1.1 = 17.7$

(물음2)

<요구1>	매입세액공제액	5,800,000
	재계산으로 가산 또는 공제되는 세액	(+)450,000

1. 1기 공제액 : ① + ② = 5.8

	면세	과세
① 4 × 55% = 2.2	2024 2기 45%	55%
② 6 × 60% = 3.6	2025 1기 40%	60%
	2025 2기 50%	50%

2. 2기 재계산 : $6 \times (1 - 25\% \times 1) \times (50\% - 40\%) = (+)0.45$

<요구2>	의제매입세액 공제액(추징액 차감 전)	800,000
	전기 의제매입세액 공제분 중 추징액	50,000

1. Min[①, ②] = 0.8

① $[14.4 + (40 + 4) \times 60\%] \times \dfrac{2}{102} = 0.8$

② $120 \times 50\% \times \dfrac{2}{102} = 1.17647$

2. $(8 \times 55\% - 1.85) \times \dfrac{2}{102} = 0.05$

(25행)

(물음3)	구 분	공급가액	과세표준
	건 물	200,000,000*1	120,000,000*2
	부속토지	268,000,000*3	0

*1. $480 \times \dfrac{100}{134 + 100 \times 40\% + 100 \times 60\% \times 1.1} = 200$

2. $200 \times 60\% = 120$

3. $480 \times \dfrac{134}{134 + 100 \times 40\% + 100 \times 60\% \times 1.1} = 268$

(물음4)

세금계산서 불성실가산세	80,000*1
매출처별세금계산서합계표 불성실가산세	없음
매입처별세금계산서합계표 불성실가산세	없음
과소신고·초과환급신고가산세	12,000*2

*1. $4 \times 2\% = 0.08$

2. $0.3 \times 40\% \times (1 - 90\%) = 0.012$

	부정	일반	계
매출세액	0.4	-	0.4
매입세액	-	-	(0.1)
			0.3

[문제 4] [계산근거 : 백만단위]

(물음1)

<요구1>	익금산입 및 손금불산입			손금산입 및 익금불산입		
	과목	금액	소득처분	과목	금액	소득처분
	미수임대료(상가)	27,000,000	유보	선수임대료(주택)	75,000,000	△유보
	간주임대료	890,410*	기타사외유출			

* $(600 - 300 \times \dfrac{750m^2}{1,000m^2}) \times 275일 \times 1.2\% \times \dfrac{1}{365} - 2.5 = 0.89041$

<요구2>	간주임대료	9,041,095

- $(600 + 400) \times 275일 \times 1.2\% \times \dfrac{1}{365} = 9,041,095$

(물음2)

<요구1>	시부인대상 기업업무추진비 해당액	198,000,000

- $189 - 2.5 - 12 - 5 + 8 + 5.5 + 15 = 198$

<요구2>	기업업무추진비	수입금액	46,500,000,000*1
	한도액계산	기업업무추진비 한도액	121,000,000*2
	기업업무추진비 한도초과액		79,000,000

*1 ① + ② = 46,500

  ① 25,000 + 1,500 + 10,000 = 36,500

  ② 10,000

2 ① + ② = 121

  ① $36 \times \dfrac{12}{12} = 36$

  ② $10,000 \times \dfrac{3}{1,000} + 26,500 \times \dfrac{2}{1,000} + 10,000 \times \dfrac{2}{1,000} \times 10\% = 85$

(물음3)

<요구1>	익금산입 및 손금불산입			손금산입 및 익금불산입		
	과목	금액	소득처분	과목	금액	소득처분
	미지급기부금	100,000,000	유보	비품	2,000,000*	△유보
	비지정기부금	4,000,000	기타사외유출			

- $15 - 10 \times 130\% = 2$

<요구2>	특례기부금 해당액	25,000,000
	일반기부금 해당액	58,000,000
	특례기부금 한도초과(미달)액	(156,500,000)
	일반기부금 한도초과(미달)액	34,200,000

- 기준소득금액 : 400 + 83 = 483

- 기준소득 : 483 − Min[120, 483 × 80%] = 363

		B	T	D
특례	당기	25	181.5*1	△156.5
일반	전기이월	10	33.8*2	−
	당기	58	23.8*3	34.2

*1. 363 × 50% = 181.5

2. (363 − 25) × 10% = 33.8

3. 33.8 − 10 = 23.8

(물음4)

<요구1>

익금산입 및 손금불산입			손금산입 및 익금불산입		
과목	금액	소득처분	과목	금액	소득처분
퇴직연금충당금	30,000,000	유보	퇴직급여충당금	30,000,000	△유보
			퇴직연금충당금	140,000,000	△유보

B.연충		T.연충		D.유보	
200	450	230	400	△30	50
570	320	630*	460	△60	△140

* Min[①, ②] = 630

① 630
② Max[910, 900] − 80 = 830

<요구2>

익금산입 및 손금불산입			손금산입 및 익금불산입		
과목	금액	소득처분	과목	금액	소득처분
퇴직연금충당금	230,000,000	유보	퇴직급여충당금	30,000,000	△유보
			퇴직연금충당금	460,000,000	△유보

B.연충		T.연충		D.유보	
−	−	230	400	△230	△400
−	−	630	460	△630	△460

[문제 5] [계산근거 : 백만단위]

(물음1)

익금산입 및 손금불산입			손금산입 및 익금불산입		
과목	금액	소득처분	과목	금액	소득처분
전기반환제품회수권	7,500,000	유보	전기환불충당부채	30,000,000	△유보
제품평가손실	6,300,000	유보	반환제품회수권	8,750,000	△유보
제품평가손실	42,000,000	유보			
환불충당부채	35,000,000	유보			

	차변		대변	
B	제품	4.5	반품제품회수권	7.5
	매출원가	3		
T	제품	10.8*	매출원가	10.8*

* 18 × 60% = 10.8

(물음2)

<요구1>	간접외국납부세액	20,000,000
	외국납부세액공제 한도액	8,300,000
	외국납부세액공제액	8,300,000

<요구2>	감면후 세액		11,400,000
	최저한세		19,600,000
	총부담세액		11,000,000

- 간접 : $100 \times \dfrac{50}{350 - 100} = 20 \rightarrow$ 익入 (기타사외유출)
- 외국납부세액공제액 : Min[①, ②] = 8.3

  ① 5 + 20 = 25

  ② $33.2 \times \dfrac{50 + 20}{280} = 8.3$

- 총부담세액 : Max[11.4, 19.6] − 3.6(연구) − 5(외국) = 11

각사소득	330		
이월	(25)		
비과세	(45)		
과표	2̶6̶0̶ 280	+20 →	280
	× +		× 7%
산출	2̶9̶.̶4̶ 33.2	② 최저한	19.6
	(18)		
① 감면후	11.4	세액	세율 배제금액
		3.8	19% ① 20
		② 4.4	
		8.2	

[문제 6]

(물음1)

1주당 순자산가치	60,000
1주당 순손익가치	19,200
1주당 평가액	48,000
비상장주식 평가액	2,880,000,000

1. 1주당 순자산가치 : $\dfrac{70억원 - 1억원 + 6억원 + 12억원 - 12억원}{125,000주} = 60,000$

2. 1주당 순손익가치 : $\dfrac{1,920^*}{10\%} = 19,200$

    * 1주당 순손익액 : (① × 3 + ② × 2 + ③ × 1) ÷ 6 = 1,920

    ① 2024년 : $\dfrac{300,000,000}{125,000주} = 2,400$

    ② 2023년 : $\dfrac{200,000,000}{125,000주} = 1,600$

    ③ 2022년 : $\dfrac{140,000,000}{125,000주} = 1,120$

3. 1주당 평가액 : Max[①, ②] = 48,000

    ① (19,200 × 3 + 60,000 × 2) ÷ 5 = 35,520

    ② 60,000 × 80% = 48,000

4. 비상장주식 평가액 : 48,000 × (1 + 20%) × 50,000주 = 2,880,000,000

(물음2) [계산근거 : 백만단위]

<요구>

증여세 과세여부 판단 기준금액	54,000,000
증여재산가액	270,000,000

1. 판단 기준금액 : Min[54*, 300] = 54

    * (100 + 80) × 30% = 54

2. 증여재산가액 : 450 - 100 - 80 = 270

2020년 실전답안지 (25행)

[문제 1] [계산근거 : 백만단위]

(물음1)

	갑의 총급여액	99,460,000
	을의 총급여액	53,600,000

1. 갑 : 70 + 20 + 0.36 + 2 + 0.6 + 4.5 + 1 + 1 = 99.46

2. 을 : 48 + 1.8 + 1.56 + 0.24 + 2 = 53.6

(물음2)

<요구1>

	이자소득 총수입금액	30,000,000
	이자소득 원천징수세액	5,660,000

원천징수 : 0.8 × 45% + 10 × 25% + 20 × 14% = 5.66

<요구2>

	손익계산서상 당기순이익	100,000,000
가산조정	총수입금액산입·필요경비불산입	50,000,000
차감조정	총수입금액불산입·필요경비산입	35,300,000*
	사업소득금액	114,700,000

* 32.8 − 0.5 + 3 = 35.3

(물음3)

<요구1>

인적공제액	기본공제액	10,500,000
	추가공제액	5,000,000
	자녀세액공제액	1,050,000

1. 기본 : 7명 × 1.5 = 10.5

2. 추가 : 1(경로) + 2(장애) + 2(장애) = 5

3. 자녀 : 0.55(기본) + 0.5(출산) = 1.05

<요구2>

신용카드 등 사용금액	40%공제율 적용대상	1,700,000
	30%공제율 적용대상	−
	15%공제율 적용대상	19,900,000
신용카드 등 사용 소득공제액		640,000

전통	1.5	–	1.5	40%	0.6
대중	0.2	△0.1	0.1	40%	0.04
문화	–	–	–	30%	–
직불	–	–	–	30%	–
신용카드	19.9	△19.9	–	15%	–
계	21.6	△20*	1.6		0.64

* $80 \times 25\% = 20$

- 소득공제 : Min[①, ②] = 0.64

① 0.64

② 2.5 + 0.68 = 3.18

<요구3>	의료비 세액공제액	2,040,000

- (① + ②) × 15% = 2.04

① 특정 : 1.2 + 0.4 + 2 + 3 = 6.6

② 일반 : 11.4 − 80 × 3% = 9 → 7

[문제 2] [계산근거 : 백만단위]

<요구1>	양도가액	100,000,000*1
	취득가액	50,000,000*2
	기타의 필요경비	1,200,000*3
	양도차익	48,800,000

*1. $500 \times \dfrac{100}{500} = 100$

2. $500 \times \dfrac{200}{400} \times \dfrac{100}{500} = 50$

3. $200 \times 3\% \times \dfrac{100}{500} = 1.2$

<요구2>	증여세 과세가액	480,000,000*

* 500 − 100 + 80 = 480

[문제 3] [계산근거 : 백만단위]

(물음1)

구 분	과세표준	
	과세	영세율
(주)A	8,000,000	-
(주)B	20,000,000	-
(주)C	6,000,000 *1	-
(주)D	3,604,900 *2	-
(주)E	6,000,000	24,000,000 *3

*1. ① + ② = 6

제품A : 10 - (5 + 0.5 + 1.5) = 3

제품B : 20 - (1.7 ÷ 10%) = 3

2. 총임대료 : 2 × 3月 + 146 × 91일 × 1.8% × $\frac{1}{365}$ = 6.6552

과표 : ① + ② = 3.6049

① 6.6552 × $\frac{160}{320}$ × $\frac{500㎡}{1,000㎡}$ = 1.6638

② 6.6552 × $\frac{160}{320}$ × $\frac{1,750㎡}{3,000㎡}$ = 1.9411

	면세	과세
건물	500㎡	500㎡
토지	1,250㎡	1,750㎡

3. 10 + 20 × 70% = 24

(물음2)

구 분	과세표준
원재료	7,000,000
건 물	48,000,000 *1
토 지	-
차 량	-
기계장치	15,000,000 *2
비 품	-
제 품	12,000,000
합 계	82,000,000

*1. 80 × (1 − 5% × 5) × 80% = 48

2. 20 × (1 − 25% × 1) = 15

[문제 4] [계산근거 : 백만단위]

<요구1>

매출세액	50,000,000
매입세액	27,200,000*
납부세액	22,800,000

* 240 × 10% + 40 × 10% × $\frac{240}{300}$ = 27.2

<요구2>

공통매입세액 정산액	(+)200,000*

* 4 × (25% − 20%) = 0.2

<요구3>

2025년 제1기	(+)100,000*
2025년 제2기	없음

* 4 × (1 − 25% × 2) × (30% − 25%) = 0.1

<요구4>

과세표준	14,000,000*

* 20 × 70% = 14

[문제 5] [계산근거 : 백만단위]

(물음1)

자료번호	익금산입 및 손금불산입			손금산입 및 익금불산입		
	과목	금액	소득처분	과목	금액	소득처분
1	부당행위계산부인	30,000,000*1	상여	토지A	30,000,000*1	△유보
2	비상장주식B	2,000,000*2	유보			
3	토지C 전기유보추인	30,000,000	유보			
4	기타포괄손익	5,000,000	기타	비상장주식D	5,000,000	△유보

*1. 100 − 70 = 30 ≥ 70 × 5%

2. (7,000원 − 5,000원) × 1,000주 = 2

(물음2)

구 분	의제배당액
(주)A	16,720,000
(주)B	3,800,000

1. (주)A : 18 − 1.28* = 16.72

   * 1,000주 × 0원 + 200주 × 6,400원

2. (주)B : ① + ② = 3.8

   ① 1,000주 × $\frac{14}{20}$ × 5,000원 = 3.5

   ② 200주 × $\frac{6}{20}$ × 5,000원 = 0.3

   1차   2차

   70% → 1,000주 × 70% × 5,000원 = 3.5

   30% → 200주 × 30% × 5,000원 = 0.3

   800주 200주

2019.6.5	유상	3,000주	
			200주 ②
2021.9.8	무상	2,000주	
2023.5.22	무상(단기)	1,000주	1,000주 ①
계		6,000주	1,200주

주발초	6	×
처분	2	○
소각	4	○
이익준비금	8	○
합 계	20	

(물음3)

<요구1>

익금산입 및 손금불산입			손금산입 및 익금불산입		
과목	금액	소득처분	과목	금액	소득처분
임원상여금한도초과액	20,000,000	상여			
임원퇴직금한도초과액	54,500,000	상여			
근로시간면제자 급여	40,000,000	기타소득			

1. B : 50

   T : 100 × 30% = 30

   D : 20

2. B : 100

   T : (100 + 50 − 20) × 10% × $3\frac{6}{12}$ = 45.5

   D : 54.5

<요구2>	익금산입 및 손금불산입			손금산입 및 익금불산입		
	과목	금액	소득처분	과목	금액	소득처분
	지배주주 갑	5,000,000	배당			
	공동경비	10,000,000*	기타사외유출			
	사택유지비	9,000,000	상여			

* 20 × 50% = 10

(물음4)

	시부인대상 기업업무추진비 해당액	105,100,000
기업업무추진비 한도액	일반기업업무추진비 한도액	46,600,000
	문화기업업무추진비 한도액	5,000,000
	전통시장기업업무추진비 한도액	4,660,000
	기업업무추진비 한도초과액	48,840,000

1. B : 105.3 − 12.8 + 6 + 6.6 = 105.1

2. T : ① + ② + ③ + ④ = 56.26

  ① 12

  ② $10,000 \times \frac{3}{1,000} + 2,000 \times \frac{2}{1,000} + 3,000 \times \frac{2}{1,000} \times 10\% = 34.6$

  ③ 문화 : Min[5, (① + ②) × 20%] = 5

  ④ 전통 : Min[7, (① + ②) × 10%] = 4.66

(물음5)

<요구1>	당기 대손금	215,000,000*1
	전기말 대손충당금 설정대상 채권잔액	12,500,000,000*2
	당기 대손실적률	1.72%

*1. 200 + 48 − 8 − 25 = 215   2. 12,460 + 48 − 8 = 12,500

<요구2>	당기말 대손충당금 설정대상 채권잔액	14,225,000,000
	당기 대손충당금 한도액	227,600,000
	당기 대손충당금 한도초과액	52,400,000

1. 설정대상채권 : $15,000 - 800^{*1} + 25^{*2} = 14,225$

   *1. $500 + 200 + 100 = 800$

   *2. $48 - 8 - 48 + 8 + 25 = 25$

2. 한도 : $14,225 \times 1.6\% = 227.6$

3. 초과 : $280 - 227.6 = 52.4$

[문제 6] [계산근거 : 백만단위]

(물음1)

구 분	익금산입 및 손금불산입			손금산입 및 익금불산입		
	과목	금액	소득처분	과목	금액	소득처분
제24기	감액분상각비	1,000,000	유보	기계장치B	5,000,000	△유보
	상각부인액	2,549,000	유보			
제25기	감액분상각비	1,600,000	유보			
	상각부인액	594,163	유보			

1. 제24기

   (1) 감액분 : $5 \times \dfrac{5}{25} = 1$

   (2) 시부인 B : $5 - 1 + 7 = 11$

   T : $(25 - 5 + 7) \times 0.313 \times \dfrac{12}{12} = 8.451$

   D : 2.549

2. 제25기

   (1) 감액분 : $5 \times \dfrac{5 + 3}{25} = 1.6$

   (2) 시부인 B : $5 + 3 - 1.6 = 6.4$

   T : $(27 - 8.451) \times 0.313 = 5.805837$

   D : 0.594163

(물음2)	구 분	금 액
	잔여재산가액	240,000,000 *1
	자기자본	175,000,000 *2
	청산소득금액	65,000,000

*1. 805 − 565 = 240

2. (180 − 30) + (20 + 30 + 25) − Min[50, 75] = 175

[문제 7] [계산근거 : 백만단위]

(물음1)	구 분	금 액
	총상속재산가액	1,780,000,000 *1
	과세가액공제액	15,000,000 *2
	합산되는 증여재산가액	100,000,000 *3
	상속세과세가액	1,865,000,000
	상속공제액	1,500,000,000 *4
	상속세과세표준	365,000,000

*1. 총상속 : 300 + 400① + 800 + 100② + 180③ = 1,780

① $600 \times \dfrac{80}{120} = 400$

② 700 − (210 + 250) − Min[700 × 20%, 200] = 100

③ 300 − 60 − Min[300 × 20%, 200] = 180

2. 과세가액공제 : ① + ② = 15

① Min[7, 5] = 5

② 10

3. 증여재산가액 : 70 + 30 = 100

4. 상속공제 : Min[(1) + (2) + (3), (4)*] = 1,500

    (1) 인적 : Max[300, 500] + 500 = 1,000

    (2) 금융 : Min[1,200 × 20%, 200] = 200

    (3) 동거 : Min[300 × 100%, 600] = 300

    (4) 한도 : 1,865 − (70 − 50 + 30) = 1,815

(물음2)	증여재산가액	140,000,000

1. [25,000원 − (5,000원 + 6,000원)] × 10,000주 = 140

2. 현저한 이익 : 140 ≥ Min[①, ②] → 충족

    ① (5,000원 + 6,000원) × 10,000주 × 30% = 33

    ② 300

2019년 실전답안지

(25행)

[문제 1] [계산근거 : 백만단위]

(물음1)

자료번호	과세표준	세 율	매출세액
1	1,500,000*1	10%	150,000
2	10,000,000	10%	1,000,000
3	20,000,000	0%	-
4	11,500,000*2	0%	-
5	35,000,000	10%	3,500,000
6	20,000,000*3	10%	2,000,000
7	-	-	(500,000)*4

*1. 1 + 0.5 = 1.5

2. $5 × 1.1 + $5 × 1.2 = 11.5

3. 40 × (1 - 25% × 2) = 20

4. (2.2 + 3.3) × $\frac{10}{110}$ = 0.5

(물음2)

<요구1>

(1) 세금계산서 수취분 매입세액		45,000,000
(2) 그 밖의 공제매입세액		-
(3) 공제받지 못할 매입세액		18,000,000*
차가감 계 : (1) + (2) - (3)		27,000,000

* 15 + 1 + 5 × $\frac{4억원}{10억원}$ = 18

<요구2>

(1) 세금계산서 수취분 매입세액		34,000,000
(2) 그 밖의 공제매입세액		2,000,000*1
(3) 공제받지 못할 매입세액		2,740,000*2
차가감 계 : (1) + (2) - (3)		33,260,000

*1. 40 × 10% × (1 - 25% × 2) × $\frac{13억원}{20억원}$ = 1.3 + 0.7 = 2

2. 4 × 31% + (5 + 5) × $\frac{7억원}{20억원}$ - 5 × $\frac{4억원}{10억원}$ = 2.74

2차 시험 답안지

[문제 2] [계산근거 : 백만단위]

(물음1)	납부세액	848,000*

   * ① + ② + ③ = 0.848

    ① 숙박 : 30 × 20% × 10% = 0.6

    ② 음식 : 20 × 10% × 10% = 0.2

    ③ 공통 : 3 × 16% × 10% = 0.048

(물음2)	구 분	공제세액
	세금계산서 등 수취세액공제	44,000
	의제매입세액공제	-
	신용카드매출전표 등 발행세액공제	650,000

  1. T1 : (4.4 + 3.3 + 1.1) × 0.5% = 0.044

  2. 신용카드 : (30 + 20) × 1.3% = 0.65

[문제 3] [계산근거 : 백만단위]

구분	익금산입 및 손금불산입			손금산입 및 익금불산입		
	과목	금액	소득처분	과목	금액	소득처분
A법인	미지급기부금	5,000,000	유보	특례기부금 이월손금산입	10,000,000	기타
	일반기부금 한도초과액	6,000,000	기타사외유출			
B법인	일시상각충당금	4,000,000	유보	국고보조금	4,000,000	△유보
C법인	감액분 상각비	1,000,000	유보	사용수익기부자산	40,000,000	△유보
D법인	간접외국납부세액	5,000,000	기타사외유출			
	직접외국납부세액	2,000,000	기타사외유출			

1. A

- 기준 : 100 + 20 + 30 = 150

		B	T	D
특례	전기이월	10	75*1	–
	당기	20	65	△45
일반	당기	30	24*2	6

*1. 150 × 50% = 75

2. (150 − 10 − 20) × 20% = 24

2. B

- $50 \times \dfrac{1}{5} \times \dfrac{20}{50} = 4$

3. C

(1) $40 \times \dfrac{2.5}{100} = 1$

(2) B : 2.5 − 1 = 1.5

T : $60 \times 0.05 \times \dfrac{6}{12} = 1.5$

D : 0

4. D

(1) 간접 : $10 \times \dfrac{20}{50 - 10} = 5$

(2) 직접 : 2

[문제 4] [계산근거 : 백만단위]

(물음1)

<요구1>

익금산입 및 손금불산입			손금산입 및 익금불산입		
과목	금액	소득처분	과목	금액	소득처분
퇴직연금충당금 한도초과액	30,000,000	유보			

B.연충		T.연충		D.유보	
160	800	160	700	–	100
1,090	450	960*	420	130	30

* Min[①, ②] = 960

① 1,090
② Max[960, 880] − 0 = 960

<요구2>

과목	금액	소득처분	과목	금액	소득처분
퇴직연금충당금(퇴직급여)	160,000,000	유보	퇴직연금충당금 한도미달액	320,000,000	△유보

B.연충		T.연충		D.유보	
–	–	160	800	△160	△800
–	–	960	320	△960	△320

<요구3>

과목	기초	당기 중 증감		기말
		감소	증가	
퇴직연금충당금	△800,000,000	△160,000,000	△320,000,000	△960,000,000

(물음2)

<요구1>

피출자법인	의제배당액
(주)A	7,450,000
(주)B	46,000,000

1. (주)A : 8.4 − 0.95* = 7.45

* 300주 × 0원 + 100주 × 9,500원 = 0.95

2. (주)B : ① + ② = 46

    ① 360 × (10% + 2.5%*) = 45

    ② 40 × 2.5%* = 1

    * 20% × $\frac{10\%}{(1 - 20\%)}$ = 2.5%

<요구2>

	익금산입 및 손금불산입			손금산입 및 익금불산입		
	과목	금액	소득처분	과목	금액	소득처분
	(주)A 주식	7,450,000	유보	수입배당금	13,500,000*	기타
	(주)3 주식	46,000,000	유보			

    * 수입배당금 익不 : 45 × 30% = 13.5

(물음3)

<요구1>

	익금산입 및 손금불산입			손금산입 및 익금불산입		
	과목	금액	소득처분	과목	금액	소득처분
	미수이자	7,000,000	유보	미수이자	6,000,000	△유보

<요구2>

	익금산입 및 손금불산입			손금산입 및 익금불산입		
	과목	금액	소득처분	과목	금액	소득처분
	주식배당	1,800,000*1	유보	수입배당금	1,440,000*2	기타

    *1. 200주 × 9,000원 = 1.8

    2. (3 + 1.8) × 30% = 1.44

(물음4)

<요구1>

	익금산입 및 손금불산입			손금산입 및 익금불산입		
	과목	금액	소득처분	과목	금액	소득처분
	사적사용금액	800,000	상여	감가상각비	2,000,000	△유보
	800만원 초과분	1,500,000	유보			

	1. 감가상각			A	B (95%)	A-B	B-8
			감가비	10	9.5	0.5	1.5
	B : 8		수선비	6	5.7	0.3	—
	T : $50 \times 0.2 \times \frac{12}{12} = 10$			16	15.2	0.8	1.5
	D : △2						

<요구2>

익금산입 및 손금불산입			손금산입 및 익금불산입		
과목	금액	소득처분	과목	금액	소득처분
사적사용금액	1,000,000	상여	감가상각비	2,000,000	△유보
800만원 초과분	1,375,000	유보			

	1. 감가상각			A	B (93.75%)	A-B	B-8
			감가비	10	9.375	0.625	1.375
	B : 8		수선비	6	5.625	0.375	—
	T : $50 \times 0.2 \times \frac{12}{12} = 10$			16	15	1	1.375
	D : △2						

(물음5)

<요구1>

적격증명서류 미수취 손금불산입 기업업무추진비	2,500,000
시부인대상 기업업무추진비	53,200,000
기업업무추진비 한도액	43,470,000

B : 49.7 - 2.5 + 1 + 5 = 53.2

T : $12 + 10,000 \times \frac{3}{1,000} + 735 \times \frac{2}{1,000} = 43.47$

<요구2>

익금산입 및 손금불산입			손금산입 및 익금불산입		
과목	금액	소득처분	과목	금액	소득처분
한도초과액	27,000,000[*1]	기타사외유출	건물	6,000,000[*2]	△유보
자산감액분 상각비	400,000[*3]	유보			

*1. 39 - 12 = 27

2. 27 - 21 = 6

3. $6 \times \frac{20}{300} = 0.4$

[문제 5] [계산근거 : 백만단위]

(물음1)

<요구1>	원천징수세액	2,868,000

3 × 90% + 1.2 × 14% = 2.868

<요구2>	이자소득 총수입금액	21,000,000
	배당소득 총수입금액	7,000,000
	배당가산액(Gross-Up금액)	500,000

1. 이자 : 10 + 4 + 7 = 21

2. 배당 : 5^G + 2 = 7

3. G : Min[5, 28-20] × 10% = 0.5

<요구3>	일반산출세액	6,040,000
	비교산출세액	6,355,000

1. 일반 : 20 × 14% + (50 - 20) × 기본+ = 6.04

2. 비교 : 4 × 25% + 21 × 14% + (50 - 25.5) × 기본+ = 6.355

(물음2)

<요구1>	연금수령한도	36,000,000

$\dfrac{300}{11-1}$ × 120% = 36

<요구2>	총연금액(연금계좌)	30,000,000
	사적연금소득 원천징수세액	1,350,000

	평가액	연금	연금외
A 공제×	20	20	-
B 이연퇴직	10	10	-
C 공제○ + 운용	270	20	15
합 계	300	50	15

• 원천징수 : 0.5 × 70% + 20 × 5% = 1.35

<요구3>	손익계산서상 당기순이익		15,000,000
	총수입금액산입·필요경비불산입		6,146,000
	총수입금액불산입·필요경비산입		3,000,000
	사업소득금액		18,146,000

- $2 + 2 + 0.5 + 1.5 + 0.146^* = 6.146$

- * $7.3 \times \dfrac{532.9}{(7.3 \div 10\%) \times 365} = 0.146$

(물음3)

<요구1>	인적공제액	기본공제액	7,500,000
		추가공제액	3,500,000
	특별소득공제액		2,600,000

1. ① 기본 : 1.5×5명 $= 7.5$

    ② 추가 : $0.5 + 1 + 2 = 3.5$

2. 특별 : (1) + (2) = 2.6

    (1) 보험료 : 1

    (2) 주택 : $Min[4 \times 40\%, 4] = 1.6$

<요구2>	일반산출세액	2,790,000
	비교산출세액	10,580,000

1. 일반 : $27 \times$ 기본+ $= 2.79$

2. 비교 : $(27 - 14) \times$ 기본+ $+ 14 \times 70\% = 10.58$

<요구3>	교육비세액공제액	1,620,000
	기장세액공제액	840,000

1. 교육비 : $(8 + 2.8) \times 15\% = 1.62$

2. 기장 : $Min[9 \times \dfrac{14}{30} \times 20\%, 1] = 0.84$

[문제 6] [계산근거 : 백만단위]

(물음1)

<요구1>

양도가액	220,000,000
취득가액	79,400,000 *1
기타의 필요경비	2,000,000 *2
장기보유특별공제	27,720,000 *3
양도소득금액	110,880,000

*1. 80 - 0.6 = 79.4

2. 0.5 + 1.5 = 2

3. 138.6 × 20% = 27.72

<요구2>

양도소득과세표준	97,500,000 *1
양도소득산출세액	38,185,000 *2

*1. 100 - 2.5 = 97.5

2. 97.5 × 특례t = 15.36 + (97.5 - 88) × 35% + 97.5 × 20% = 38.185

[문제 7]

(물음1)

<요구> 1. 저가양수·고가양도에 따른 이익의 증여

특수관계인 간에 재산을 시가보다 저가양수하거나 고가양도하는 경우로서 현저한 이익분여 요건을 충족한 경우에는 해당 재산의 양수일 또는 양도일을 증여일로 하여 법소정 금액을 그 이익을 얻은 자의 증여재산가액으로 한다.

2. 주식의 상장 등에 따른 이익의 증여

최대주주 등의 특수관계인이 해당 법인의 주식 등을 증여받거나 취득한 경우, 5년이내 그 주식 등이 상장됨에 따라 그 가액이 증가한 경우로서 그 주식을 증여받거나 취득한 자가 당초 증여세 과세가액 또는 취득가액을 초과하여 이익을 얻은 경우에는 그 이익에 상당하는 금액을 그 이익을 얻은 자의 증여재산가액으로 한다.

3. 특수관계법인으로부터 제공받은 사업기회로 발생한 이익의 증여의제

지배주주와 그 친족의 주식보유비율이 30% 이상인 법인이 지배주주와 특수관계에 있는 법인으로부터 사업기회를 제공받는 경우에는 그 사업기회를 제공받은 날이 속하는 사업연도의 종료일에 그 수혜법인의 지배주주 등이 증여의제이익을 증여받은 것으로 본다.

(물음2)

<요구>

증여자	증여세 과세표준	증여세 산출세액
외조모	–	–
조부	0	0
부친	0	0
모친	32,500,000	3,250,000
조모	17,500,000	2,275,000

구 분	외조모	조부	부친	모친	조모
과 세 가 액	–	10	15	65*1	35*2
증여재산공제	–	(10)	(15)	(32.5)*3	(17.5)*4
과 세 표 준	–	–	–	32.5	17.5
산 출 세 액	–	–	–	3.25	2.275*5

*1. 50 + 15 = 65

2. 25 + 10 = 35

3. $50 \times \dfrac{65}{100} = 32.5$

4. $50 \times \dfrac{35}{100} = 17.5$

5. $17.5 \times 10\% \times (1 + 30\%) = 2.275$

2018년 실전답안지

[문제 1] [계산근거 : 백만단위]

(물음1)	이자소득 총수입금액	10,000,000
	배당소득 총수입금액	18,100,000
	배당가산액(Gross-Up 금액)	160,000

1. 이자 : 5 + 2 + 3 = 10

2. 배당 : 3.5 + 3 + 1.6^G + 10 = 18.1

3. G : Min[1.6, 28.1−20] × 10% = 0.16

(물음2)	(주)A 총급여액	15,100,000
	(주)B 총급여액	13,180,000

1. (주)A : 9 + 0.6 + 1 + 0.3 + 0.8 + 0.4 + 3 = 15.1

2. (주)B : 6 + 5 + 0.6 + 0.3 + 0.8 + 0.48 = 13.18

(물음3)	종합과세되는 기타소득금액	12,000,000
	기타소득 원천징수세액	3,000,000

1. 기타 : 6 + 1 + 5 = 12

2. 원천징수 : (6 + 1) × 20% + 80 × (1 − 90%) × 20% = 3

(물음4)

<요구1>	기본공제액	9,000,000
	추가공제액	4,000,000

1. 기본 : 1.5 × 6명 = 9

2. 추가 : 1 + 1 + 2 = 4

<요구2>	특별소득공제액	1,800,000
	연금보험료공제액	4,000,000

1. 특별 : 1.5 + 0.3 = 1.8

2. 연금 : 4

<요구3>	일반산출세액	10,240,000
	비교산출세액	9,965,000
	배당세액공제액	275,000

1. 일반 : 20 × 14% + (75 − 20) × 기본+ = 10.24

2. 비교 : 5 × 25% + 30 × 14% + (75 − 36.5) × 기본+ = 9.965

3. 배당세액공제 : Min[1.5, 10.24 − 9.965] = 0.275

<요구4>	보험료 세액공제액	258,000
	의료비 세액공제액	1,515,000

1. 보험료 : 1 × 15% + 0.9 × 12% = 0.258

2. 의료비 : (① + ②) × 15% = 1.515

   ① 특정 : 2 + 5 + 3.5 = 10.5

   ② 일반 : Min[(0.8 − 40 × 3%), 7] = △0.4

[문제 2] [계산근거 : 백만단위]

양도가액	1,500,000,000
취득가액	1,000,000,000 [*1]
기타의 필요경비	24,000,000 [*2]
양도차익	95,200,000 [*3]
양도소득금액	57,120,000 [*4]

*1. $1,500 \times \dfrac{800}{1,200} = 1,000$

2. $800 \times 3\% = 24$

3. $476 \times \dfrac{1,500 - 1,200}{1,500} = 95.2$

4. $95.2 - 95.2 \times 40\% = 57.12$

[문제 3] [계산근거 : 백만단위]

(물음1)

<요구1>

익금산입 및 손금불산입			손금산입 및 익금불산입		
과목	금액	소득처분	과목	금액	소득처분
채무면제이익	40,000,000*	기타	이월결손금보전에 충당한 금액	30,000,000	기타
			결손금보전에 충당할 금액	10,000,000	기타

* (10,000원 − 6,000원) × 10,000주 = 40

<요구2>

익금산입 및 손금불산입			손금산입 및 익금불산입		
과목	금액	소득처분	과목	금액	소득처분
무상주의제배당	4,000,000*1	유보			
감자시의제배당	540,741*2	유보			

*1. 1,000주 × 80% × 5,000원 = 4

2. 19.8 − (200주 × 0원 + 19.259259) = 0.540741

(물음2)

익금산입 및 손금불산입			손금산입 및 익금불산입		
과목	금액	소득처분	과목	금액	소득처분
업무무관자산 감가상각비	20,000,000	유보			
지급이자손금불산입	9,292,602*1	기타사외유출			
가지급금인정이자 (대표이사)	2,720,000*2	상여			
가지급금인정이자 (직원)	160,000*3	상여			

*1. ① × ②/③ = 9.292602

① 16 + 8.926027 + 6.049315 = 30.975342

② 100 × 365 + (30,000 − 15,400) + 3,650 = 54,750

③ 73,000 + 54,300 + 55,200 = 182,500

2. (30,000 − 15,400) × 6.8% × $\frac{1}{365}$ = 2.72

3. 3,650 × 5.6% × $\frac{1}{365}$ = 0.56 − 0.4 = 0.16 ≥ 0.56 × 5%

(물음3)

<요구1>	당기순이익		450,000,000
	익금산입 및 손금불산입		580,000,000
		1) 미지급기부금	15,000,000
		2) 특별회비	3,000,000
		3) 비지정기부금	500,000,000
		4) 자산감액분 상각비	10,000,000
		5) 법인세비용	52,000,000
	손금산입 및 익금불산입		600,000,000
		1) 사용수익기부자산	500,000,000
		2) 건물유보추인	100,000,000
	차가감소득금액		430,000,000
<요구2>	특례기부금 해당액		20,000,000
	일반기부금 해당액		30,000,000
	특례기부금 한도초과(미달)액		△130,000,000
	일반기부금 한도초과(미달)액		2,000,000

* 기준소득 : 250 + 20 + 30 − 0 = 300

	B	T	D
특례	20	150[*1]	△130
일반	30	28[*2]	2

*1. 300 × 50% = 150

2. (300 − 20) × 10% = 28

(물음4)

<요구1>

	익금산입 및 손금불산입			손금산입 및 익금불산입		
	과목	금액	소득처분	과목	금액	소득처분
				전기 건설자금이자	687,500	△유보

1. 제24기 : $500 \times 6\% \times \dfrac{9}{12} - 5 = 17.5$

2. 제25기 : $500 \times 6\% \times \dfrac{6}{12} - 100 \times 6\% \times \dfrac{3}{12} - 3.5 = 10$

3. B : $15 + 10 = 25$

   T : $(1,000 + 17.5 + 10) \times 0.05 \times \dfrac{6}{12} = 25.6875$

   D : △0.6875

<요구2>

익금산입 및 손금불산입			손금산입 및 익금불산입		
과목	금액	소득처분	과목	금액	소득처분
징벌적 손해배상금	24,000,000	기타사외유출	개발비 감액	35,000,000	△유보
자산감액분 상각비	980,000[*1]	유보			
개발비 상각부인액	5,270,000[*2]	유보			

1. $35 \times \dfrac{14}{500} = 0.98$

2. B : $14 - 0.98 = 13.02$

   T : $(500 - 35) \times 0.2 \times \dfrac{1}{12} = 7.75$

   D : 5.27

(물음5)

잔여재산가액		180,000,000[*1]
자 기 자 본		80,000,000[*2]
청산소득금액		100,000,000

*1. $50 + 250 + 80 - 200 = 180$

2. $80 + (100 - 100) = 80$

[문제 4] [계산근거 : 백만단위]

(물음1) 중소기업

<요구1> 연구 및 인력개발비 세액공제액 : 5,000,000

 20 × 25% = 5

<요구2>

조세특례제한법상 익금불산입 적용배제금액	30,000,000*1
외국납부세액공제액	11,850,000*2
총부담세액	9,650,000*3

*1.(1) 감면후 : 200 × 9% − 2.7 = 15.3

 (2) 최저한 : (200 + 100) × 7% = 21

 (3) 감면배제 : 21 − 15.3 = 5.7

 (4) 익不 : 5.7 ÷ 19% = 30

 2. Min[12, 23.7 × $\frac{115}{200 + 30}$] = 11.85

3. Max[감면후, 최저한]	21
(−) 연구	(0.5)
(−) 외국	(11.85)
(+) 가산세	1
= 총부담	9.65

(물음2) 비중소기업

<요구1> 연구 및 인력개발비 세액공제액 : 200,000

 20 × Min[2% × 50%, 2%] = 0.2

<요구2>

조세특례제한법상 익금불산입 적용배제금액	80,000,000*1
외국납부세액공제액	12,000,000*2
총부담세액	19,000,000*3

*1.(1) 감면후 : 200 × 9% − 3.2 = 14.8

 (2) 최저한 : (200 + 100) × 10% = 30

 (3) 감면배제 : 30 − 14.8 = 15.2

 (4) 익不 : 15.2 ÷ 19% = 80

 2. Min[12, 33.2 × $\frac{115}{200 + 80}$] = 12

3. Max[감면후, 최저한]	30
(−) 외국	(12)
(+) 가산세	1
= 총부담	19

[문제 5] [계산근거 : 백만단위]

(물음1)

<요구1>

자료번호	과세표준	세율	매출세액
1	22,000,000[*1]	10%	2,200,000
2	10,000,000	10%	1,000,000
3	12,000,000	10%	1,200,000
4	—	—	—
5	3,361,000[*2]	10%	336,100

*1. $1 \times 2月 + 20 = 22$

*2. $1 \times 3月 + (40 \times 61일 + 39 \times 30일) \times 3.65\% \times \dfrac{1}{365} = 3.361$

<요구2>

과세표준	세율	매출세액
24,000,000[*]	10%	2,400,000

* $100 \times \dfrac{18 + 18}{90} \times 60\% = 24$

(물음2)

<요구1>

의제매입세액 공제액	1,307,692[*1]
전기 의제매입세액 공제분 추징액	19,230[*2]

*1. $\text{Min}[34 \times \dfrac{4}{104} + 1, \ 500 \times 50\% \times \dfrac{4}{104}] - 1 = 1.307692$

2. $0.5 \times \dfrac{4}{104} = 0.01923$

<요구2>

건물A	금액
2024년 제1기 확정신고시 공통매입세액 정산액	(−)100,000[*1]
2024년 제2기 납부(환급)세액 재계산액	없음
2025년 제1기 납부(환급)세액 재계산액	(−)450,000[*2]
2025년 제2기 납부(환급)세액 재계산액	없음

*1. $5 \times (50\% - 52\%) = \triangle 0.1$

2. $5 \times (1 - 5\% \times 2) \times (40\% - 50\%) = \triangle 0.45$

기계장치B	금액
2025년 제2기 예정신고시 공제받지 못할 매입세액	600,000*1
2025년 제2기 확정신고시 공통매입세액 정산액	(+)200,000*2

*1. 2 × 30% = 0.6

2. 2 × (40% − 30%) = 0.2

[문제 6] [계산근거 : 백만단위]

(물음1)

납부세액 (재고납부세액 제외)		1,000,000*1
세액공제	매입세금계산서 등 수취세액공제	110,000*2
	의제매입세액공제	−
	신용카드매출전표 등 발행세액공제	130,000*3

*1. 50 × 20% × 10% = 1

2. 2 × 5.5% = 0.11

3. 10 × 1.3% = 0.13

(물음2)

구분	재고납부세액
원 재 료	103,950*1
기계장치	472,500*2
건 물	2,286,900*3

*1. $1.1 \times \dfrac{10}{100} \times (1 - 5.5\%) = 0.10395$

2. $10 \times \dfrac{10}{100} \times (1 - 25\% \times 2) \times (1 - 5.5\%) = 0.4725$

3. $44 \times \dfrac{10}{100} \times (1 - 5\% \times 9) \times (1 - 5.5\%) = 2.2869$

2차 시험 답안지

(물음3)	구분	재고매입세액
	원 재 료	94,500 *1
	기계장치	–
	건 물	1,800,000 *2

*1. $1.1 \times \dfrac{10}{110} \times (1 - 5.5\%) = 0.0945$

2. $44 \times \dfrac{10}{110} \times (1 - 10\% \times 5) \times (1 - 10\%) = 1.8$

[문제 7]

(물음1)

<요구1>	1주당 순자산가치	42,000
	1주당 순손익가치	46,500
	1주당 평가액	44,700
	비상장주식평가액	3,754,800,000

1. 1주당 순자산가치

$$\dfrac{(100억원 - 5억원 + 5억원) - (50억원 - 8억원 + 8억원 \div 50\%)}{100,000주} = 42,000$$

2. 1주당 순손익가치 : $\dfrac{4,650^*}{10\%} = 46,500$

* 1주당 순손익액 : (① × 3 + ② × 2 + ③ × 1) ÷ 6 = 4,650

① 2024년 : $\dfrac{650,000,000 + 5,000,000 - 150,000,000}{100,000주} = 5,050$

② 2023년 : $\dfrac{580,000,000 - 20,000,000 - 110,000,000}{100,000주} = 4,500$

③ 2022년 : $\dfrac{470,000,000 - 15,000,000 - 80,000,000}{100,000주} = 3,750$

3. 1주당 평가액 : Max[①, ②] = 44,700

① (46,500 × 3 + 42,000 × 2) ÷ 5 = 44,700

② 42,000 × 80% = 33,600

4. 비상장주식평가액 : 44,700 × (1 + 20%) × 70,000주 = 3,754,800,000

<요구2> 상속세 및 증여세법에서 순손익액은 1주당 평가기준일 이전 3년간 가중평균액, 자산가액은 평가기준일 현재 상속세 및 증여세법상 규정에 의하여 평가한 가액으로 하는 반면, 소득세법에서의 순손익액은 양도일 또는 취득일이 속하는 사업연도의 직전사업연도 순손익액을 적용하고, 자산가액은 양도일 또는 취득일이 속하는 사업연도의 직전사업연도 종료일 현재 해당 법인의 장부가액(토지는 기준시가)을 적용하여 계산한다.

(물음2) [계산근거 : 백만단위]

납세의무자	증여재산가액	증여세 산출세액
B	400,000,000	60,000,000
C	2,800,000,000	1,332,800,000

1. B

  ① 증여재산가액 : $1,000^* \times \dfrac{6,000}{6,000 + 3,000 + 1,000} = 600$

   * $3,000 - 20,000 \times 10\% = 1,000$

  ② 증여재산가액 : $600 - 200 = 400$

  ③ 과표 : $400 - 50 = 350$

  ④ 산출세액 : $10 + (350 - 100) \times 20\% = 60$

2. C

  ① 초과배당 : $8,000^* \times \dfrac{6,000}{6,000 + 3,000 + 1,000} = 4,800$

   * $9,000 - 20,000 \times 5\% = 8,000$

  ② 증여재산가액 : $4,800 - 2,000 = 2,800$

  ③ 과표 : $2,800 - 20 = 2,780$

  ④ 산출세액 : $240 + (2,780 - 1,000) \times 40\% = 952$

  ⑤ 할증과세후 산출세액 : $952 \times (1 + 40\%) = 1,332.8$

2017년 실전답안지

(25행)

[문제 1] [계산근거 : 백만단위]

(물음1)

구 분	과세표준	세율	매출세액
1.국내국민주택 공급	없음		없음
2.상가 공급	700,000,000	10%	70,000,000
3.해외국민주택 건설용역	891,000,000	0%	없음
4.레미콘믹서기 매각	28,571,428*	10%	2,857,142
합 계	1,619,571,428		72,857,142

* $100 \times \dfrac{1,200}{3,000 + 1,200} = 28.571428$

(물음2) 매입세액공제액 : 148,568,807

    (1) 50 + 70 = 120

    (2) 공통 : ① + ② = 28.568807

        ① (10 + 20) × 40% − 10 × 39% = 8.1

        ② $50 \times \dfrac{409 + 700}{700 + 409 + 900 + 700} = 20.468807$

[문제 2] [계산근거 : 백만단위]

(물음1) 매출세액 : 303,100,000

    (1) $40 \times \dfrac{150㎡}{200㎡} = 30 \times 10\% = 3$

    (2) ① + ② + ③ + ④ = 3,001 × 10% = 300.1

        ① 건물 : $5,000 \times (1 - 5\% \times 4) \times \dfrac{150㎡}{200㎡} = 3,000$

        ② 토지 : 면세

        ③ 승용차 : 매입세액불공제

        ④ 비품 : 2 × (1 − 25% × 2) = 1

(물음2)

<요구1> 납부세액 : 416,000

    (45.6 − 4) × 10% × 10% = 0.416

2차 시험 답안지

<요구2>	구 분	공제세액	
	1. 세금계산서 등 수취세액공제	22,916	$= (3.3 - 1.1 + 4.4 \times \dfrac{41.6}{35.2 + 41.6}) \times 0.5\%$
	2. 의제매입세액공제	—	
	3. 신용카드매출전표 등 발행세액공제	234,000	$= (10 + 8) \times 1.3\%$

[문제 3] [계산근거 : 백만단위]

(물음1)

<요구1>	이자소득 총수입금액	8,000,000	= 5 + 3
	배당소득 총수입금액	42,000,000	$= 7^G + 4 + 20 + 2 + 8^G + 1$

<요구2>	배당가산액(Gross-Up금액)	1,500,000	$= \text{Min}[15,\ 50-20] \times 10\%$
	종합과세대상 금융소득금액	51,500,000	= 8 + 42 + 1.5

(물음2)

<요구1>	월정액급여	1,300,000	= 0.9 + 0.3 + 0.1
	과세대상 초과근로수당금액	1,600,000	= 3 + 1 − 2.4

<요구2>	근로소득 총수입금액	16,200,000	= 5.4 + 2 + 0.6 + 0.6 + 1.6 + 5 + 1
	근로소득금액	8,520,000	= 16.2 − 7.68

<요구3>	기타소득금액	12,800,000	= 2.8 + 2 + 6 + 2
	기타소득 원천징수세액	4,160,000	= (12.8 + 8) × 20%

[문제 4] [계산근거 : 백만단위]

(물음1)	기본공제액	9,000,000
	추가공제액	5,000,000

1. 기본 : 1.5 × 6명 = 9

2. 추가 : 1 + 1 + 1 + 2 = 5

(물음2)	일반산출세액	4,540,000
	비교산출세액	5,888,000

1. 일반 : 20 × 14% + (40 − 20) × 기본+ = 4.54

2. 비교 : 10 × 25% + 20 × 14% + (40 − 30.2) × 기본+ = 5.888

(물음3)	자녀세액공제액	750,000
	의료비세액공제액	1,050,000
	교육비세액공제액	420,000
	재해손실세액공제액	300,000

1. 자녀 : 0.25 + 0.5 = 0.75

2. 의료 : (① + ②) × 15% = 1.05

　　① 특정 : 5.86 + 1.009 = 6.869

　　② 일반 : 0.5 − 12.3 × 3% = 0.131

3. 교육 : (1.3 + 1.5) × 15% = 0.42

4. 재해 : Min[①, ②] = 0.3

　　① $6 \times \dfrac{10}{50} \times 25\%^* = 0.3$　　$*\dfrac{50}{200} = 25\% \geq 20\%$

　　② 50

[문제 5]

(물음1)

국내건물	55,000,000 = 500 − 400 − 45
국외건물	266,000,000 = 400 − 130 − 4

(물음2)

구분	과세표준
국내건물	5,500,000 = 8 − 2.5
국외건물	6,500,000 = 9 − 2.5

[문제 6] [계산근거 : 백만단위]

(물음1)

<요구1>　용역매출금액 : 350,000,000

　　250 × (1 + 40%*) = 350

　　$*\dfrac{280 - 200}{200} = 40\%$

<요구2>	시부인대상 기업업무추진비	50,250,000
	기업업무추진비 한도액	47,686,000
	기업업무추진비 한도초과(미달)액	2,564,000

	B : 50 + 0.25 = 50.25	
	T : ① + ② + ③ = 47.686	
	① 12	
	② 10,000 × $\frac{3}{1,000}$ + 315 × $\frac{2}{1,000}$ + 280 × $\frac{2}{1,000}$ × 10% = 30.686	
	③ 문화 : Min[5, (① + ②) × 20%] = 5	
	D : 50.25 − 47.686 = 2.564	
(물음2)		
<요구1>	당기대손금(Ⓐ)	16,998,000
	전기말 채권잔액(Ⓑ)	1,416,500,000
	당기 대손실적률(=Ⓐ÷Ⓑ)	1.2%
	Ⓐ 22 + 7 − 12 − 0.002 = 16.998	
	Ⓑ 1,438.5 − 9 − 13 = 1,416.5	
<요구2>	당기 대손충당금 한도초과액 : 21,069,980	
	1. 채권잔액 : 1,412 − 9 − 9.998* = 1,393.002	
	* △12 + 9 − 10 − 7 + 10 − 12 + 12 + 0.002 = △9.998	
	2. 한도 : 1,393.002 × Max[1%, 0.7%] = 13.93002	
	3. 한도초과 : 35 − 13.93002 = 21.06998	

(물음3)	구분	익금불산입 대상금액(Ⓐ)	지급이자관련 익금불산입배제금액(Ⓑ)	익금불산입액 (Ⓒ=Ⓐ−Ⓑ)
	(주)갑	112,500	90,000	22,500
	(주)을	11,200,000	600,000	10,600,000

   1. (주)갑 : Ⓐ 1.5 × $\frac{10\%}{40\%}$ × 30% = 0.1125

          Ⓑ 12 × $\frac{25}{1,000}$ × 30% = 0.09

   2. (주)을 : Ⓐ (10 + 1.2*) × 100% = 11.2

        * 600주 × 5,000원 × $\frac{2}{5}$ = 1.2

          Ⓑ 12 × $\frac{50}{1,000}$ × 100% = 0.6

(물음4)

익금산입 및 손금불산입			손금산입 및 익금불산입		
과목	금액	소득처분	과목	금액	소득처분
업무용승용차A	34,000,000	기타사외유출	업무용승용차A	12,000,000	△유보
			업무용승용차B	2,000,000	△유보

1. 업무용승용차A

    (1) 제24기

				A	B	A-B	B-8
B	20	감가비		20	20	-	12
T	20	기타		2	2	-	-
D	0			22	22	-	12

    (2) 제25기

    - 처분손실 중 800만원 초과분 : 30 + 12 - 8 = 34

2. 업무용승용차B

    제24기

				A	B	A-B	B-8
B	6	감가비		4	4	-	-
T	4	기타		1	1	-	-
D	2			5	5	-	-

(물음5)

<요구1>	차가감소득금액	420,000,000
	각 사업연도 소득금액	400,000,000
	과세표준금액	360,000,000

```
         NI    433.4
                10
               (25)
                            20
               1.6  =  2 × ─────
                           27 − 2
차가감    420 + 20 − 40 = 400(기준)
                20                        B      T      D
               (40)                       50    40*     ─
                                    일반 <
각사소득   400                            20     0     20
               (40)                      * 400 × 10% = 40
과표       360
```

<요구2>	공제·감면세액	3,500,000
	총부담세액	33,500,000

1. 감면후 : 300 × (9%, 19%) − 0.9 = 36.1

2. 최저한 : 300 × 7% = 21

3. 공제·감면 : 0.9 + Min[2.6, 37 × $\frac{21.6}{300}$] = 3.5

4. 총부담 : Max[36.1, 21] − 2.6 = 33.5

[문제 7] [계산근거 : 백만단위]

(물음1)

<요구1>

1. 합병대가 : $\frac{42}{70\%}$ + 10.5 = 70.5

2. 주식분 : 60 × (1−10%) = 54

3. 주식비율 : $\frac{54}{70.5}$ = 76.6% < 80%

<요구2> (주)병의 의제배당금액 : 12,500,000

· (42 + 10.5) − 40 = 12.5

(물음2)

<요구> ① 합병으로 인한 (주)을의 양도손익

양도가액	170,000,000
순자산장부가액	124,000,000
양도손익	46,000,000

1. 150 + 20 = 170

2. 200 − 80 + 4 = 124

② 합병과 관련된 (주)갑의 2025년 사업연도의 세무조정

익금산입 및 손금불산입			손금산입 및 익금불산입		
과목	금액	소득처분	과목	금액	소득처분
합병매수차익 환입	5,000,000*	유보	합병매수차익	50,000,000	△유보

* (300 − 80) − 170 = 50 × $\frac{6}{60}$ = 5

③ (주)병의 의제배당금액 : 170,000,000 − 50,000,000 = 120,000,000

[문제 8] [계산근거 : 백만단위]

(물음1)

<요구1> 유증관련 지분상당액의 상속세 을 : 41,550,000, 병 : 27,700,000

1. 을 : (238.5 − 1,000 × 10%) × 30% = 41.55

2. 병 : (238.5 − 1,000 × 10%) × 20% = 27.7

1. 총상속	1,000
2. 과세가액공제	(5)
3. 과세가액	995
4. 상속공제	−
5. 과표	995
6. 산출세액	238.5

<요구2> 유증관련 상속세 부과이유

영리법인에게는 상속세가 아닌 법인세가 과세된다. 이에 따라 영리법인의 주주가 상속인과 그 직계비속인 경우에는 상속세가 과세되지 않고 부가 이전될 수 있다.

그러므로 영리법인을 통한 변칙상속에 대한 상속세를 과세하기 위함이다.

(물음2)

<요구1> 타인의 부동산(해당 부동산 소유자와 함께 거주하는 주택과 그 부수토지는 제외)을 무상사용함에 따른 이익 (증여재산가액 1억원 이상인 경우에 한함)을 얻는 경우에는 부동산 무상사용자의 증여재산가액에 대하여 증여세가 과세된다. 다만, 특수관계인이 아닌 자 간의 거래인 경우에는 거래관행상 정당한 사유가 없는 경우에 한한다.

<요구2> 증여세 산출세액 : 294,884,000

1. 15,000 × 2% × 3.7907 = 1,137.21

2. 1,137.21 × 증여세율 = 294.884

<요구3> 다음의 요건을 모두 충족한 경우에는 병에게 증여추정에 따라 증여세가 부과된다.

① 특수관계인(을)에게 양도한 재산을 그 특수관계인(을)이 양수일부터 3년 이내에 당초 양도자(갑)의 배우자 및 직계존비속(병)에게 다시 양도할 것

② 배우자 및 직계존비속(병)의 증여추정으로 인한 증여세액이 당초 양도자(갑)와 양수자(을)의 소득세 결정세액을 합한 금액보다 클 것

[문제 9]

(물음1)

구분	세무처리 내용
A	과세문제 없음
B	과세문제 없음
X	증여세 과세, 증여재산가액 : 60,000,000
Y	증여세 과세, 증여재산가액 : 19,360,000
Z	과세문제 없음

1. 현저한 이익 ∴ 요건충족

   ① 합병후주가 : $\dfrac{500,000 \times 2,000주 + 100,000 \times 1,500주}{2,000주 + 500주} = 460,000$

   ② 평가차액 : $460,000 - 100,000 \times 3주 = 160,000$

   ③ $160,000 \geq 460,000 \times 30\%$

2. 증여재산가액

   ① X : $(500,000 - 460,000) \times 2,000주 \times 75\% = 60,000,000$

   ② Y : $(500,000 - 460,000) \times 2,000주 \times 24.2\% = 19,360,000$

   ③ Z : 증여세 과세 X

(물음2)

구분	세무처리 내용
A	과세문제 없음
B	<손금불산입> 부당행위계산부인 5,808,000* (기타사외유출)
X	과세문제 없음
Y	<익금산입> 주식 5,808,000* (유보)
Z	과세문제 없음

* $(500,000 - 460,000) \times 2,000주 \times 30\% \times 24.2\% = 5,808,000$

2016년 실전답안지

(25행)

[문제 1] [계산근거 : 백만단위]

(물음1)

이자소득 총수입금액	1,800,000
배당소득 총수입금액	30,500,000
배당가산액(Gross-Up 금액)	230,000

1. 이자 : 1.8

2. 배당 : 12.5^G + 5 + 3 + 10(출자) = 30.5

3. G : Min[12.5, 22.3−20] × 10% = 0.23

(물음2)

<요구1>

연금수령한도		14,400,000
총연금액	공적연금(국민연금)	2,200,000
	사적연금(연금계좌)	13,000,000
사적연금소득 원천징수세액		520,000

1. 공적 : $12 \times \dfrac{480}{800} - 5 = 2.2$

2. 사적 : 13

3. 한도 : $\dfrac{120}{11-1} \times 120\% = 14.4$

4. 원천징수 : 13 × 4% = 0.52

	평가액	연금	연금외
A 공제×	1.4	1.4	−
B 이연퇴직	−	−	−
C 공제○ + 운용	118.6	13	0.6
합 계	120	14.4	0.6

<요구2>

기타소득금액	3,800,000
기타소득 원천징수세액	2,249,000

1. 기타 : 3 + 2 × (1 − 60%) = 3.8

2. 원천징수 : (10−0.005) × 20% + 0.8 × 20% + 0.6 × 15% = 2.249

(물음3)

<요구1> 인적공제액 : 11,500,000

· 1.5 × 5명 + 1 × 2명 + 2 = 11.5

<요구2> 종합소득공제액 : 14,800,000

· 10 + 0.6 + 4.2 = 14.8

2차 시험 답안지

<요구3>	자녀세액공제		950,000
	보험료세액공제액		198,000
	기부금세액공제액		1,852,000

1. 보험료 : 1 × 15% + 0.4 × 12% = 0.198

2. 기부금

   (1) 특례 : 20,   일반 : 5.4

   (2) 일반한도 : (50 − 20 − 20) × 10% + Min[1.8, 10 × 20%] = 2.8

   (3) 10 × 15% + (22.8 − 10) × 30% = 5.34

∴ 5 − 5 × $\dfrac{20}{50}$ = 3 − 0.95 − 0.198 = 1.852

[문제 2] [계산근거 : 백만단위]

(물음1)	임원 퇴직소득 한도액	204,600,000
	퇴직소득금액	204,600,000

1. 퇴직급여 : 250

2. 한도 : ① + ② = 204.6

   ① 108 × $\dfrac{1}{10}$ × $\dfrac{18}{12}$ × 3 = 48.6

   ② 130 × $\dfrac{1}{10}$ × $\dfrac{72}{12}$ × 2 = 156

(물음2)   퇴직소득 산출세액 : 12,567,500

   208.5 = (150 − 11) × $\dfrac{12}{8}$

   (110.525) = 61.7 + (208.5 − 100) × 45%

   97.975 × 기본+ × $\dfrac{8}{12}$ = 12.5675

[문제 3] [계산근거 : 백만단위]

(물음1)

<요구1>	익금산입 및 손금불산입			손금산입 및 익금불산입		
	과목	금액	소득처분	과목	금액	소득처분
	A비품(직부인)	320,000[*2]	유보	사회복지법인 기부금	4,000,000	△유보
	A비품(시부인)	780,000[*3]	유보	문화단체 기부금	2,000,000	△유보
				A비품(의제기부금)	1,200,000[*1]	△유보

*1. 9 − 6 × 130% = 1.2

2. $1.2 \times \dfrac{2.4}{9} = 0.32$

3. B 2.4 − 0.32 = 2.08

   T $7.8 \times 0.25 \times \dfrac{8}{12} = 1.3$

   D 0.78

<요구2>	특례기부금 한도초과(미달)액			12,400,000
	일반기부금 한도초과(미달)액			10,440,000

	B	T	D
특례	60	47.6	12.4
일반	15.2	4.76	10.44

· 300 + (60 + 15.2) − 280 = 95.2

· 95.2 × 50% = 47.6

· (95.2 − 47.6) × 10% = 4.76

(물음2)

<요구>	익금산입 및 손금불산입			손금산입 및 익금불산입		
	과목	금액	소득처분	과목	금액	소득처분
	(주)금강 무상주	500,000[*1]	유보	수입배당금 익금불산입	150,000[*2]	기타
	(주)설악 무상주	900,000[*3]	유보	업무용승용차 감가상각비	8,000,000[*4]	△유보
	근로시간면제자 급여	50,000,000	기타소득			
	사적사용비용	3,000,000	상여			
	800만원 초과분	7,000,000	유보			

*1. 100주 × 5,000원 = 0.5

2. 0.5 × 30% = 0.15

3. 300주 × 60% × 5,000원 = 0.9

4. B : 10

	A	B	A-B	B-8
T : 90 × 0.2 = 18	18	15	3	7

D : △8

(물음3)

<요구1> 퇴직급여 한도초과액 : 16,000,000

B : 38

T : 40 × 10% × 5 $\frac{6}{12}$ = 22

D : 16

<요구2>	누적공사진행률	48%
	공사수익	103,500,000

1. 진행률 : $\frac{①}{① + ②}$ = 48%

① 누적원가 : 250 + 9.76 - 38 = 221.76

② 추가원가 : 250 - 9.76 = 240.24

2. 공사수익 : 450 × (48% - 25%) = 103.5

(물음4)

<요구>	익금산입 및 손금불산입			손금산입 및 익금불산입		
	과목	금액	소득처분	과목	금액	소득처분
	상가임대료	2,000,000	유보	전기매출	60,000,000	△유보
	전기오류수정이익	80,000,000	기타			

(물음5)

<요구>	익금산입 및 손금불산입			손금산입 및 익금불산입		
	과목	금액	소득처분	과목	금액	소득처분
	퇴직연금충당금	7,000,000	유보	퇴직급여충당금	7,000,000	△유보
	퇴직급여충당금한도초과	14,500,000	유보	퇴직연금충당금	14,000,000	△유보

B.퇴충		T.퇴충		D.유보	
20	841	13	14.5	7	826.5
840	19	6	4.5	834	14.5

B.연충		T.연충		D.유보	
-	-	7	827	△7	△827
-	-	834*	14	△834	△14

* Min[840 − 6, 900] = 834

[문제 4] [계산근거 : 백만단위]

(물음1) 직전 사업연도 실적기준 중간예납세액 : 15,000,000

- $(40 - 5 - 4 + 1 - 2) \times \dfrac{6}{12} = 15$

(물음2)

<요구1>

	지급이자 손금불산입액	1,314,000*1
	인정이자 익금산입액	1,303,200*2

*1. $(18 + 11.2) \times \dfrac{90.5 \times 90}{(600 + 400) \times 181} = 1.314$

2. $8,145 \times 5.84\%^* \times \dfrac{1}{365} = 1.3032$

* $6\% \times \dfrac{600}{1,000} + 5.6\% \times \dfrac{400}{1,000} = 5.84\%$

<요구2> 중간예납기간 실적기준 중간예납세액 : 20,000,000

- $Max[①, ②] - 8.6 - 1.4 = 20$

  ① 감면후 : $[300 \times \dfrac{12}{6} \times t] \times \dfrac{6}{12} - 25 = 22$

  ② 최저한 : $300 \times 10\% = 30$

[문제 5] [계산근거 : 백만단위]

(물음1)

<요구>	자료번호	과세표준	세율	매출세액
	1	49,000,000	10%	4,900,000
	2	1,600,000 *1	10%	160,000
	3	10,000,000	10%	1,000,000
	4	60,000,000	10%	6,000,000
	5	20,000,000	10%	2,000,000
	6	30,000,000	0%	-
		20,000,000	10%	2,000,000
	7	2,305,000 *2	10%	230,500
	합계	192,905,000		16,290,500

*1. 1 + 0.6 + 0 = 1.6

2. $1 \times 2月 + 100 \times 61일 \times 1.825\% \times \frac{1}{365} = 2.305$

(물음2)

<요구1> 4,660,000

1. 예정 : (10 − 2) × 25% = 2

2. 정산 : (8 + 12) × 30% + 3 × 22% − 2 = 4.66

<요구2> (+) 6,500,000 (납부세액에 가산)

· (10 + 30 + 25) × (40% − 30%) = 6.5

<요구3> (+) 100,000 (납부세액에 가산)

· 4 × (1 − 25% × 3) × (30% − 20%) = 0.1

<요구4> 1,430,000

· $(91.8 + 45.9 \times 70\%) \times \frac{2}{102} - 1 = 1.43$

[문제 6] [계산근거 : 백만단위]

(물음1)

구 분	부가가치세 납부세액
제조업	540,000
음식점업	330,000
공통사용재화	79,750
합 계	949,750

1. 제조 : 27 × 20% × 10% = 0.54

2. 음식 : 33 × 10% × 10% = 0.33

3. 공통 : 5.5 × 14.5%* × 10% = 0.07975

$$* \ 20\% \times \frac{27}{60} + 10\% \times \frac{33}{60} = 14.5\%$$

(물음2)

구 분	공제세액
세금계산서 등 수취세액공제	60,500
의제매입세액공제	–
신용카드매출전표 등 발행세액공제	364,000

1. T/I : (0.5 + 0.4 + 0.2) × 5.5% = 0.0605

2. 신용카드 : 28 × 1.3% = 0.364

[문제 7]

(물음1)

구 분	증여재산가액
을	37,500,000
병	-
정	-

1. 현저한 이익

① 균등증자시 1주당 평가액 : $\dfrac{10,000주 \times 100,000 + 10,000주 \times 50,000}{10,000주 + 10,000주} = 75,000$

② 1주당 인수액 : 50,000

③ 비율 : $\dfrac{75,000 - 50,000}{75,000} = 33.33\% \geq 30\%$ ∴ 충족

2. 갑 → 을

$4,000주 \times (100,000 - 81,250^*) \times \dfrac{3,000주}{6,000주} = 37,500,000$

* $\dfrac{10,000주 \times 100,000 + 6,000주 \times 50,000}{10,000주 + 6,000주} = 81,250$

(물음2)

구 분	증여재산가액
을	112,500,000
정	37,500,000

1. 갑, 병 → 을

$(4,000주 + 2,000주) \times (100,000 - 75,000) \times \dfrac{4,500주}{6,000주} = 112,500,000$

2. 갑, 병 → 정

$(4,000주 + 2,000주) \times (100,000 - 75,000) \times \dfrac{1,500주}{6,000주} = 37,500,000$

(물음3) 주식을 실제 소유자가 아닌 제3자 명의로 명의개서(등록)한 경우에는 실제 소유자가 그 명의자에게 증여한 것으로 보아 증여세를 과세하며, 이 때 유상증자로 인하여 교부받은 신주를 타인명의로 명의개서(등록)하는 것은 새로운 명의신탁에 해당하여 그 명의자에게 증여한 것으로 보아 증여세를 과세한다.

단, 조세회피목적이 없는 경우에는 증여세가 과세되지 아니한다.

본 문제에서는 본래 의도대로 증여가 모두 갑에게 이루어지면 불균등증자의 저가발행 재배정에 해당되어 증여세가 과세되어야 하는데, 제3자 명의의 지분비율대로 명의개서(등록)하여 불균등증자로 보이지 않게 하려고 하였으므로 조세회피목적이 있는 것으로 볼 수 있다. 따라서 명의신탁주식에 대하여 증여세가 과세된다.

[문제 8]

(물음)	구 분	과세문제
	(주)대한	자산수증이익(500,000,000)에 대한 법인세 납세의무가 있으며, 영리법인이므로 상속세 납세의무는 없다.
	갑	상속인으로서 영리법인(수유자)의 주주이므로 다음에 따라 계산된 지분상당액에 대한 납세의무가 있다. (영리법인이 받았거나 받을 상속재산에 대한 상속세상당액 － 영리법인이 받았거나 받을 상속재산 × 10%) × 상속인의 지분율(40%)
	을	상속인의 직계비속으로서 영리법인(수유자)의 주주이므로 다음의 지분상당액에 대한 납세의무가 있다. (영리법인이 받았거나 받을 상속재산에 대한 상속세상당액 － 영리법인이 받았거나 받을 상속재산 × 10%) × 직계비속의 지분율(30%)
	병	없음

2015년 실전답안지

[문제 1] [계산근거 : 백만단위]

(물음1)   매출세액

구분	과세표준	세율	매출세액
수산물 매출	700,000,000	10%	70,000,000
	1,100,000,000	0%	0
창고 임대	50,000,000 *1	10%	5,000,000
창고 매각	300,399,201 *2	10%	30,039,920
합계	2,150,399,201		105,039,920

*1. $10 \times 1 + 20 \times 2 = 50$

2. $500 \times \dfrac{3,000 + 2,000 + 1,000 + 20}{10,000 + 20} = 300.399201$

(물음2)

<요구1> 공통매입세액 중 면세사업분 : 29,929,577

· $100 \times \dfrac{1,700}{5,600 + 80} = 29.929577$

<요구2> 의제매입세액 공제액 : 10,512,821

1. 제조업 특례 : $\dfrac{6,000}{10,200} = $ 약 59% → 충족 X

2. 의제 : Min[①, ②] − ③ = 10.512821

① $(2,200 + 2,000) \times \dfrac{2,600}{5,600} \times \dfrac{4}{104} = 75$

② 한도 : $2,600 \times 50\% \times \dfrac{4}{104} = 50$

③ 예정 : $2,200 \times \dfrac{1,400}{3,000} \times \dfrac{4}{104} = 39.487179$

<요구3> 공제되는 매입세액 : 121,583,244

1. T1 : 149

2. 의제 : 10.512821

3. 불공제 : $8 + 29.929577 = 37.929577$

[문제 2] [계산근거 : 백만단위]

자료 번호	부가가치세 추가납부세액	가산세 종류	계산식	가산세액
1	1,000,000	세금계산서불성실가산세(부실기재)	10,000,000 × 1%	100,000
2	6,000,000	-	-	-
3	-	세금계산서불성실가산세 (미발급-종이세금계산서)	50,000,000 × 1%	500,000
4	-	세금계산서불성실가산세(지연발급)	70,000,000 × 1%	700,000
5	8,000,000	세금계산서불성실가산세(미발급)	80,000,000 × 2%	1,600,000
합계	15,000,000			2,900,000

과소신고가산세	15,000,000 × 10% × (1-75%) = 375,000
납부지연가산세	15,000,000 × $\frac{2.2}{10,000}$ × 91일 = 300,300

[문제 3] [계산근거 : 백만단위]

(물음1)

익금산입 및 손금불산입			손금산입 및 익금불산입		
과목	금액	소득처분	과목	금액	소득처분
부당행위계산부인	20,000,000	기타사외유출	기계장치A	2,000,000	△유보
기계장치B(직부인)	2,500,000	유보	기계장치B	20,000,000	△유보
기계장치B(시부인)	1,590,000	유보	비품B	598,000	△유보
비품A	4,507,500	유보			

1. 기계A

	제24기	제25기
B	12.8435 + 7 = 19.8435	B 16.973661
T	57 × 0.394 × $\frac{9}{12}$ = 16.8435	T (65 - 16.8435) × 0.394 = 18.973661
D	3	D △2

2. 기계B

	· 20 × $\frac{10}{80}$ = 2.5	B 10 - 2.5 = 7.5
		T 60 × 0.394 × $\frac{3}{12}$ = 5.91
		D 1.59

3. 비품A	B	5		
	T	$5 \times 0.394 \times \frac{3}{12} = 0.4925$		
	D	4.5075		
4. 비품B	B	0.584		
	T	$6 \times 0.394 \times \frac{6}{12} = 1.182$		
	D	△0.598		

(물음2)

<요구1>

당기대손금(A)	21,998,000
전기말 채권잔액(B)	1,600,000,000
당기 대손실적률(=A÷B)	1.37%

A : 10 + 4 + 1.999 − 0.001 − 1 + 7 = 21.998

B : (20 − 4) ÷ 1% = 1,600

<요구2>

당기말 채권잔액	1,249,002,000 *1
당기 대손충당금 한도액	18,735,030 *2
당기 대손충당금 한도초과액	6,264,970 *3

1. 1,250 − 0.998 = 1,249.002

  * 15 − 4 − 1.999 − 3 + 0.001 − 7 = △0.998

2. 1,249.002 × 1.5% = 18.73503

3. 25 − 18.73503 = 6.26497

(물음3)

<요구1>

각사업연도소득금액	2,000,000,000
(+) 가산액	135,000,000 *1
(−) 차감액	765,000,000 *2
기업소득	1,370,000,000

	*1. 20 + 45 + 60 + 10 = 135		
	2. 300 + 50 + 400 + 15 = 765		
<요구2>	투자액		850,000,000*1
	임금증가액		355,000,000*2
	상생협력출연금		240,000,000*3

*1. 800 + 50 = 850

2. 50 × 2 + 150 × 1.5 + 30 = 355

3. 80 × 3 = 240

<요구3>	미환류소득(투자액 차감방식)		2,055,000,000*1
	미환류소득(투자액 미차감방식)		140,000,000*2

*1. 5,000 × 70% − (850 + 355 + 240) = 2,055

2. (5,000 − 100) × 15% − (355 + 240) = 140

(물음4)

<요구1>	구분	중소기업	비중소기업
	각사업연도소득금액	711,200,000	742,000,000
	(−) 이월결손금	450,000,000	593,600,000
	과세표준	261,200,000	148,400,000

1. 각사소득	중소기업	비중소기업
	800	800
	(34)	−
	27.2	−
	(100)	(100)
	18*1	42*2
	711.2	742

*1. B : 66

T : $36 + 3,900 \times \dfrac{3}{1,000} + 1,000 \times \dfrac{3}{1,000} \times 10\% = 48$

D : 18

2. B : 66

T : $12 + 3,900 \times \dfrac{3}{1,000} + 1,000 \times \dfrac{3}{1,000} \times 10\% = 24$

D : 42

2. 중소 이월결손금 : 600 − 150(소급) = 450

	공제전	소급공제	공제후
과표	500	− x	= 350
세액	75	28.5	46.5
공제	(46.5)		
한도	28.5		

3. 비중소 이월결손금 : Min[600, 742 × 80%] = 593.6

<요구2>	중소기업	50,000,000*1
	비중소기업	12,500,000*2

*1. Max[①, ②] = 50

① 증가 : (200 − 150) × 50% = 25

② 당기 : 200 × 25% = 50

2. Max[①, ②] = 12.5

① 증가 : (200 − 150) × 25% = 12.5

② 당기 : $200 \times \text{Min}\left[\dfrac{200}{4,900} \times 50\%, 2\%\right] = 4$

[문제 4] [계산근거 : 백만단위]

익금산입 및 손금불산입			손금산입 및 익금불산입		
과목	금액	소득처분	과목	금액	소득처분
감자시 의제배당	500,000*1	유보	금융자산	20,000,000	△유보
특례한도초과	15,300,000*3	기타사외유출	압축기장충당금	10,000,000	△유보
일반한도초과	13,530,000*3	기타사외유출	토지(고가매입)	20,000,000*2	△유보

1. 6 − 4 = 2 − 1.5 = 0.5

　* 400주 × 10,000원 = 4

2. 150 − 100 × 130% = 20

3.

	B	T	D
특례	20	4.7	15.3
일반	14	0.47	13.53

- 33 − 20 + (20 + 14) = 47 − Min[40, 47 × 80%] = 9.4

- 9.4 × 50% = 4.7

- (9.4 − 4.7) × 10% = 0.47

[문제 5] [계산근거 : 백만단위]

(물음1)	이자소득 총수입금액	11,000,000	= 7 + 4
	배당소득 총수입금액	26,500,000	= 1^G + 5^G + 3 + 2 + 5.5 + 10(출자)
	귀속법인세액(Gross-Up금액)	600,000	Min[6, 27.5−20] × 10%
	종합과세대상 금융소득금액	38,100,000	

(물음2)	총급여액	45,600,000	= 36 + 2.5 + 3 + 0.6 + 1.5 + 2
	근로소득공제액	12,030,000	= 12 + (45.6 − 45) × 5%
	근로소득금액	33,570,000	

(물음3)	구 분	기타소득금액	원천징수세액
	1	600,000	120,000
	2	4,000,000	600,000
	3	2,000,000	−
	4	−	−
	합 계	6,600,000	720,000

(물음4)	일반산출세액		4,060,000
	비교산출세액		5,250,000
	배당세액공제액		0

1. 과세표준 38.1 + 33.57 + 2.6 − 37.47 = 36.8(종합과세 선택)

2. 일반 : 20 × 14% + 16.8 × 기본+ = 4.06

3. 비교 : 27.5 × 14% + Max[①, ②] = 5.25

   ① (36.8 − 28.1) × 기본+

   ② 10 × 14%

[문제 6] [계산근거 : 백만단위]

(물음1)	인적공제액	8,500,000
	보험료공제액	750,000
	주택청약종합저축 소득공제액	1,000,000
	주택임차자금 소득공제액	1,200,000
	신용카드등 사용금액에 대한 소득공제	3,560,000

1. 인적 : 1.5 × 5명 + 1 = 8.5

2. 주택청약 : Min[2.5, 3] × 40% = 1

3. 주택임차자금 : 3 × 40% = 1.2

4.
전통	2.5	−	2.5	40%	1
대중	1	−	1	40%	0.4
문화	1	−	1	30%	0.3
직불	11	△4.8	6.2	30%	1.86
신용	5.2	△5.2	−	15%	−
계	20.7	△10	10.7		3.56

· 소득공제 : Min[①, ②] = 3.56

① 3.56

② 3 + 1.7 = 4.7

(물음2)	자녀세액공제	700,000
	연금계좌세액공제	960,000
	보험료세액공제	96,000
	의료비세액공제	920,000
	교육비세액공제	2,100,000

1. 연금 : Min[6 + 2, 9] × 12% = 0.96

2. 보험료 : 0.8 × 12% = 0.096

3. 의료비 : 1 × 30% + 1 × 20% + (4 + △1.2) × 15% = 0.92

4. 교육비 : 14 × 15% = 2.1

[문제 7] [계산근거 : 백만단위]

(물음1) 갑이 부담할 양도소득세 : 75,333,600

양도차익	287.75	800 - 502 - 10.25
장특	(34.53)	287.75 × 12%
기본	(2.5)	
과표	250.72	
세율	× 기본+	
산출세액	75.3336	

(물음2)

<요구1>

양도가액	200,000,000
취득가액	125,500,000 = 502 × $\frac{2}{8}$

<요구2>

세목	증여세
과세가액	600,000,000

[문제 8]

(물음1) 다음의 어느 하나에 해당하는 사업양수인은 사업이 양도·양수된 경우에 양도일 이전에 양도인의 납세의무가 확정된 그 사업에 관한 국세 및 강제징수비를 양도인의 재산으로 충당하여도 부족한 때 제2차 납세의무를 진다.

① 양도인과 특수관계인

② 양도인의 조세회피를 목적으로 사업을 양수한 자

(물음2) 부가가치세는 사업의 양수도 전에 양도인의 자진신고에 의하여 이미 확정된 것이어서 사업양수인이 이에 대하여 제2차 납세의무를 지는 것은 타당하지만, 납부지연가산세는 사업의 양수도 후에 비로소 양도인에게 부과·고지된 것이므로 사업양수인이 사업을 양수한 때에는 아직 그에 대한 납세의무가 확정된 것이 아니다. 그러므로 납부지연가산세에 대한 사업양수인의 제2차 납세의무는 타당하지 않다.

[문제 9] [계산근거 : 백만단위]

(물음1)

총상속재산가액	1,600,000,000	= 1,000 + 500 + 100
사전 증여재산가액	200,000,000	
상속세 과세가액	1,680,000,000	= 1,600 + 200 − 10 − 110
상속세 과세표준	150,000,000	= 1,680 − 1,530*

* (1) 인적 : 500(일괄) + 500(배우자) = 1,000

(2) 금융 : (100 − 60) × 20% = 8 → 20

(3) 동거 : Min[(1,000−110) × 100%, 600] = 600

(4) 상속공제 : Min[①, ②] = 1,530

　① 합계 : 1,000 + 20 + 600 = 1,620

　② 한도 : 1,680 − (200 − 50) = 1,530

(물음2)

증여재산가액	730,000,000
증여세 과세표준	700,000,000

*1. 1,000 − 200 − 200 × 10% − 50 = 730

2. 730 − 30 = 700

MEMO

2025 세법 기출 10개년
- 공인회계사 2차 기출문제집 -

발행 2025년 3월 15일

편 저 자 양소영
발 행 인 유용규
발 행 처 스케치스
제작·유통 (주)가치산책컴퍼니
신 고 번 호 2017-000101 호

ISBN 979-11-89985-65-3 13360

가격 30,000원